RAINER GOETZ/STEFAN GRAUPNER (HG.)   ATMOSPHÄRE(N)

ATMOSPHÄRE(N)
ATMOSPHÄRE(N)
ATMO
INTERDISZIPLINÄRE AN

RAINER GOETZ/STEFAN GRAUPNER (HG.)

ATMOSPHÄRE(N)

ANNÄHERUNGEN AN EINEN UNSCHARFEN BEGRIFF

Bibliographische Information Der Deutschen Nationalbibliothek
Die Deutsche Nationalbibliothek verzeichnet diese Publikation in
Der Deutschen Nationalbibliographie;
detaillierte bibliographische Daten sind im Internet über:
http://dnb.ddb.de abrufbar

Alle Rechte vorbehalten.
Vervielfältigungen aller Art, auch auszugsweise,
bedürfen der Zustimmung des Verlages.
Gedruckt auf chlorfreiem, alterungsbeständigem Papier.

Konzeption: Rainer Goetz, Stefan Graupner
Gestaltung: Rainer Goetz
Umsetzung: Martin Binder, Tobias Kellermann
Lektorat: Rainer Goetz, Stefan Graupner, Andreas Rauh
Druck: Majuskel, Wetzlar
Verlag: kopaed verlagsgmbh, München
Printed in Germany

ISBN-13 978-3-86736-101-9

INHALT

Rainer Goetz / Stefan Graupner   009
Vorwort

Viktor Gorgé   017
Über zwei komplementäre Weisen der Welterfahrung

Gernot Böhme   031
Atmosphären wahrnehmen, Atmosphären gestalten, mit Atmosphären leben: Ein neues Konzept ästhetischer Bildung

Wolfhart Henckmann   045
Atmosphäre, Stimmung, Gefühl

Andreas Speer   085
Denk-Atmosphären
Ein Versuch über das Ästhetische

Fritz Strack / Atilla Höfling   103
Von Atmosphären, Stimmungen & Gefühlen

Timo Bautz   111
Stimmig / unstimmig
Was unterscheidet Atmosphären?

Andreas Rauh   123
Versuche zur aisthetischen Atmosphäre

Gerhard Wagner   143
Die Atmosphäre der Kunstwelt
Arthur C. Danto, Andy Warhol und die Soziologie der Popart

163	Klaas Huizing
	Der Tru(e)man der Mediengesellschaft
175	Werner Penzel
	no history
193	Friedhelm Brusniak
	Seltsam, im Nebel zu wandern!
201	Michael Keller
	Vom immateriellen Gestalten
211	Oliver Boberg
	Erinnerungen an Atmosphären
223	Peter und Christian Brückner
	„Lebensräume"
	Unser Weg an der Grenze und die Suche nach dem Ort
233	Werner Mally
	Tag&NachtRaum
	im Klinikum München-Harlaching
239	Rainer Goetz
	Atmosphäre und ästhetisches Interesse
271	Rainer Goetz / Stefan Graupner
	Atmosphäre(n)
	Ein dialogischer Vortrag
299	Kurzbiographien
309	Bibliographie

ATMOSPHÄRE(N)   Vorwort

„Wie die Welt für uns ist, das heißt, welcher Art unsere Beziehung zu ihr
in jedem einzelnen Moment ist und wie wir uns in ihr befinden,
erfahren wir nicht gegenständlich, sondern atmosphärisch."
Michael Hauskeller[1]

Wer – wie auch immer - über Atmosphären spricht, erzeugt gewollt oder ungewollt, bewusst oder unbewusst mit seinem Sprechen über Atmosphären wiederum Atmosphären. Wer eine Publikation zum Thema Atmosphären vorlegt, will auf eine jeden Menschen in gleicher Weise, aber in unterschiedlicher Intensität und Qualität betreffende existentielle Wahrnehmungs- und damit Lebensbedingung aufmerksam machen und tut dies selbst bereits im Kontext von Atmosphären. Denn die Intention einer Publikation zu diesem Themenkreis und die Auswahl der Autoren und deren Fachrichtungen schaffen eine Art *Mentalitätsraum*, ein Ausdruck des Schweizer Ausstellungsmachers Harald Szeemann[2] im Zusammenhang mit seiner Arbeit als Kurator, der den kreisenden Abtastbewegungen eines Echolots ähnlich die Konturen des untersuchten Problemkreises auf dem Radarschirm präfiguriert. Kein infiniter Atmosphäre-Regress, gleichwohl aber ein stetes Sich-Bewusst-Machen dieses Umstands auf der Darstellungsebene.

Nachdem Atmosphären lange Zeit an den „'Rändern' unserer sachlichen Aufmerksamkeit"[3] lagen, werden sie seit den umfangreichen Untersuchungen der Philosophen Hermann Schmitz und Gernot Böhme von den Geistes- und Sozialwissenschaften in unterschiedlichsten Ausprägungen unseres Alltagsleben beobachtet und thematisiert. So banal die Feststellung klingen mag, dass wir ausnahmslos alle durch Atmosphären positiv wie negativ nachhaltig beeinflusst werden, so weit reichend sind die Auswirkungen einer solchen Beobachtung, und umso wichtiger ist es, den Bedingungen von Wahrnehmung und Erzeugung von Atmosphären auf den Grund zu gehen.

Atmosphären sind, darauf weist Gernot Böhme in seinen Schriften nachdrücklich hin, auf Seiten der Rezipienten wie Produzenten weit über den Bereich einer Ästhetik hinaus und weit in andere gesellschaftlich-politisch relevante Zusammenhänge hinein bestimmend für unser Leben und sollten allein schon aus diesem Grund besonders ernst genommen werden.

Es zeigt sich immer wieder, und Hermann Schmitz kommt in seiner aktuellen Publikation *Was ist Neue Phänomenologie* auch ausführlich darauf zu sprechen, dass die Einwände gegen eine phänomenologisch-kritische oder reflexiv-erkenntnistheoretische Untersuchung des Gegenstandsbereichs *Atmosphären* nach wie vor von den naturwissenschaftlich geprägten Vorstellungen exakten Benennens diktiert sind, eine die Fachgrenzen überschreitende, kooperierende und sich gegenseitig ergänzende Bearbeitung des Forschungsfeldes also erschwert ist. Atmosphären werden sowohl inhaltlich als auch begrifflich als unscharf und somit einer eingehenden Untersuchung und Bearbeitung für nicht relevant genug erachtet. Die im Verlauf der historischen Entwicklung der Naturwissenschaften zunehmende „Verdrängung der ursprünglichen Lebenserfahrung"[4] mag angesichts unserer überwiegend von Medien bestimmten Lebensumstände einer der Gründe dafür sein, dass der Begriff Atmosphäre in seiner scheinbaren Unschärfe gerade heute auf besonderes Interesse stößt, weil er im Gegensatz zu naturwissenschaftlichen Zugangsweisen zur Welt die Erfahrungen mit dem eigenen Leib betont.
Es gibt jedoch auch erfreuliche Annäherungsbewegungen von verschiedenen Seiten in Publikationen und Projekten, welche durch persönliche und situative epistemische Interessen geleitet in Intensität und Ertrag hoffnungsvoll stimmen. Eine auch in diesem Sinne ausgewählte, keineswegs Vollständigkeit beanspruchende kleine Bibliographie im Anhang will einige Hinweise darauf geben.

Von über 3 Millionen Einträgen bei *Google* unter dem Stichwort *Atmosphäre* finden sich spezifiziert unter *Atmosphäre und Kunst* derzeit über 725.000, unter *Atmosphäre und Bildung* über 380.000 Verweise und schließlich unter *Atmosphäre und Ästhetische Bildung* immer noch annähernd 12.000, davon leider nur zum geringeren Teil inhaltlich relevante Nennungen. Tendenz der Einträge insgesamt allerdings steigend. Diese aufgelistete Quantifizierung will zunächst nicht mehr, als einen offenkundigen Interessensstand zwischen Ästhetischer Bildung und Atmosphären aufzeigen. Untersucht man schließlich einzelne aussagefähige Einträge in diesem Stichwortzusammenhang, so zeigt sich, dass eine solche Verbindung nicht nur zunehmend ernsthafter ins Blickfeld rückt, sondern in der Behandlung diverser Teilaspekte selbst auch Vertiefung in unterschiedlichsten Richtungen erfährt.

Geleitet von dem Interesse sich in diesen aktuellen Diskussionsstand einzubringen und eigene Forschungsansätze zu formulieren, hat die Kunstpädagogik an der Universität Würzburg mit einem Auftaktsymposion 2002[5] begonnen, Referenten aus dem eigenen angestammten Bereich der Kunstproduktion bzw. Kunstvermittlung und weiteren Wissenschaftsgebieten und Berufsfeldern einzuladen, sich mit dem Begriff, der Wirkweise und der Erzeugung von Atmosphären aus ihrem jeweiligen Blickwinkel auseinanderzusetzen. Daran anknüpfend wurden in den darauf folgenden Semestern weitere Gäste gebeten, sich zu diesem Thema zu äußern. Die nun vorliegende Publikation stellt einen ersten Zwischenbericht der Diskussion dar und möchte dazu anregen, sich auf die Thematik im Allgemeinen und auf einzelne Teilaspekte im Speziellen einzulassen.

Die Gründe, warum sich gerade die Kunstpädagogik als Schnittstelle zwischen Kunstrezeption und Kunstproduktion für dieses Thema interessiert, sind fachlich offenkundig und vielfältig. Wer sich als bildender Künstler, Architekt, Filmemacher, Musiker etc. aktiv mit der Hervorbringung ästhetischer Phänomene auseinandersetzt, weiß, wie entscheidend äußere räumliche, soziale und innere psychisch-emotionale Grundgegebenheiten für ein erfolgreiches Arbeiten sind: Licht- und Größenverhältnisse des Arbeitsraums, Arbeitsmaterialien, Kommunikationssituationen, körperliches Befinden etc. Dasselbe gilt ebenso für den Rezipienten und die interaktiven Bedingungen, unter denen er sich einem Werk nähert. In beiden Fällen lassen sich die genannten Gegebenheiten neben materiellen als atmosphärische Grundvoraussetzungen für ein Gelingen von Produktion, Rezeption oder Kommunikation begreifen. Ausgangspunkt und Adressat ist zeitgleich stets vernetzt der jeweils eigene Körper. „Medialität und Materialität sind Seinsweisen des menschlichen Körpers, nicht bloß Sichtweisen. Also: Wir sehen unseren Körper nicht das eine Mal als Materie, ein anderes Mal als Medium, wir sind immer beides. Aber es bereitet eigentümliche…Schwierigkeiten, den Körper als Medium und den Körper als Materie in einem…Blick zusammenzubringen."[6]

Kunstpädagogische Forschung und Ausbildung hat es ihrer epistemischen Interessenlage und ihrem Vermittlungsauftrag nach noch vor aller Präzisierung ihres Untersuchungsgegenstandes bereits mit Atmosphären zu tun. Die Grundbedingungen von simultaner Innen- und Außenerfahrung – ausgelöst durch, zentriert um und fokussiert im eigenen Körper – sind sowohl bei der Herstellung ästhetischer Phänomene als auch bei deren Rezeption Gegenstand ihrer Forschung. Hierbei werden Atmosphären als „Hintergrundrauschen"[7] entdeckt und thematisiert, werden die Bedeutung und der Einfluss von Atmosphären in ihrer vollen Breite und ihrem Gewicht aufgedeckt. Im Fortgang der Vermittlung ästhetischer Phänomene können atmosphärische Voraussetzungen sowohl in reflexiver Rückbindung an solche Erkenntnisse, als auch während des künstlerischen Arbeitsprozesses selbst bestimmt, erzeugt und optimiert werden. Über den Unterschied zwischen einem vom Künstler gewollten und geplanten Übergriff manipulierender Atmosphären auf den Betrachter und der Gefahr eines manipulativen Einsatzes von Atmosphären im schulischen oder außerschulischen Vermittlungsprozess selbst muss sich nicht nur die Kunstpädagogik stets selbstkritisch bewusst sein.

Für die Kunstpädagogik ist neben dem Entdecken und Wahrnehmen von Atmosphären die Erzeugung derselben von außerordentlichem Interesse. Denn geht man von einem unmittelbaren Einfluss atmosphärischer Bedingungen auf zukünftige Gestaltungsprozesse und Werke aus, so kann der Begriff einer künstlerischen Werkstatt[8] über ein materialbezogenes Verständnis hinaus auch die experimentelle Entwicklung und Erprobung von Atmosphären zunächst jenseits von konkreten Material- und Ergebnisvorstellungen mit einschließen. Dergestalt im künstlerischen Kontext experimentell entwickelte Atmosphären können wiederum auf Zugangsweisen und Schritte einer Rezeption ästhetischer Phänomene angewandt werden und schließlich in allgemeine äußere Bedingungen einer Vermittlungssituation einmünden. Was unter den Stichworten *Lernbedingungen/Lernumfeld/Lerninhalte* besonders seit den Ergebnissen der PISA-Studien verhandelt wird, erhält – um die Thematik der Atmosphären bereichert – die Chance, in einem fächerübergreifenden Sinne weiter diskutiert und praxisnah etwa in Konzeptionen Ästhetischer Bildung[9], innovativen Strukturen von Unterrichtsmodellen und architektonischen Planungen neuer Schulbauten umgesetzt und erprobt zu werden.

Ausgehend von einer atmosphärisch dichten Einführungsphase eignen sich z.B. die an der Akademie der Bildenden Künste in Nürnberg und an der Universität Würzburg erprobten Buchformen eines „Projekt-Tage-Buchs" (für den individuellen Gestaltungsbereich) und eines „Projekt-Planungs-Buchs" (für Vermittlungsformen von der Vorschule bis zur Hochschule) für ausgeweitete, atmosphärisch imprägnierte Entdeckungs- und Entwicklungsprozesse.[10] Sie lassen sich dann je nach ästhetischem Interesse in die Dreidimensionalität oder/und in performative Handlungen ausweiten und umsetzen.[11] Wahrnehmung von Atmosphären wird dabei als „ästhetische Wahrnehmung", als Wahrnehmung der Wahrnehmung verstanden. Ausführliche Bild- und Textinformationen zu solchen Prozessen und bibliographische Hinweise finden sich im Internetauftritt der Kunstpädagogik an der Universität Würzburg (www.uni-wuerzburg.de/kunstpaedagogik) und im Beitrag „Atmosphäre und ästhetisches Interesse" dieses Buchs.

Ergänzend zu den Veröffentlichungen von Hermann Schmitz und Gernot Böhme, die in ihren Gedankengängen zur Atmosphäre jeweils komplexe Begriffssysteme entwickeln, möchte diese Publikation Überlegungen und Anwendungen in die Atmosphäre-Diskussion einbringen, die durch kurz gefasste Thesen und anschauliche Praxisbeispiele auch demjenigen Leser einen Zugang zum Thema ermöglichen, der sich – obwohl im Alltag davon stets betroffen – bisher nur am Rande mit Atmosphären beschäftigt hat. So liegt die Beantwortung der Frage nach dem Erkenntnisinteresse des vorliegenden Bandes in der Erkundung des Zusammenspiels verschiedener Wissenspositionen und -strategien, die einen gleichsam simultanen Zugang zur Atmosphären-Thematik erproben.

Die Ausdifferenziertheit und die Vielschichtigkeit der Beiträge an die Kunstpädagogik angrenzender Theorie- und Praxisfelder zeigen, dass eine Fortsetzung der Atmosphäre-Forschung gerade für die Kunstpädagogik noch viele weitere fruchtbare Anregungen bringen kann. Wir würden uns freuen, wenn diese Text- und Bildsammlung einen regen Diskurs über Atmosphären und ihre Bedeutung für die Ästhetische Bildung, im speziellen für die Kunstpädagogik auszulösen im Stande wäre. Plattform und Auditorium für Diskussionen über kunst- und museumspädagogische Vermittlungsweisen in atmosphärisch aufgeladenen Handlungsräumen und offenen Raumbezügen partizipatorischen Handelns bietet das *Portal für Interaktives Sprechen* unter www.kunstpaedagogik.org – gewissermaßen als „Prolog" für eine neue Kunst und Kunstvermittlung, deren wesentliche Charakteristika mit Multimedialität und Interaktivität benannt werden können.

Abschließend möchten wir allen Referenten sehr herzlich für die engagierte Symposiumsteilnahme und die Bereitstellung ihrer Text- und Bildbeiträge danken. Sie haben sich mit ihrem Vortrag im KUNSTRAUM der Universität Würzburg und der nachträglichen Text- und Bildüberarbeitung für die Publikation einer zweifachen Mühe unterzogen.
Das angenehme Gesprächs- und Diskussionsklima und die visuelle Einbettung des Symposiums und der nachfolgenden Vorträge in die Ausstellungen, Installationen und Performances der StudentInnen haben den Fortgang der Atmosphäre(be)stimmungen zudem enorm beflügelt.

Dass die Publikation, wenn auch aus unterschiedlichen Gründen etwas verspätet, in dieser Form erscheinen kann, verdanken wir dem kopaed-Verlag.
Andreas Rauh danken wir ganz besonders für seine ruhige und tatkräftige Unterstützung beim Zusammentragen und Formatieren aller erforderlichen Druckunterlagen, und ebenso sei Renate Baumeister herzlich gedankt, die uns neben aller aufreibenden Sekretariatsarbeit bei der Symposium- und anschließend bei der Publikationsvorbereitung stets mit Tatkraft und aufmunternden Worten unterstützt hat.

Würzburg, im Januar 2007

Rainer Goetz Stefan Graupner

Anmerkungen

1   Michael Hauskeller, Atmosphären erleben. Philosophische Untersuchungen zur Sinneswahrnehmung, Berlin 1995, S.101
2   Harald Szeemann, Individuelle Mythologien, Berlin 1985, S.217ff
3   Jürgen Hasse, Zum Verhältnis von Stadt und Atmosphäre. Wo sind die Räume der Urbanität?, in: Jürgen Hasse (Hg.), Subjektivität in der Stadtforschung, Selbstverlag Institut für Didaktik der Geographie, Frankfurt/a.M. 2002, S.20
4   Viktor Gorgé, Das wissenschaftliche Denken der Neuzeit und die Verdrängung der ursprünglichen Lebenserfahrung, in: Rainer Goetz/ Stefan Graupner (Hg.), Atmosphäre(n), Dettelbach 2007, S. 15ff
5   Anlässlich der Eröffnung des KUNSTRAUMs der Universität Würzburg gab es am 11.Juli 2002 eine Ausstellungseröffnung „Vom bildnerischen Projekt-Tage-Buch zur Körper-Skulptur" und eine Performance von Studenten „In-Erscheinung-Treten", am 12.Juli 2002 den ersten Symposiumstag „Atmosphäre im interdisziplinären Zeichen der Bezugswissenschaften von Kunstpädagogik" mit Gernot Böhme, Friedhelm Brusniak, Viktor Gorgé, Klaaes Huizing, Andreas Speer und Fritz Strack und am zweiten Tag „Atmosphäre im kunstpädagogischen Blick auf Kunst und Design" mit Timo Bautz, Oliver Boberg, Michael Keller und Werner Mally. Dieses Zusammenspiel von diskursiven und nichtdiskursiven Veranstaltungsteilen wie Symposium, Ausstellung und Performance ist ebenso Programm der Veranstaltungsreihen der Kunstpädagogik der Universität Würzburg wie ihr interdisziplinärer Zugang, der unterschiedliche Fachdisziplinen und Ansätze zusammenführt. Zuvor fand 2001 unter der verwandten Thematik „Atmosphären entdecken, erleben, entwerfen" die Sommerakademie der Evangelischen Akademie Tutzing unter der Leitung von Roswitha Terlinden, Rainer Goetz und Stefan Graupner statt.
6   Eduard Kaeser, Medium und Materie. Für ein komplementaristisches Konzept des menschlichen Körpers, in: Philosophia Naturalis, Band 34 (1997), Heft 2, S.356
7   Der Film kennt Atmosphäre (*Atmo*) als *Ambient Sound*, d.h. der natürliche Ton einer Szene mit allgemeinen (Hintergrund-) Geräuschen des Raums oder Drehortes wird separat aufgenommen und z.B. unter einen Dialog gemischt, um den Realismus einer Szene zu erhöhen, in: James Monaco, Film verstehen. Kunst, Technik, Sprache, Geschichte und Theorie des Films und der Neuen Medien, Sonderausgabe Hamburg 2000, S.683
8   vgl. Zukunft Werkstatt, in: Werk und Zeit, Deutscher Werkbund, Frankfurt/a.M., 39.Jg., 2.Quartal 1991 mit Beiträgen von Vilém Flusser, Hermann Glaser, Rainer Goetz, Bernhard Waldenfels und Peter Weibel; vgl. Zukunft Werkstatt, in: Werk und Zeit, Deutscher Werkbund, Frankfurt/a.M., 40.Jg., 4. Quartal 1992, mit Beiträgen von Rainer Goetz, Hanns Herpich, Klaus Mollenhauer, Gert Selle, Jens Thiele und Wolfgang Welsch
9   vgl. Rainer Goetz, Ästhetische Interessenforschung – Zur Zukunft Ästhetischer Bildung an der Universität Würzburg, in: Johannes Kirschenmann/ Rainer Wenrich/ Wolfgang Zacharias (Hg.), Kunstpädagogisches Generationengespräch. Zukunft braucht Herkunft, München 2004
10 vgl. ders., Kunstpädagogische Forschungsansätze und ihre Implikationen für die kunstpädagogische Praxis. Handlungsmodelle für den Kunstunterricht, in: Friedrich Christian Sauter, Wolfgang Schneider, Gerhard Büttner (Hg.), Schulwirklichkeit und Wissenschaft, Hamburg 2003
11 vgl. ders., Performance als Vernetzungsmöglichkeit ästhetischer Ausdrucksformen. Interessendifferenzierte und projektorientierte Modellversuche an der Universität Würzburg, in: Kunst+Unterricht, Heft 273, Juni 2003

Über zwei komplementäre Weisen der Welterfahrung[1]

Viktor Gorgé

Mit diesem etwas hochtrabenden philosophischen Titel möchte ich Sie auf etwas ganz Einfaches, Ihnen allen als menschliche Grundsituation bestens Vertrautes aufmerksam machen. Der Grund, weshalb heute, und gerade im Zusammenhang mit dem Thema „Atmosphären" darüber gesprochen werden muss, liegt darin, dass dieses Selbstverständliche in unserer wissenschaftlich-technischen Zivilisation fast in Vergessenheit geraten ist. Das, was in diesem Symposium Thema ist, gehört zu jener Weise der Welterfahrung, die zwar täglich unser Menschsein mitbestimmt, die aber in unserer Kultur abgewertet und verdrängt worden ist. In unserer technischen Zivilisation hat diese andere Weise der Welterfahrung geradezu etwas Antiquiertes – im Sinne von Günther Anders' *Die Antiquiertheit des Menschen*. Ihre „Wiederentdeckung" scheint mir eine Antwort auf ein gewisses Unbehagen in unserer Kultur zu sein, das sich insbesondere in der Naturphilosophie und Ökologie, in der Medizin, aber auch in der Allgegenwart von Fernsehwirklichkeit, virtueller Realität und Computer-Intelligenz bemerkbar macht. Explizit thematisiert wird diese verdrängte Welterfahrung insbesondere auch in jener neuen Ästhetik, in der der Atmosphärenbegriff eine wichtige Rolle spielt.

Der menschliche Körper und die Person: Ein zwiespältiges Verhältnis

Der Mensch hat ein merkwürdig zweifaches Verhältnis zu seinem Körper.

Einerseits gehört mein Körper ganz und gar zu mir, zu mir als Individuum und Person, so dass ich emphatisch behaupten kann: *ich bin* mein Körper. Mein Körper ist nicht bloß Teil von mir, und es gibt kein von ihm abgetrenntes Ich, sondern wir sagen auch von unserem Körper, das bin ich. Im täglichen Lebensvollzug sind wir alle ganz selbstverständlich solche leibliche Ichs, *inkarnierte* Ichs. Wir machen einfach Gebrauch von unserem Körper, wir leben in ihm und durch ihn. Wenn ich gesund bin und keine Schmerzen habe, wenn mich nicht Hunger und Durst quält, ist dieser Körper im alltäglichen Lebensvollzug zudem etwas völlig Unauffälliges.

Andererseits ist mein Körper aber auch ein materielles Objekt unter anderen, das von mir, von einem immateriell gedachten Ich, fast wie von außen her betrachtet werden kann. In diesem Fall bin ich und mein Körper etwas Unterschiedenes. Zwar ist mein Körper untrennbar mit mir verbunden, ich trage ihn immer mit mir herum, aber ich sage nun nicht, ich *bin* mein Körper, sondern ich *habe* einen Körper. Eine gewisse Fremdheit hat sich zwischen mein Ich und meinen Körper eingeschlichen. Man könnte auch vom *Außenaspekt* des eigenen Körpers gegenüber dem *Innenaspekt* des ersten Falles reden.

Im ersten Fall hat mein Körper eine vermittelnde Funktion: ich, in und durch meinen Körper, tue etwas oder nehme etwas wahr; im zweiten Fall zeigt sich mein Körper als materielles Objekt. Eduard Kaeser spricht im ersten Fall vom Körper als *Medium*, im andern vom Körper als *Materie*, eine Terminologie, die ich im Folgenden übernehmen werde.[2] Im Deutschen bietet sich auch die Möglichkeit an, die beiden Fälle mit den Wörtern „Leib" und „Körper" zu unterscheiden, d.h. vom Leib zu sprechen, wenn der mediale Aspekt gemeint ist und vom Körper, wenn sein objektivierbarer materieller Aspekt gemeint ist.

Diese beiden eben angedeuteten Weisen der Körpererfahrung bestehen nicht einfach nebeneinander oder gar miteinander, sondern sie schließen sich in gewissem Sinne gegenseitig aus: Als Medium ist der Körper nicht objektiviert und nicht objektivierbar; als Objekt hat er nicht mehr die vermittelnde Funktion. Wenn ich z.B. meine Hand gebrauche, mit ihr etwas greife, ertaste, dann weiß ich nichts von meiner Hand, sondern ich greife, ich taste; meine Hand ist ganz Medium und meine Aufmerksamkeit ist ganz auf das Ergriffene oder Ertastete gerichtet; die Hand bleibt unsichtbar und verborgen. Ganz anders ist die Situation, wenn ich die Aufmerksamkeit auf meine Hand richte, wenn sie z. B. nicht wie üblich funktioniert, wenn sie plötzlich schmerzt oder gelähmt ist, dann wird sie auffällig und Objekt meiner Aufmerksamkeit, ein materielles, mir irgendwie fremd gewordenes Objekt; die intime Vertrautheit mit meiner gesunden Hand ist zerstört. Ein immaterielles Ich hat sich vom Körper losgesagt und macht diesen zum Objekt. (Vielleicht hat gerade die Erfahrung der Gebrechlichkeit unseres Leibes die Menschen immer wieder dazu verführt, das Personsein als etwas Immaterielles, und somit Unzerstörbares, vom materiellen Körper Verschiedenes zu denken.)

Die Grenzen des materiellen Körpers und die Grenzenlosigkeit des Leibes als Medium

Der eigene Körper als Medium und der eigene Körper als materielles Objekt sind nicht bloß zwei Sichtweisen bezüglich des eigenen Leibes, sondern es sind zwei Weisen des In-der-Welt-seins oder zwei Weisen der Welterfahrung. Das wird deutlich, wenn wir das Verhältnis des eigenen Körpers zu seiner Umwelt reflektieren.

Mein objektivierter Körper hat eine klare Grenze, eine Oberfläche, die durch die Haut gebildet wird; alles was außerhalb dieser Haut ist, gehört nicht mehr zu mir. Mit dieser Grenze stoße ich an andere Körper und erfahre so die materielle Wirklichkeit der Umwelt. Ganz anders ist es mit dem Körper als Medium: Er hat keine durch die Haut definierte feste Grenze, wir erfahren ihn gerade nicht als einen geometrischen Körper im Raum, sondern als ein vertrautes Innen, auf das etwas von außen wirkt, oder das etwas nach außen tut, ohne dass eine bestimmte, für immer feste Grenze gegeben ist. Denn wenn wir mit unseren Augen sehen, dann *sind wir* bei dem Gesehenen, wenn wir hören, dann *sind wir* beim Gehörten, irgendwo im Raum, der mit Klängen oder Geräuschen erfüllt ist. Erst wenn wir über das Sehen und Hören nachdenken, kippen wir in die andere Körpererfahrung, wir denken dann an Sinnesorgane und an die Physik des Lichtes und des Schalles; das Sehen und Hören findet dann im Gehirn statt.

Ein banales Beispiel für die Verschiebung der Grenze weg von den Grenzen meines materiellen Körpers ist der Werkzeuggebrauch. Für den Geübten gehört der Hammer zur Hand und bleibt ebenso unauffällig wie die Hand: „Ich schlage einen Nagel ein", in dieser Tätigkeit erscheint das Hand-Hammer-Medium ebenso wenig wie in der Sprache. Ein anderes oft zitiertes Beispiel ist der Gebrauch eines Stockes als Sonde[3]: Hand und Stock bilden eine unsichtbare Einheit und wir tasten unmittelbar mit der Spitze des Stockes die zu untersuchende Oberfläche ab; sobald unsere Aufmerksamkeit aus irgend einem Grunde auf die Verbindung zwischen Hand und Stock gelenkt wird, verliert der Stock seine Funktion als Sonde. Man könnte eine Vielzahl wesentlich raffinierterer und technisch komplizierterer Beispiele anführen.[4]

Wie das Beispiel des Sehens und des Hörens zeigen, greift unsere leibliche Präsenz in gewisser Weise über die Grenze unseres materiellen Körpers hinaus. In unsere medial leibliche Gegenwart ist immer auch ein Teil der Umwelt mit eingeschlossen; als Person hören wir nicht einfach an der

Grenze unseres materiellen Körpers auf. Wir vermeiden z. B. nicht nur den direkten Körperkontakt mit uns fremden Personen, sondern wir empfinden schon die allzu große Nähe der anderen Person als ein Eindringen in unsere Intimsphäre, als ein Eindringen in den Bereich unseres eigenen Leibes. Im Modus des Mediums ist der Raum um uns strukturiert, sowohl durch die leiblich-sinnliche Wahrnehmung als auch durch unsere Eigenbewegung. Unter dem medial leiblichen Aspekt sind die Räume um uns nicht bloß neutrale Gefäße für Objekte, sondern sie haben selber Qualitäten, sie sind mit Wirklichkeit erfüllt, die unsere Befindlichkeit beeinflusst. Als Physiker könnte man geneigt sein, dafür, zumindest metaphorisch, den Begriff des Feldes zu gebrauchen; aber der Feldbegriff impliziert zu sehr etwas räumlich Lokalisierbares und Objektivierbares, was hier gerade nicht der Fall ist. Adäquater spricht man deshalb einerseits von *atmosphärisch geladenen Räumen* – damit ist auch das Thema dieses Symposiums angesprochen –, aber es sind andererseits auch durch die persönliche Bewegungserfahrung mit einer eigenen Struktur ausgestattete Räume. Unsere leibliche Bewegungserfahrung ist neben der sinnlichen Wahrnehmung entscheidend für unsere Befindlichkeit in der Umwelt. Es können vertraute oder fremde Räume sein, Räume in denen ich – im wörtlichen und übertragenen Sinne – zu Hause bin, in denen jede Bewegung etwas Selbstverständliches ist, Umwelt, die ein Teil von mir ist, unauffällig wie mein Körper. Meine Wohnung oder eine vertraute Landschaft[5] haben diese Qualität. Oder es sind fremde Räume, die durch Bewegung erst erkundet werden müssen, Räume, die mir eventuell auch Angst machen, die mich isolieren, in denen ich mich kaum zu bewegen wage. Im Modus der leiblichen Erfahrung leben wir nie in einem geometrisch strukturierten neutralen Raum. Nur im Modus der materiellen Körperlichkeit, wenn das Ich sich vom eigenen Leib distanziert hat, bewegen wir uns wie Automobile unter anderen Gegenständen in einem an sich neutralen Raum.

Bloße Bilder von Landschaften oder von Wohnräumen, um bei den erwähnten Beispielen zu bleiben, vermitteln die nur leiblich erfahrbare Struktur und Atmosphäre dieser Räume nicht. Aber so wie bloße literarische Beschreibungen von Landschaften und Wohnräumen wecken auch Bilder in uns – wenn sie „gut gemacht" sind – Erinnerungen an entsprechende eigene leibliche Erfahrungen und transportieren so etwas Atmosphärisches.

Ein historischer Exkurs

So sehr wir im praktischen Lebensvollzug leibliche Wesen sind und unseren Leib als Medium gebrauchen, so ist das Menschenbild in unserer Kultur ganz und gar durch die andere Vorstellung geprägt: Wir verstehen uns meistens, und vor allem wenn wir darüber nachdenken, als immaterielle Ichs, als Subjekte, die einer materiellen Welt von Objekten, zu der dann auch mein eigener Körper gehört, gegenüberstehen. Natürlich gehört die Objektivierung ebenfalls zu unserem Menschsein, ja sie ist wahrscheinlich sogar entscheidend für unser Überleben. Aber die objektivierende Einstellung ist in unserer Kultur, vor allem seit der Neuzeit, so sehr zur absolut dominierenden und unser Menschenbild einseitig prägenden Weise geworden, dass der medial leibliche Modus aus unserem Menschenbild verdrängt worden ist. Diese Einseitigkeit ist ein Vorurteil unserer Kultur, das durch die wissenschaftlich-technische Zivilisation z. T. extreme Formen angenommen hat. Es lohnt sich deshalb, einen Blick auf die Wurzeln dieses Vorurteils zu werfen.

Das Rationalitätsprinzip und der cartesische Leib-Seele-Dualismus

Hinter dem materiellen Körperkonzept steckt offensichtlich noch immer die Trennung der Welt in ein Reich des Materiellen und räumlich Ausgedehnten und ein Reich des Seelisch-Geistigen, die René Descartes im 17. Jahrhundert postuliert hat. Für Descartes waren das tatsächlich zwei Reiche des Seins, zwei verschiedene Substanzen, die zusammen die Welt ausmachen. Auch wenn heute niemand mehr diese Position ohne Differenzierungen vertritt, so hat sich gleichwohl das daraus folgende Menschenbild im Prinzip bis heute erhalten: Der Mensch hat Anteil an beiden Reichen, er ist materiell eine Art Automat, der von etwas Immateriellem gesteuert wird. Das cartesische Ich ist der Steuermann für das leibliche Vehikel. Interessant ist, dass sich Descartes bewusst war, dass dieses Bild oder diese Analogie, die er theoretisch mit Überzeugung vertreten hat, so nicht stimmt, dass dieses Ich eigentlich eine andere, engere Verbindung zu seinem Leib hat:

> „Ferner lehrt mich die Natur durch jene Schmerz-, Hunger-, Durstempfindungen usw., dass ich meinem Körper nicht nur wie ein Schiffer seinem Fahrzeug gegenwärtig bin, sondern dass ich ganz eng mit ihm verbunden und gleichsam vermischt bin, so dass ich mit ihm eine Einheit bilde. Sonst würde ich nämlich,

der ich nichts als ein denkendes Wesen bin, nicht, wenn mein Körper verletzt wird, deshalb Schmerz empfinden, sondern ich würde diese Verletzung mit dem reinen Verstand wahrnehmen, ähnlich wie der Schiffer mit dem Gesicht wahrnimmt, wenn irgend etwas am Schiff zerbricht, und ich würde alsdann, wenn der Körper Speise oder Getränk braucht, eben dies ausdrücklich denken, ohne verworrene Hunger- oder Durstempfindungen zu haben."[6]

Warum also vertritt Descartes in seiner Philosophie trotzdem jene Trennung von Geist und Materie? Eine Trennung, die bis heute kaum lösbare Probleme erzeugt hat? Mit Schmerz, Hunger und Durst manifestiert sich offensichtlich ein anderes Verhältnis zum Leib; aber davon darf das reine Denken nichts wissen. Dieses Leibliche wird bei Descartes einem Rationalitätsideal geopfert: Nur was *klar* und *deutlich* ist, führt zu wahrer Erkenntnis, zu Einsichten von der Qualität der mathematischen Sätze. Leibliche Empfindungen haben diese Qualität nicht, sie sind verworren, und müssen deshalb aus dem Denken ausgeschlossen werden. Der Körper ist gewissermaßen etwas Störendes für das reine Denken, er verunreinigt es mit Begierden, Leidenschaften, Schmerzen usw. Descartes' Meditationen sind eine Anleitung zum Denken, als ob wir keinen Leib hätten. Durch diese Leibleugnung gelangt er schließlich zu jener ersten und unbezweifelbaren Gewissheit, zu jenem Anfangspunkt, der durch das „ich denke" gegeben ist. Aber dieses denkende Ich bleibt nun ein *entleiblichtes* Ich.

Wenn vom Leibe-Seele-Dualismus oder vom Geist-Materie-Problem die Rede ist, stellen Sie sich vielleicht die Frage: Was sind denn die heutigen Antworten auf diese alten philosophischen Probleme? Gibt es nicht eine Neurobiologie, Hirnforschung, Kognitionsforschung und eine moderne Psychologie, die hierzu etwas zu sagen haben? Tatsächlich ist über das Verhältnis von Geist und Gehirn seit Descartes viel geforscht worden. Aber – und das möchte ich hier mit aller Deutlichkeit betonen – das Geist-Materie-Problem ist nun gerade nicht das Problem, das ich hier zu explizieren versuche. Der Geist-Materie-Dualismus mit allen seinen Differenzierungen und philosophischen Schattierungen, die er durch den heutigen Stand der Forschung erhalten hat, gehört insgesamt immer auf die eine Seite der hier geschilderten Weisen des Menschseins, nämlich auf die materiell objektivierende, wogegen in der anderen Weise, in der der Leib als Medium erfahren wird, all das neuronale Wissen und das Geist-Materie-Problem unsichtbar bleiben. Es geht also nicht um wissenschaftliche oder philosophische Fragen zur Geist-Materie-Diskussion, sondern um zwei verschiedene Formen der menschlichen Erfahrung, die durch philosophische Ideen und durch die daraus resultierende Forschung in unserer Kultur verschiedenes Gewicht erhalten haben.

Die Suche nach den objektiven Eigenschaften der Dinge

Nicht nur das Rationalitätsprinzip hat zu einem Ausschluss des Leiblichen beigetragen, die Suche nach sicherer Erkenntnis hat gleich noch einen zweiten philosophischen Schlag gegen das Leibliche geführt: sie hat die sinnliche Wahrnehmung entleiblicht. Die neue Naturwissenschaft stellte im 17. Jahrhundert die Frage (ebenfalls Descartes, sowie v.a. Galilei und Locke): Was sind die wahren, die objektiven Eigenschaften der Dinge, was sind Eigenschaften, die den Dingen zukommen, ohne dass ein wahrnehmendes Wesen vorhanden ist, im Unterschied zu Eigenschaften, die nur für uns und durch uns als wahrnehmende Subjekte existieren (man nannte das die primären und die sekundären Eigenschaften). Im 17. Jahrhundert galten als objektiv im Wesentlichen nur die geometrischen und kinematischen Eigenschaften der materiellen Körper. Alle anderen Qualitäten, die wir mit unseren Sinnen wahrnehmen, also die Farben, die Töne, die Gerüche und Geschmäcker wurden zu sekundären Qualitäten degradiert, zu Qualitäten, die nur für uns, aufgrund unserer Sinnesorgane existieren und die nun – als Aufgabe an die Wissenschaft – aus den primären Qualitäten erklärt werden müssen (z.B. die Töne als Schwingungen der Luft, die Farben als Schwingungen eines hypothetischen Mediums, des Äthers usw.). Für die Wissenschaft löste diese Suche nach dem Objektiven ein bis in unsere Zeit verfolgtes reduktionistisches Programm aus, das letztlich zu den Elementarteilchen als den wahren materiellen Bausteinen führte, deren Eigenschaften nunmehr die wahren, objektiven Eigenschaften der Dinge sind. Diese neue erkenntnistheoretische Einstellung hat aber nicht nur unsere moderne Naturwissenschaft erzeugt, sie hat gleichzeitig auch an breiter Front unsere sinnliche Wahrnehmung abgewertet und damit den Leib als Medium verdrängt. Hierzu die folgenden Bemerkungen:

- Die neue objektivierende Erkenntniseinstellung führte zu einer *Abwertung der sinnlichen Wahrnehmung*, da diese nach neuer Sicht ja mehrheitlich nur subjektive und oft auch unzuverlässige Informationen über die Welt liefert. Sie führte auch zu einer Zerlegung der ganzheitlichen Sinneswahrnehmung in Daten der einzelnen Sinnesorgane und zu einem Ersatz der unmittelbaren Sinneswahrnehmung durch instrumentelle und wenn möglich quantifizierende Beobachtung.

- Die Erkenntnis von Dingen mit festen, objektiven Eigenschaften, die Abtrennung einer Welt realer Gegenstände von trügerischem Schein ist sicherlich wichtig für eine erfolgreiche Lebenspraxis. Ohne einen gewissen Realitätssinn wären wir nicht lebensfähig. Die Dinge, die immer schon auch zu unserer leiblich erfahrenen Welt gehörten, die in leiblich strukturierten Räumen auftreten, haben aber alle immer einen Bezug zum wahrnehmenden Menschen, sie werden aus einer menschlichen Perspektive gesehen. Die Gegenstände der modernen, radikal nach Objektivität strebenden Wissenschaft dagegen, werden nicht mehr unter einer menschlichen Perspektive gesehen. Die radikale Objektivitätsforderung der Wissenschaft will vielmehr diese menschliche Perspektive überwinden, und nicht wenige Wissenschafter sind wohl der Meinung, dass dieses Ziel bereits weitgehend erreicht ist. Objektiv bedeutet, von *jeglicher* Perspektive frei zu sein. Objektives Wissen ist in letzter Konsequenz ein Wissen, das jedem denkenden Wesen – wohlverstanden auch einem *leibfreien* Wesen – vermittelt werden kann, also z. B. auch einem Außerirdischen.[7] Ich halte das – aus Gründen, die ich hier leider nicht näher ausführen kann – für einen gefährlichen Irrtum.
- Der Preis für diese Objektivität ist hoch: Die objektive Realität, also das, was wir wissenschaftlich über die Welt wissen, hat sich radikal abgelöst von der Wahrnehmungswirklichkeit, von der leiblichen Welterfahrung. Nicht nur kommt die sinnliche Vielfalt der Welt, so wie wir sie als leibliche Menschen erleben, in der Wissenschaft nicht vor, sondern die meisten Eigenschaften, die wissenschaftlich den materiellen Körpern zukommen, sind der sinnlichen Wahrnehmung sogar unzugänglich.

Das Resultat dieser Geschichte ist, dass wir heute in einer von Wissenschaft und Technik geprägten Kultur leben, die scheinbar leibfrei funktioniert.

Leibfreie Erfahrung: Beispiele heutiger Problembereiche

Ich möchte an zwei Beispielen zeigen, wie durch die wissenschaftlich-technische Zivilisation das Verhältnis der beiden Weisen der Welterfahrung einseitig verändert worden ist, und wie diese Einseitigkeit nachgerade auch als Problem und als Defizit empfunden wird.

- Die Problematik der Verdrängung des Leiblichen gegenüber dem objektiven Körper wird exemplarisch in der *Medizin* sichtbar. Die moderne Medizin beruht ganz und gar auf einem naturwissenschaftlichen Verständnis des menschlichen Körpers, sie ist naturwissenschaftliche Technik mit allen Konsequenzen. Der Zustand unseres Körpers wird in medizinischer Sicht durch objektive Laborwerte und eine Vielzahl von instrumentell erhobenen Daten ermittelt und definiert. Diese Daten entscheiden über gesund und krank, über eventuell notwendige Reparaturen und Eingriffe. Als Patienten haben wir jedoch gleichzeitig ein ganz anderes Verhältnis zu unserem Körper: Wir fühlen unseren Zustand, d. h. wir fühlen uns schwach, schlaff, fiebrig, wir haben Schmerzen usw. Diese Befindlichkeit ist von ganz anderer Art als der Befund des Arztes. Angesichts dieser Situation befindet sich der Arzt gewissermaßen in einer dilemmatischen Situation, indem er die beiden Erfahrungsquellen, die durch Befragung des Patienten erfahrbare Befindlichkeit und die objektiven Daten des Befundes zusammenbringen muss. Der naturwissenschaftlich ausgebildete „Schulmediziner" wird die Befindlichkeit des Patienten im Hinblick auf den objektiven Befund deuten – indem der letztere ja die eigentliche, da objektive Information über die Gesundheit und Krankheit des Patienten liefert und nicht die subjektive Befindlichkeit des Patienten. Falls der Befund jedoch nicht mit der Befindlichkeit des Patienten übereinstimmt, ist der Arzt ziemlich ratlos. Man denke etwa an Patienten mit chronischen Schmerzen, denen kein Befund entspricht. Es ist deshalb nicht verwunderlich, dass sich heutzutage neben der naturwissenschaftlichen Schulmedizin eine (un)wissenschaftliche Komplementär- oder Alternativmedizin entwickelt. Diese Komplementärmedizinen zeichnen sich unter anderem wohl gerade dadurch aus, dass sie die Befindlichkeit des Patienten ernster nehmen und umfassender berücksichtigen als es der reine Schulmediziner gewohnt ist.
- Die wissenschaftlich-technische Zivilisation hat mit den technischen Möglichkeiten der Bildproduktion in *Fotografie, Film* und *Fernsehen* einen entleiblichten Menschentypus hervorgebracht, einen Menschen, der die Welt nur noch im Bild, also in einem distanzierenden Zuschauerverhältnis erfährt. Die Dominanz der Bilder ist deshalb von besonderer Bedeutung, weil das Auge von Natur aus der distanzierendste aller Sinne ist, der Sinn, der uns am leichtesten das leibliche Medium vergessen lässt.[8] Das Bild vertritt mehr und mehr die Stelle der Wirklichkeit – Wirklichkeit als das, was auf einen leiblich anwesenden Menschen wirkt. Die Welt wird zur Fernsehwirklichkeit. Das führt zu irritierenden Situationen, wenn wir uns etwa zu Hause entspannt und wohlgenährt

Fernsehbilder von hungernden Menschen auf der anderen Seite der Erdkugel ansehen. Auch der moderne Tourismus ist dank der Technik eine weitgehend entleiblichte Form des Reisens geworden, sowohl was die Art der Fortbewegung angeht als auch durch die Flut der Bilder, die dabei erzeugt werden und die dann das kaum leibhaftig Erfahrene vertreten. Landschaft z.B., die ich oben als leiblich erfahrene Umwelt bezeichnet habe, wird so zum bloßen, beliebig austauschbaren Bild. Die Bilderflut, die uns heute umgibt, ist symptomatisch für unsere Zuschauerposition, die wir der Welt gegenüber einnehmen. Das Brisante an dieser Situation ist, dass diese Bilder uns zwar von der leiblich erfahrenen Welt trennen, uns deshalb aber keineswegs ein objektives Bild der Welt liefern. Weil die Bilder indirekt und manchmal unabsichtlich, manchmal aber auch gezielt und absichtlich sehr viel Emotionales und Atmosphärisches transportieren, ist ihre Wirkung alles andere als distanziert objektivierend. Es entsteht vielmehr eine neue, von den Bildmedien geschaffene Wirklichkeit, die letztlich einen kontinuierlichen Übergang zu bloß virtuellen Welten ermöglicht, zu Welten, die nicht mehr den Einschränkungen der leiblich erfahrbaren Wirklichkeit unterworfen sind. Je nach Blickrichtung kann das als Fortschritt oder als Verlust bewertet werden.

Komplementarität

Ich habe versucht, Ihnen zwei ganz verschiedene Weisen der Welterfahrung deutlich zu machen: Eine objektivierende, von der Person sich distanzierende Wahrnehmung des eigenen Körpers als auch der umliegenden materiellen Dinge; das denkende Ich bleibt dabei als Zuschauer außerhalb dieser materiellen Welt, es ist ein körperloses Ich. Auf der anderen Seite eine personifizierte Welterfahrung, die von der leiblichen Präsenz ausgeht und den Leib als Medium zur Umwelt braucht; das Ich ist leibliches Ich und leiblich eingelassen in die Welt.

Ich habe im Titel meines Vortrages behauptet, diese beiden Weisen der Welterfahrung seien komplementär. Mit dem Begriff „komplementär" meine ich, dass sie sich gegenseitig zwar ausschließen, aber dennoch beide einander ergänzen und somit beide notwendigerweise zu unserem Menschsein gehören. Dieser Komplemetaritätsbegriff wird hier in Analogie zu seinem Gebrauch in der Quantenphysik verwendet. So ist z.B. Licht zugleich etwas Wellenartiges als auch etwas Teilchenartiges, aber wir können im Experiment nicht gleichzeitig beide Aspekte nachweisen.

Die Wellen- und die Teilcheneigenschaft schließen sich gegenseitig aus, aber sie gehören beide zusammen zur vollständigen Beschreibung des Lichtes. Niels Bohr hat ein solches Verhältnis von Eigenschaften, das für die quantentheoretische Beschreibung der mikroskopischen Natur fundamental ist, als *komplementär* bezeichnet. Eduard Kaeser, der diesen Begriff ebenfalls für die mediale und materielle Weise des Körperseins gebraucht hat, weist mit Recht darauf hin, dass diese hier angesprochene anthropologische Komplementarität der Seinsweisen unseres Körpers wohl die ursprünglichste Form von Komplementarität überhaupt ist.[9]

Über die gegenseitige Ausschließung habe ich bereits Andeutungen gemacht. Der eigene Körper als Medium bleibt verborgen, er gehört zur Person, er ist diese Person, es gibt keine Distanz zwischen meinem Ich und meinem Körper. Umgekehrt verliert mein Körper seine Funktion als Medium, sobald ich zu ihm auf Distanz gehe, sobald mein Ich sich von seinem Leib unterscheidet und ihn zum materiellen Objekt macht. Alles Leibliche wird dadurch problematisiert, insbesondere die sinnliche Wahrnehmung wird problematisch, da sich nun die Frage stellt, was erfahren wir tatsächlich über die Dinge da draußen und was ist bloße Erscheinung, was ist eventuell nur ein Artefakt unserer Sinne: Was ist Sein und was ist Schein? Ich erinnere noch einmal an das einfache Beispiel des Gebrauches einer Sonde: Die Hand, die einen Stock als Sonde braucht, kann nicht gleichzeitig als Hand, die einen Stock führt, problematisiert werden. Die Aufmerksamkeit ist entweder an der Spitze des Stockes und das ganze Hand-Stock-Gebilde bleibt verborgen, man vertraut auf seine Einheit. Oder aber man problematisiert dieses Hand-Stock-Gebilde und verliert gleichzeitig die Fähigkeit, den Stock effektiv als Sonde zu gebrauchen.

Die beiden Erfahrungsweisen gehören aber immer zusammen zu unserem Menschsein. Wir brauchen unseren Körper als Medium, wir könnten gar nichts tun, ohne diese mediale Funktion. Auch das objektivierende Verhältnis zu unserem Körper und zu den Objekten um uns ist eine Lebensnotwendigkeit und nicht etwa nur eine philosophische Mode. Ohne diese Objektivierung würden wir die Realität, die Faktizität der Welt verfehlen, wir würden lebensunfähig sein. Mit Michael Polanyi könnte man auch sagen:

Die medial leibliche Erfahrung bildet das *implizite* Hintergrundwissen, das unabdingbare Voraussetzung für das *explizite* Objektwissen ist.[10] Beide Weisen des Körperseins gehören deshalb zu uns und sind wichtig für uns. Sie sind in uns koexistent, aber sie können nicht gleichzeitig im Zentrum unserer Aufmerksamkeit sein.

Zusammenfassend kann man sagen: Als Menschen leben wir stets mit diesem doppelten Verhältnis zu unserem Körper, aber unsere abendländische Kultur, vor allem seit der Aufklärung, hat sehr einseitig nur das objektivierende Körperverhältnis thematisiert und damit ein sehr einseitiges Menschenbild propagiert. Es ist deshalb nicht verwunderlich, dass auf dem Höhepunkt der wissenschaftlich-technischen Zivilisation die andere Seite unseres Körperverhältnisses Thema wird. Der Ruf nach einer neuen Ästhetik, einem neuen ökologischen Naturverständnis, einer ganzheitlicheren Medizin zielen alle in dieselbe Richtung: sie erinnern an die vernachlässigte komplementäre Weise, an den leiblichen Menschen. Und das Thema dieses Symposiums gehört ganz eindeutig in den Bereich der leiblich medialen Weise des Menschseins.

Anmerkungen

1 Die nachfolgenden Überlegungen sind wesentlich beeinflusst durch Gespräche mit meinem Berner Kollegen *Eduard Kaeser* und von dessen z. T. unveröffentlichten Arbeiten.

2 Eduard Kaeser: *Medium und Materie. Für ein komplementaristisches Konzept des menschlichen Körpers,* Philosophia naturalis 34, 1997, S. 327-362

3 Vgl. hierzu auch die für dieses Beispiel aber auch für das Folgende ganz allgemein erhellende Diskussion bei Michael Polanyi: *Tacit Knowing: Its Bearing on Some Problems of Philosophy.* Rev. Modern Physics 34 (1962), S. 601-616, sowie: *The Tacit Dimension.* New York: 1966 (dt. *Implizites Wissen,* Frankfurt am Main: Suhrkamp, *1985)*

4 Beispiele über den Werkzeuggebrauch sind jedoch nur bedingt erhellend für die Grenzenlosigkeit des medialen Leibes, da sie sich zumeist am materiellen Charakter der Umwelt orientieren: Der Hammer, der den Nagel einschlägt, und die Sonde, die eine Oberfläche ertastet, erproben die körperlich materielle Widerständigkeit der Dinge und setzen klar eine Grenze zwischen mir bzw. dem Werkzeug und den äußeren Gegenständen.

5 Zum Begriff der Landschaft vgl. Eduard Kaeser, *Leib und Landschaft. Für ein Naturverständnis „bei Sinnen",* Philosophia naturalis 36 (1999), S. 117-156

6 René Descartes: Sechste Meditation. Paris, 1641, S. 102; (zitiert nach: Descartes, Meditationes, hrsg. von A. Buchenau. Hamburg: Felix Meiner Verlag, 1959, S. 145)

7 Vgl. die Plakette, die die NASA 1972 an der Pioneer 10 (eine Raumsonde, die als erstes menschliches Artefakt das Sonnensystem verlassen hat) zur Information von außerirdischen intelligenten Wesen angebracht hat.

8 Vgl. hierzu: Hans Jonas, *Vom Adel des Sehens,* in: H. Jonas, *Organismus und Freiheit,* Göttingen, 1973, S. 198-225

9 „Der Begriff der Komplementarität stammt zwar aus der Grundlagendiskussion der modernen Physik. Aber er ist primär anthropologisch, vom menschlichen Körper her zu verstehen, nicht vom physikalischen." *(Medium und Materie.* S. 356)

10 Vgl. Anmerkung 3

Atmosphären wahrnehmen, Atmosphären gestalten, mit Atmosphären leben: Ein neues Konzept ästhetischer Bildung

Gernot Böhme

Ästhetische Bildung

Das Fach Kunst in der Schule kennt ein eigentümliches Schwanken zwischen resignativer Bescheidenheit und überschwenglichem Anspruch. Wie das Fach Physik die Schüler nicht zu kleinen Physikern, das Fach Mathematik die Schüler nicht zu Mathematikern machen kann, so kann es auch für das Fach Kunst nicht die Aufgabe sein, die Schüler und Schülerinnen, sei es zu Künstlern, sei es zu Kunstkritikern zu machen. Gleichwohl besteht ein großer Teil der Bemühungen gerade darin, elementare Kenntnisse zu vermitteln und Kompetenzen auszubilden, die in diese Richtung weisen. Die Schüler und Schülerinnen sollen künstlerische Techniken kennen lernen, sie sollen ihr Wahrnehmungsvermögen ausbilden und sich auszudrücken verstehen. Ferner sollen sie Kenntnisse über die Gattungen bildender Kunst erwerben: sie sollen Kategorien bilden, Werke analysieren und darüber reden können. Das alles führt nicht weit und enthält viele Enttäuschungen für beide Seiten, für Lehrer wie für Schüler. Bescheidenheit ist angezeigt.

Auf der anderen Seite sind die Ansprüche des Faches äußerst hoch, sie gehen ins Grundsätzliche: Das Fach will *zur Ich-Entwicklung beitragen,* es will *Individualität und Fähigkeit zur Emanzipation entwickeln, innovatives Denken, Erfindungsgabe und Problemhandeln fördern, kulturelle Orientierung anstreben* und schließlich *einen Beitrag zur Berufsorientierung leisten.* Das sind Formulierungen aus dem Hamburger *Rahmenplan bildende Kunst* für die Sekundarstufe I – ähnliche Formulierungen werden sich unschwer in anderen Rahmenplänen finden lassen. Diese eigentümliche Sammlung von Zielbestimmungen zeigt, dass man dem Fach Kunst etwas weit über das Fachspezifische Hinausgehendes zutraut, nämlich Bildung – nicht im Sinne von Wissenserwerb, sondern im Sinne von Menschenbildung. Dieser Anspruch mag berechtigt sein, aber so wie er zum Ausdruck gebracht wird, bleibt er ein Sammelsurium von Zielen, weil weder der Ausgang, noch das Ziel von Menschenbildung bestimmt sind. Weder wird gesagt, womit sich das Fach Kunst in seiner Bemühung um Menschenbildung auseinandersetzen muß, das heißt in welcher Welt wir leben und wie die Menschen, auch schon die Kinder durch diese Welt geprägt sind. Noch wird die Frage gestellt, was es heißt ein Mensch zu sein, das heißt worauf es mit all den genannten Zielen hinauslaufen soll.

Ich will versuchen, mich mit beiden Fragen auseinanderzusetzen und tue das, wie es wohl nahe liegt, indem ich zunächst an Schillers Briefe *Über die ästhetische Erziehung des Menschen* erinnere.

Erinnerung an Schillers Schrift
Über die ästhetische Erziehung des Menschen in einer Reihe von Briefen von 1795

Um Schillers Briefe zu verstehen, ist es heute wichtig daran zu erinnern, wann sie geschrieben sind: 1795, das heißt noch unter dem unmittelbaren Eindruck der Geschehnisse während und unmittelbar nach der Französischen Revolution. Es ist die Schrift des Republikaners Schiller, der die Ziele der Revolution teilte, aber entsetzt war angesichts der blutigen Gewalt, mit der sie sich vollzog. Geht es der Aufklärung allgemein um den Übergang vom Gegebenen zum Gemachten[1], so kann man damit auch das *Projekt der Moderne* charakterisieren. Speziell hielt Schiller den Übergang vom Naturstaat zum Vernunftstaat für notwendig (3. Brief)[2]. Schillers These ist nun, dass der unmittelbare Übergang vom Naturstaat zum Vernunftstaat in die Barbarei führt, weil die Menschen nicht darauf vorbereitet sind und durch Befreiung von dem einen Zwang, nämlich der Natur, dem anderen Zwang, nämlich dem Zwang der Prinzipien verfallen[3]. Daraus folgert Schiller, dass die Menschenbildung eine Voraussetzung ist für den Übergang zum Vernunftstaat, oder auch zum moralischen Staat, wie er gelegentlich sagt. Der Gegensatz von Natur und Vernunft finde sich nämlich im Menschen selbst und er müsse dort, *im Innern,* vermittelt und versöhnt werden.

Das Auseinanderfallen von Sinnlichkeit und Verstand sieht Schiller als ein Produkt der gesellschaftlichen Organisation, insbesondere der Arbeitsteilung an. Er meint, dass zugunsten der Effizienz des Ganzen der einzelne Mensch ganz einseitig ausgebildet werde und damit auch ganz unvollständig Mensch sei[4]. Diese Trennung der Vermögen bzw. ihre asymmetrische Ausbildung erkennt er auch in der Klassentrennung der Gesellschaft. Die „niedern und zahlreichen Klassen" – wie er sich ausdrückt

(5. Brief) – sind der Sinnlichkeit zugewandt, während die zivilisierten Klassen, er denkt sichtlich an die bürgerliche und an die Feudalklasse, der Sinnlichkeit entfremdet sind und versuchen, ihr Leben rational einzurichten. Diese Differenz spiegelt er dann noch einmal in eurozentrischer Sicht als die Differenz der Wilden im Verhältnis zu den zivilisierten Nationen (4. Brief).

Die Lösung des Problems sieht er in der ästhetischen Erziehung. Sie soll die menschlichen Vermögen miteinander versöhnen, indem sie durch ein drittes, das er dann Spieltrieb nennen wird, vermittelt werden. Mit diesem Vorschlag befindet er sich auf Wegen, die von Kant in dessen *Kritik der Urteilskraft* vorgezeichnet wurden. Ich möchte deshalb kurz daran erinnern, weil dadurch Schillers Vorschläge leichter mitteilbar und plausibler werden. Nach Kant nennt man einen Gegenstand schön, wenn in seiner Gegenwart die Einbildungskraft zu einem freien Spiel zwischen Sinnlichkeit und Verstand veranlaßt wird.[5] Die Lust an der Schönheit besteht in der Freiheit dieses Spiels – von daher die Rolle des Spiels bei Schiller. Kant weist zugleich – übrigens im Einklang mit Burke – der Schönheit eine Gesellschaft stiftende Funktion zu. Wir können den anderen Menschen an unseren Empfindungen teilhaben lassen, indem wir unsere Umgebung geschmackvoll einrichten, und das heißt, mit schönen Dingen versehen. Von daher Schillers Idee der Vergesellschaftung durch Schönheit, die im Konzept des ästhetischen Staates kulminiert. Und schließlich rechtfertigt Kant den moralischen Schein, das heißt, dass man durch gesittetes Benehmen sich den Anschein gibt, gut zu sein. Kant hofft darauf, dass man so auf lange Sicht wirklich moralisch wird, dass es also nicht beim Schein bleibt. Aber der moralische Schein stellt eben doch die mittlere Stufe in der Bildung des Menschen zum Menschen dar, die nach Kant nämlich von der Zivilisierung über die Kultivierung zur Moralisierung führt. Bei Schiller könnte man glauben, Kultivierung sei das eigentliche Ziel, zumindest ist es die *conditio sine qua non* für das wahre Menschsein.

Für Schiller nun ist der Zusammenhang von Spiel, Schönheit und Freiheit entscheidend. Die ästhetische Erziehung des Menschen zum Menschen besteht darin, den Spieltrieb anzuregen. Er solle die jeweiligen Tendenzen, die Sinnlichkeit und Verstand zugeordnet sind, also den sinnlichen Trieb und – wie er es nennt – den Formtrieb vermitteln. Dem Spieltrieb aber geht es um Schönheit, das leitet Schiller folgendermaßen ab: Der Gegenstand des sinnlichen Triebs sei die Materie, der Gegenstand des Formtriebs die Gestalt, beides zusammengenommen und in Verbindung gebracht sei *lebende Gestalt* – und das ist nach Schiller die Schönheit. Wenn man dem Spieltrieb folgt, beschäftigt man sich also mit Schönheit und dadurch gewinnt man Freiheit sowohl gegenüber den Notwendigkeiten der Natur als auch gegenüber den Prinzipien der Vernunft. Schiller steht nicht an, dies auch mit Hilfe des Gegensatzes von Spiel und Ernst deutlich zu machen: Das Leben verliert im Spiel seinen Ernst:

> „Mit einem Wort: indem es (das Gemüt) mit Ideen in Gemeinschaft kommt, verliert alles Wirkliche seinen Ernst, weil es *klein* wird, und indem es mit der Empfindung zusammentrifft, legt das Notwendige den seinigen ab, weil es *leicht* wird".[6]

Wie geschieht nun die ästhetische Erziehung? Man könnte denken, dass Schiller das darstellende Spiel, das heißt das Theater in den Vordergrund rückt. Das ist aber keineswegs der Fall, vielmehr rechnet er offenbar damit, dass die Vermittlung von Materie und Gestalt bereits im Kunstwerk vollbracht ist, so dass sich die ästhetische Erziehung des Menschen als Kunstbetrachtung vollziehen kann. Durch sie gerät, wie er meint, der Mensch in einen mittleren Zustand, den er dann den ästhetischen Zustand nennt[7]. Im Zustand der Sinnlichkeit ist der Mensch nämlich empfänglich, er läßt sich bestimmen, im Zustand des Verstandes bzw. der Vernunft will er bestimmen – und das Spiel zwischen beiden, das Kant ja bereits als Spiel der Einbildungskraft ausgemacht hat, ist der schwebende Zustand des Ästhetischen: „Das Gemüt geht also von der Empfindung zum Gedanken durch eine mittlere Stimmung über, in welcher Sinnlichkeit und Vernunft *zugleich* tätig sind, eben deswegen aber ihre bestimmende Gewalt gegenseitig aufheben ... Diese mittlere Stimmung, in welcher das Gemüt weder physisch noch moralisch genötigt und doch auf beide Art tätig ist, verdient vorzugsweise eine freie Stimmung zu heißen ...".[8]

Den Ausdruck *Stimmung* scheint mir Schiller hier nicht so sehr im Sinne von *Befindlichkeit* zu verwenden, sondern eher so, wie man von der Stimmung eines Instrumentes redet. Denn die ästhetische Erziehung soll ja nicht zu einem vorübergehenden Anflug, sondern zu einer neuen Verfassung des Gemütes führen.

Damit stellt sich die Frage nach dem Ziel der ästhetischen Erziehung. Vom Bezug auf Kant und der Reflexion auf die Französische Revolution her könnte man meinen, dass der ästhetische Zustand des Menschen nur ein Übergang ist und Spiel auch nur eine Ausnahmesituation. Schließlich ist das Ziel doch im Ganzen der Vernunftstaat, im Einzelnen der moralische Mensch und den Ernst des Lebens wird man ja nicht los.[9] Aber so klar ist das bei Schiller nicht, er schließt seine

Briefe mit der Idee des ästhetischen Staates und schon vorher im 15. Brief hat er das eigentliche, das wahre Menschsein als Spiel bestimmt:

> „Denn, um es endlich auf einmal heraus zu sagen, der Mensch spielt nur, wo er in voller Bedeutung des Worts Mensch ist, und *er ist nur da ganz Mensch, wo er spielt*".[10]

Ästhetische Erziehung des Menschen unter den Bedingungen der technischen Zivilisation und der ästhetischen Ökonomie

Wenn man danach fragt, wie man Schillers Idee einer ästhetischen Erziehung des Menschen unter gegenwärtigen Bedingungen rekonstruieren könnte, so ist das Erste, was man von ihm lernen muß: Erziehung ist kein Schreiben auf einer *tabula rasa* oder die behutsame Pflege eines sich selbst entwickelnden Pflänzchens. Vielmehr findet Erziehung immer schon auf der Basis einer Vorprägung durch und in Konkurrenz mit anderen Bildungsinstanzen statt. Ebenso wie Schiller mit einem schon entfremdeten Menschen und einer zerrissenen Gesellschaft rechnete, müssen wir heute damit rechnen, daß das Projekt einer ästhetischen Bildung in der Schule mit Jugendlichen zu tun hat, die durch eine mächtige Lebens- und Konsumwelt geprägt sind. Die Pädagogik muß sich also fragen, welche Rolle ihr als Korrektiv, um nicht zu sagen, als Therapie in der Entwicklung der Jugendlichen zukommt. Dazu müssen wir zunächst die Lebenswelt und die gegenwärtige Gesellschaft als Bildungsinstanzen ins Auge fassen. Es scheint mir zweckmäßig zu sein, dies unter den beiden Stichworten *technische Zivilisation* und *ästhetische Ökonomie* zu tun.

Unsere Lebenswelt und Gesellschaft sind seit Jahrzehnten von der Arbeits- und Verkehrswelt über die Kommunikation, die Wahrnehmung bis hin zur Kunst einem rasanten Technisierungsprozess unterworfen. Die jüngste Phase in diesem Technisierungsprozess besteht in der Technisierung des menschlichen Körpers. Was bedeutet das Leben in der technischen Zivilisation in bezug auf das Thema *Ästhetik*? Die technische Zivilisation bedeutet, daß menschliche Kommunikation und Wahrnehmung weitgehend und, was die Möglichkeiten angeht, sogar in dominantem Maße durch technische Medien vermittelt sind. Ein sehr großer Teil der gesellschaftlichen Aktivitäten, von der Kommunikation, neuerdings bis hin zum Shopping und Banking vollziehen sich telematisch. Die Wahrnehmung ist noch dort, wo sie unbewehrt, das heißt ohne Geräte geschieht, dominiert durch die Normen und Modelle technisch vermittelter Wahrnehmung. Das Sehen orientiert sich an der Kamera und dem Video, nicht umgekehrt. Die Notwendigkeit, sich an eine technisierte Arbeits- und Verkehrswelt anzupassen und dort angemessen zu agieren, hat zu einer habitualisierten Sachlichkeit, zu einer radikalen Trennung von funktionalem Verhalten und den Emotionen geführt. Die emotionalen Bedürfnisse werden weniger in der Realität als in Bilderwelten, d. h. in Film, Fernsehen usw. befriedigt.

Die zweite dominante Organisationsform unseres Lebens kann man die ästhetische Ökonomie nennen[11]. Das Konzept der *ästhetischen Ökonomie* charakterisiert die Phase der ökonomischen Entwicklung, in der wir uns in den westlichen Industrienationen befinden. Die Ökonomie ist weiterhin als Kapitalismus zu bezeichnen. Als solcher funktioniert diese Ökonomie nur als wachsende. Die Notwendigkeit des Wachstums steht jedoch im Kontrast zu der Tatsache, dass im Bereich dieser Ökonomie die Basisbedürfnisse längst befriedigt sind. Man muß deshalb auf solche Bedürfnisse setzen, deren Befriedigung sie nicht löscht, wie das Trinken den Durst, sondern vielmehr steigert. Es sind Bedürfnisse nach Ausstattung, Inszenierung, nach Verbrauch als solchem. Die Warenproduktion kann deshalb nicht mehr auf den Gebrauchswert der Waren setzen, sondern muß vielmehr Inszenierungswerte schaffen – und das charakterisiert sie als ästhetische Ökonomie. Zusammengefaßt ist unsere Ökonomie keine Ökonomie der Knappheit mehr, sondern eine der Verschwendung. Die puritanische Ethik, die nach Max Weber für die frühe Entwicklung des Kapitalismus grundlegend war, wird in seiner Spätphase obsolet. Nicht Sparen ist die Maxime, sondern Ausgeben, nicht Bestand, sondern Umsatz. Dieser Stil, dieses Denken prägt die reproduktive Sphäre wie die produktive, die private Sphäre wie die öffentliche. Man hat deshalb unsere Gesellschaft auch mit Recht als Konsum- und Erlebnisgesellschaft bezeichnet.[12]

Was bedeuten technische Zivilisation und ästhetische Ökonomie für die Menschen, die in ihr leben? Wie werden sie durch diese gesellschaftlichen Strukturen geprägt? Wenn man diese Fragen im Rückblick auf Schiller stellt, dann muß man sagen, dass die Phänomene der Trennung und Entfremdung keine Klassenphänomene mehr sind und dass die Einseitigkeiten menschlicher Entwicklung sich nicht mehr auf spezifische Personengruppen verteilen. Sie treffen vielmehr jedermann, und der Riß geht durch jeden Menschen mitten hindurch. Schiller hatte mit Kant von der

Trennung von Sinnlichkeit und Verstand gesprochen und auf der einen Seite, bei dem einen Menschentyp, der einen Klasse ein Leben der Lust und der Empfänglichkeit, ein Leben nach Neigung, wie Kant sagen würde, und des Materialismus festgestellt. Auf der anderen Seite, beim anderen Menschentyp, bei der anderen Klasse, eine Dominanz der Rationalität, eine Rigidität der Prinzipien und eine Entwicklung von Wille und Selbstbestimmung. Was würde dem heute entsprechen? Ich sagte schon: der Riß geht heute durch jeden Menschen mitten hindurch: Seine Kompetenzen und Fähigkeiten werden unterschiedlich je nach Situation abgerufen und sind durch die prägenden Kräfte der unterschiedlichen Sphären unverbunden und einseitig ausgebildet. Auf der Seite des Verstandes nach Kant und Schiller steht heute der Arbeits- und Verkehrsmensch. Er ist sachlich, pünktlich, funktional und mobil, hochgradig fungibel, aber gerade nicht selbstbestimmt. Der Seite der Sinnlichkeit nach Kant und Schiller sollte heute, in der Konsumgesellschaft, eigentlich ein Mensch entsprechen, der jenseits des Realitätsprinzips sein Leben lustvoll genießt. Aber bereits von Herbert Marcuse konnten wir lernen[13], dass das Realitätsprinzip als Leistungsprinzip auch den Bereich der Freizeit und des Konsums beherrscht. Seit einiger Zeit treffen wir auf einen Menschen, der nicht im Genießen sozialisiert ist, sondern auf Umsatz, auf Verbrauch getrimmt, der im Grunde lustunfähig ist, leibfern lebt, in seinen sozialen Beziehungen cool und unempfänglich sich darstellt und in wachsendem Maße bindungsarm, um nicht zu sagen, bindungsunfähig wird.

Wir sollten nicht glauben, dass unsere Jugendlichen in diese Strukturen erst hineinwachsen. Sie sind als Teilnehmer des öffentlichen Verkehrs, als Musik- und Modekonsumenten, als Knotenpunkte telekommunikativer Netze und schwebender, ständig sich ändernder Sozialbeziehungen längst in das ganze System von technischer Zivilisation und ästhetischer Ökonomie einsozialisiert. Was heißt unter diesen Bedingungen ästhetische Bildung? Was ist die Aufgabe des Faches Kunst an der Schule?

Atmosphären als Gegenstand und Medium ästhetischer Erziehung

Ich möchte nun behaupten, dass unter den Bedingungen der Gegenwart die Atmosphären die Rolle übernehmen können, die Schiller dem Spiel in der ästhetischen Erziehung zugedacht hat. Doch was sind Atmosphären? Mit Elisabeth Ströker kann man Atmosphären als gestimmte Räume bezeichnen, mit Hermann Schmitz als quasi objektive Gefühle, und ich würde die Atmosphären als die Sphären gespürter leiblicher Anwesenheit bezeichnen. Aber besser als durch solche Definitionen führt uns die Alltagssprache zu dem, was unter *Atmosphäre* zu verstehen ist. Wir reden von einem *heiteren Tal*, wir reden von *der gespannten Atmosphäre eines Gesprächs*, wir reden von einer *herbstlichen Atmosphäre* oder auch von der *Atmosphäre der zwanziger Jahre*. Es sind Redeweisen, mit denen man sich leicht über eine Stimmung, die in der Luft liegt, verständigt, über das emotionale Klima, das im Raume herrscht. – Ich möchte hier nun nicht im Detail die Theorie der Atmosphäre als eines zentralen Bestandstücks einer *Ästhetik als allgemeiner Wahrnehmungslehre*[14] darlegen, sondern nur skizzenhaft einige Grundzüge hervorheben:

Eine Atmosphäre muß man spüren. Das setzt leibliche Anwesenheit voraus, sei es nun, dass man eine Landschaft oder einen Raum aufsuchen muß oder sich der Ausstrahlung eines Kunstwerkes aussetzen. Man spürt die Atmosphäre in seinem Befinden und zwar als eine Tendenz, in eine bestimmte Stimmung zu geraten. Man wird von einer Atmosphäre *gestimmt*.

Atmosphären haben je ihren eigenen Charakter und wir sind gewohnt, uns über Atmosphären durch Angabe ihres Charakters zu verständigen. Die Alltagssprache stellt dafür ein erstaunlich reiches Repertoire zur Verfügung. Ich gebe einige Typen solcher Charaktere an. Da sind zunächst die Stimmungen zu nennen: Man sagt etwa, eine Atmosphäre sei heiter oder ernst. Ferner gibt es die Bewegungssuggestionen: Man fühlt sich durch eine Atmosphäre gehoben oder niedergedrückt. Als nächstes nenne ich die Synästhesien: Es sind solche Atmosphären, die man quasi durch Qualitäten charakterisiert, aber nicht insofern sie einem spezifischen Sinnesbereich angehören. So redet man von einer kalten Atmosphäre oder einer rauhen Atmosphäre. Ferner sind die Atmosphären kommunikativen Charakters zu nennen: Es sind solche, die in einem Gespräch oder bei einer Zusammenkunft von Menschen herrschen. Die Atmosphäre kann dann gespannt sein, ein Gespräch kann in schroffem Tone vor sich gehen, die Atmosphäre kann verbindlich oder aggressiv sein. Schließlich möchte ich als letztes die gesellschaftlichen Atmosphären nennen, die besonders dadurch bestimmt sind, dass sie konventionelle Momente enthalten. So redet man von einer kleinbürgerlichen Atmosphäre oder der Atmosphäre der zwanziger Jahre.

Als drittes Moment aus der Theorie der Atmosphären möchte ich erwähnen, dass man Atmosphären erzeugen kann. Sie sind also nicht nur etwas, das man spürt, sondern etwas, das durch bewußte, durchaus dingliche Konstellationen erzeugt werden kann. Das Paradigma dafür ist die Kunst des Bühnenbildes. Der Bühnenbildner ist gewohnt, durch bestimmte Arrangements von Gegenständen, Raumanordnungen, Licht und Ton ein *Klima* zu erzeugen. Auf der Bühne entsteht ein Raum einer bestimmten Grundstimmung, in dem sich dann das Drama abspielen kann.

Atmosphäre ist inzwischen als Grundbegriff der Ästhetik gut eingeführt.[15] Er hat insbesondere das Interesse der Architekten, der Stadt- und Landschaftsplaner, der Musiker und Musiktheoretiker auf sich gezogen. Zudem hat er sich als Konzept der Erfahrung im Umgang mit Kunstwerken bewährt[16]. Für die ästhetische Bildung an Schulen müssen wir fragen: Gibt es so etwas wie eine *atmosphärische Kompetenz*?

Um dieser Frage nachzugehen, müssen wir zunächst daran erinnern, dass Atmosphären das Alltäglichste sind. Wir leben dauernd in Atmosphären, wir werden durch Atmosphären bestimmt und bestimmen sie selbst. Wir spüren die Atmosphäre eines Gesprächs, an dem wir teilnehmen, die Atmosphäre von Räumen, in die wir eintreten. Dabei ist an deren Architektur zu denken, aber auch an Helligkeitsverhältnisse, Akustik, Farbgebung und dergleichen. Es ist aber nicht bloß die reine Architektur oder Innenarchitektur, die Räumen Atmosphären verleihen. Vielmehr gibt es spezifische Atmosphären, die wir erfahren und die zum Teil bewußt erzeugt werden. So die Verkaufsatmosphäre in Boutiquen und Kaufhäusern, die Freizeitatmosphäre auf Promenaden und in Hotels. Ferner kennen wir Atmosphären aus dem Theater und, allgemeiner, der Kunst. Ganz besonders aber ist es die Musik, sei es nun im Konzert oder sei es als akustische Möblierung in Alltagsräumen, die uns mit Atmosphären einhüllt. Die Erfahrung dieser Atmosphären im Alltag geschieht beiläufig, sie ist meist unbewußt und doch von großer Wirkung. Die Atmosphäre verleiht uns eine Grundstimmung und beeinflußt uns gerade deshalb, weil wir nicht spezifisch auf sie achten. Sie bestimmt unser Befinden, bis hin zu möglichen psychosomatischen Verstimmungen.

Wenn man sich die Ubiquität von Atmosphären klar macht und die Tatsache, dass wir zwar durch sie bestimmt und beeinflußt werden, sie aber gerade nicht explizit als solche bemerken, so ist die erste Forderung einer ästhetischen Erziehung: man muß lernen, Atmosphären wahrzunehmen. Das hat sogleich weitreichende, zum Teil revolutionäre Konsequenzen. Zunächst: man lernt die Bedeutung leiblicher Anwesenheit kennen. Gerade im Kontrast zur telematischen Gesellschaft zeichnet sich ab und gewinnt eine neue Wertschätzung: die leibliche Anwesenheit. Das ist insbesondere für den Kunstunterricht von Bedeutung, der ja nur allzu leicht sich mit Reproduktionen und Repräsentationen zufrieden gibt.[17] Das zweite ist die Wiederentdeckung des Leibes selbst als Medium emotionaler Teilnahme: Befindlichkeiten werden leiblich gespürt, sie sind immer Befindlichkeiten im Raume. Schließlich muß man lernen bzw. einüben, dass Atmosphären wahrzunehmen Zeit braucht und Offenheit, man muß sich auf sie einlassen, man muß bereit sein, sich berühren zu lassen.

Wie man lernen muß, Atmosphären wahrzunehmen, wie man lernen muß, sich bewußt auf Atmosphären einzulassen, so ebenso die andere Seite, die produktive: man muß lernen, Atmosphären zu gestalten. Dazu gibt es, wie gesagt, das Paradigma des Bühnenbildes. Ferner wird man aber entdecken, dass nach diesem Paradigma sich große Teile der Ästhetisierung unserer Welt vollziehen: die Gestaltung von Städten, von Parks und Landschaften, die Inszenierung der Warenwelt in Kaufhäusern, die Produktion von Atmosphären in Bars und Hotels. Von den Praktikern, die das bewerkstelligen, ist viel zu lernen, insbesondere, dass es dabei nicht oder weniger um das Setzen von Zeichen und das Suggerieren von Bedeutungen geht, sondern darum, dass man Dingen, Konstellationen, Räumen, Kunstwerken versucht eine *Ausstrahlung* zu verleihen. Indem die Jugendlichen sich selbst in der Erzeugung von Atmosphären einüben, von der Gestaltung von Räumen bis zur Gestaltung von kommunikativen Szenen, lernen sie die Funktion von *Erzeugenden* kennen, sie gewinnen selbst ein produktives Verhältnis zu den Atmosphären, in denen sie leben. Insbesondere aber werden sie in die Lage versetzt, auch die Erzeugung von Atmosphären und die Manipulation, die dadurch geschieht, zu kritisieren.

Es gibt also atmosphärische Kompetenzen und sie gliedern sich wesentlich in die Fähigkeit Atmosphären wahrzunehmen und die Fähigkeit Atmosphären zu gestalten. Der Hintergrund, auf dem diese Kompetenzen explizit entwickelt werden, ist aber die Tatsache, dass wir immer schon in Atmosphären leben, uns im Prinzip mit Atmosphären auskennen und sogar, wie man dann in der Arbeit entdeckt, über ein reiches Vokabular verfügen, sie zu benennen.

Wir sind mit diesen Feststellungen nun allerdings noch nicht am Ziel. Die Einübung in atmosphärische Kompetenzen ließe sich durchaus noch im Sinne der bescheidenen Ansprüche des Faches Kunst verstehen, nämlich als Kennenlernen grundlegender künstlerischer Techniken, wie auch als Einführung in die Kultur qua Kunstwelt. Geht es bei den Atmosphären um mehr, hat die Bemühung um die Atmosphären einen Anspruch, der der Schillerschen ästhetischen Erziehung des Menschen zum Menschen vergleichbar ist? Ich glaube ja. Zunächst gibt es eine formale Verwandtschaft: So wie das Spiel, ist auch die Atmosphäre etwas Mittleres, etwas Vermittelndes, es ist ein Zwischen, zwischen Subjekt und Objekt, zwischen Bestimmen und Empfangen, zwischen Tun und Erleiden. Und wie dem Schillerschen Zeitgenossen zwischen Sinnlichkeit und Verstand das Spiel zur Ganzheit verhelfen sollte, so entsprechend der Umgang mit Atmosphären dem modernen Menschen, der in den Konsummenschen und den funktionalen Sachmenschen zerfällt. Nur ist der moderne Mensch noch schlimmer dran als der depravierte Mensch, den Schiller im 18. Jahrhundert vor Augen hatte. Während Schiller seinen Zeitgenossen noch sinnliche Leidenschaft auf der einen Seite und moralische Rigidität auf der anderen Seite zutraute, müssen wir vom modernen Menschen sagen, dass ihm, worauf es auf der jeweiligen Seite ankäme, nämlich Lust auf der einen Seite und Selbstbestimmung auf der anderen, fehlt. Es geht also nicht bloß um die Vermittlung vereinseitigter Vermögen, sondern um die Erfüllung von depravierten Lebensformen. Arbeits- und Konsumwelt fallen nicht nur auseinander, sondern sie erbringen nicht einmal das, wofür sie stehen, nämlich Lust und Selbstbestimmung. Betrachten wir unter diesem Gesichtspunkt noch einmal die beiden Seiten: Atmosphären wahrnehmen und Atmosphären gestalten.

Atmosphären wahrnehmen zu lernen heißt, sich emotional zu öffnen. Damit wird die Veräußerlichung der Umwelt aufgehoben und der Kontaktlosigkeit, der Coolness des modernen Menschen gegengesteuert. Sich auf Atmosphären einlassen heißt, teilnehmen wollen und sich Anmutungen aussetzen. Das ist die Voraussetzung dafür, überhaupt Lust am Dasein zu erfahren und die eigene Leiblichkeit als Medium des Daseins zu entdecken. Gemessen an dem ungeheuren Druck der Telekommunikation und der Selbstverständlichkeit, mit der sich die Jugendlichen selbst als Terminals in telematischen Netzen verstehen, ist diese Wiederentdeckung von leiblicher Anwesenheit von großer Bedeutung. Sie spüren wieder, dass sie Träger und Adressaten von Emotionen, nicht Avatare im virtuellen Raum sind, vielmehr leibliche Wesen – aus Fleisch und Blut, wie man traditionell sagte.

In der Gestaltung von Atmosphären tritt man aus der reinen Konsumhaltung heraus. Die ständige Inszenierung unserer Alltagswelt, ihre ästhetische Ausstrahlung und akustische Möblierung verführt insbesondere im Bereich des Ästhetischen zu einer rein passiven Konsumhaltung. Durch Übungen, in denen Atmosphären gestaltet werden, wird mit dem Kennenlernen der Möglichkeiten der Gestaltung zugleich das kritische Potential geschärft und damit die Widerstandskraft gegenüber ökonomischer wie auch politischer Manipulation. Schließlich lernen die Jugendlichen, dass sie faktisch immer auch die Atmosphäre mitgestalten. Das gilt insbesondere für die kommunikativen Atmosphären. Sie werden deshalb für das, was sie atmosphärisch in eine Gesprächsrunde, in eine Clique, in eine Klasse einbringen, lernen Verantwortung zu übernehmen und gewinnen damit ein Stück Selbstbestimmung zurück, – gerade in einem Gebiet, in dem es scheint, dass sich alles nur so ergibt.

Zum Schluß noch eine Bemerkung: Es mag – zumal durch die Erinnerung an Schillers Briefe – so scheinen, dass das Plädoyer für ästhetische Bildung als Erziehung des Menschen zum Menschen ein Plädoyer für ein konservatives oder gar kulturkritisches Projekt ist. Dem gegenüber muß gesagt werden: Der bewußte Umgang mit Atmosphären verschließt sich durchaus nicht der modernen Welt. Im Gegenteil: er öffnet sich gerade Grundzügen dieser modernen Welt und läßt sich kritisch auf sie ein. Es ist die Avantgarde der modernen Kunst mit ihrem Zug ins Performative, es ist die neue Musik mit ihrer Tendenz zur Raumkunst zu werden, es ist die Ästhetisierung und Inszenierung der Alltagswelt, die *Atmosphäre* als Grundbegriff einer neuen Ästhetik nahegelegt haben. Mit Atmosphären umgehen zu lernen macht den einzelnen Menschen gerade zum kritischen Teilnehmer und Mitwirkenden dieser Welt, die wir als Moderne verstehen.

Anmerkungen

1 Siehe dazu meine *Einführung in die Philosophie*, Frankfurt, Suhrkamp, 3. Aufl., 1998 I.2 - I.6
2 Ich zitiere nach der Ausgabe *Schillers Werke in zwei Bänden*, München, Droemersche Verlagsanstalt, o. J., Bd. 2, S. 563-641
3 Vermutlich ist für Schiller die Gestalt des Robespierre das Urbild dieser Katastrophe
4 Sechster Brief, a. a. O., S. 575
5 Zu dieser Kant-Interpretation siehe mein Buch *Kants Kritik der Urteilskraft in neuer Sicht*. Frankfurt: Suhrkamp, 1999
6 Vierzehnter Brief, a. a. O., S. 600
7 Zwanzigster Brief, a. a. O., S. 613
8 Zwanzigster Brief, a. a. O., S. 613
9 Es könnte sein, dass Kierkegaards scharfe Entgegensetzung des ästhetischen und des ethischen Lebens, in der er das Spiel mit dem Ernst konfrontiert, eine Reaktion auf Schillers Briefe ist.
10 Fünfzehnter Brief, a. a. O., S. 601
11 Zu diesem Konzept s. meinen Aufsatz *Zur Kritik der ästhetischen Ökonomie*. In: Zeitschrift für kritische Theorie, 12/2001, S. 69-82
12 Jean Baudrillard, *La société de consommation, ses mythes, ses structures*. Paris 1970; Gerhard Schulze, *Die Erlebnisgesellschaft, Kultursoziologie der Gegenwart*, Frankfurt, 4. Aufl. 1992
13 Herbert Marcuse, *Triebstruktur und Gesellschaft* (1957) Frankfurt: Suhrkamp, 1978
14 So der Untertitel meines Buches *Aisthetik*, München: Fink Verlag 2001
15 Siehe dazu meine Bücher *Atmosphäre. Essays zur neuen Ästhetik*. Frankfurt: Suhrkamp, 3. Aufl. 2000 und *Anmutungen. Über das Atmosphärische*. Ostfildern: Edition Tertium 1998
16 Ziad Mahayni, (Hrsg.), Neue Ästhetik. *Das Atmosphärische und die Kunst*, München: Fink 2002, darin auch Bibliographie meiner Arbeiten zur Ästhetik
17 Siehe zur Zurückgewinnung der Aura als einem Grundzug der modernen Kunst der letzten Jahrzehnte: Dieter Mersch. *Was sich zeigt. Materialität, Präsenz, Ereignis*, München: Fink 2002

Atmosphäre, Stimmung, Gefühl   Wolfhart Henckmann

„Atmosphäre" und „Stimmung" werden in der Umgangssprache vielfach im gleichen oder wenigstens nahe verwandten Sinn gebraucht. So sagen wir zum Beispiel, dass in einer Gesellschaft eine heitere Stimmung oder heitere Atmosphäre herrsche. Andererseits lassen sich auch gewisse Unterschiede feststellen. „Das verfallene Haus strahlt eine unheimliche Atmosphäre aus" – in diesem Beispiel wird man Atmosphäre kaum durch Stimmung ersetzen wollen. „Ich befinde mich in einer melancholischen Stimmung" – hier wird man nicht von Atmosphäre sprechen. Außer den Fällen, wo beide Ausdrücke synonym verwendet werden können, gibt es also solche, die nur den einen oder den anderen Ausdruck zuzulassen scheinen. Atmosphäre bedeutet dann eine objektiv bestehende, quasi räumlich ausgedehnte, emotional spürbare Gegebenheit, Stimmung dagegen einen subjektiven emotionalen Zustand, der unser Bewusstseinsleben gleichsam grundiert. Schließlich lassen sich auch Fälle vorstellen, in denen die herrschende Atmosphäre in einer ihr entsprechenden subjektiven Stimmung erlebt wird oder einen in die ihr entsprechende Stimmung versetzt, wo also Atmosphäre der objektive und Stimmung der subjektive Pol eines beide Pole verbindenden Erlebnisses darstellen – Phänomenologen würden geneigt sein, die Atmosphäre als das intentionale Objekt der ihm korrelierenden Stimmung zu bezeichnen („die Heiterkeit des Frühlingsmorgens stimmt mich heiter"). Eine solche Intentionalität mag bei einigen Stimmungen aufweisbar sein, aber die meisten (Wehmut, Melancholie, Trübsinn, Ermattung usw.) liegen erstens „tiefer" als die Sphäre von intentionalen Bewusstseinserlebnissen, und zweitens können die Stimmungen erheblich vom Erlebnisgehalt der Atmosphäre abweichen, durch die sie veranlasst worden sind. In den Kreisen der „Neuen Phänomenologie"[1], die mit dem Begriff der sehr weit und fundamental verstandenen Atmosphäre eine Revolutionierung der Philosophie herbeiführen will, spricht man aus mancherlei Gründen sowieso kaum mehr von „intentionalen Gefühlen", neigt vielmehr dazu, die Unterschiede der verschiedenen Arten von Gefühlen oder des emotionalen Lebens überhaupt auf variable Strukturierungen von Atmosphären und den durch sie evozierten

Formen des affektiven Betroffenseins zu reduzieren und ersetzt Intentionalität, das Grundwort der „Älteren Phänomenologie", das als privatistisch kritisiert wird[2], durch eine neue Theorie der Erfahrung.[3]

Man kann beliebig viele Beispiele für die Synonymität, die Differenz der Objektivität und Subjektivität, für ihre polare Korrelativität und für die unpersönlichen Grundbefindlichkeiten anführen, doch wird mancher früher oder später ungeduldig fragen, was es denn bringe, sich mit solchen Vieldeutigkeiten und Subtilitäten abzugeben. Sie scheinen allenfalls zu einer gewissen Klassifikation von allerdings recht flüchtigen und unterschiedlich deutbaren Phänomenen führen zu können, ohne dass man von einer solchen Klassifikation einen sonderlichen Erkenntnisgewinn glaubt erwarten zu dürfen.[4]

Es kommt noch hinzu, dass „Atmosphäre", „Stimmung", „Gefühl" Abstraktionen darstellen, die in Hinsicht auf die konkreten einzelnen Erlebnisse, die ihnen zugerechnet und die von ihnen ausgeschlossen werden können, keine deutliche Trennschärfe besitzen. Deshalb ist es nicht verwunderlich, dass man es oft lieber bei den konkreteren Ausdrücken belässt, dass man also sagt, man fühle sich oder sei melancholisch, oder dass einem das verfallene Haus unheimlich vorkomme. Zwar haben natürlich auch diese Eigenschaftswörter („melancholisch", „unheimlich") einen bestimmten Allgemeinheitsgrad, sind aber sehr viel konkreter als die genannten Gattungsbegriffe. Im Übrigen weiß man, dass z.B. die Melancholie nach einiger Zeit schwächer zu werden und zu verschwinden pflegt, und dass das verfallene Haus, das dem einen unheimlich erscheint, einem anderen eher romantisch oder malerisch vorkommen kann, so dass es bei all solchen Unsicherheiten von nachgeordnetem Interesse zu sein scheint, ob es sich nun um Atmosphären, Stimmungen, Gefühle, Empfindungen, Erlebnisse oder sonst etwas handelt.

Ein anderes Problem schiebt sich vielmehr in den Vordergrund. Während die Atmosphären, Stimmungen, Gefühle, man weiß immer noch nicht wie und weshalb, entstehen und vergehen, bleiben die Dinge oder Menschen, an denen sie in Erscheinung treten, und das Subjekt, das sie erlebt, durch alle atmosphärischen oder stimmungsmäßigen Wandlungen hindurch identifizierbar ein und dasselbe – man weiß eben, dass man es selber war und ist, der durch ein Wechselbad der Gefühle hindurchgegangen ist, auch wenn man etwa meinen sollte, durch das Wechselbad der Gefühle ein anderer geworden zu sein: dieses Anderssein ändert nicht die Selbstgewissheit des Ichseins in sich wandelnden Zuständen und Verhältnissen. Wenn man sich nun über so schwer greif-

und feststellbare Dinge wie Atmosphären, Stimmungen, Gefühle Gedanken machen möchte, dann sollte man, sagt der gesunde Menschenverstand, von beständigen, berechenbaren, intersubjektiv unverwechselbaren Gegebenheiten ausgehen und untersuchen, auf welche Weise die schwankenden und vagen Atmosphären, Stimmungen und Gefühle mit den standhaltenden, dauerhaften Gegebenheiten verbunden sind und worin sie sich von ihnen unterscheiden. Man wird wohl jederzeit feststellen können, dass man das verfallene Haus sieht, dass man beim Näherkommen den Geruch verfaulenden Holzes wahrnimmt, dass man beim Anfassen der Balken fühlt, dass sie weich geworden sind, aber dass man mit Sehen, Riechen, Tasten nichts von der Atmosphäre des Unheimlichen erfährt, die indessen, wenn man wieder hinreichend weit zurücktritt, erneut auf eine rätselhafte Weise wahrgenommen werden, allerdings auch ebenso gut verflogen sein kann, weil man inzwischen festgestellt hat, dass da in Wirklichkeit nichts Unheimliches vorliegt – zwischen den konkreten Sinneswahrnehmungen und den atmosphärischen oder stimmungsartigen Gegebenheiten, die die Sinneswahrnehmungen einhüllen, scheinen gewisse Unverträglichkeiten zu bestehen; auf jeden Fall handelt es sich um unterschiedliche Arten von Erlebnissen, die auf eine rätselhaft lockere Weise miteinander verbunden sind. So mag man sich schließlich an die Szene im *Hamlet* erinnert fühlen, in der Hamlet den Polonius eine gerade vorüberziehende Wolke mal für ein Kamel, mal für ein Wiesel oder einen Walfisch halten lässt (Akt III, Szene 2) - ein fruchtloses, ein müßiges Spiel, das nur die Beeinflussbarkeit und den beflissenen Opportunismus des Polonius vor Augen führt. Nichtsdestoweniger gibt es tatsächlich unterscheidbare Wolkenformationen, die sich als solche immer wieder neu formieren können, und man unterscheidet in der Meteorologie auch nicht bloß aus Spielerei zwischen Haufenwolken, Zirruswolken, Hochs und Tiefs, verschiedenen Klimazonen usw. Ähnlich verhält es sich mit der Stimmung: Sie wird zwar von keinem der Sinnesorgane erfasst, aber wird dennoch unzweifelhaft erlebt, solange sie eben meinen Gemütszustand beherrscht. Ob es aber wirklich Melancholie ist, die mich beherrscht, oder vielmehr eine gewisse Müdigkeit, eine Art von Lebensüberdruss, Trauer usw., wer will das schon mit Bestimmtheit sagen, und noch viel weniger kann man es einem dritten nachvollziehbar darlegen. Nicht minder schwierig ist es, das Wahrnehmungsorgan zu identifizieren, das auf Stimmungen oder Atmosphären anspricht. Die verschiedenen Sinnesorgane sind es nicht, aber ohne sie können Stimmungen ebenso wenig erfahren werden. Man spricht im Allgemeinen davon, dass man Stimmungen „spüre", aber auch, dass man sie wahrnehme oder empfinde, fühle oder erlebe.

Besinnt man sich auf solche Wahrnehmungen, wird man vielleicht sagen, dass sie das sich im gesamten Organismus auswirkende Lebensgefühl modulieren, so dass auch verständlich würde, dass einige Stimmungen einen eher aktivieren, andere dagegen einen belasten oder niederdrükken. Von solchen sinnlich-unsinnlichen, situationsbedingten, verstehenslabilen und komplexen Erfahrungen muss man wohl oder übel als den vorfindlichen Gegebenheiten ausgehen, wenn man über Atmosphäre, Stimmung, Gefühl, über ihre Differenz und ihr Verhältnis zueinander sowie zu den anderen Arten von emotionalen Erscheinungen Klarheit zu gewinnen sucht. Erweisen sich also schon diese primären, paradigmatischen Erlebnisse selbst als instabil, schwer wiederholbar und verstehenslabil, so auch die Möglichkeiten, sich über sie sprachlich zu verständigen – eine schwierige Lage, einen neuen Grundbegriff einzuführen, wie es die Neue Phänomenologie beabsichtigt.

„Atmosphäre" ist ursprünglich ein meteorologisch-physikalischer Begriff. Dem Brockhaus[5] zufolge, um an abrufbares Allgemeinwissen anzuknüpfen, bedeutet Atmosphäre die Gashülle, die einen Stern oder einen Planeten umhüllt. Die Erdatmosphäre z.B. umgibt allseitig die Erde, nimmt an ihrer Rotation teil und wird durch die Anziehungskraft der Erde zusammengehalten. In dem untersten Teil, der dem Erdboden bzw. dem Ozean am nächsten liegt (in der „Troposphäre"), bilden sich die Wetterlagen mit ihren unterschiedlichen Luftdruck-, Luftbewegungs- und Temperaturverhältnissen. Das ist die Sphäre, in der wir kontinuierlich zusammen mit anderen Lebewesen leben und atmen, und ohne die unser Leben nicht möglich wäre – die Sphäre der von uns unmittelbar erlebten, realen Atmosphäre, deren wichtigste Eigenschaften man ziemlich genau messen, deren Mischungen und Veränderungen man aber (noch) nicht beherrschen kann.

Wird der Begriff Atmosphäre auf die sinnlich-unsinnliche emotionale Erlebnissituation von menschlichen Lebewesen übertragen, dann werden vor allem zwei Eigenschaften des meteorologischen Begriffs relevant: Erstens das allseitig, unbegrenzt offene Umfangende, Mediale oder auch das Fluidale, in dem wir uns befinden und das wir, wenn die Atmosphäre verdichtet genug ist, in einer besonderen Qualität erleben (als etwas Heiteres, Unheimliches usw.), und zweitens ein bestimmter Druck, den sie auf uns (menschliche) Lebewesen in wechselnder Intensität ausübt, also eine zusätzliche körperlich-sinnlich wahrnehmbare Erlebnisqualität. Doch müssten wir dabei der Auffassung sein, dass die unterschiedlichen Zustände und Gegenstände unseres Erlebnisses, die wir mit dem Begriff der Atmosphäre bezeichnen, wirklich durch diejenigen Merkmale charakterisiert sind, die wir mit dem meteorologischen Begriff der Atmosphäre verbinden – was im Zweifelsfall durch den Hinweis auf schwer identifizierbare, instabile, vage Qualitäten oder aber auf ein hinreichend gebildetes Sprachgefühl erfolgen könnte. Im Unterschied zum meteorologischen Begriff ist bei den metaphorisch als Atmosphäre bezeichneten Phänomenen jedoch nichts messbar.[6]

Dass die Rede von im übertragenen Sinne verstandenen Atmosphären so heikel ist, wird von interessierten Kreisen der Neuen Phänomenologie jedoch bestritten. Nachdem Gernot Böhme den vagen Gebrauch von Atmosphäre im ästhetischen und politischen Diskurs unserer Zeit kritisiert hatte, rekurrierte er auf die Alltagssprache, „die in vielem sehr viel bestimmter ist."[7] Ähnlich, aber differenzierter, sein Schüler Michael Hauskeller: „Der Begriff der Atmosphäre ist ein geläufiger Begriff der Alltagssprache. Wir alle benutzen ihn mit einer Selbstverständlichkeit, die erstaunen muss[?] angesichts der Schwierigkeiten, die die meisten Menschen haben, genau zu sagen, was sie eigentlich meinen, wenn sie diesen Begriff benutzen."[8] Es sind nicht nur Zweifel angebracht, ob tatsächlich die Alltagssprache die ihr zuerkannte Bestimmtheit und die behauptete Selbstverständlichkeit im Gebrauch des Begriffs aufweist, und ob nicht vielmehr der Gebrauch des Ausdrucks eine Atmosphäre des Stilisierten, des Gewollten mit sich führt; vielmehr ist die Berufung auf die Alltagssprache überhaupt ein problematisches Unternehmen, ähnlich wie die Berufung auf eine für untrüglich gehaltene Instanz wie die „unwillkürliche" oder „normale Lebenserfahrung".[9] Ohne in die Philosophie, Psychologie oder Soziologie der Alltagssprache einsteigen zu wollen, möchte ich nur daran erinnern, dass die Alltagssprache in der Regel viel zu vage, vieldeutig und metaphorisch verwendet wird, als dass man sich ohne weitere Klärung der sachlichen Berechtigung ihrer in Anspruch genommenen Bezeichnungsleistung anvertrauen dürfte. Eine Klärung würde jedoch nur durch wissenschaftliche Untersuchungen erreicht werden können – gerade dies aber würde darauf hinauslaufen, dass man die der Alltagssprache zuerkannte Bestimmtheit und Selbstverständlichkeit allererst durch die Wissenschaft beglaubigen, also ihren privilegierten Anspruch aufkündigen müsste. Der Rekurs auf die Alltagssprache muss um so problematischer erscheinen, wenn es um nichts Geringeres geht als um die Einführung des Grundbegriffs einer neuen Ästhetik[10], die sich schließlich nicht mehr als Ästhetik im traditionellen Sinn, sondern als eine neue Grundwissenschaft, nämlich als „Aisthetik" versteht.[11] Die Aisthetik will eine allgemeine Wahrnehmungslehre sein, wie es Böhme zufolge Alexander Gottlieb Baumgarten im 18. Jahrhundert mit der Begründung der Ästhetik angestrebt habe. Die Berufung auf Baumgarten führt unter der Hand jedoch nur wieder zu einer ästhetischen Einschränkung der Aisthetik, wenn sie faktisch nicht das gesamte Problemfeld der Wahrnehmung oder der sinnlichen Erfahrungen in Anspruch nimmt, sondern sich an drei traditionell-ästhetischen Arbeitsfeldern orientiert: an der sog. Ästhetisierung des Realen, an der Naturästhetik und am Design. Bedenklicher als die faktische, aber jederzeit revidierbare Selbstbeschränkung der Aisthetik ist jedoch die Einebnung der Differenz zwischen den eigentlich ästhetischen und den sinnlich-affektiven Erfahrungen, also die unkultivierte Nivellierung der sog. ästhetischen Unterscheidung, durch die eine mit interesselosem Wohlgefallen verbundene Erfahrung von allen möglichen leiblich und affektiv bedingten Erfahrungen abgehoben worden ist. Die deshalb nicht-ästhetische Aisthetik hält sich darüber hinaus nicht einmal an den Problemhorizont der (ästhetischen und aisthetischen) Wahrnehmung, sondern überschreitet diesen von vornherein in Richtung auf eine umfassende Anthropologie. Das ist von der Sache her zwar berechtigt, umso irreführender sind hingegen der programmatisch gemeinte Name „Aisthetik" und die mit ihm verbundenen Auspizien einer Revolutionierung der sog. traditionellen Ästhetik.

Im Unterschied zur Atmosphäre ist die Stimmung das weitaus länger und besser erforschte, weil beständiger, deutlicher und häufiger auftretende Phänomen. Wie die Atmosphäre durchdringt auch sie unser Bewusstsein und gibt unserem bewussten Leben eine diffuse qualitative Tönung. Im 16. Jh. kam der Begriff als musikalischer Fachausdruck im Sinne der Festlegung der absoluten oder relativen Tonhöhe auf. Seit dem 18. Jh. taucht er gelegentlich in der Psychologie auf. Er bezeichnet eine bestimmte qualitative Färbung der Grundverfasssung der menschlichen Seele – Heiterkeit, Ernst, Melancholie usw. „Im Gegensatz zu anderen Gefühlszuständen (Gefühle, Affekte) sind Stimmungen weniger zielgerichtet, dauern länger an, spiegeln die allgemeine Körperverfassung wider und geben den gleichmäßigen Hintergrund der anderen Erlebnisinhalte."[12] Stimmungen lassen sich also relativ deutlich von anderen Arten des Gefühlslebens unterscheiden. Diese Unterscheidungen sind inzwischen in den alltäglichen Sprachgebrauch übergegangen (was von der Neuen Phänomenologie merkwürdigerweise nicht wahrgenommen wird), dass sich nämlich Stimmungen als diffuse, relativ dauerhafte, das Lebensgefühl auf charakteristische Weise bestimmende Erlebnisgehalte von vier anderen Arten des Gefühls- bzw. emotionalen Lebens unterscheiden:

- von den oft als „seelisch" qualifizierten und als höher empfundenen, weil vom körperlichen Befinden unabhängigeren Gefühlen wie Freude, Trauer usw., denen die Phänomenologie einen deutlich umrissenen qualitativen Gehalt zuspricht und dann als „intentionale Gefühle" definiert,
- von den heftig aufwallenden und verhältnismäßig schnell wieder abebbenden Affekten wie Zorn,
- von den lange andauernden, verzehrenden Leidenschaften, die man oft auch als Sucht bezeichnet – Spielsucht, Rachsucht usw.
- und sie werden auch noch von der Gruppe der „Empfindungsgefühle" (C. Stumpf) unterschieden, die unmittelbar mit sinnlichen Wahrnehmungen verbunden sind, z.B. der unangenehme, genau lokalisierbare Schmerz von Zahnschmerzen, der mit dem das Gemüt ergreifenden Schmerz über den Verlust eines nahe stehenden Menschen nicht zu vergleichen ist.

Diese fünf unterscheidbaren Arten des emotionalen Lebens, die sich seit dem 18. Jh. herausgebildet und konsolidiert haben, bilden den – nicht immer unbestrittenen – sachlichen Kern der Psychologie des Gefühls, aber auch des Kapitels des emotionalen Lebens in der philosophischen Anthropologie. Es gibt natürlich noch andere, mit ihnen konkurrierende Unterscheidungen. So z.B. schon bei Kant, wenn er sich auch in seiner *Anthropologie in pragmatischer Hinsicht* (1798) weiterhin an die klassische, bis auf die Antike zurückgehende Basisunterscheidung des emotionalen Lebens in die Gefühle der Lust und Unlust hält. In der *Kritik der Urteilskraft* (1790) unterscheidet er jedoch auch zwischen den sinnlichen, den ästhetischen und den intellektuellen (moralischen) Gefühlen mit all den Unterarten, die diesen Gruppen zugeschrieben werden können. Die begrifflich-wissenschaftliche Differenzierung der emotionalen Phänomene vollzog sich indessen weniger in der philosophischen Anthropologie als vielmehr in den psychologischen Wissenschaften, die freilich von der Neuen Phänomenologie ähnlich wie von anderen philosophischen Strömungen und Disziplinen seit der Abtrennung der Psychologie von der Philosophie in den ersten Jahrzehnten des 20. Jh.s nicht mehr genügend berücksichtigt worden sind.

Insgesamt betrachtet ist die theoretische Erschließung des emotionalen Lebens in der abendländischen Tradition keineswegs so undifferenziert geblieben, wie es von einigen philosophischen und psychologischen Gefühlstheoretikern des 20. Jahrhunderts gelegentlich behauptet und von ihnen unbeabsichtigt auch demonstriert worden ist. Dies lässt ein erkenntnistheoretisches

Problem von einiger Tragweite erkennen, nämlich den unaufhebbaren emotionalen Rückbezug jeder Gefühlstheorie auf den Theoretiker, der über das emotionale Leben, das in wechselnden Intensitätsgraden und mehr oder weniger differenzierter oder ausgebildeter Form ihn selber beherrscht, Klarheit zu gewinnen sucht. Jede Gefühlstheorie ist zugleich Ausdruck der Erlebnisse und des Verständnisses, das der Theoretiker von seinem eigenen emotionalen Leben gewonnen hat – mit all den bekannten und unbekannten Möglichkeiten des Irrtums, der einseitigen oder zurückgedrängten Entfaltung des emotionalen Lebens, der Selbsttäuschung und Selbstillusionierung. Gernot Böhme hat in seiner Anthropologie, wie übrigens auch sein Lehrer Hermann Schmitz, diesen Selbstbezug mit Recht nachdrücklich hervorgehoben und ihm Rechnung getragen.[13] Da er die Auffassung vertritt, dass auch jeder einzelne Mensch eine Atmosphäre habe[14] und von ihrer Eigenart bestimmt werde, gilt der Selbstbezug auch und besonders für seine Problematisierung der sog. Atmosphären. Das führt natürlich dazu, dass man in Zweifelsfällen *ad hominem* argumentieren müsste, bzw. dass sich ein Vertreter solcher Theorien jederzeit darauf berufen kann, dass eben seine Aussagen durch seine eigenen, wohlverstandenen subjektiven Erlebnisse und letztlich durch die ihn charakterisierende Atmosphäre gerechtfertigt sei – eine ebenso einfache wie einleuchtende Immunisierung gegenüber kritischen Bedenken. Würde man sich demgegenüber bemühen, den Selbstbezug aufzuheben und eine überpersönlich gültige Theorie zu entwickeln, tendierte solch eine Theorie leicht ins unverbindlich Allgemeine, Nichtssagende oder Langweilige – langweilig ist die Neue Phänomenologie jedoch keineswegs.

Lässt man einmal versuchsweise die Unterscheidung zwischen den sich quasi räumlich ausbreitenden atmosphärischen Erscheinungen und den Stimmungen als eher subjektiven Zuständen gelten (ohne damit den gesamten, so vielgestaltigen Bereich des emotionalen Lebens abdecken zu wollen), dann stellt sich die Frage, mit welchen Stimmungen oder Erlebnisformen bestimmte Atmosphären eigentlich korrelieren. Mit dieser Frage folgen wir dem phänomenologischen Grundsatz der Korrelativität zwischen Sachgegebenheiten und Aktarten in der menschlichen Erfahrungswelt. Damit wollen wir uns jedoch keineswegs dem allzu undifferenzierten Begriff unterordnen, den sich die Neue von der Älteren Phänomenologie gemacht hat. Die Beantwortung der Frage nach den subjektiven Korrelaten wird dadurch erschwert, dass wir uns zwar bei den fünf vorläufig unterschiedenen Arten des emotionalen Lebens, trotz deren Instabilität, auf einen relativ weit verbreiteten Konsens berufen können, der auch von den allgemeinen und fachspezifischen Lehr- und Wörterbüchern gestützt wird[15], dass wir uns demgegenüber aber mit dem metaphorischen Gebrauch von Atmosphäre allzu sehr im Unbestimmten bewegen, so dass wir bei den Atmosphärikern mit überanstrengten oder willkürlichen Interpretationen rechnen müssen. Dass ein von der Sache her gerechtfertigter Begriff des metaphorischen Gebrauchs von Atmosphäre m.W. noch in kein einschlägiges Fachwörterbuch Eingang gefunden hat, muss zwar nicht unbedingt etwas zu bedeuten haben, z.B. dass der metaphorische Gebrauch wissenschaftlich mehr als fragwürdig sei, denn es könnte sich ja um die Entdeckung eines bisher unentdeckt gebliebenen oder erst in jüngerer Zeit interessant gewordenen oder überhaupt erst entstandenen Sachverhalts handeln, oder aber um einen aufschlussreichen Terminus, der eine unzureichende, bisher aber gewohnheitsmäßig akzeptierte Konzeption endlich zu korrigieren vermag. Dies wird in der Tat von der auf das philosophische System von Hermann Schmitz[16] zurückgehenden Neuen Phänomenologie in Anspruch genommen. Bei dem Terminus der Atmosphäre soll es sich eben nicht um eine bloß nominalistische Definition eines für bestimmte Erkenntnisinteressen zweckmäßigen Begriffs handeln, sondern – ganz im Sinne einer Phänomenologie, der es um den unmissverständlichen Aufweis von Sachverhalten geht – um die Freilegung einer bisher aus mancherlei Gründen nicht zur Geltung gekommenen oder voreingenommen interpretierten Erfahrungsdimension mit ihren subjektiven und objektiven Gegebenheiten. „Aus mancherlei Gründen" – vor allem aus dem Grund, wie uns immer wieder gesagt wird, dass es um die radikale Überwindung eines alten, uns förmlich eingefleischten Dogmas geht, nämlich um das bis auf das 5. vorchristliche Jahrhundert der griechischen Antike zurückgehende „psychologistisch-reduktionistisch-introjektionistische Paradigma" der Gefühle[17], also um die verhängnisvolle Lehre, dass die Gefühle nichts anderes als auf das Innenleben, auf die Psyche reduzierte Phänomene, also rein innerliche, subjektive Befindlichkeiten seien, die uns keinerlei Erkenntnisse von der Welt, ja nicht einmal eine sichere Erkenntnis unserer Subjektivität vermitteln können. „Atmosphäre" steht für den Versuch, gegen das Dogma der Introjektion die Räumlichkeit und Objektivität der Gefühle zur Geltung zu bringen, uns einen neuen Zugang zu der ursprünglichen, verborgenen Vermitteltheit von Mensch und Welt zu eröffnen und dadurch zu einer Korrektur der „dominanten europäischen Intellektualkultur" beizutragen[18]. Fragt man also nach der Korrelation von subjektivem Erleben und objektiver Atmosphäre, dann fragt man eigentlich nach dem Ursprung der Korrelativität, die allererst aus der Selbstentfaltung von Atmosphären hervorgehen soll. Max Scheler, der jedoch in der Neuen

Phänomenologie, eventuell mit Ausnahme des Schulgründers, kaum etwas bedeutet, würde statt von Atmosphäre von „ekstatischer Einsfühlung" von Mensch und Natur sprechen[19]. Beide Autoren transzendieren den Dualismus von Sein und Bewusstsein und suchen diesen aus einem zugrunde liegenden, qualitativ einheitlichen Urereignis verständlich zu machen bzw. die Frage nach dem Verhältnis von Sein und Bewusstsein allererst auf die rechte Weise zu stellen. In der konsequenten, auf die Ursprünge zurückgehenden Bemühung um die richtige, von traditionellen Vorurteilen freie Problemstellung sind sich die Ältere und die Neue Phänomenologie einig.

Um was für ursprüngliche Gegebenheiten geht es hier also mit den Begriffen für das emotionale Leben? Die Antwort scheint zunächst relativ einfach zu sein – es geht um Phänomene wie die „heitere Atmosphäre [Stimmung] eines Frühlingsmorgens", die „bedrohliche Atmosphäre [Stimmung] eines Gewitterhimmels", die „gemütliche" oder „gespannte Atmosphäre [Stimmung] eines Raumes", die „erotische Atmosphäre", die eine Frau oder ein Mann ausstrahlen – in diesem Fall würde man allerdings weder von „Stimmung" noch von „Atmosphäre", sondern eher von „Ausstrahlung" sprechen[20]. Der Begriff der Atmosphäre wird, wie die Beispiele zeigen, hauptsächlich angewandt auf Naturerlebnisse, Wetterlagen, Lebensräume, Menschen. Das lässt sich natürlich alles auch ohne Verwendung der Begriffe Atmosphäre oder Stimmung ausdrücken. Man kann direkt von der Heiterkeit eines Frühlingsmorgens sprechen, davon, dass ein Gewitter drohe, von der Gemütlichkeit oder Gespanntheit, die in einem Wohnraum herrschen, von der erotischen Ausstrahlung eines Menschen. „Etwas auch anders ausdrücken können" – das verweist auf eine unbestimmt große Variabilität der Beziehung zwischen sprachlichem Ausdruck und gemeintem Sachverhalt, die es von vornherein bedenklich erscheinen lässt, einzelne Ausdrucksmöglichkeit zu hypostasieren und ihnen eine besondere Offenbarungsleistung zuzusprechen, noch dazu, wenn man sie der Alltagssprache entnimmt. Wo Heidegger der Etymologie deutscher, lateinischer oder griechischer Urworte nachgeht, andere Sprachen aber vernachlässigt, da stützt sich die Neue Phänomenologie auf eine für ursprünglich gehaltene Kundgabefunktion des metaphorischen Gebrauchs von „Atmosphäre". Das geschieht bei Schmitz jedoch etwas weniger apodiktisch als etwa bei Böhme, denn Schmitz befolgt grundsätzlich die für die Phänomenologie so wichtige Methode der Variation der empirischen Befunde, um aus einer Vielzahl von relevanten Beispielen das intendierte Phänomen herauszuschälen und vor Missverständnissen zu sichern[21]. Böhme hingegen reduziert die Methode der Variation so sehr, dass der metaphorische Gebrauch von Atmosphäre zu einem fast dogmatisch verwendeten Offenbarungswort gefriert.

Wie die sprachlichen Ausdrucksvariationen zeigen, können Atmosphäre und Stimmung durch direktere Ausdrücke ersetzt werden. Stimmung, Gefühl, Atmosphäre usw. liegen auf einer allgemeineren semantischen Ebene. Sie bringen etwas zum Ausdruck, das wir als diejenigen gemeinsamen Qualitäten von Heiterkeit, Gemütlichkeit, erotischer Ausstrahlung usw. empfinden, die sich durch unterschiedliche Erfahrungen hindurch invariant erhalten oder wenigstens bestimmte Familienähnlichkeiten aufweisen. Die Differenz zwischen den gemeinsamen Qualitäten und den differenzierenden zusätzlichen Eigenschaften ist in der Neuen Phänomenologie unterentwickelt geblieben. Schmitz weist wenigstens ausdrücklich darauf hin, dass er das allen emotionalen Phänomenen gemeinsame Moment in dem – vom alltagssprachlichen ebenso wie vom allgemeinen wissenschaftlichen Sprachgebrauch abweichenden – sehr allgemein verstandenen „affektiven Betroffensein" sieht: „Alle Affekte in diesem auf das affektive Betroffensein abgestimmten Sinn sind, soviel ich sehen kann, Gefühle oder leibliche Regungen."[22] In der unmittelbaren sinnlichen Wahrnehmung bestimmter Qualitäten kann man sich nach Aristoteles nicht täuschen, sehr wohl aber in der Wahrnehmung von Qualitäten, die verschiedenen konkreten sinnlichen Wahrnehmungen gemeinsam sein sollen. Deshalb ist es ausgesprochen irreführend, die im emotionalen Leben aufweisbaren Unterschiede in einen allgemeinen Begriff aufgehen zu lassen – an solchen Unterscheidungen festzuhalten, bedeutet keinen bloßen Wortstreit, sondern ein Festhalten an der Methode der phänomenalen Variation. So, wie man streng genommen nicht die Farbe wahrnimmt, sondern etwas Rotes, Grünes, Blaues, so nimmt man nicht „Atmosphäre" oder „Stimmung" wahr, sondern Heiterkeit, Gemütlichkeit, erotische Ausstrahlung. Wenn man trotzdem darauf bestehen möchte, „Stimmungen" oder „Atmosphären" unmittelbar wahrzunehmen, dann müsste man erstens die Priorität genau dieser Gattungseigenschaften aufweisen, was bei Böhme nicht geschieht, und zweitens erklären können, wie sich die vermeintlich unmittelbar und ursprünglich wahrnehmbaren Gattungseigenschaften jenen anderen, wechselnden Qualitäten wie Heiterkeit, Gemütlichkeit usw. assimilieren können. Die Neue Phänomenologie könnte natürlich auch vorziehen zu behaupten, dass der Unterschied zwischen der abstrakteren Ebene der Atmosphäre und den konkreteren Wahrnehmungsqualitäten irrelevant sei, aber dann würde sie das erkenntnistheoretische Problem der Differenz zwischen dem Allgemeinen und

Besonderen eskamotieren oder die von ihr, d.h. wenigstens von Schmitz, so hochgehaltene Basis der Empirie verlassen. Eine andere Antwort könnte darin liegen, dass das allgemeine, sozusagen farblose Atmosphärische als die primäre Wahrnehmungsgegebenheit aufgewiesen würde, das erst durch eine hinzukommende Qualifizierung „Farbe" annähme. Damit wäre die phänomenologische Betrachtung, die von dem für uns Nächstliegenden ausgeht, durch eine naturphilosophische, wenn nicht gar naturmystische Theorie ersetzt, die von einem An-Sich der Natur ausginge, das uns, unmodifiziert durch unsere Erkenntnisbedingungen, zugänglich sein soll. Dies würde auf eine Verabschiedung der Erkenntnistheorie hinauslaufen, die einen unveräußerlichen Bestandteil der Älteren Phänomenologie, ja der Philosophie überhaupt ausmacht.

Während Böhme mit Recht, wie viele seiner Vorgänger allerdings auch schon – unter ihnen natürlich auch Scheler, aber auch viele Anthropologen des 19. Jahrhunderts, wie z.B. Fichte –, eine Disziplin wie die Anthropologie ohne Berücksichtigung des einzelwissenschaftlichen Forschungsstandes für absurd hält[23], berücksichtigt er die Verwendung des Atmosphärebegriffs in den Humanwissenschaften nicht, verfällt also seinem eigenen Verdikt; es ist nicht sein einziger Fall. In den Humanwissenschaften wäre z.B. an die Lehre von der „pädagogischen Atmosphäre" zu denken, mit der O. F. Bollnow 1964 wissenschaftliches Neuland zu betreten meinte[24], die sich der Sache nach aber bis ins 18. Jahrhundert, z.B. bis zu Pestalozzi, zurückverfolgen lässt.[25] Ebenso wenig grenzt Böhme den Atmosphärebegriff von dem schon sehr viel länger und besser eingeführten Begriff der Stimmung ab, obwohl Schmitz hierauf verhältnismäßig ausführlich eingegangen ist.[26] Böhmes problemgeschichtliche Rückversicherungen sind dagegen lückenhaft und wirken willkürlich, insbesondere auch dadurch, dass er auf Denker eingeht, die außerhalb des disziplinären Traditionszusammenhangs geblieben sind. Ich möchte im folgenden auf einzelne Autoren eingehen, die im Kontext der Phänomenologie wichtig geworden sind, nämlich auf Dilthey, Geiger und Heidegger, ohne damit, was eigentlich keiner Erwähnung bedarf, irgendeinen Anspruch auf eine vollständige problemgeschichtliche Herleitung erheben zu wollen; so dürfte ich z.B. weder O. F. Bollnow noch E. Ströker übergangen haben.[27]

Zum Begriff der Stimmung bei Dilthey

Der Begriff der Stimmung wird von Dilthey als funktionaler Bestandteil der psycho-physischen Ganzheit des Individuums aufgefasst. Dadurch erhält das Problem nach innen und außen Konturen, es verschwimmt nicht ins Nebulöse oder Mystische, und vor allem erhält es eine Einordnung in den übergreifenden Sinnzusammenhang der Anthropologie, wodurch eine unmäßige, fundamentalistische Auswucherung des Detailproblems vermieden werden kann.

Das Individuum bildet das letzte, nicht weiter hintergehbare Sinnelement des gesellschaftlich-geschichtlichen Zusammenhangs, in dem sich die Menschheit entfaltet. Der Begriff der Stimmung ist demzufolge primär ein Begriff der Psychologie und Anthropologie[28]. Da das Individuum aber schon von vornherein ein Teil des gesellschaftlichen und geschichtlichen Ganzen darstellt, ist „Stimmung" zugleich ein Gegenstand von Soziologie und Geschichtswissenschaft. Alle diese Zusammenhänge ins Bewusstsein zu heben, ihre inneren Zusammenhänge und Gesetzmäßigkeiten zu verstehen und begrifflich in einem systematischen Zusammenhang darzustellen, ist Dilthey zufolge Aufgabe der Philosophie. In ihr kommt die „Selbstbesinnung" des Menschen auf sich selbst und seine Stellung im Ganzen der Welt zum Ausdruck (GS I, S. 34). Die Selbstbesinnung stellt also ein umfassenderes und grundlegenderes Erkenntnisinteresse dar als der oben genannte Selbstbezug bei Schmitz und Böhme. An der gleichen Aufgabe, die Erfahrungen der Stellung des Menschen in der Welt zu gestalten und verständlich zu machen, arbeiten auch die Kunst und die Religion, jede auf ihre Weise. Philosophie als Weltanschauungslehre versucht, die in der Menschheitsgeschichte hervorgetretenen religiösen, künstlerischen und philosophisch-systematischen Deutungen des Erlebnisganzen der Wirklichkeit in ihren originären Ansätzen und in ihren geschichtlichen Entwicklungen und Wandlungen bewusst zu machen. Dadurch will Dilthey zugleich einen Beitrag für eine human gestaltete Entwicklung der Kultur leisten. Er nimmt die pragmatische Funktion ausdrücklich in seine „Kulturanthropologie" auf (ein Begriff, der besonders durch Diltheys Schüler E. Rothacker philosophisch ausgearbeitet worden ist).

„Stimmung" ist die ursprüngliche Form, in der sich der Lebenssinn dem Menschen kundtut. Sie besitzt also einen spezifischen Erkenntnisgehalt. „Jeder große Eindruck zeigt dem Menschen das Leben von einer eigenen Seite; dann tritt die Welt in eine neue Beleuchtung: indem solche Erfahrungen sich wiederholen und verbinden, entstehen unsere Stimmungen dem Leben gegenüber. Von einem Lebensbezug aus erhält das ganze Leben eine Färbung und Auslegung in den affektiven und grüblerischen Seelen – die universalen Stimmungen entstehen."[29] Es ist infolgedessen nicht das Leben selbst, das dem Menschen einen Lebenssinn mitteilt, sondern der Lebenssinn beruht auf dem Eindruck, den das Leben auf den Menschen ausübt. Der Stimmungston hängt von dem Menschen als dem tonmodulierenden Instrument ab, nicht von der (Lebens)Kraft, die auf das Instrument einwirkt – in diesem Sinne lässt sich von einem Kantischen Einfluss sprechen.

Dilthey unterscheidet in genetischer Perspektive „Eindruck" und „Stimmung". Diese Unterscheidung ist, wie überhaupt alle seine das psychische Leben betreffenden Unterscheidungen, nicht im Sinne einer „Vermögenspsychologie" zu verstehen, in der unterschiedliche Leistungsformen der Psyche zu selbständigen Vermögen hypostasiert werden, sondern im Sinne einer funktionalen Auffassung, in der die durchgehende strukturelle Ganzheit und Einheit des psychischen Lebens im Auge behalten wird, so sehr sich das ganzheitliche psychische Leben auch in seinen speziellen Funktionen äußern mag. Die beiden genetisch unterschiedenen psychischen Funktionen, die der sich auf sich selbst besinnende Mensch als „Eindruck" und „Stimmung" versteht, offenbaren das Leben von einer bestimmten Seite aus, in einer bestimmten Gestalt des psychischen Lebens, und gewinnen dadurch einen qualitativ bestimmten Sinngehalt. Der „Eindruck" stellt ein zunächst einzelnes Erlebnis dar. Erst aufgrund gleichartiger Erlebniseindrücke bilden sich gewisse, die einzelnen Eindrücke empfindungsmäßig einander angleichende Stimmungen, die sich als Resultat einer vereinheitlichenden Funktion unseres emotionalen Lebens verstehen lassen. Von der Mannigfaltigkeit solcher unterschiedlich getönter Stimmungen unterscheidet Dilthey die „universalen Stimmungen", die in besonders affektiven, d. h. emotional ansprechbaren Seelen dem Leben im Ganzen eine besondere qualitative Färbung verleihen; in „grüblerischen Seelen" hingegen entwickelt sich aus dem in Stimmungen erfassten Lebensbezug eine erlebte „Auslegung" des Lebenssinns. Indem Dilthey diese Reihe von Aussagen erst beim „großen Eindruck" beginnen lässt, den das Leben im Menschen hervorrufen kann, grenzt er stillschweigend die geringfügigeren Eindrücke, die alltäglichen Wahrnehmungen, sensuelle Empfindungen und Gefühle, wie spontan auftretende Freude, Mitleid, Scham, Sympathie, von den dauerhaften Stimmungen wie Trauer oder Wehmut, ab. Den oberflächlicheren, alltäglichen Eindrücken liegt zwar ebenfalls ein „Lebensbezug" zugrunde, aber in ihnen zeigen sich nicht die tieferen Sinngehalte des Lebens. So bildet sich eine Skala von verschiedenen Stimmungsniveaus, die zwischen den normalen Stimmungen als Sedimentierungen wiederholter oberflächlicher Eindrücke und den fundamentalen, universalen Grundstimmungen liegen. Stimmungen sind also nicht gleichrangig, sondern bilden nach Maßgabe ihrer Erschließung des Sinns menschlichen Lebens eine allerdings wandelbare und individuelle Hierarchie, die sich einerseits dem herrschenden Ethos der Gesellschaft einfügt, demzufolge von Sitte und Brauchtum, also von sozialen Verhältnissen und Traditionen, aber andererseits auch abhängt von dem Naturell oder Temperament des individuellen Menschen, möglicherweise dem, was Böhme mit der Atmosphäre eines Menschen gemeint haben mag. Wenn Dilthey das „Leben" als das unhintergehbar Erste und schlechthin Ursprüngliche auffasst – sein Wort, „hinter das Leben kann das Denken nicht zurückgehen"[30], ist geradezu zu einem geflügelten Wort geworden –, dann muss man hinzufügen, dass dieser Begriff des Lebens nicht etwa nur im Rahmen der Biologie verstanden werden darf, sondern als ein universaler und metaphysischer Grundbegriff, der allen Geistes- und Naturwissenschaften und allen großen Weltanschauungsformen in Kunst, Religion und Philosophie zugrunde liegt. Daraus folgt dann auch, dass die Stimmungen, in denen sich eine ursprüngliche, vorrationale Sinndimension des Lebens offenbart, auch nicht gleichsam auf sich beruhen bleiben, sondern den Menschen motivieren und drängen, sich der Bedeutsamkeit des Lebens in klareren, höheren Formen von Sinndeutungen bewusst zu werden. Das emotionale Leben der menschlichen Psyche, in der sich die einzelnen und die universalen Stimmungen bilden, stellt nur eine Schicht und Funktionsweise im Strukturzusammenhang des psychischen Lebens des Menschen dar, so dass sich von vornherein die Stimmungen auch auf andere psychische Schichten und Funktionsformen auswirken, wie auch umgekehrt die anderen Funktionsformen auf die Stimmungen einwirken können. Stimmungen lassen sich eben nicht als isolierte psychische Erlebnisse, sondern nur als Funktionsglieder im Ganzen des psychischen Lebens verstehen. Die wichtigsten Funktionen des psychischen Lebens sind bei Dilthey sinnliche Wahrnehmung, Vorstellung, Triebe, Gefühle (Affekte, Leidenschaften, Stimmungen), Denken und Wille. Sie sind alle in einem Ich zentriert, das in die funktionalen Lebensvollzüge eingeht und sich in und mit ihnen ändert, ohne sich durchgehend seiner Identität bewusst sein zu müssen.[31]

Da die Stimmungen fundamental in den strukturellen Gesamtzusammenhang des psychischen Lebens eingebettet sind, können sie sich auch zu gewissen wiederkehrenden, typischen emotionalen Reaktionsformen ausgestalten. Haben sich z.B. verwandte Stimmungen zum Typus eines Genussmenschen habitualisiert, so treten die bei einem solchen Menschen neu auftretenden

Stimmungen in den Assimilationssog seines Typus. Analog verhält es sich bei anderen anthropologisch-existenziellen Typisierungen des psychischen Lebens – je älter die Menschen werden, desto größer wird der assimilierende Sog, der von ihrem Typus auf die Stimmungen ausgreift. Diese Strukturierungen des emotionalen Lebens sind bisher von der Neuen Phänomenologie weitgehend unberücksichtigt geblieben. Die umfassendsten Lebensstimmungen sind für Dilthey der Optimismus und der Pessimismus (GS VIII, S. 81), die sich zu mannigfachen Nuancierungen ausdifferenzieren können. Die Stimmung der Freude wird sich beim Pessimisten, die Stimmung der Trauer und des Missmuts beim Optimisten sicherlich weniger umfassend und tiefgreifend entwickeln können wie umgekehrt die Freude beim Optimisten und Trauer und Missmut beim Pessimisten.

Eine Untergruppe der universalen Lebensstimmungen bildet die „metaphysische Stimmung" bzw. das „metaphysische Grundgefühl" (GS I, S. 364). Sie sind nach Dilthey aufs engste mit dem psychologischen Ursprung des Gottesglaubens verwoben. Das metaphysische Grundgefühl „beruht auf der Unermesslichkeit des Raumes, welcher ein Symbol der Unendlichkeit ist, auf dem reinen Lichte der Gestirne, das auf eine höhere Welt zu deuten scheint, vor allem aber auf der gedankenmäßigen Ordnung, welche auch die einfache Bahn, die ein Gestirn am Himmel beschreibt, zu unserer geometrischen Raumanschauung in eine geheimnisvolle, aber lebendig empfundene Beziehung setzt" (GS I, S. 364; vgl. GS VIII, S. 88). Für Dilthey bilden sich Stimmungen also nicht allein, wie in der Neuen Phänomenologie, aufgrund leiblicher Kommunikation, es kommen auch nicht-leibliche Erfahrungen für die Erregung von Stimmungen in Frage, z. B. durch Vorstellungen – sie sind nicht wie in der Neuen Phänomenologie semantisch leer. Die metaphysischen Gefühle sind überdies nicht individuell aufzufassen, sondern begleiten als anthropologische Grundgefühle die gesamte Geschichte der Menschheit und sind der strukturell-psychische Ursprung der Metaphysik in allen ihren Gestalten, ohne jedoch in einer von ihnen völlig aufgehen zu können – die metaphysischen Grundgefühle sind ihrer Natur nach unerschöpflich. So, wie sie den im affektiven Leben liegenden Ursprung der Metaphysik bilden, lassen sich auch spezifische Grundgefühle für die Weltanschauungsformen der Kunst[32] und der Religion aufweisen; wenn nicht gar die Religion, zumindest in ihren historischen Anfängen, aus dem gleichen Grundgefühl hervorgegangen ist wie die Metaphysik.

Indem sich in Stimmungen ein bestimmter „Lebensbezug" affektiv-sinnhaft manifestiert, können umgekehrt auch differenzierte Sinngehalte bestimmte Stimmungen hervorrufen, sofern sie überhaupt lebendig zu wirken vermögen. Dilthey nennt drei Formen solcher lebendiger Sinnfassungen, die „stimmungsträchtig" sind und durch die Sprache wirksam werden können: Erstens, indem durch *Metaphern* eine Anschauung durch eine verwandte Anschauung in irgendeinem Sinn einleuchtender gemacht wird (muss aber eben verständlicher und nicht diffuser werden); zweitens durch die *Personifikation*, die durch Vermenschlichung einen Sinngehalt verständlicher macht, und drittens durch *Analogieschlüsse*, die, von einem bekannten Sinngehalt ausgehend, aufgrund einer gewissen Verwandtschaft einen unbekannten Sinngehalt zu bestimmen vermögen und dadurch affektiv wirksam werden. Im Rückgriff auf die Tradition der Rhetorik nimmt Dilthey also die Frage nach der absichtlichen Erzeugung von Stimmungen auf. Es braucht kaum betont zu werden, dass Dilthey weder die Aufgabe der Wissenschaft, noch die Aufgabe der Philosophie oder der Rhetorik darin gesehen hat, beim Leser oder Hörer eine affektive Betroffenheit hervorzurufen.

Zusammenfassend lässt sich sagen, dass bei Dilthey die Stimmungen verstanden werden als vereinheitlichende Assimilierungen wiederholt auftretender starker Eindrücke, die sich zu qualitativ bestimmten Erlebnisformen der emotionalen Schicht innerhalb des strukturellen Ganzen der menschlichen Psyche ausgestalten und den Erlebniszusammenhang fundieren. In den Stimmungen manifestiert sich ein ursprünglicher „Lebensbezug", in dem innere und äußere Welt für das betreffende Individuum verschmolzen sind. Stimmungen sind nicht irrationale, zufällig entstehende, rein subjektive Zustände des Ich, sie sind vielmehr psychisch-strukturell bedingt und vermitteln bestimmte qualitative und nicht-rationale kognitive Gehalte eines unmittelbar empfundenen Lebenssinns. Die Entstehung und Ausgestaltung von Stimmungen werden mitbestimmt durch den anthropologisch-existenziellen Typus oder „Charakter" eines Menschen sowie durch die gesellschaftlich-geschichtlichen Lebensverhältnisse - ohne eine solche psychisch-charakterologische und sozial-geschichtliche Prägung kommen sie nicht vor. An der lebendigen Weiterbildung von Stimmungen kann die Sprache besonders durch Metaphern, Personifikationen und Analogieschlüssen mitwirken und dadurch die Stimmungen intersubjektiv vermitteln helfen, doch die Bedingung der Vermittelbarkeit von Stimmungen ist nicht die Rhetorik in allen ihren Erscheinungsformen, sondern die strukturelle Gleichheit des psychischen Erlebens. Dilthey grenzt die Stimmungen ab von den einmaligen „großen Eindrücken" und den vielen, hinsichtlich des affektiven Lebens neutralen Sinneswahrnehmungen, unterscheidet sodann im Bereich der Stimmungen eine Hierarchie von Stimmungen, die sich zwischen den vielerlei affektiv-bedeutsamen, einen Sinngehalt vermittelnden Stimmungen einerseits und den wenigen universalen und metaphysischen, religiösen und poetischen Grundstimmungen andererseits ausbilden. Auf diese Weise hat sich seine Auffassung der Stimmungen zu einem fundamentalen, differenzierten Lehrstück im systematischen Zusammenhang seiner Psychologie und Anthropologie als Grundlagen seiner Philosophie der Weltanschauungen ausgebildet.

Geigers deskriptive Analyse der Stimmung

Es sei im Anschluss an Dilthey kurz auf den Beitrag eingegangen, den der Mitherausgeber von Husserls *Jahrbuch für Philosophie und phänomenologische Forschung*, Moritz Geiger, zur Analyse der Stimmungen veröffentlicht hat[33]. In seiner rein deskriptiv angelegten, auf die Aussagen von Versuchspersonen gestützten und somit die Problematik alltagssprachlicher Aussagen vermeidenden Untersuchung unterscheidet er als Schüler von Th. Lipps die Tätigkeitseinfühlungen („eine Melodie eilt vorwärts" – daraus werden in der Neuen Phänomenologie die „Bewegungsanmutungen", ohne dass auf den problemgenetischen Vorläufer eingegangen worden wäre) von den Stimmungseinfühlungen („eine schwermütige oder heitere Landschaft"). Bei der Untersuchung der Stimmungseinfühlung beschränkte er sich auf die Wahrnehmung von Farben. Die „Heiterkeit der Farbe" in einer Landschaftsdarstellung wurde von seinen Versuchspersonen als „etwas Eigenartiges am Gegenstande" beschrieben. Einige der Versuchspersonen unterschieden davon die Art und Weise der Wirkung auf sie, ein eigenartiges Icherlebnis, das sie als ein „Angefülltsein mit etwas, das vom Gegenstande herkommt", als ein „Erleben einer Atmosphäre, die vom Gegenstande her in mich einwirkt", beschrieben haben[34]. Hierbei wird also die Gegenstandswahrnehmung von der Wahrnehmung der Stimmung unterschieden, denn die Heiterkeit wird nicht mit der Farbwahrnehmung identifiziert, vielmehr erscheint sie „am" Gegenstand bzw. Sinnesdatum, sie „haftet" an ihm, so dass diese Art von Eigenschaften von den durch die Sinne wahrnehmbaren Eigenschaften unterschieden werden müssten (a.a.O. S. 26), gerade dann, wenn sie beide im gleichen Sinne als „objektiv" erfahren werden. Auf das ontologische Problem, wie dieses „Haften" eigentlich zu denken sei, ist Geiger nicht weiter eingegangen, m. W. ebenso wenig andere ältere oder neue Phänomenologen – die Kluft zwischen den sinnlich wahrnehmbaren und den emotionalen Eigenschaften von Dingen bleibt im Dunkeln. Wenn die Versuchspersonen schließlich behaupten, dass die Heiterkeit einer Farbe eine andere sei als die Heiterkeit, die im Gesicht eines Menschen zum Ausdruck komme, dann zeigt sich, dass die Wahrnehmung von Stimmungen von tiefer liegenden Gegenstandserfahrungen oder Sinnerlebnissen abhängen, also nicht, wie die Neue Phänomenologie behauptet, die primäre Erfahrungsweise darstellt. Den besonderen Erlebnisgehalt, der in den Stimmungen erfahren wird, hat Geiger lange vor Schmitz als ihren „Charakter" bezeichnet (a.a.O. S. 26 f.) und den Eigenschaften der Qualität und der Intensität der Farbwahrnehmung an die Seite gestellt. Von der Wahrnehmung der Stimmung wird zweitens das ihr korrelierende, aber „eigenartige" Icherlebnis, also der subjektive Zustand mit seiner eigenen Variationsbreite unterschieden, und die Korrelation wird drittens als ein Wirkungsverhältnis verstanden – die Heiterkeit der Farbe dringe in das wahrnehmende Ich ein. Dies erfordert eine Untersuchung der Art und Weise, wie sich das Ich zu seinem Erlebnis der Heiterkeit verhält. Die Versuchspersonen gaben übereinstimmend an, dass sie das eigenartige Erlebnis der Heiterkeit der Farbe nicht als ein Gefühl verstanden haben, und dass es auch nichts mit dem Erlebnis einer Lust an der Heiterkeit oder ihrer Wahrnehmung zu tun habe, sondern eben eine eigenartige Erlebnisweise darstelle. So zeigt sich, dass die deskriptive Psychologie, wie Geiger sie unter dem Einfluss von Dilthey, Husserl und der experimentellen Psychologie der Leipziger Schule von W. Wundt betrieb, zu genaueren Einsichten in den Gestaltenreichtum des seelischen Lebens vordrang als die überlieferten psychologischen Klassifikationen vorgaben, und dass sie ein effektives Mittel gegen einen grobschlächtigen Reduktionismus des Gestaltenreichtums des psychischen Lebens darstellt, von dem die Neue Phänomenologie in ihrer Fixierung auf das „psychologistisch-reduktionistisch-introjektionistische Paradigma" nicht immer frei geblieben ist. Wenn eine von Geigers Versuchspersonen die Stimmung als „Atmosphäre" bezeichnet hatte, dann geschah dies im metaphorischen Sinne, nicht im Sinne der Einführung eines genaueren Ausdrucks, denn das sachlich relevante Leitwort blieb die Stimmung, und „Stimmung" in einem sachlich eingeschränkten Sinn, also im Unterschied von „Gefühlen" und anderen psychischen Phänomenen. Mit einem Blick auf die phänomenologische Methode der Variation zwischen verwandten Phänomenen zeigt sich, dass diese Methode nur fruchtbar werden kann, wenn sie mit der sensiblen Unterscheidungskunst psychischer Deskription einhergeht, wie z. B. Geiger sie von Th. Lipps gelernt und weiterentwickelt hat.

Zum Begriff der Stimmung bei Heidegger

Heideggers Begriff der Stimmung lässt sich als eine radikalisierte Fassung des Stimmungsbegriffs von Dilthey lesen[35]. Bei ihm setzt die Stimmung jedoch nicht sinnliche Wahrnehmung und affektive Eindrücke voraus, wie bei Dilthey und Geiger, sondern liegt den sinnlichen Wahrnehmungen und affektiven Eindrücken zugrunde: die Stimmung ist die ursprüngliche Seinsart des Daseins, in der vor allem Vorstellen, Erkennen und Handeln und über deren Erschließungstragweite hinausgehend das Dasein erschlossen ist[36]. Eine ähnliche Grundauffassung findet sich auch bei Böhme, so wenig dieser auch seine Nähe zum frühen Heidegger zugeben zu wollen scheint. Unter „Dasein" versteht Heidegger die Existenzweise des Menschen, jedoch nicht wie bei Dilthey, Geiger und Böhme im Sinne von Anthropologie, Psychologie und Biologie, sondern im Sinne einer „Fundamentalontologie" – das Dasein ist dasjenige Seiende, das sich zu seinem Sein verhalten kann. Es ist ein Seiendes, das sich in einem „da", in einer immer schon auf bestimmte Weise erschlossenen „Welt" vorfindet, in dem „Gestimmt-Sein" des alltäglichen Lebens. Damit meint Heidegger Phänomene wie Gleichmut oder Missmut, Freude oder Deprimiertheit, gehobene oder verdorbene Stimmung usw. Diese „Befindlichkeiten" – diesen Ausdruck übernehmen auch Schmitz und Böhme – werden nicht als psychische Zustände eines Menschen verstanden, sondern als strukturell aufgefasste ontische Befindlichkeiten des Da-seins, als bestimmte Arten, „wie" und „dass" sich der Mensch in einer Welt befindet, noch bevor er sich dessen reflexiv bewusst geworden ist. Nachdrücklicher und einheitlicher als bei Dilthey wird mit der Stimmung als ursprünglicher Befindlichkeit ein fundamentales Strukturverhältnis des In-der-Welt-Seins bezeichnet, in dem sich ein „Subjekt" mit seinem existentiellen Welthorizont, in den es „eingewiesen" ist, immer schon auf eine bestimmte Art und Weise vermittelt erfährt. An der Vorrangigkeit der allem subjektiven Selbstverständnis gegenüber vorhergehenden, stimmungsmäßigen Befindlichkeit ändert auch die Tatsache nichts, dass Stimmungen wechselhaft sind und in unterschiedlichen Intensitätsgraden erlebt werden. „Stimmungen" sind fundamentale Befindlichkeiten (Erlebnisqualitäten), in denen dem Menschen sein Dasein überantwortet ist – er hat es so, wie es sich ihm erschlossen hat und fortwährend weiterhin erschließt, zu übernehmen und auszutragen. Dadurch gewinnen die Stimmungen ein ausgeprägtes existentielles Gewicht. Der Ausdruck „Erlebnisqualität", den Heidegger als psychologistisches Missverständnis ablehnen muss[37], soll verdeutlichen, dass die Art und Weise, „wie" sich Mensch und Welt miteinander vermittelt vorfinden, nicht reflexiv-kognitiver Natur ist, sondern auch hier ein vorrationales, unmittelbares, unhintergehbares Erfahren und Verstehen des Da-seins gemeint ist. Aus dieser primären Befindlichkeit heraus, in der Welt und Dasein miteinander vermittelt sind, erhält das sinnliche Wahrnehmen und Vorstellen allererst den Horizont vorgegeben, innerhalb dessen es sich auf dieses oder jenes konkret richten kann. Mit dieser These geht Heidegger entschieden über den psychologisch-anthropologischen Erlebnissinn von Stimmungen hinaus.

Die Befindlichkeit der Stimmung konfrontiert den Menschen mit der Tatsache seiner Existenz sowie mit der Unausweichlichkeit, dass er sein Leben zu leben hat. Dabei bleibt das Woher und Wohin seines Existierens im Dunkeln – der Mensch findet sich in seinem „Da" wie auf einer Insel, deren Inselhaftigkeit er jedoch zumeist nicht wahrnimmt. Dem „Dass", d.h. der Faktizität seiner Befindlichkeit, die Heidegger plastisch als „Geworfenheit" bezeichnet, weicht der Mensch zunächst und zumeist aus, indem er sich in sein Woher und Wohin hinein abzusichern sucht – auch hier geht Heidegger mit seiner existential-kritischen Interpretation über Diltheys unvoreingenommenere, psychologisch-anthropologische Auslegung der Stimmungen hinaus. Indem Heidegger die sich in Stimmungen manifestierende Grundbefindlichkeit des Daseins als „Geworfenheit" bezeichnet, verwandelt sich, von Dilthey her betrachtet, seine Strukturanalyse des Daseins in eine weltanschauliche Sinndeutung des menschlichen Lebens. An die Stelle der universalen Stimmung, die Dilthey dem Pessimismus oder Optimismus zugewiesen hat, tritt bei Heidegger die universale und zugleich fundamentale Stimmung der Angst. Diese Stimmung ist weder „innen" noch „außen", weder subjektiv noch objektiv, sie hat vielmehr „je schon das In-der-Welt-sein als Ganzes erschlossen" (GA 2, S. 182).

Heideggers Begriff der Stimmung lässt sich also bisher durch drei Merkmale charakterisieren:
- dass sie das rätselhafte Dass der Geworfenheit auf eine bestimmte Weise erschließt,
- dass sie das Ganze des Geworfenheitshorizontes mit seinen Strukturmomenten des Existierenden, des Welthorizontes und ihrer Vermitteltheit in der Angst eröffnet,
- dass die Angst die universale und fundamentale Grundbefindlichkeit des Daseins ausmacht.

Diesen drei Charakteristika lässt sich ein weiteres Merkmal anfügen: dass sich nämlich das Existierende von dem, was ihm innerhalb des in der Stimmung erschlossenen Welthorizontes begegnet, „betroffen" und „angegangen" fühlt. Das „affektive Betroffensein" wird in der Neuen Phänomenologie zur Grundbestimmung, wie sich die Atmosphären dem Menschen mitteilen. Bei Heidegger sind es Stimmungen, die vorzeichnen, auf welche Weise die im Welthorizont erschlossenen Dinge die Sinne des Menschen „affizieren" und somit „Affektionen", „Gefühle" hervorrufen. Die Dinge der in Stimmungen erschlossenen Welt zeigen sich somit stets in einem wechselnden, wandelbaren „affektiven" Licht und sind deshalb primär nicht einfach nur existenziell neutral „vorhanden". Aus der Wandelbarkeit der affektiven Erschlossenheit der Welt entsteht das Bedürfnis des Menschen, die unstet erscheinenden Dinge in einen festen, berechenbaren Zusammenhang zu bringen. Rational konstruierte Weltverhältnisse überlagern die in unberechenbar entstehenden und vergehenden Stimmungen erschlossene Welt und tendieren dazu, die primäre, vorrationale Erschließungsweise von Welt zurückzudrängen oder zu bloß sekundären, wenn nicht gar zu tertiären Qualitäten herabzusetzen.

Heidegger versagt es sich, die Vielzahl der Stimmungen, als Modi der Befindlichkeit, im einzelnen und in ihrem Zusammenhang darzustellen. Stattdessen verweist er stichprobenartig auf die Geschichte der Interpretation der Stimmungen. Einer solchen problemgeschichtlichen, bei ihm aber ganz anders ausfallenden Aufgabe hat sich auch Schmitz unterzogen[38], während bei Böhme problemgeschichtliche Reflexionen, wenn überhaupt, meist pointillistisch erfolgen. Heidegger ordnet die Stimmungen nicht in den Kontext der Geschichte der Psychologie oder Anthropologie ein, sondern in den Kontext der philosophischen Theorie der Affekte, die er mit der Rhetorik des Aristoteles beginnen lässt (Schmitz geht bis auf die *Ilias* und *Odyssee* zurück) – diese wiederum interpretiert er als die „erste systematische Hermeneutik der Alltäglichkeit des Miteinanderseins" (GA 2, S. 184): „Die Öffentlichkeit als die Seinsart des Man [...] hat nicht nur überhaupt ihre Gestimmtheit, sie braucht Stimmung und ´macht´ sie für sich. In sie hinein und aus ihr heraus spricht der Redner. Er bedarf des Verständnisses der Möglichkeiten der Stimmung, um sie in der rechten Weise zu wecken und zu lenken." (GA 2, S. 184 f.) Heidegger thematisiert also ausdrücklich die pragmatische Dimension der Stimmungen, die später bei Böhme eine wichtige Bedeutung gewinnen wird. Bei Heidegger erfolgt das Erzeugen von Stimmungen aus dem Verständnis des sozialen Miteinanderseins und als zweckorientierte Einflussnahme – bei Schmitz treten dagegen die Affekte gleichsam aus dem heiteren Himmel der griechischen Götter zweckfrei und anonym als „ergreifende Mächte" an die Menschen heran.

Heideggers Ausführungen in § 29 von *Sein und Zeit* weisen einige Abbrüche auf. So macht er nicht deutlich, wie sich eigentlich die Stimmung, in der die Welt erschlossen ist, zum Miteinandersein mit anderen Menschen verhält. Sodann wurde bisher noch nicht deutlich, wie es möglich sein soll, die den Menschen überfallende Stimmung, die jeweils unhintergehbar und unmittelbar die Welt erschließt, zu beherrschen, zu lenken oder womöglich allererst zu wecken. Auch auf die Frage, wie sich Stimmungen zueinander verhalten, wie sie sich entwickeln und auflösen, bleibt offen. Wie aus der Leistung der Stimmung, Welthorizonte auf eine bestimmte Weise zu eröffnen, eine generelle „Weltoffenheit", die M. Scheler als ein Wesensmerkmal des dem Menschen eigentümlichen, übernatürlichen Geistes aufgefasst hat[39], und nicht vielmehr eine Weltperspektivierung etwa wie bei Nietzsche, oder gar eine Weltverschlossenheit verständlich machen lässt, bleibt ebenfalls ungeklärt. Darüber hinaus grenzt es an ein Wortspiel, aus der Affizierung der Sinne auf die Affekte und Gefühle überzugehen. Schließlich ist auf eine voreilige Ausrichtung und Einschränkung der Analyse der Stimmungen auf die Angst und auf die Erfahrung der „Daseinslast" hinzuweisen, d.h., dass die für phänomenologische Untersuchungen unerlässliche Methode der Variation der empirischen Ausgangsbefunde unmotiviert abgebrochen worden ist. Diese Engführung des Problems ist Heidegger schon von seinen Zeitgenossen vorgehalten worden. Schmitz hat dagegen der Methode der Variation einen sehr viel größeren Spielraum offen gehalten.

In der Freiburger Vorlesung vom WS 1929/30 über die *Grundbegriffe der Metaphysik. Welt – Endlichkeit – Einsamkeit*[40] ist Heidegger im Zusammenhang mit dem Versuch, die für das Philosophieren erforderliche Grundstimmung zu wecken, erneut der Frage nach dem Wesen der Stimmungen nachgegangen. Leitfaden seiner Ausführungen ist die These, dass Stimmungen zum Sein des Menschen gehören (GA 29/30, S. 96), also zu einem Sein, dem es um sein Seinkönnen geht, und dass es sich dadurch grundsätzlich vom Sein der anorganischen Dinge, der Pflanzen und Tiere unterscheidet. Im Hinblick auf Stimmungen wie Freude, Zufriedenheit, Seligkeit, Traurigkeit, Schwermut, Zorn (Freude, Trauer und Zorn werden seit der Antike als Affekte verstanden, die in der neuzeitlichen Psychologie und Anthropologie meist nicht zu den Stimmungen gezählt werden) sagt er, dass Stimmungen nicht einfach nur als psychische Tatsachen vorhanden, beobachtbar und beschreibbar seien, wie die Psychologie annehme (GA 29/30, S. 96 ff). Die entscheidende und wesentliche Frage, die über die positiv-wissenschaftliche Thematisierung der Gefühle und Stimmungen hinausführe, fasse die Stimmungen vielmehr als Weisen des Seins des Menschen auf. Das Sein des Menschen schließe immer auch das Miteinandersein der Menschen ein: „Die Stimmungen sind *keine Begleiterscheinungen* [Hervorhebung Heideggers], sondern solches, was im Vorhinein gerade das Miteinandersein bestimmt. Es scheint so, als sei gleichsam je eine Stimmung schon da, wie eine Atmosphäre[!], in die wir je erst eintauchten und von der wir dann durchstimmt würden. Es sieht nicht nur so aus, als ob es so sei, sondern es ist so, und es gilt, angesichts dieses Tatbestandes die Psychologie der Gefühle und der Erlebnisse und des Bewusstseins zu verabschieden." (S. 100) Das „es ist so" bezieht sich nicht darauf, dass Stimmungen Atmosphären seien, sondern dass Stimmungen je schon vorgegeben sind und uns „durchstimmen", also nicht erst ein Produkt des von was auch immer angeregten Gemütslebens des Menschen sind. Deshalb kann man in Heidegger auch nicht den Vorläufer einer Verabschiedung der philosophischen Hermeneutik der Stimmungen zugunsten einer Hermeneutik der Atmosphären sehen, vielmehr setzt er seine Hermeneutik nur von der etwa noch von Dilthey vertretenen „verstehenden Psychologie" der Gefühle und Stimmungen ab. Stimmungen treten nicht vereinzelt dann und wann auf, sondern gehören so sehr zum Sein des Menschen, dass der Mensch, ob er sich dessen bewusst ist oder nicht, ständig von Stimmungen durchstimmt sei – sein Sein vollziehe sich im Wandel von Stimmungen (S. 102), einschließlich der Stimmung der Ungestimmtheit! Demzufolge muss „Stimmung", gleichgültig welcher Art, das Sein des Menschen durchgehend und unablässig bestimmen, wovon wir in unserem alltäglichen Selbstverständnis freilich nicht viel wissen, da wir immer nur die markant hervortretenden Stimmungen erleben und von ihnen aus, sozusagen stimmungsmäßig voreingenommen, das Wesen der Stimmungen zu bestimmen versuchen. „Stimmungen tauchen nicht immer im leeren Raum der Seele auf und verschwinden wieder, sondern das Dasein als Dasein ist immer schon von Grund aus gestimmt." (S. 102) Die Omnipräsenz von Atmosphären bzw. Stimmungen irgendwelcher Art ist – unter Ausschließung der fundamentalontologischen Implikationen – auch zum Grundartikel der Neuen Phänomenologie geworden.

Indem Heidegger die Stimmungen entschieden fundamentaler auslegt als Dilthey, lässt er jedoch die Frage, wie sie sich zu konkreten weltanschaulichen Ausdrucksgestalten ausformen, unthematisiert. In seinem Vortrag von 1936 über den Ursprung des Kunstwerks kommt der Begriff der Stimmung nicht mehr vor. Heidegger hat inzwischen den fundamentalontologischen Ansatz der Seinsfrage verlassen. Der ursprünglichen Erschlossenheit des In-der-Welt-Seins geht er nun unter dem Begriff der „Unverborgenheit" (alétheia) nach. Das hinterlässt der von

Heidegger überschrittenen Anthropologie die Frage, ob er dem Begriff der Stimmung nicht zuviel an philosophischer Problematik zugemutet habe, und wie man sich vor einer philosophischen Überbeanspruchung der emotionalen Sphäre des menschlichen Lebens sichern könne. Diese Frage, so ließe sich einwenden, setzt sich ihrerseits dem Verdacht aus, einmal mehr aufgrund von überlieferten Voreingenommenheiten – womöglich unter dem Einfluss des psychologistisch-reduktionistisch-introjektionistischen Paradigmas – der wahren Bedeutung und Funktion der Emotionen nicht gerecht zu werden. Doch ist hier wiederum an die Aufgabe der Selbstbesinnung des Menschen zu erinnern. Inwiefern kann ein Mensch sich in Heideggers früheren, später von ihm aufgegebenen Hermeneutik der Alltäglichkeit wiedererkennen? Inwiefern führt ihn Heideggers Hermeneutik über ein sich als vordergründig erweisendes Selbstverständnis zu einem angemesseneren Verständnis des Daseins? Solche Fragen können sicherlich nicht auf der Ebene der positiven Wissenschaften entschieden werden. Es handelt sich ja um hermeneutische Fragen, die den Fragenden selbst mitbetreffen, und in deren Entfaltung er sich selber so bestimmt, wie es ihm in seiner Auffassung von der Stellung des Menschen in der Welt angemessen zu sein scheint.

Rückblickend lässt sich also sagen, dass sich Diltheys Selbstbesinnung bei Heidegger in einer unpersönlichen, strukturalen Fundamentalontologie auflöst. Stimmungen werden als das Sein des Menschen bestimmendes Existenzial gedacht: grundlegend, kontinuierlich, welterschließend. Die psychologisch-anthropologischen Differenzierungen des emotionalen Lebens werden als irrelevant hingestellt und überschritten: Affekte, Leidenschaften, Gefühle im engeren Sinne werden als Weisen des Gestimmtseins aufgefasst. Die Subjekt-Objekt-Differenz wird unterlaufen, die Affekte treten als unpersönliche Mächte in Erscheinung, die in einem anonymen, unvorhersehbaren Wechsel den Welthorizont alltäglichen Daseins erschließen. Trotzdem soll ein Wecken und Lenken von Stimmungen möglich sein, denn die Stimmungen ermöglichen von sich her unterschiedliche Ausrichtungen in die Welt hinein.

Einige Gemeinsamkeiten, Differenzen, Fraglichkeiten

Die Theorie der Gefühle von Hermann Schmitz ist wie die von Dilthey, Geiger und Heidegger philosophisch-systematisch ausgerichtet. Der Leitfaden der Systematik ist freilich bei allen vier Autoren ein anderer – für das philosophische Begreifen der Stimmungen hat sich noch kein allgemein anerkanntes Paradigma ergeben. Bei Dilthey wird der systematische Ansatz psychologisch-anthropologisch im Sinne einer philosophischen Hermeneutik aufgefasst, bei Geiger im Kontext einer deskriptiven Psychologie, bei Heidegger als fundamentalontologische Hermeneutik des In-der-Welt-Seins, bei Schmitz als eine Hermeneutik der Leiblichkeit. Er unterscheidet die „leiblichen Regungen" wie Hunger, Durst, Müdigkeit usw., von Gefühlen wie Angst, Trauer, Schmerz, Hoffnung, Seligkeit, Wollust, Schwermut, Heiterkeit[41]. Diese beiden Arten, die leiblichen Regungen und die Gefühle, machen das Ganze des „affektiven Betroffenseins" des Menschen aus – für Dilthey und Geiger wäre eine solche Grundauffassung des emotionalen Lebens, trotz der detaillierten Analysen, die Schmitz im Ausgang von seiner Grundauffassung an den einzelnen Gefühlen durchführt, zu grobschlächtig. Zum affektiven Betroffensein rechnet Schmitz alles, was einem Menschen „nahe geht" (*Der Gefühlsraum*, S. 93). Wie Heidegger und selbst Dilthey lehnt Schmitz die Theorien ab, die die Gefühle als rein subjektive Zustände auffassen, die nur innerlich wahrgenommen werden können – die Unterscheidung zwischen innerer und äußerer Wahrnehmung unterläuft er mit der These, dass die Gefühle jeglicher Subjekt-Objekt-Unterscheidung voraus liegen; so findet es sich auch schon bei Heidegger. Während die leiblichen Regungen „örtlich begrenzt" sind, nämlich gemäß dem Hier und Jetzt des individuellen leiblichen Seins, „ergießen sich" die Gefühle „atmosphärisch in unbestimmte Weite" (*Der Gefühlsraum*, S. 98, 106 u.ö.). Die Metapher der klimatisch-thermischen Atmosphären macht Schmitz zum Leitfaden einer phänomenologischen Analyse der Gefühle, wobei er die Ausbreitung der Atmosphären missverständlich genug als „Ergießen", manchmal einleuchtender als „Ausstrahlen" bezeichnet. Auch Heidegger hat gelegentlich auf die Metapher der Atmosphäre zurückgegriffen, ebenso wie andere Psychologen und Philosophen, aber „selbstverständlich" ist dies ganz und gar nicht – eine kritische Reflexion auf die sachliche Berechtigung einer solchen Metapher kann niemandem erlassen werden, um so weniger, wenn sie als Leitfaden der Erschließung eines schwer fassbaren, komplexen Phänomens dienen soll und sich dadurch dem Verdacht aussetzt, dass die ihr eigentümlichen Eigenschaften auf einen Gegenstand projiziert werden, der von sich her auch ganz anders verstanden werden könnte. Während die primäre Gegebenheit von Stimmungen bei Dilthey und Geiger subjekttheoretisch im Horizont der psychologisch-anthropologischen Erfahrung des Menschen verbleibt, sich bei Schmitz objektivistisch zu einer Ontologie von Gefühlsmächten als „Halb-Dingen" verdinglicht (auch Böhme schließt sich merkwürdigerweise dieser Auffassung an, nicht hingegen Hauskeller), nimmt sie bei Heidegger die Funktion einer primären Welterschließung an. Heidegger begreift sie radikaler als fundamentalontologische Struktur, Böhme reflexionsphilosophisch schwächer als „die spürbare Ko-Präsenz von Subjekt und Objekt"[42], die er dann aber ohne besondere erkenntniskritische Bedenken naturphilosophisch mit seiner apokryphen Lehre von den Ekstasen der Natur auslegt.

Es zeigt sich somit, dass es für das philosophische Begreifen der einigermaßen deutlich in Erscheinung tretenden Phänomene des emotionalen Lebens bzw. der emotional erschlossenen Weltverhältnisse keine paradigmatische Theorie, ja nicht einmal eine konsensfähige Problemstellung gibt. In dieser Lage kommt es wesentlich darauf an, die Problematik offen zu halten und sie nicht durch eine voreilige Theorie zu verdecken oder zu verfälschen. Das Offenhalten muss bis in das unmittelbare Erlebnis von emotionalen Phänomenen reichen[43] – in diesem methodologischen Sinn ist Böhmes Forderung nach einem freien, unvoreingenommenen „Sich-Entfalten-Lassen" zuzustimmen[44], womit er aber nur ein zentrales Moment der Methodik der Älteren Phänomenologie in Anspruch nehmen würde, dem er allerdings in seinem permanenten Bemühen, das Neue der Neuen Phänomenologie herauszukehren, nicht phänomenologisch genug gefolgt ist.

Es seien nun noch einige Bemerkungen zu Theoremen der Neuen Phänomenologie angefügt, die in unsere ästhetische Fragestellung hineinreichen und klärungsbedürftig geblieben sind. Der Ansatz von Schmitz liegt im Rahmen seiner Auffassung von Phänomenologie, ähnlich wie der von Böhme. Sie ist – wie einst in der Älteren Phänomenologie – der gesamten Breite von Erfahrungen zugewandt, doch geschieht dies in unterschiedlicher Auslegung der Methodik. So spielt, wie gesagt, die Methode der Variation bei Schmitz eine sehr viel größere Rolle als etwa bei Heidegger, und die phänomenologische Analyse, die in der Neuen Phänomenologie nicht auf der Grundlage der phänomenologischen Reduktion, der Einklammerung der Realitätsthesis erfolgt, sondern der unmittelbaren individuellen Erfahrung, hält sich an den Leitfaden eines signifikanten und für fruchtbar gehaltenen Merkmals, an dem alle ins Auge gefassten Phänomene teilhaben sollen – nicht nur akzidentell, sondern wesentlich. Daraus ergeben sich zwei Fragen: Inwiefern kann ein nur metaphorisch bezeichneter Sachverhalt wie die Atmosphäre überhaupt als Leitfaden einer Wesensanalyse dienen? Werden durch die Metapher nicht Eigenschaften in die Untersuchung eingeschleust, die das gemeinte Phänomen verstellen, wenn nicht gar verfälschen?

Schmitz ist sich dieses Einwandes bewusst[45]. Er versucht ihn durch eine Analyse zu entkräften, die auf die Differenzen zwischen den verschiedenen Räumlichkeitsvorstellungen hinweist, folgt dann aber doch weiterhin dem Leitfaden der unbedenklich von vornherein räumlich aufgefassten Atmosphären. Böhme entzieht sich dem Einwand, indem er die Rede von Atmosphären als die „natürliche" Rede auffasst und die Abwertung der Atmosphären zu einer Metapher als Folge einer Verkennung der Naturgegebenheiten hinstellt. Das Bewusstsein, den Begriff der Atmosphäre nur vergleichsweise zu verwenden, ist jedoch Bestandteil der Alltagssprache und der alltäglichen Erfahrung. Die phänomenale Sachhaltigkeit bedarf eines anderen Ausweises, und der muss methodologisch reflektiert durchgeführt werden.

Auf Grund welcher Erfahrungen lässt sich nun behaupten, dass die Gefühle so beschaffen sind, dass sie durch den Vergleich mit der Atmosphäre angemessen bestimmt werden können? Ein hinreichend gesichertes Verständnis der Gefühle müsste den Maßstab abgeben, welche Eigenschaften des zum Vergleich herangezogenen Phänomens (Atmosphäre) dem in Frage stehenden Phänomen (Gefühl) entsprechen, und welche nicht. Sonst droht die Analyse zwischen die Extreme zu geraten, etwas Unbekanntes durch ein anderes Unbekanntes zu bestimmen, bzw. dasjenige, was von beiden bekannt ist, einfach miteinander gleichzusetzen, oder was nur von einem bekannt ist, auf das andere unkritisch zu übertragen. Bei Schmitz bleibt es gelegentlich offen, ob Gefühle mit Atmosphären nur verglichen oder ob sie mit ihnen gleichgesetzt werden, etwa wenn es einerseits heißt, dass Gefühle räumlich ergossene Atmosphären seien (was Böhme regelmäßig zitiert), dann aber sogleich wieder die vergleichende als-ob-Betrachtung betont wird (z.B. *Der Gefühlsraum*, S. 185), was bei Böhme wegfällt.

Schwierigkeiten macht hierbei vor allem die Frage, um was für eine Räumlichkeit es sich handelt, die sich in Atmosphären eröffnet. Es kann nicht der messbare Raum der äußeren Wahrnehmung gemeint sein, denn messbar ist im „Gefühlsraum" nichts; wohl aber kann man in ihm, wie Schmitz behauptet, räumliche Eigenschaften unterscheiden wie z.B. Enge und Weite, Tiefe und Oberfläche, Leere und Erfülltheit usw.[46] – dies alles in Beziehung auf ein darauf ansprechendes Wahrnehmungs- oder Vorstellungsvermögen, nämlich ein leibliches Spüren, das er grundsätzlich von körperlich-sinnlichen Wahrnehmungen unterscheidet. Doch inwiefern sind diese räumlichen Eigenschaften nicht ebenfalls nur metaphorische als-ob-Begriffe? Die subjektive Seite der Wahrnehmung von Atmosphären müsste nicht nur als ein „ganzheitliches", leiblich fundiertes „Spüren" ausgewiesen werden, von dem man nicht weiß, wie sicher und auf welche Weise es anspricht, sondern sie müsste sich auf die Besonderheit der unterschiedlichen Gefühle hin spezifizieren lassen, d.h. es müsste der Umfang und die Art der Qualitäten bestimmt werden können (Böhme spricht eher nicht von der „Qualität", sondern wie Geiger oder sein eigentlicher Gewährsmann L. Klages vom „Charakter" einer Atmosphäre), auf die es in seinen verschiedenen Vermögen leiblichen Spürens anspricht. Dabei bleibt zu fragen, ob denn überhaupt alle Gefühle auf ein leiblich fundiertes Spüren zurückgeführt werden können, und ob es nicht auch Gefühle gibt, wie die Ältere Phänomenologie behauptet, die sich unabhängig von der Leiblichkeit des Menschen „im Gemüt", „in der Seele" oder „im Geiste" des Menschen entwickeln – alles Begriffe, die in der Neuen Phänomenologie sofort dem Verdacht des psychologistisch-reduktionistisch-introjektionistischen Paradigmas verfallen, andererseits aber den Boden der Selbstbesinnung ausmachen. Für Böhme ist „Seele" ein Begriff der inzwischen obsolet gewordenen Metaphysik, was ihn jedoch nicht hindert, ihn in einer dann allerdings unklaren, zweifelhaften Weise zu verwenden.[47] Vor allem bleiben die „höheren", intentionalitätsfähigen psychischen Funktionen wie Vorstellungen, Erinnerungen, Zwecksetzungen mit ihren semantisch konkretisierten Gehalten als Ursachen für die Entstehung von Atmosphären weitgehend unberücksichtigt, so dass die Lehre von den Atmosphären in eine Sphäre des semantisch Leeren und rezeptiv Dumpfen eingekerkert bleibt. Dass inhaltlich geprägte Erinnerungen, z.B. an Situationen, in denen man anderen Menschen gegenüber schuldig geworden ist, starke Gefühle der Reue hervorrufen können, ist seit der Antike bekannt; sie sind einer der Fälle, gegen deren verhängnisvolle Macht Platon seine Mania-Lehre entwickelt hat. Der gesamte Problemkreis der Wahrnehmung von Atmosphären bzw. Stimmungen und Gefühlen, vor allem hinsichtlich ihrer semantischen Gehalte, bedarf in der Neuen Phänomenologie noch einer eingehenden kritischen Untersuchung, die nur angemessen durchgeführt werden kann, wenn jenes introjektionistische Paradigma und die so missverständliche objektivistische Atmosphären-Ontologie eingeklammert werden.

Jedermann kann sich dessen vergewissern, dass Gefühle unsichtbare, unhörbare, untastbare Erlebnisse von kaum beeinflussbarer und unberechenbarer Dauer, von schwankender Intensität und nicht unmittelbar beschreibbarer Qualität sind, und man weiß außerdem, dass sich die meteorologischen atmosphärischen Verhältnisse aus unterschiedlichen, identifizierbaren Faktoren bilden und sich ihr Wandel nach verschiedenen Parametern messen und innerhalb gewisser Grenzen vorhersagen lassen. Lassen sich für die Gesetzmäßigkeiten, die meteorologische Zustände und Veränderungen herbeiführen, analoge Gesetzmäßigkeiten im Gefühlsleben des Menschen aufweisen? Oder darf man es dabei bewenden lassen, gewisse phänomenale Befunde auszuwählen, wie das Umschlagen des Wetters, plötzliche Abkühlung, drückende Hitze (*Der Gefühlsraum,* S. 362), und diese dann punktuell und willkürlich zum Aufweis analoger Verhältnisse in der Sphäre des emotionalen Lebens heranzuziehen, ohne zu klären, ob die meteorologischen Verhältnisse im Ganzen den emotionalen hinreichend analog sind? Schmitz sagt, dass das Wetter in einen physischen und einen psychischen Anteil „zerrissen" sei – der psychische Anteil umfasst die emotional spürbaren Qualitäten, wie das Brüten der Hitze, die Frische des Windes usw.[48] Ähnlich krass wird im ersten Absatz von Musils *Mann ohne Eigenschaften* die meteorologische Tatsache der als altmodisch charakterisierten „atmosphärischen" Tatsache gegenübergestellt, die er mit „ein schöner Augusttag des Jahres 1913" ausdrückt. Was für eine Seinsweise kommt den emotionalen Atmosphären aber ihrem Wesen nach zu, nicht nur im Unterschied zu den realen Dingen, mit denen sie als „Halbdinge" so unglücklich verbunden sind, sondern auch zu fiktionalen wie Don Quichote, mythologischen Phänomenen wie den Nymphen, idealen Entitäten wie den Zahlen oder einfach optischen Phänomenen wie einer *Fata morgana*? Eine umfassendere Klärung der Seinsweise der Atmosphären wäre umso dringlicher, je nachdrücklicher ihr m.E. problematischer Status als Halbdinge dem psychologistisch-reduktionistisch-introjektionistischen Paradigma entgegengesetzt wird. „Halbdinge" weisen im Wechsel ihrer Erscheinungen einen beharrenden Charakter auf, nämlich eine „inkonstante Dauer" und eine „zweigliedrige Kausalität", wonach in ihrem instabilen Sein Ursache und Wirkung zusammenfallen. Lässt sich aus solchen Halbdingen eine zusammenhängende Welt von Halbdingen analog zur Atmosphäre denken, die die Erde umgibt? Die Neue Phänomenologie scheint sich in dieser Frage nicht einig zu sein. Böhme, der die Dringlichkeit der ontologischen Frage ernst nimmt, versucht sie nicht in der objektivistischen Richtung von Schmitz lösen zu wollen, sondern in Abhängigkeit von der Korrelativität zwischen objektiv gegebenen Phänomenen und den ihnen angemessenen Rezeptionsformen, in denen die Atmosphären erst ihre eigentliche aktuale Seinsweise in einem charakteristischen „Zwischen" oder aber nur ihre aktuale Wahrnehmung erreichen. Geht man davon aus, dass Stimmungen, verstanden als bloße Grundbefindlichkeiten des Menschen, eine ontologische Problemdimension nicht aufweisen, sondern primär eine hermeneutische, dann würden auch die Atmosphären keine ontologische Problemdimension aufweisen, es sei denn, sie werden entsprechend deutlich von Stimmungen unterschieden – die Gefahr der Auflösung der ontologischen Frage zu einem bloß atmosphärischen Eindruck muss die Frage nach der ontologischen Differenz zwischen Atmosphäre und Stimmung für die Neue Phänomenologie zu einer vorrangigen Frage machen.

In den Wandlungen der Atmosphären und Stimmungen kommt überdies eine besondere Form der Zeitlichkeit sowohl hinsichtlich jeder einzelnen, als auch aller im Kontext der Entwicklung des emotionalen Lebens zwischen Geburt und Tod zum Ausdruck, die möglicherweise organisch als Wachsen und Absterben zu verstehen wäre und mit dem leiblichen Organismus zusammenhängt. Während die Räumlichkeit der Atmosphären in der Neuen Phänomenologie in den Mittelpunkt einer neuen Theorie der Gefühle gestellt worden ist, fehlt es an einer phänomenalen Analyse der Zeitlichkeit der Gefühle bzw. Atmosphären.

Es ist sicherlich richtig, dass gewisse Stimmungen ansteckend wirken und sich den Menschen mitteilen, die in ihren Wirkungskreis geraten. Es ist aber ebenfalls unbestreitbar, dass sich nicht alle Menschen auf die gleiche Weise anstecken lassen, ja dass ansteckende Stimmungen geradezu gegenteilige Reaktionen hervorrufen können – eine ausgelassene Heiterkeit z.B. Ablehnung oder Verachtung. Schmitz lässt die Frage der Interferenzen und der Widersprüchlichkeit von Gefühlen durchaus zu, geht aber nicht genügend auf sie ein. Bei Böhme wird die „Diskrepanzerfahrung" zu einem wichtigen Mittel, die Objektivität der Atmosphären zu belegen, doch lässt auch er sich nicht auf die Heterogenität und Fragilität der Erscheinungen des emotionalen Lebens ein, so sehr er auch immer wieder zu recht auf den Reichtum und die Vielfalt von atmosphärischen „Charakteren" hinweist. Dadurch verliert das emotionale Leben seine bekannten Eigenschaften der Widersprüchlichkeit, Mehrschichtigkeit, Komplexität, die die Ältere Phänomenologie, z.B. Scheler und D. v. Hildebrand, aber auch schon Lipps aufgewiesen haben. Die Einordnung der emotionalen Sphäre in den Gesamtzusammenhang des psychischen Lebens, wie wir es bei Dilthey, Lipps, Scheler, Geiger oder Hildebrand finden, führt u.a. auch dazu, dass das schwierige Problem, wie sich ein Mensch zu den in ihm auftretenden Gefühlen einstellt, ob er sie bejaht, sich ihrer schämt oder sie verdrängt, in Betracht gezogen werden muss. Wird auf diese Weise die weltanschauliche, religiöse, sittliche oder auch charakterologische Grundeinstellung des Menschen in die Lehre von den Gefühlen einbezogen, so muss auch das Verhältnis der Gefühle zu den sinnlichen Wahrnehmungen genauer, will sagen empirisch nachprüfbarer und vor einem umfassenden Erfahrungshorizont bestimmt werden. Wer wie die Neue Phänomenologie die Priorität der Stimmungen oder Atmosphären vor aller sinnlichen Wahrnehmung behauptet, kommt dennoch nicht umhin zuzugeben, dass trotz aller atmosphärischer Veränderungen die sinnliche Wahrnehmung von Qualitäten und Gestalten gleich und wiederholbar bleibt, während man auf Stimmungen nicht nur nicht zuverlässig zurückgreifen kann, sondern sie auch nichts zur Kenntnis der sich durch ihren Wechsel hindurch erhaltenden Eigenschaften und Formverhältnisse der Wirklichkeit beitragen. Wenn mit Spinoza die Selbsterhaltung für das ursprüngliche und unablässige Bestreben der menschlichen Lebewesen gehalten wird, dann werden diese sich darin nicht dem unvorhersehbaren Wechsel von Stimmungen oder dem ebenso unberechenbaren Auftreten der unterschiedlichsten Atmosphären und ihren undurchschaubaren Verschmelzungen überlassen, sondern an zuverlässigen und berechenbaren Verhältnissen orientieren, die sich ihnen, trotz des Wechsels der darüber hinweggehenden Atmosphären, in gleich bleibenden Maßen, Gewichten, Ausdehnungen durch die Wahrnehmungen der Sinne darstellen. Vor dem Ernst der Selbsterhaltung, die den Menschen mit allen seinen Vermögen in Anspruch nimmt, verschwinden die atmosphärischen Anmutungen wie ein Schwarm wesenloser Gespenster. Unter diesen Bedingungen wäre eine Ethik des sich Lassens, wie sie Böhme fordert, nur für diejenigen einleuchtend, die die Selbsterhaltung für das Grundübel der Menschheit halten. Ordnet man also das emotionale Leben in den Gesamtzusammenhang eines primär um die Erhaltung seines Lebens besorgten Lebewesens ein, dann erscheint die von der Neuen Phänomenologie beklagte Verdrängung der „Atmosphären" nicht als ein Sündenfall oder als ein Ergebnis der dominanten europäischen Intellektualkultur, sondern schlicht als Bedingung der Selbsterhaltung. Die Theorie der Atmosphären scheint demgegenüber viel eher ein Produkt unserer Wohlstandsgesellschaft zu sein, die es sich leisten kann, Atmosphären und die ihnen entsprechenden „Bedürfnisse" zu züchten.

Die Neue Phänomenologie legt großen Wert auf die bekannte Tatsache, dass Atmosphären erzeugt werden können. Böhme sieht dafür die „ästhetischen Arbeiter" vor, ein Ausdruck, der – entgegen seiner Intention – allzu viele Assoziationen an die Maloche der alltäglichen Arbeitswelt weckt und kaum einen der Arbeiter besonders ästhetisch erscheinen lässt. Das Erzeugen von Atmosphären wird in einem schwer nachvollziehbaren Sinn überwiegend positiv verstanden. Unwillkürlich wird man zu der Annahme gedrängt, dass Böhme den seit Adorno negativ besetzten Begriff der „Kulturindustrie" Arm in Arm mit der Naivität von Marcuses „affirmativer Kultur" ins Positive wenden wollte. Zu den ästhetischen Arbeitern rechnet er in nur wenig variierender Aufzählung so merkwürdige Berufsfelder wie Kosmetik, Design, Bühnenbild, Reklame, die „akustische Möblierung" der uns aus Kaufhäusern und Hotels bekannten *background music* – ein Allerlei, das insgesamt zur „Ästhetisierung der Realität" beiträgt. In Böhmes Theorie der „ästhetischen Arbeit" ist im Prinzip nichts von der Kritik der Frankfurter Schule an der ästhetischen Verführungsindustrie der modernen Marktstrategen erhalten geblieben. Den spätestens seit dem 18. Jahrhundert, dem Zeitalter der Kritik, in Frage gestellten metaphysischen Grundsatz der Antike und der christlichen Tradition, dass das Schöne, Wahre und Gute ihrem Wesen nach eine Einheit bilden, überträgt Böhme in die Oberflächlichkeiten und Trivialitäten der gegenwärtigen Unterhaltungs- und Verschönerungsindustrie – eine der Konsequenzen aus der Baumgartenschen Identifikation der Schönheit mit der Vollkommenheit der sinnlichen Erkenntnis. Böhme fordert zu Recht, dass die Ästhetik der gesamten Breite und Vielfalt ästhetischer Erfahrungen gerecht werden solle, was ja nun wirklich nichts Neues ist. Er wirft dennoch der traditionellen Ästhetik vor, nur zwei „Atmosphären" thematisiert zu haben, nämlich das Schöne und das Erhabene. Das ist schlicht falsch. Entsprechend tönern wirkt sein Pathos, der Ästhetik endlich einen Zugang zu der großen Vielfalt von „Atmosphären" eröffnet zu haben. Er kennt offensichtlich nicht die lange Tradition der Lehre von den ästhetischen Kategorien, nicht die seit der Antike diskutierten Modifikationen des Schönen, die durch alle Ebenen des Seienden reichen, nicht die Theorie des Dekorativen (in die wohl die meisten der von Böhme favorisierten Atmosphären fallen), nicht die von der Rhetorik gelehrten Ausdrucksqualitäten und Stilebenen, und selbst wenn er sich auf die deutsche Tradition seit Baumgarten hätte beschränken wollen (die neuzeitlich-germanozentrische Perspektive hätte allerdings wenigstens zur eurozentrischen Perspektive erweitert werden müssen, von der indischen und ostasiatischen Tradition ganz zu schweigen), hätte er schon bei Schiller Anmut und Würde, das Naive und Sentimentalische, bei Fr. Schlegel die Kategorien des Romantischen und Interessanten, bei Krug eine umfangreiche „Syngeneiologie" des Schönen, bei Solger nicht bloß die Ironie, sondern ein System von sechs ästhetischen Grundbegriffen, bei Fr. Th. Vischer eine noch viel differenziertere Lehre von den Modifikationen des Ästhetischen, bei Vischers Freund K. Köstlin eine systematisch gar nicht mehr zu bewältigende, in die Hunderte gehende Zahl von ästhetischen Kategorien und zuvor bei K. Rosenkranz eine fast als komplementär zu bezeichnende Theorie der negativen ästhetischen Kategorien finden können, und schließlich bei Croce eine diktatorische

Verurteilung all dieser von ihm nur noch als psychologische Subtilitäten verstandenen Kategorien, was aber seither weder Dessoir noch die neuere marxistische Ästhetik (Kagan) oder die analytische Ästhetik (Sibley) daran gehindert hat, der intrikaten Frage der ästhetischen Kategorien nachzugehen – was für einen Zusammenbruch der Bildungstradition muss man konstatieren, wenn nun in postmoderner Kurzsichtigkeit behauptet wird, dass die traditionelle Ästhetik sage und schreibe nur zwei dieser „Atmosphären" erörtert habe! Der unbesonnene Anspruch des Neuen verdankt sich der schlichten Unkenntnis des Alten. Da außerdem die Aisthetik mit ihrem Anspruch auf eine möglichst umfassende Berücksichtigung aller aisthetisch relevanten Phänomene nicht allein die im engeren Sinne ästhetischen Atmosphären zu untersuchen hätte, so müsste sie sich in der von ihr bisher nur äußerst lückenhaft und postmodern-beschränkt erforschten abendländischen Tradition auch der einst für höher gehaltenen kirchlichen Rhetorik zuwenden, die eine Fülle von existentiellen Atmosphären zu erzeugen suchte, teils durch die Predigt, teils durch das Gebet. So heißt es z.B. im 1957 gedruckten *Messbuch der heiligen Kirche*: „Inbrünstig bitte und beschwöre ich Dich [o gütiger und milder Jesus]: Präge meinem Herzen lebendige Gefühle des Glaubens, der Hoffnung und der Liebe ein sowie wahre Reue über meine Sünden und den ganz festen Willen, mich zu bessern. Voll Liebe und Schmerz schaue ich Deine fünf Wunden und betrachte sie in meinem Geiste." (S. [161]). Im Unterschied zu den Atmosphärikern findet man hier eine Einordnung der auf die objektiven (religiös-symbolischen) Sachverhalte der fünf Wunden bezogenen „lebendigen Gefühle" in eine anthropologisch-integrale Auffassung der menschlichen Existenz, wenn diese auch ganz im Horizont des religiösen Lebens verbleibt. Es empfehlen sich also außer der religiösen noch so manche andere Lebensformen, die auf ihren keineswegs nur sinnlich wahrnehmbaren Gehalt an Atmosphären und ihren Beitrag zu einer vervollständigten Theorie der Atmosphären zu untersuchen wären, und die alle die noch nicht genügend erörterte Frage aufwerfen, inwiefern die Atmosphären nicht gleichsam a priori durch die Lebensformen selektiert und gesellschaftlich-geschichtlich sowie persönlich entwickelt werden, und nicht umgekehrt die Lebensformen durch die Atmosphären.

Dass Atmosphären bzw. Stimmungen samt und sonders hergestellt werden können – ob sie es sollten, sei vorerst dahingestellt –, ist zu bezweifeln, wie es nicht allein Heidegger getan hat[49]. Dilthey oder Geiger ist es erst gar nicht in den Sinn gekommen, sich über die Möglichkeiten einer planmäßigen Herstellung von Atmosphären Gedanken zu machen – wohl aber über das künstlerische Schaffen, das wiederum in der Neuen Phänomenologie dem Drang zu den Ursprüngen in den leiblichen Befindlichkeiten bisher, bis auf einige *performances* der Avantgarden und dem wissenschaftlich ungeprüften, nichts desto weniger gefeierten Wissen der „Praktiker", zum Opfer gefallen ist. Zwar gibt es seit der Antike – in anderen Kulturkreisen wird es sich ähnlich verhalten – immer wieder Versuche, durch Rationalität und Perfektionierung handwerklicher Fähigkeiten (Böhmes „ästhetische Arbeiter" stammen jedoch nicht nur aus dem Handwerk, sondern auch aus der Industrie) „schöne Werke" herzustellen. Man hielt sich an Maßverhältnisse wie Proportion, Symmetrie, Rhythmus, Goldener Schnitt, und natürlich durch die Zeiten der normativen Ästhetik und Poetik hindurch an die großen Vorbilder von Kunst und Poesie. R. Zimmermann, G. Semper, G. Th. Fechner und andere haben sich im 19. Jh. für die Möglichkeiten einer „angewandten Ästhetik" eingesetzt, das Bauhaus und die sog. „exakte Ästhetik" der Stuttgarter Schule von M. Bense haben solche Bemühungen fortgeführt. Abgesehen davon, dass mit dem gesamten Aufwand von Wissenschaft und Können selten mehr denn wohlgefällige Formverhältnisse hervorgebracht worden sind, es sei denn, dass endlich einmal ein Genie den originellen Basteleien und ästhetischen Massenproduktionen ein Ende gesetzt hätte, erzeugen sie auch ungewollt das Unbehagen, als Rezipienten von den ästhetischen Arbeitern einfach nur „bearbeitet" worden zu sein. Man will einfach nicht so empfindliche Erfahrungen, wie es die ästhetischen sind, durch die Praktiken von auch noch so geschickten Facharbeitern in und an sich selbst erzeugt wissen, man fühlt sich zu einer Arbeits- und Projektionsfläche degradiert, auf der irgendwelche Arbeiter so wie die Sprayer an Hauswänden ihre Signaturen und mono- oder polychromen, mehr oder weniger pathetisierten Atmosphären erzeugen. Man sehnt sich endlich nach Erfahrungen einer ganz anderen als jener affektiv betroffen und dumm machenden Produktionen der Atmosphäriker, jenseits der *fun*-Sphäre, in der enthusiasmierte Genießer den atmosphärisch raffiniert ausgestatteten Inszenierungen von Nichtigkeiten mit *standing ovations* applaudieren. Diese leichtfertigen Genießer würden vermutlich, damit der Schauder vor ihnen perfektioniert werde, bedenkenlos dem Wort des Sokrates in Platons *Phaidros* (245a) zustimmen, dass eine aus göttlicher Ergriffenheit (mania) hervorgegangene Dichtung alle bloß durch den menschlichen Verstand produzierte Poesie in den Schatten stellen werde, denn sie werden ja annehmen, dass die Erzeugnisse der ästhetischen Arbeiter die moderne, säkularisierte Form von göttlichem Wahnsinn seien.

Gewisse Stimmungen können natürlich in unterschiedlichem Maße „geweckt" werden. Das setzt voraus, dass zum menschlichen Leben eine Disposition für Stimmungen und Gefühle gehört. Dies wiederum würde die These von der objektiven Vorgegebenheit der Atmosphären einschränken – ohne eine Empfänglichkeit und Bereitschaft für die Entfaltung von Emotionen müssten die von außen kommenden Impulse für Stimmungen wirkungslos bleiben. Böhme vertritt mit Recht eine solche Korrelativität von anthropologisch-subjektivem Stimmungspotential und quasi-objektiver Erscheinung von Atmosphären. Solange aber die Gesetzmäßigkeiten unbekannt sind, nach denen sich die Stimmungen in ihrem Auf und Ab und ihrem Anderswerden entfalten, wird die gezielte Herstellung von Atmosphären etwas von einem Vabanquespiel behalten[50]. Doch ist hierbei zu differenzieren: je primitiver die Emotionen sind, desto leichter lassen sie sich erzeugen, vorausgesetzt, dass sie auch akzeptiert werden, dass sie wirklich ein vitales Bedürfnis befriedigen. Je höher die Emotionen rangieren, desto weniger lassen sie sich erzeugen. Solche Einsichten, wie sie die Ältere Phänomenologie gewonnen hat, spielen jedoch in der schlicht-demokratischen Neuen Phänomenologie keine Rolle – für den ihnen innewohnenden Rang der Gefühle und Stimmungen im Ganzen des emotionalen Lebens scheint die Neue Phänomenologie kein Organ zu haben.

Ein heikles Problem stellt die Frage dar, ob und ggf. inwiefern Atmosphären, die man produzieren könnte, auch produziert werden sollten. Die Frage lässt sich leicht am politischen Leben exemplifizieren – bei jeder Wahl werden mit allen Mitteln der Reklame, der Propaganda, der Demagogie Stimmungen und Atmosphären erzeugt, die zur Wahl eines bestimmten Kandidaten motivieren sollen. Das haben schon die Sophisten in der Antike zu erreichen und zu rechtfertigen versucht, wogegen sich Platon im *Gorgias* gewandt hat. Bekanntlich können nicht alle Kandidaten gewinnen – die Erzeugung positiver Stimmungen oder Atmosphären ist demzufolge eine unsichere Angelegenheit, und erst wenn die Stimmen ausgezählt sind, was zur Zeit noch unabhängig von atmosphärischen Einflüssen geschieht (es gibt also noch Willensbildungen und Handlungen, die unabhängig von oder sogar gegen Atmosphären zustande kommen), weiß man, welche Partei gewonnen hat und welche Stimmungen nachträglich als effektiv erscheinen mögen – man weiß aber nicht, ob sie für die Wahl des Kandidaten ausschlaggebend gewesen sind. Die Werbestrategen und manche Politiker werden dies zwar behaupten, während sich so mancher Bürger missachtet und beleidigt fühlt, durch die Inszenierung von Wahlversammlungen und durch die Rhetorik von Wahlgeschenken Objekt einer Stimmungsmache geworden zu sein, allein zu dem Zweck, dem inszenierten Kandidaten seine Stimme zu geben. Böhme sieht hier zu Recht eine wichtige Aufgabe kritischer Aufklärung[51], womit er zugesteht, dass es durchaus einer kritischen Wertung von Atmosphären bedarf. Er zeigt aber nicht, wie der im Kapitalismus sich verselbständigende und ergänzend neben die von Marx unterschiedenen Tausch- und Gebrauchswerte tretenden „Inszenierungswerte" eigentlich zu kritisieren (und nicht einfach nur zu konstatieren) wären: ob sie von den ästhetischen Arbeitern selber oder aber von außer-ästhetischen, aber wohl keineswegs außer-atmosphärischen, nämlich moralisch-politischen Instanzen der Gesellschaft auszuüben und wie die ästhetisch-heteronome Kritik zu rechtfertigen wäre. Letztlich hätte sich die kritische Wertung, gerade im politischen Leben, aber nicht in diesem allein, wohl an der in Artikel 1 des Grundgesetzes verankerten Unantastbarkeit der Würde des Menschen zu orientieren. Mit dieser Würde hat die Erzeugung von diffusen Atmosphären etwa so viel zu tun wie die Förderung des Wohlbefindens in Wellness-Bädern, das selige Dahindämmern im Haschisch-Rausch oder in anderen Formen von einsamen, gemeinsamen oder kollektiven Ego-Trips in den weiten Reichen der gepflegten Sinnlichkeit. Als Bürger unseres gegenwärtigen politischen Alltags dürfen wir nachgerade zufrieden sein, dass die Erzeugung von Atmosphären (noch) gar nicht so gut funktioniert; und dass die Kunst und die Politik den Menschen und seine Konflikte ernster nehmen denn als Subjekt atmosphärischer Massagen, die ihn des Gebrauchs seines Verstandes noch mehr entwöhnen, als es die Konsumgesellschaft bisher schon vermocht hat. So zeichnet sich am Ende ab, dass der Produktion von Atmosphären, wenn man ihr denn überhaupt noch einen höheren als bloß kulinarischen Wert zusprechen möchte, wie Sokrates skeptisch im *Gorgias* zu bedenken gibt, eine Ethik oder eine kritische Wertung von Atmosphären voranzugehen hätte, die von einer hermeneutisch das Ganze des persönlichen und gesellschaftlichen Lebens berücksichtigenden Selbstbesinnung des Menschen auf seine eigentliche Bestimmung in dieser Welt auszugehen hätte, und weniger von der persönlichen Atmosphäre, die einem jeden von uns eingesenkt sein mag, und nichts anderes anstrebt als eine massendemokratisch flach gehaltene Ethik des sich Lassens.

Anmerkungen

1 Der Name geht auf Hermann Schmitz, *Neue Phänomenologie*, Bonn 1980 zurück. Zur Gesamtkonzeption vgl. inzwischen H. Schmitz, *Was ist Neue Phänomenologie?*, Rostock 2003

2 Unter anderem von H. Schmitz, *Was ist Neue Phänomenologie?* a.a.O. S. 11

3 Vgl. H. Schmitz´ Kritik der vom Intentionalitätsbegriff von Fr. Brentano ausgehenden älteren Phänomenologen in H. Schmitz, *Der Gefühlsraum*, Bonn 1969, S. 306 ff

4 Zu H. Schmitz´ Kritik traditioneller Klassifikationen der Gefühle vgl. *Der Gefühlsraum* a.a.O. S. 342 ff

5 *Brockhaus Enzyklopädie* in zwanzig Bänden, 17., völlig neubearbeitete Aufl., Bd. 2, Wiesbaden 1967, S. 23. Die 20. überarbeitete und aktualisierte Auflage führt als allgemeine Bedeutung von Atmosphäre an: Umgebung, Stimmung, Ausstrahlung, Fluidum (Bd. 2, 1996, S. 282).

6 Michael Hauskeller meint, dass die Summe aller Wirkintensitäten der einen Wahrnehmungsraum erfüllenden Atmosphären quantifizierbar sei, doch hat er eine solche Quantifizierung nicht durchgeführt (M. Hauskeller, *Atmosphären erleben. Philosophische Untersuchungen zur Sinneswahrnehmung*, Berlin 1995, S. 42).

7 Gernot Böhme, Atmosphäre als Grundbegriff einer neuen Ästhetik, in: Ders., *Atmosphäre. Essays zur neuen Ästhetik*, Frankfurt/Main 1995, S. 21

8 M. Hauskeller, *Atmosphären erleben* a.a.O. S. 13

9 So z.B. bei H. Schmitz, *Was ist Neue Phänomenologie?* a.a.O. S. 9, 14 u.ö.

10 Es scheint hoffnungslos zu sein, die Ästhetik heute noch durch einen einzigen Grundbegriff definieren zu wollen: Ästhetik lässt sich, wie H. Schmitz zu recht bemerkt, nur noch historisch definieren (H. Schmitz, *Was ist Neue Phänomenologie?*, a.a.O., Vorrede S. IV). Die in der bisherigen Geschichte der Ästhetik m. E. wichtigsten Grundbegriffe habe ich im Artikel „Ästhetik" zusammengestellt (W. Henckmann, K. Lotter, *Lexikon der Ästhetik*, 2., aktualisierte und erweiterte Aufl. München 2004, S. 27 ff). Ob sich die „Aisthetik" durch einen einzigen Grundbegriff wie „Wahrnehmung" oder „sinnliche Erkenntnis" definieren lässt, darf bezweifelt werden, auch dann, wenn sie ihre unklare Beziehung zu der von ihr als traditionell bezeichneten Ästhetik dereinst einmal geklärt haben wird.

11 Eine systematische Darstellung der neuen Grundwissenschaft hat G. Böhme durchgeführt in: *Aisthetik. Vorlesungen über Ästhetik als allgemeiner Wahrnehmungslehre*, München 2001.

12 Artikel „Stimmung" in: *Brockhaus Enzyklopädie* in zwanzig Bänden, 17., völlig neu bearbeitete Aufl., Bd. 18, Wiesbaden 1973, S. 145

13 G. Böhme, *Anthropologie in pragmatischer Hinsicht. Darmstädter Vorlesungen*, Frankfurt/Main 1985, S. 17, 19, 29 ff. u.ö. Den Selbstbezug erhebt Hermann Schmitz zu einem wesentlichen Moment des Begriffs der Philosophie. Vgl. seinen Aufsatz: Alte und Neue Phänomenologie, in: Ders., *Was ist Neue Phänomenologie?*, a.a.O. S. 1 ff., und insbesondere seine kritischen Studien in *Selbstdarstellung als Philosophie. Metamorphosen der entfremdeten Subjektivität*, Bonn 1995.

14 G. Böhme, *Anthropologie* a.a.O. S. 206

15 Vgl. z.B. den Artikel „Stimmung" von F. J. Wetz im *Historischen Wörterbuch der Philosophie*, Bd. 10, Darmstadt 1998, S. 173-176

16 H. Schmitz, *System der Philosophie*, 10 Bde, Bonn 1964-1980

17 H. Schmitz, *Was ist Neue Phänomenologie?* a.a.O., Vorrede S. V. Auf das psychologistisch-reduktionistisch-introjektionistische Dogma, das er gelegentlich auch als den europäischen Sündenfall bezeichnet, ist H. Schmitz

in fast allen seinen Schriften eingegangen, insbesondere in „Die Entstehung der psychologistisch-reduktionistisch-introjektionistischen Denkweise", in H. Schmitz, *Husserl und Heidegger*, Bonn 1996, S. 75-88.

18 H. Schmitz, *Was ist Neue Phänomenologie?* a.a.O. S. 9 ff

19 Vgl. Max Scheler, *Wesen und Formen der Sympathie* (1923), Gesammelte Werke Bd. VII, Bern/München 1973, S. 29 ff

20 Die Beispiele entstammen dem Essay von G. Böhme, Atmosphäre als Grundbegriff einer neuen Ästhetik, a.a.O. S. 21 f.; ebenso M. Hauskeller a.a.O. S. 13

21 Vgl. insbesondere H. Schmitz, *Der Gefühlsraum* a.a.O., bes. S. 91 ff

22 H. Schmitz, *Der Gefühlsraum* a.a.O. S. 97

23 Vgl. G. Böhme, *Anthropologie in pragmatischer Hinsicht*, Frankfurt/Main 1985, S. 16 ff

24 O. F. Bollnow, *Die pädagogische Atmosphäre. Untersuchungen über die gefühlsmäßigen zwischenmenschlichen Voraussetzungen der Erziehung*, Heidelberg 1964, Vorwort. Es trifft also nicht zu, dass H. Tellenbach, wie M. Hauskeller a.a.O. S. 15 schreibt, in seiner Studie über *Geschmack und Atmosphäre* (Salzburg 1968) zum ersten Mal eine größere Untersuchung dem Atmosphärebegriff gewidmet habe.

25 Vgl. H. Friebel, *Atmosphäre im Umgang mit Menschen – besonders in der Erziehung. Neuer Versuch zu einem alten pädagogischen Thema*, Wuppertal 1980

26 H. Schmitz, *Der Gefühlsraum* a.a.O. S. 185 ff

27 Vgl. O. F. Bollnow, *Das Wesen der Stimmungen*, dritte durchgesehene und erweiterte Auflage, Frankfurt/Main 1956. E. Ströker, *Philosophische Untersuchungen zum Raum*, Frankfurt/Main 1977. M. Hauskeller bezieht aufschlussreich und umsichtig mehrere Wahrnehmungstheoretiker des 20. Jh.s in seine Untersuchungen ein, vernachlässigt aber ebenfalls die einschlägigen Forschungen des 19. Jahrhunderts.

28 Vgl. W. Dilthey, *Einleitung in die Geisteswissenschaften. Versuch einer Grundlegung für das Studium der Gesellschaft und der Geschichte* (1883), Gesammelte Schriften (abgek. GS) Bd. I, 6., unveränd. Aufl. Göttingen 1966, S. 29, 32 u. ö.

29 W. Dilthey, Die Typen der Weltanschauung und ihre Ausbildung in den metaphysischen Systemen (1911), GS VIII, 4., unveränd. Aufl. Göttingen 1968, S. 81

30 So z.B. in Dilthey, Übersicht meines Systems (posthum veröffentlicht, verfasst 1896/97), GS VIII, S. 180, 182, oder Diltheys Vorrede (1911) zu der von ihm geplanten, aber erst posthum veröffentlichten Sammlung seiner Abhandlungen: *Die geistige Welt. Einleitung in die Philosophie des Lebens*, GS V, 5., unveränderte Aufl. Göttingen 1968, S. 5.

31 Vgl. Dilthey, *Grundlegung der Wissenschaften vom Menschen, der Gesellschaft und der Geschichte*, in GS XIX, hg. v. F. Johach und F. Rodi, Göttingen 1982, bes. S. 195 ff

32 Vgl. Dilthey, *Weltanschauungslehre*, GS VIII, 4., unveränderte Auflage Göttingen 1968, S. 91 ff

33 M. Geiger, Zum Problem der Stimmungseinfühlung (1911), in Ders., *Die Bedeutung der Kunst. Zugänge zu einer materialen Wertästhetik*, hg. v. K. Berger u. W. Henckmann, München 1976, S. 18-59

34 Ebd. S. 24

35 Vgl. zu Heideggers Auseinandersetzung mit Dilthey z. B. die Vorlesung über die *Phänomenologie der Anschauung und des Ausdrucks* vom Sommersemester 1920, Gesamtausgabe (GA) Bd. 59, Frankfurt/Main 1993, S. 152 ff.

36 M. Heidegger, *Sein und Zeit* (1927), § 29, GA Bd. 2, Frankfurt/Main 1977, S. 181

37 Heidegger ist kritisch gegenüber dem psychologistischen Begriff des Erlebnisses, trifft damit aber nicht den Erlebnisbegriff Diltheys.

38 Vgl. besonders H. Schmitz, *Der Gefühlsraum* a.a.O. S. 403 ff

39 Vgl. u. a. M. Scheler, *Die Stellung des Menschen im Kosmos* (1928), Gesammelte Werke Bd. IX, Bern/München 1976, S. 31 ff

40 M. Heidegger, *Die Grundbegriffe der Metaphysik. Welt – Endlichkeit – Einsamkeit*, GA 29/30, Frankfurt/Main 1983

41 H. Schmitz, *System der Philosophie*, 10 Bde., Bonn 1964 ff, hier: Bd. III/2: *Der Gefühlsraum*, S. 92

42 G. Böhme, *Aisthetik* a.a.O. S. 57

43 Auf einige hiermit verbundene Schwierigkeiten bin ich eingegangen in: Über das Verstehen von Gefühlen, in: K. Herding, B. Stumpfhaus (Hg.), *Pathos, Affekt, Gefühl. Die Emotionen in den Künsten*, Berlin 2004, S. 51-79

44 G. Böhme, *Anthropologie in pragmatischer Hinsicht* a.a.O. S. 14

45 Vgl. z. B. *Der Gefühlsraum* a.a.O. S. 186 f.

46 H. Schmitz behandelt die Räumlichkeit der Gefühle ausführlich im dritten Kapitel von *Der Gefühlsraum*, a.a.O. S. 185-360

47 Vgl. u. a. das Kapitel über den Leib in G. Böhme, *Anthropologie in pragmatischer Hinsicht*, a.a.O. S. 113 ff

48 H. Schmitz, *Was ist Neue Phänomenologie* a.a.O. S. 10 f

49 Heidegger, *Die Grundbegriffe der Metaphysik*, GA 29/30, S. 89 ff

50 G. Böhme versteht die „Produktion von Atmosphären" als das eigentliche Thema der „neuen Ästhetik" (G. Böhme, *Atmosphäre* a.a.O. S. 25). Ein Ratgeberbüchlein wie z. B. das von Silke von Otto, *Fantasievolle Blumendekos. Die schönsten Blumendekos, die überall Atmosphäre schaffen* (München 1998), wäre dann der Neuen Ästhetik zuzuordnen – es sei denn, G. Böhme würde seinen Begriff von Atmosphäre abgrenzen gegenüber Verwendungsweisen, die seinem Begriffsgebrauch nicht entsprechen.

51 Vgl. seine Bemerkungen zur „Kritik der ästhetischen Ökonomie", in *Atmosphäre* a.a.O. S. 62 ff

Denk-Atmosphären   Andreas Speer
Ein Versuch über das Ästhetische

Denkräume und Denkatmosphären

Räume haben Atmosphäre – so sagt man. Gilt dies auch von Denkräumen? Wir bewegen uns in Denkräumen. Diese werden etwa definiert entsprechend den Vermögen unserer Denktätigkeit, den sinnlichen und vernünftigen, oder nach den Gegenständen, die wir in diesen Denkräumen vorfinden, auf die wir uns denkend beziehen: Vorstellungen, Begriffe, Ideen. Wir treten ein in solche Denkräume und in ihre Stimmungen. Vor allem: Das Denken selbst erschafft im Denken Räume, Wahrnehmungsräume, Freiräume – und somit erzeugt das Denken auch Denk-Atmosphären. Mehr noch: Denken findet stets innerhalb einer von ihm generierten Atmosphäre statt. Hierbei fungiert die Atmosphäre als Horizont und Grenze. Ein Vergleich liegt nahe: Nur innerhalb der Atmosphäre gibt es die lebensnotwendige Luft zum Atmen. Deshalb kann nur innerhalb einer bestimmten Atmosphäre das auf diese Bezogene existieren. Doch inwieweit lässt sich aus diesen Prämissen ein Schluss für unser Denken ziehen? Dieser Frage soll meine besondere Aufmerksamkeit gelten: den Denk-Atmosphären, die das Denken erzeugt.

Meine Annäherung nimmt sich den Ausgangspunkt des Denkens zum Probierstein: die Aisthesis, mit der – wie Aristoteles, Kant und viele andere einhellig sagen – alle Erkenntnis anhebt. Die Aisthesis ist dennoch ein stets angefochtenes Glied unseres Erkennens, und es fällt schwer, ohne weiteres von einer Hochzeit zwischen Denken und Aisthesis zu sprechen, oder gar von einer ästhetischen Denkatmosphäre. Denn die Aisthesis steht von Anbeginn an unter dem Verdacht, uns nur allzu flüchtige und trügerische Eindrücke und Bilder zu liefern von dem, was wir eigentlich erkennen wollen.

Hierzu sei mir ein Gedankenflug erlaubt, der drei unterschiedlichen Denkatmosphären nachspüren will. Diese entspringen dem Antagonismus von Aisthesis und Vernunft, der ein wechselseitig nicht auflösbares Spannungsfeld bildet. Und dennoch drängt dieser Antagonismus nach Auflösung in die eine oder andere Richtung. Auf diese Weise werden Denkatmosphären erzeugt, welche die jeweilige Gestimmtheit des Denkens in Bezug auf sich und im Verhältnis zur Wirklichkeit beschreiben und damit auch den jeweiligen Horizont unseres Denkens bestimmen, der – so hatten wir gesagt – stets als Möglichkeitsbedingung und Grenze zugleich gesehen werden muss.

Drei Denkatmosphären im Spannungsfeld von Aisthesis und Vernunft möchte ich im Folgenden nachspüren. Ich nenne sie:
- „Die Bändigung des Ästhetischen",
- „Die Autonomie des Ästhetischen",
- „Die Entgrenzung des Ästhetischen".

Die Bändigung des Ästhetischen

Es besteht ein besonderes Verhältnis zwischen Aisthesis und Vernunft. Aristoteles hat dieses zu Beginn seiner „Metaphysik" thematisiert:

> Alle Menschen streben von Natur aus nach Wissen. Dies zeigt die Liebe zu den Sinneswahrnehmungen; denn auch ohne den Nutzen werden sie an sich geliebt.[1]

Genau betrachtet gilt Aristoteles die Liebe zu den Sinneswahrnehmungen: „hē tōn aisthéseōn agípēsis", als ein deutliches Zeichen (sēmeōon) – manche Übersetzungen sprechen gar von einem Beweis – für seine philosophische Grundintuition: der Einsicht in die Strebenatur des Menschen, die eine Vernunftnatur ist, die erkennen und wissen will. Dieses Streben nach Wissen zeigt sich bereits in der Aisthesis, vorzüglich im Sehen, dem „philosophischen", dem „visionären" Sinn, wird doch die Vollendung des Erkenntnisstrebens als Schau (theōrķa, visio) gedeutet. So schaut, wer den mühsamen Weg aus der Höhle genommen hat, das Licht der Sonne, wenn er dies denn vermag[2], und auch Aristoteles beschreibt die Vollendung des menschlichen Erkenntnisstreben als „theōrķa", als betrachtende Schau; mit „visio" und „contemplatio" wird dies später übersetzt.[3] Das Moment der Freiheit, das in diesem zweckfreien, allein der Wissensdynamik gehorchenden Denken gegeben ist, ist teuer erkauft. Denn indem das Denken nach einer vollständigen Einsicht in die Bedingungen der Wissensgenese strebt, nach einem Wissen der zugrundeliegenden Prinzipien und Ursachen (tà prôta kaì tà aítia)[4], verliert es seinen anderen Ausgangspunkt aus dem Blick. Denn hatten wir nicht gesagt, dass alle Erkenntnis mit der Aisthesis anhebt?

In der Tat, es ist die durch Wahrnehmung verursachte Vorstellung, durch die eine jede Erkenntnis buchstäblich ausgelöst wird. Nichts nämlich ist im Intellekt, was nicht zuvor in den Sinnen war. Mit der Wahrnehmung (aisthésis) also hebt die Erkenntnisdynamik an, von der Aristoteles eingangs seiner „Metaphysik" sprach, um sodann über Erinnerung und Gedächtnis (mnémē) – hierhin gehört auch die Phantasie (phantasía) – und Erfahrung (empeiría) zu kunstfertigem Wissen (téchnē) und schließlich zu Wissen im eigentlichen Sinne (epistémē) zu gelangen, das nach Art des demonstrativen Wissens verstanden wird und die Wissenschaft als Modell hat.[5] Wir sehen: Einerseits ist die Aisthesis der notwendige Ausgangspunkt aller Erkenntnis, und doch gerät sie andererseits sogleich buchstäblich unter die Räder des Zugriffs einer der Vernunft eigentümlichen und eigenen Erkenntnisdynamik, die sich nicht ohne Grund das Wissen zum Modell und zum Ziel erhebt: ein Wissen aus Gründen, das sich dem Schlussfolgern und Beweisen verschrieben hat.

Damit aber wird die Denkatmosphäre der „epistémē" zur vorherrschenden Atmosphäre der Vernunft. Die Vernunft will Dinge auf den Begriff bringen, in eine Definition fassen. Auf diese Weise verliert sie ihren Ausgangspunkt, das durch die Sinne wahrgenommene Einzelne immer mehr aus dem Blick. Denn allein das Wesentliche ist Gegenstand eines solchen verdinglichenden Wissens, das in der Allgemeinheit der Definition das Ziel der Erkenntnis sieht.

Jedoch zahlt das Denken auf diese Weise einen nicht geringen Preis: Das Einzelne, das doch am Anfang der Aisthesis stand, bleibt dem Denken letztlich unzugänglich. Es gibt kein Wissen von dem kontingenten Einzelnen, von dem, was sein und nicht sein kann. Denn Wissen strebt nach Notwendigkeit, die schlussfolgernd erzeugt und im Modus der Allgemeinheit festgehalten wird. Und trotzdem vermag die Vernunft, welche die Aisthesis bändigt, auf der anderen Seite ihr Ziel nicht zu erreichen: die Weisheit (sophía). Denn diese, die gewissermaßen im Wissen der höchsten Prinzipien den archimedischen Punkt unseres Denkens erfasst und damit in gleicher Weise ordnungsstiftend wie frei von allem Nutzen und deswegen ehrwürdig und göttlich genannt wird[6], ist – so sagt es Aristoteles selbst – recht eigentlich kein menschliches Gut (anthrópinon agathón) mehr.[7]

In der Atmosphäre des Wissens verliert das Denken bei dem Versuch, das Prinzip seiner Gewissheit aufzuspüren und von diesem ausgehend von allem, d. h. von einem jeden, ein Wissen zu erzeugen, seinen Ausgangspunkt buchstäblich aus dem Auge. Blind wie Nachteulen in der Sonne sind wir mit Blick auf die Kenntnis der Prinzipien, sagt Aristoteles.[8] Doch wenn das Denken auch noch die Phänomene aus dem Blick verliert und an dessen Stelle die Definition tritt, müssen wir die Vernunft dann nicht sogar als fledermausäugig bezeichnen? – so eine Übersetzung im 13. Jahrhundert: denn die Fledermaus ist bekanntlich blind. Sie sieht die Dinge nicht, wie sie sind, sondern orientiert sich mit dem Echolot. Gilt dies also auch für das Wissen? Folgen wir dem Nachtvogel-Vergleich des Aristoteles aus dem zweiten Buch der „Metaphysik", so muss das Wissen als ein Denkraum beschrieben werden, der nicht anders als durch das Echolot der Vernunft erfasst wird.

Es hat nicht an Versuchen gefehlt, die darin zum Ausdruck gebrachte Beschränkung unseres Denkens zu überwinden. Vermag nicht unser Denken durch unermüdliches Studium das zu erreichen, was das Sehvermögen der Nachteule oder der Fledermaus nicht vermag: nämlich ausgehend vom dunklen Licht bis zum reinen Licht und vom reinen Licht bis zum allerheitersten Licht zu gelangen, um schließlich wie der Adler das Licht der Sonnenscheibe selbst zu erblicken. So fragt Albert der Große in seinem Kommentar zum zweiten Buch der aristotelischen „Metaphysik". Vermag das menschliche Denken das Göttliche wirklich nicht zu erreichen? In dieser Möglichkeit besteht für Albert das höchste Glück und hier endet für den Menschen alle Suche nach Erkenntnis.[9]

Einen Pfad zur Vereinigung mit dem Göttlichen hatte bereits Plotin gewiesen. Es ist der Pfad der Schönheit. Zu diesem Behufe verbindet er in seiner Schrift „Über das Schöne" die Aisthesis mit dem Schönen (tò kalón) und zeichnet einen Schönheitspfad von der aisthésis, die wiederum vom Sehen ihren Ausgang nimmt, hinauf zur seligmachenden Schau (theōría) der überwältigenden göttlichen Schönheit.[10] Darin sind ihm viele gefolgt. Doch auf diesem Weg der Reinigung (kátharsis) trennt sich die Seele von ihrem Leib. Es ist allein ihr geistiger Teil, der noûs, der in das gleißende Licht des Quellgrunds (arché) aller Schönheit zu blicken vermag. Denn das Sehende muss dem Gesehenen verwandt und ähnlich werden. Und so sieht keine Seele das Schöne, wenn sie nicht selbst schön, und das heißt gottähnlich (theioeidés) geworden ist. Dies gilt auch für die Aisthesis, die gleichfalls „vergeistigt" wird. Denn, so Plotin, „kein Auge könnte je die Sonne sehen, wäre es nicht sonnenhaft".[11]

Die Autonomie des Ästhetischen

Doch nicht von der Idee des „geistigen Auges" soll im Folgenden die Rede sein, sondern von der Autonomie des Ästhetischen, die – so zeigt sich im Rückblick – gerade durch die dem Denken immanente Dynamik der Reinigung und Abstraktion von den anfänglichen Wahrnehmungen und daraus gewonnenen Vorstellungsbildern so sehr gefährdet scheint. Denn was bleibt – bei Aristoteles wie bei Plotin – von der ursprünglich ästhetischen Denkerfahrung?

Um so erstaunlicher mag es erscheinen, dass die Autonomie des Ästhetischen gerade in jener Atmosphäre errungen wird, welche die Aisthesis auf so markante Weise gebändigt hat: die Wissenschaft. Das zumindest ist das Programm Alexander Gottlieb Baumgartens, der die Autonomie des Ästhetischen dadurch zu sichern sucht, dass er für sie einen eigenständigen Platz als philosophische Disziplin einfordert, ein Weg auf dem ihm dann Immanuel Kant und Georg Wilhelm Friedrich Hegel auf je verschiedene Weise gefolgt sind. Damit sind die drei Modelle benannt, die auf sehr unterschiedliche Weise der Autonomie des Ästhetischen nachspüren.

A. G. Baumgarten: Ästhetik als universale Wissenschaft

Die Autonomie des Ästhetischen wird üblicherweise mit der Begründung der philosophischen Ästhetik als einer eigenständigen wissenschaftlichen Disziplin verbunden. Diese wird gemeinhin Alexander Gottlieb Baumgarten und seiner „Aesthetica" von 1750 zugerechnet. Mit der neuen Wissenschaft, so Baumgarten, habe die Philosophie ein Problem aufgenommen, nämlich dass ihr auf rationaler, auf klare und deutliche Erkenntnis gegründeter Wissenschaft die Dichtung, die Malerei, Musik und Bildhauerei, kurzum was man sonst zu den schönen und freien Künsten zählt, gleichfalls mit dem Anspruch auf Wahrheit entgegentreten, welche die Philosophie als ein ihr „in ihrer Höhe Fernliegendes" und ihr „Entgegengesetztes" außerhalb ihrer sieht.[12]

Doch nicht den „schönen Künsten" im engeren Sinne gilt Baumgartens eigentliches Interesse, nicht einer Philosophie der Kunst. Vielmehr begreift er die Aisthesis als einen eigenen und eigenständigen Zugang zur Wirklichkeit. Um die nicht mehr auf Logik reduzierbare „scientia cognitionis sensitivae" geht es Baumgarten, und dieser „Wissenschaft der sinnlichen Erkenntnis" sucht er in

Gestalt der Ästhetik einen Platz im System der Philosophie zu geben. Dies zeigt ein Blick auf die programmatische Eröffnung der Prolegomena zu seiner „Aesthetica".

> § 1. Die Ästhetik – als Theorie der freien Künste (*theoria artium liberalium*), als untere Erkenntnislehre (*gnoseologia inferior*), als Kunst des schönen Denkens (*ars pulchre cogitandi*) und als Kunst des der Vernunft analogen Denkens (ars analogi rationis) – ist die Wissenschaft der sinnlichen Erkenntnis (*scientia cognitionis sensitivae*).[13]

Auf diese Weise tritt Ästhetik als Wissenschaft, welche die Aufgabe hat, die unteren Erkenntnisvermögen als Wissenschaft vom sinnlichen Erkennen zu leiten, gleichberechtigt neben die Logik und die auf sie gegründete rationale Erkenntnis. Sie bildet nicht nur den Ausgangspunkt einer Erkenntnisdynamik, die letztlich, wie wir zuvor gesehen haben, zu ihrer Aufhebung führt, sondern erstreckt sich – gleichsam parallel zur Logik – auf alle Bereiche, die der Aisthesis zugänglich sind, ja selbst auf die Logik selbst, die unter dem Einfluss der Aisthesis die Form einer „Aesthetikologik" annimmt.[14] Darin kommt das Streben nach Wahrheit zum Ausdruck, das Baumgarten als dritte Aufgabe im Bereich des schönen Denkens bestimmt: „Tertia cura sit in rebus eleganter cogitandis veritas", jedoch als die ästhetische Wahrheit, das heißt: die Wahrheit, soweit sie sinnlich erkennbar ist, im Unterschied zur metaphysischen Wahrheit der Objekte, die uns als deren Übereinstimmung mit den allgemeinsten Erkenntnisprinzipien bekannt ist.[15] „Man könnte also", so schlussfolgert Baumgarten, „die metaphysische Wahrheit die objektive, die Vorstellung des objektiv Wahren in einer bestimmten Seele die subjektive Wahrheit nennen"[16] – eine Bestimmung, die bei Immanuel Kant bedeutsam wird. Anders als die logische Wahrheit wird die ästhetische Wahrheit, sofern sie intellektuell erfahrbar wird, vom Ästhetiker nicht direkt angestrebt. Sie tritt vielmehr indirekt aus mehreren ästhetischen Wahrheiten als Ganzheit hervor und fällt mit dem ästhetisch Wahren zusammen.[17] Nicht die Rückführung auf eine Wahrheit bestimmt die Denkatmosphäre des Ästhetischen. Der Astronom und der Hirte – beide haben gleichermaßen einen Begriff des Himmels. Der Trennung von Welt und Natur in ihrem physikalisch-mathematischen Begriff tritt ein Begriff von dem gegenüber, was Welt und Natur in ihrer sinnfälligen Gegenwart sind. Denn, so Baumgarten, „wieviele Wahrheiten hat man vorher überdacht, die man nun ganz auf sich beruhen lassen kann!"[18]

In dieser Bestimmung der „ästhetischen Wahrheit" zeigt sich besonders eindringlich der umfassende Anspruch, nach der Bedeutung und Geltung menschlicher Erkenntnismöglichkeiten zu fragen und die ästhetische, auf sinnliche Wahrnehmung beruhende Erkenntnis gegenüber dem rationalen Denken als Horizont eigenen Rechts zur Geltung zu bringen. Hierbei zeigt sich recht betrachtet die so verstandene Ästhetik weit eher als eine Kunst denn als eine Wissenschaft – so sagt es Baumgarten selbst[19] –, denn ihre Eigenart besteht gerade darin, den durch die Aisthesis gegeben Bezug zu Wahrnehmung und Erfahrung nicht abreißen zu lassen. Die daraus erwachsende Aufgabe für den Ästhetiker gleicht einer Gratwanderung. Denn die unteren Erkenntnisvermögen (facultates inferiores) bedürfen einer sicheren Führung.

> Die Ästhetik wird diese Führung übernehmen, soweit dies auf natürliche Art und Weise erreicht werden kann, indem sie uns gleichsam an die Hand nimmt. Der Ästhetiker darf die unteren Erkenntnisvermögen nicht anregen und stärken, solange sie verdorben sind, sondern er muss sie in eine gute Richtung bringen, damit sie nicht durch ungeschickte Übungen noch mehr verdorben werden und damit nicht unter dem bequemen Vorwand, man müsse dem Missbrauch wehren, auch der legitime Gebrauch einer von Gott verliehenen Gabe unterdrückt wird.[20]

Das Ziel ist die Gestimmtheit des ganzen Menschen, eine ästhetische Übung, die als Ideal den „felix aestheticus" hat.[21] Damit wird der Mensch in seinem empfindenden und fühlenden Verhältnis zur Welt zum Subjekt, dem in der Ästhetik und den ihr zugehörenden Wissenschaften und Künsten die Wahrheit als subjektiv-ästhetische vergegenwärtigt wird. Das Ziel solcher Ästhetik ist die Vollkommenheit der sinnlichen Erkenntnis und ihre Vervollkommnung („perfectio cognitionis sensitivae"). Damit ist nichts anderes als die Schönheit (pulchritudo) gemeint.[22] Das „auf schöne Weise Denken, in dem der schöne Geist aesthetisch das Kunstwerk hervorbringt", wird daher für Baumgarten zur Form, in der Empfinden und Fühlen zum Grund einer ästhetischen Repräsentation von Welt werden. Mit Recht hat Joachim Ritter hier einen gewichtigen Grund für die fortgehende Verbindung von Schönheit und ästhetischer Kunst gesehen, die die ästhetische Vergegenwärtigung der sonst metaphysisch begriffenen Welt übernimmt.[23]

I. Kant: Das Problem subjektiver Allgemeinheit

Von einer subjektiven Wahrheit hatte Baumgarten gesprochen, und damit den Anspruch verbunden, die sinnliche Erkenntnis zu führen und zu bilden, für sie eine der Logik adäquate, aber ihre Eigentümlichkeit nicht aufhebende Methodik zu etablieren, die sich am Begriff des Schönen zu bewähren habe. Auch für Immanuel Kant erfolgt die Begründung des Ästhetischen aus einer autonomen Einstellung zur Wirklichkeit im Unterschied zur Logik, nämlich als Vermittlung von Sinnlichkeit und Vorstellung. Kennzeichen der so bestimmten Denkatmosphäre ist die Subjektivität als Kennzeichen der ästhetischen Einstellung. Die epistemologische Lücke des Einzelnen muss gerade als Mehrwert des Ästhetischen angesehen werden.

Hierbei wird die Aisthesis, die uns die Erscheinung der Dinge in unserer Anschauung vorstellt[24], zur ästhetischen Urteilskraft, die zwischen Verstand und Vernunft, zwischen der auf den Naturbegriff bezogenen theoretischen und der auf den Freiheitsbegriff bezogenen praktischen Erkenntnis zu vermitteln imstande ist. Gegenüber der reinen Vernunft, die sich, wie Kant selbst feststellt, als eine Erkenntnis aus Prinzipien a priori nur mit dem Erkenntnisvermögen selbst beschäftigt, „mit Ausschließung des Gefühls der Lust und Unlust und des Begehrungsvermögens", und gegenüber der praktischen Vernunft, die – über die Restriktion der reinen Vernunft auf den Bereich des Verstandes, sofern dieser konstitutive Erkenntnisprinzipien a priori enthält, hinausgehend – die für unser theoretisches Erkenntnisvermögen zwar „überschwänglichen", jedoch unentbehrlichen reinen Begriffe und Ideen in Ansehung des Begehrungsvermögens lediglich als konstitutive Prinzipien enthält, sucht die Urteilskraft ihren Weg jenseits der Frage konstitutiver oder regulativer Prinzipien[25]. Ihr Interesse geht allein auf das Subjektive an einer Vorstellung, „was gar kein Erkenntnisstück werden kann"[26]. Auf diese Weise will die Urteilskraft dem Dilemma der Vernunft entkommen, die sich in der Suche nach den Grundsätzen immer weiter in Widersprüche verstrickt und sich schließlich auf einem „Kampfplatz endloser Streitigkeiten" verliert[27], um einen letzten Rettungsanker in einer Fundamentalkritik zu finden, die aber wiederum den Anfang jeder Erkenntnis: die an die Anschauung gebundene Erfahrung, aus dem Blick verliert – ein Problem, das uns nicht zum ersten Mal begegnet.

Während der auf die regulativen Prinzipien restringierte Anspruch apodeiktischen Wissens somit doch nichts anderes besagt als die Bedingung der Möglichkeit aller Dinge, die gedacht werden können, anzugeben, nicht aber diese in ihrer konkreten Erscheinungsweise, die immer auch mit einem Gefühl der Lust und Unlust verbunden ist, zu erfassen, ist dies gerade der Ausgangspunkt der Urteilskraft und mithin die eigentliche Denkatmosphäre des Ästhetischen. Gegenüber dem Erkenntnis- und Begehrungsvermögen schließt die ästhetische Vorstellung das Gefühl der Lust und Unlust mit ein, ja hat dieses zum Gegenstand. Damit einher geht der Verzicht, an dem Gegenstand der Vorstellung irgendetwas zu erkennen, das als Beschaffenheit des Objekts selbst verstanden werden kann.[28]

> „Die Zweckmäßigkeit also, die vor dem Erkenntnisse eines Objekts vorhergeht, ja sogar, ohne die Vorstellung desselben zu einem Erkenntnis brauchen zu wollen, gleichwohl mit ihr unmittelbar verbunden wird, ist das Subjektive derselben, was gar kein Erkenntnisstück werden kann. Also wird Gegenstand alsdann nur darum zweckmäßig genannt, weil seine Vorstellung unmittelbar mit dem Gefühle der Lust verbunden ist; und diese Vorstellung selbst ist eine ästhetische Vorstellung der Zweckmäßigkeit."[29]

Hier zeigt sich die Stärke der zur Urteilskraft erhobenen Aisthesis. Doch geht es nicht um subjektive Beliebigkeit, sondern um eine besondere Form des Urteils, das Kant „ästhetisch" nennt, „welches sich auf keinem vorhandenen Begriffe vom Gegenstand gründet, und keinen von ihm verschafft".[30] Die Zweckmäßigkeit des Objekts und seine Form werden in der bloßen Reflexion darüber als der Grund einer Lust an der Vorstellung eines solchen Objekts beurteilt: d. h. „mit dessen Vorstellung wird diese Lust auch als notwendig verbunden geurteilt, folglich als nicht bloß für das Subjekt, welches diese Form auffasst, sondern für jeden Urteilenden überhaupt. Der Gegenstand" – so folgert Kant – „heißt als dann schön; und das Vermögen, durch eine solche Lust (folglich auch allgemeingültig) zu urteilen, der Geschmack".[31]

Die Frage nach dem epistemischen Anspruch des ästhetischen Urteils stellt sich somit als Frage nach dem Geschmacksurteil. Dieses ist kein Erkenntnisurteil, „mithin nicht logisch, sondern ästhetisch, worunter man dasjenige versteht, dessen Bestimmungsgrund nicht anders als subjektiv sein kann"[32], und dennoch ist im Begriff des Urteils ein Anspruch auf Allgemeinheit ausgesagt. Doch wie ist ein Begriff von subjektiver Allgemeinheit denkbar? Ist dieser epistemische Anspruch des ästhetischen Urteils nicht ebenso paradox wie die Rede von einem hölzernen Eisen, einem quadratischen Kreis oder – so das Beispiel Kants – von einem "viereckichten Triangel"?[33] Dies ist für Kant das Grundproblem der philosophischen Ästhetik, das er in den vier bekannten Bestimmungen des Geschmacksurteils zum Ausdruck bringt, die zugleich Bestimmungen seines ausgezeichneten Gegenstandes werden: dem Schönen.

Denn, so lautet die erste Bestimmung, seiner Qualität nach ist Geschmack „das Beurteilungsvermögen eines Gegenstandes oder einer Vorstellungsart durch ein Wohlgefallen, oder Mißfallen, ohne alles Interesse. Der Gegenstand eines solchen Wohlgefallens heißt schön".[34] Das zweite Moment des Geschmacksurteils ergibt sich aus seiner Quantität. Das Schöne nämlich ist das, was ohne Begriffe als Objekt eines allgemeinen Wohlgefallens vorgestellt wird – oder in der prägnanten Kurzformel Kants: „Schön ist das, was ohne Begriff allgemein gefällt".[35] Nach der Relation der Zwecke, die in den Geschmacksurteilen in Betrachtung gezogen wird, ist Schönheit als „Form der Zweckmäßigkeit eines Gegenstandes" zu bestimmen, „sofern sie, ohne Vorstellung eines Zwecks, an ihm wahrgenommen wird".[36] Schließlich stellt sich die Frage nach der Modalität eines Geschmacksurteils. Die Bestimmung der Modalität des Wohlgefallens definiert schön als das, „was ohne Begriff als Gegenstand eines notwendigen Wohlgefallens erkannt wird".[37]

Die Paradoxie, eine Allgemeinheit zu denken, die das Subjektive nicht nur zum Ausgangspunkt hat, sondern auch als Bezugspunkt und Gegenstand bewahrt, kommt in den vier Momenten des Geschmacksurteils deutlich zum Ausdruck: Wohlgefallen ohne Interesse, allgemeines Gefallen ohne Begriff, Zweckmäßigkeit ohne Vorstellung eines Zwecks und schließlich Gegenstand eines notwendigen Wohlgefallens ohne Begriff. Man spürt die Fragilität der Vermittlung, von der Kant mit Bezug auf die Urteilskraft gesprochen hat, eine Vermittlung, die dem Erkennen zwischen Gesetzmäßigkeit und Endzweck einen Freiraum der bloßen Zweckmäßigkeit ohne die verdinglichende Allgemeinheit des Begriffs und die Notwendigkeit eines Zwecks bewahren will: den Freiraum des Schönen und der Kunst.

G. W. F. Hegel: Ästhetik als Wissenschaft von der schönen Kunst

Berühmt geworden ist Kants Analyse der ästhetischen Urteilskraft vor allem dadurch, dass er sie anhand der Erfahrung des Schönen ausarbeitet. In diesem Sinne wird auch Kant zu den Ahnherrn einer philosophischen Ästhetik gezählt – und dies oftmals beschränkt auf das Kunsturteil. Doch geht es ihm, wie wir sehen konnten, im Grund um die Allgemeinheit der ästhetischen Einstellung und ihre Stellung in der Ordnung der kritischen Vernunft, sofern die Urteilskraft als Mittelglied zwischen erfahrungsbezogenem Verstand und reiner, a priorischer Vernunft einen Geltungsraum der ästhetischen Urteilskraft beansprucht.

Die Restriktion der Ästhetik auf eine „Wissenschaft von der schönen Kunst" hat erst Georg Wilhelm Friedrich Hegel in der ebenso berühmten wie einflussreichen Berliner Ästhetik-Vorlesung vorgenommen. Hier scheint die Ästhetik – wie wir sie gewöhnlich verstehen und wie sie in der Renaissance vorbereitet wurde[38] – ihren endgültigen Sieg errungen zu haben. Doch welch ein Pyrrhus-Sieg! Die Ästhetik wird nun endgültig autonom – als Wissenschaft, und erhält als solche ein „proprium subiectum", einen eigentümlichen Gegenstand: das Kunstschöne.[39] Doch der Preis ist hoch. Der Modus und die Bedingung für diese Autonomie ist die historische Abgeschlossenheit ihres Gegenstandes, der Vergangenheitscharakter der Kunst.

Denn die ästhetische Gegenwart der Kunst ist ihre Vergangenheit, da das Kunstwerk nicht mehr in dem religiösen und geschichtlichen Zusammenhang steht, aus dem es hervorgeht. Indem etwa das Bild der Heiligen „in das ästhetische Pantheon der Kunst" eingeht[40], ist es nicht mehr Gegenstand frommer Verehrung und Andacht. Es wird zum Kunstwerk verselbständigt. Aus dem Vergangenheitscharakter der Kunst folgert Hegel, sie habe damit „für uns die echte Wahrheit und Lebendigkeit verloren und ist mehr in unsere Vorstellung verlegt, als dass sie in der Wirklichkeit ihre frühere Notwendigkeit behauptete und ihren höheren Platz einnähme. Was durch Kunstwerke jetzt in uns erregt wird, ist außer dem unmittelbaren Genuß zugleich unser Urteil, indem wir den Inhalt, die Darstellungsmittel des Kunstwerks und die Angemessenheit und Unangemessenheit beider unserer denkenden Betrachtung unterwerfen".[41]

Damit hat Hegel die Aufgaben einer Wissenschaft der Kunst beschrieben, die zur „denkenden Betrachtung" einlädt, was die Kunst sei, ohne jedoch selbst wieder Kunst hervorzurufen[42]. Dieses Programm hat Hegel in seinen „Vorlesungen über die Ästhetik" selbst durchgeführt und damit folgenreiche Weichenstellungen vorgenommen. Hegel restringiert den noch bei Alexander Gottlieb Baumgarten, der gewöhnlich als Begründer einer philosophischen Ästhetik gilt, erheblich weiter gefassten Ästhetikbegriff auf eine „Philosophie der schönen Kunst", die er deduktiv konzipiert, indem er aus der allgemeinen Idee des Kunstschönen oder dem Ideal (Erster Teil) in der Form fortschreitender Konkretisierung die Entwicklung zu den besonderen Formen des Kunstschönen (Zweiter Teil) bis hin zu einem System der einzelnen Künste (Dritter Teil) ableitet.[43]

Um wahr sein zu können, muss sich die Kunst daher über das Leben erheben, muss Ideal sein. Denn das allgemeine Bedürfnis zur Kunst ist das vernünftige, „dass der Mensch die innere und äußere Welt sich zum geistigen Bewußtsein als einen Gegenstand zu erheben hat, in welchem er sein eigenes Selbst wiedererkennt".[44] Ihr Zweck ist es nicht, das gewöhnliche Leben zu zeigen, sondern die prosaische Realität durch das Wunder der Idealität zu überwinden, so dass die wahre Kunstgestalt „wie ein seliger Gott" vor uns steht.[45] Nicht umsonst steht Winkelmanns Klassizismus Pate eines solchen, das Klassische präferierenden Kunstbegriffs.[46]

Die Entgrenzung des Ästhetischen

Dem verdinglichenden Denken ist die Autonomie des Ästhetischen also nur scheinbar entkommen: Als universale oder partikuläre Wissenschaft ist sie der Denkatmosphäre der Vernunft und der damit verbundenen Verlockung erlegen, das Göttliche in uns, von dem Aristoteles gesprochen hatte, zu explorieren, uns mit diesem vereinigen zu können. Wie aber kann sich die Aisthesis, wie kann sich das Ästhetische vor diesem Zugriff schützen? Durch Entgrenzung – so möchte ich in einem dritten und abschließenden Abschnitt antworten.

Die Entgrenzung des Ästhetischen erfolgt zunächst als Reaktion auf und gegen die großen „Meistererzählungen", allen voran derjenigen Hegels. Im Zentrum steht die bewusste Verminderung, ja Auslöschung derjenigen Kennzeichen, die bis dahin als Bestimmungsmerkmale von Kunst gegolten hatten. Auf diese Weise wird der gültige Kunstbegriff dekonstruiert, erweitert und entgrenzt. Mit dieser Dekonstruktion einer geht die Infragestellung der Zugehörigkeit zu dem, was man Kunstwelt nennt, eben jenes Zusammenhangs zwischen der Frage nach dem Wesen der Kunst und bestimmten institutionellen Faktoren in der Gesellschaft[47], und damit die Zugehörigkeit zu einer bestimmten Diskursform, die, so Pierre Bourdieu, den Code darstellt, eine kulturelle Kompetenz, welche die Partizipation an einem Kommunikationsprozess ermöglicht und steuert.[48] Marcel Duchamp steht hier an prominenter Stelle und ist für die Autoren des Katalogs zur „Documenta 11" nicht umsonst einer der meist zitierten Gewährsleute. Für Arthur C. Danto wird Andy Warhols „Brillo Box" zum Entdeckungserlebnis für die „Kunst nach dem Ende der Kunst". Darunter versteht er das Ende einer bestimmten Erzählform, „in deren Begriffen das Kunstmachen als eine Fortschreibung der Geschichte der Entdeckungen und der Durchbrüche galt"[49] – ganz nach dem Modell wissenschaftlichen Fortschritts. Dagegen bildeten Warhols Ansicht, alles könne Kunst sein, ebenso wie die Überzeugung von Joseph Beuys, dass jeder Mensch ein Künstler sei, das Modell für die Aussicht, dass jeder Mensch in gleicher Weise sein könne, was er sein wolle, sobald die die Kultur definierenden Grenzen überwunden seien, das heißt: sobald jede menschliche Tätigkeit in den Kunstbegriff miteinbezogen werde. Denn alles, so Beuys, was der Mensch aus seiner Selbstbestimmung und Freiheit heraus tut, ist Kunst.[50]

Wolfgang Welsch hat mit guten Gründen die Meinung vertreten, dass es die Kunst gewesen sei, die in dieser Kritik vorangegangen sei, und von einer „Geburt der postmodernen Philosophie aus dem Geist der modernen Kunst" gesprochen.[51] Jean Dubuffet und seine „Positions anti-culturelles" aus dem Jahre 1951, in denen dieser den anstehenden Wandel artikuliert, gelten Welsch als Kronzeugen eines Postmodernismus avant la lettre.[52] Besagter Wandel besteht in einem Abrücken (i) vom abendländischen Anthropozentrismus, (ii) vom Primat der Vernunft und der Logik, (iii) von der Monokultur des Sinns und (iv) von der Prävalenz des Sehens und führt – so Welsch im Anschluss an Lyotard – zu Dekomposition, Reflexion, Experimentalität und Pluralität als den Kennzeichen moderner Kunst, die gegenüber der Einheits- und Ganzheitsokkupation die postmoderne Präferenz für Heterogenität und Inkommensurabilität teilt. An die Stelle der Einheitssehnsucht trete nunmehr die Vielheitsoption.[53]

Die Avantgardefunktion der Kunst ergibt sich demnach nicht länger aus der nur schwer aufrechtzuerhaltenden Vorstellung von der ewigen Autonomie der Kunst gegenüber allen Bereichen des sozialen und politischen Lebens, sondern – wie Okwui Enwezor in seinem einleitenden Essay zum Ausstellungskatalog der „Documenta 11" betont – aus der Tatsache, dass die vielfältigen Formen und Methoden, Geschichten und Aufbrüche, Produktionsbedingungen und Institutionalisierungskanons der Kunst vehement nach einem Forum verlangen, um ihre kritische Unabhängigkeit vom „konservativen akademischen Denken zu verkünden". In der vielfältigen Verknüpfung von Diskursivität, Debatte, Öffentlichkeit und Übertragung, von kulturellen Situationen und ihren Lokalitäten tritt die gegen jede Form der Uniformisierung gerichtete Programmatik der „Documenta 11" zutage, die in der Postkolonialität als Steigerung der Vielheitsoption mit ihren ästhetischen Ausdrucksformen der „Kreolisierung" im Kulturraum moderner Metropolen ihren besonderen Ausdruck findet.[54]

Kennzeichen dieser Entgrenzung des Ästhetischen ist aber auch – und nicht zuletzt – eine alltägliche Präsenz des Ästhetischen: Soziale Kommunikation wird zu erlebnisorientierter Animation, die mediale Präsentation von Wirklichkeit erweist sich als ästhetisches Konstrukt, die wahrgenommene Realität ist Produkt ihrer Präsentation und Inszenierung, von Styling und Design. Diese durch weitere Beispiele beinahe beliebig erweiterbare ästhetische Ausstaffierung der Wirklichkeit habe, so noch einmal Wolfgang Welsch – einer der maßgeblichen Protagonisten des philosophischen Ästhetikbooms –, ihre legitime Entsprechung in einer Ästhetisierung der Epistemologie, die auch die Kategorie der Wahrheit einschließe.[55] Die Anklänge an Alexander Gottlieb Baumgarten sind unübersehbar, doch bleibt Welschs Konzept vage. So lässt sich fragen, ob die Entgrenzung des Ästhetikbegriffs nicht in Wirklichkeit eine fundamentale Unklarheit darüber widerspiegelt, was unter Ästhetik überhaupt zu verstehen ist. Verliert eine dermaßen entgrenzte Ästhetik nicht ihrerseits den Ausgangspunkt im Denken aus dem Blick, den die Aisthesis zu fassen suchte? Während Welsch gerade in der vielgestaltigen Präsenz des Terminus „ästhetisch", den er im Sinne der Wittgensteinschen Familienähnlichkeit verstanden wissen will[56], ein Argument für die Ästhetik als philosophischer Fundamentaldisziplin erblickt, ist für Jean-François Lyotard das Ästhetische zum Modus einer Zivilisation geworden, die von ihren Idealen im Stich gelassen worden ist und lediglich – als Kultur – das Gefallen an deren Darstellung kultiviert.[57]

Gegenüber einer solchen Aktualität des Ästhetischen, die nichts anderes sei als die Aktualisierung des abendländischen Nihilismus, als die mit melancholischem Wohlgefallen vollzogene Kontemplation der zerrütteten Ideale, die man darin hinter sich lässt[58], macht sich Lyotard auf die Suche nach dem eigentlichen Sinn der Aisthesis. Dieser Sinn tritt am Ursprung der aisthésis hervor, in jenem spontanen Affiziertwerden der Seele durch das Sinnliche, in dem Aristoteles das Zeichen einer ursprünglichen Übereinstimmung des Denkens mit der Welt gesehen hatte. Für Lyotard hingegen ist die Affiziertheit der Seele durch die Empfindung nicht nur Zeichen eines beiderseitigen Einvernehmens, sondern sie gibt zugleich insgeheim eine absolute gegenseitige Abhängigkeit zu erkennen. Denn die Seele existiert nur als affizierte.[59]

> Die Seele ist nichts anderes als das Erwachen der Affiziertheit, und ohne ein Timbre, eine Farbe, einen Duft, ohne das sinnliche Ereignis, das sie erregt, bliebe sie „unaffiziert". Diese Seele affiziert sich nicht selbst, allein das andere affiziert sie von „außen". Existieren ist hier nicht die Tat eines Bewußtseins, das ein noematisches Korrelat sucht. Existieren ist Gewecktwerden aus dem Nichts des Unaffiziertseins durch ein sinnliches Dort. Augenblicklich zieht eine affektive Wolke (nuée) auf und breitet für einen Augenblick ihre Nuance aus.[60]

Die Empfindung also bringt die Seele überhaupt zur Existenz. Was wir „Leben" nennen, so Lyotard, entspringt in Wahrheit einer Gewalt, die von außen auf etwas Passives, Lethargisches wirkt.

> Die *anima* existiert allein als erzwungene. Das aisthéton entreißt das Unbeseelte dem Saum seiner Inexistenz, es durchbohrt dessen Leere mit seinem Blitz und läßt daraus die Seele hervortreten. Ein Laut, ein Geruch oder eine Farbe setzen aus dem neutralen Kontinuum ein pulsierendes Gefühl frei.[61]

Die Seele gelangt also nur in Abhängigkeit von der Aisthesis zur Existenz, die Lyotard eine vergewaltigte und erniedrigte Sinnlichkeit nennt. Die Bedingung des Ästhetischen ist demnach die Unterwerfung unter das aisthéton. Im Spiel der Kunst erscheint das aisthéton im Stil als Geste der Brechung. Der Stil löst die Seele nicht aus ihrer Unterwerfung unter das Sinnliche, doch er konfrontiert das Sinnliche mit sich selbst und „konfrontiert dadurch die bereits eingeschlafene Seele, die die Erscheinungen billigt, mit einer bebenden Seele, die dabei ist, durch ein Aufscheinen zu erwachen".[62]

Hier, nicht in den Antinomien des Geschmacks, in denen die Ästhetik stets Gefahr läuft, vom argumentativen Diskurs ausgeschlossen oder in ein rationalistisches System der Gesamtheit der Erfahrung gepreßt zu werden, ist also der ursprüngliche Sinn des Ästhetischen aufzusuchen. Es ist die „anima minima", die mit der sinnlichen Materialität verbundene Seele, die – noch ohne Kontinuität, Gedächtnis und Geist – im Mysterium der Empfindung die Minimalbedingungen für ein Erwachen aus dem Schlaf der Anästhesie verbürgt.[63] Darin übernimmt die Ästhetik eine Wächterfunktion. Denn das ästhetische Erwachen legt zugleich die Bedingungen für das Denken offen, das sich im Spannungsfeld der Diskurse zu behaupten hat.

Der ästhetische Freiraum des Denkens

Was bleibt am Ende unseres Weges durch die drei Denkatmosphären, in die hinein wir der Aisthesis gefolgt sind? – Einige abschließende Überlegungen sollen am Ende unseres Gedankenflugs stehen, welcher den Horizont des Denkens, der durch das Ästhetische eröffnet worden ist, zu erkunden trachtete.

Es ist vor allem die Aisthesis, die ungeachtet ihrer eigenen Fragilität dem Denken den Freiraum seiner Empfindungsfähigkeit bewahrt. Mithin zeigt sich die eigentümliche Atmosphäre des Ästhetischen am deutlichsten in dem Versuch, die ursprünglichen Freiräume des Denkens festzuhalten. Das erfordert eine besondere Anstrengung, die Erzeugung einer Denkatmosphäre, die es nach zwei Seiten hin zu verteidigen gilt: zum einen mit Blick auf die verdinglichende Dynamik der Vernunft, zum anderen in Hinblick auf eine entgrenzte Trivialität, die alles zur Ästhetik, das Leben zur Performance erklärt. Denn die Gefahr liegt auf der Hand, dass dasjenige verlorengeht, was in der Entgrenzung zu sichern versucht wurde: die Eigentümlichkeit der ästhetischen Denkatmosphäre. Wir haben eine Ahnung, dass diese wohl eher in der Aufmerksamkeit für die kleine Geste zu suchen ist, für das Subtile und Leise. Es gilt, der vereinnahmenden Dynamik des Vernunftdenkens zu entkommen, das doch zugleich unsere Sache bleibt. Denn auch Kunst will etwas verstehbar machen, will die Welt deuten, will uns aufmerksam machen. Das aber geschieht – so hat sich gezeigt – nicht auf dem Wege der Auszeichnung eines spezifischen Gegenstandsbereichs, eines „proprium subiectum" der Ästhetik, vielmehr durch die Eröffnung eines prinzipiell entgrenzten, alle Bereiche der Wirklichkeit umgreifenden ästhetischen Denkraumes. Denn die Seele, deren Erwachen an der Aisthesis hängt, ist – so sagt es Aristoteles – gewissermaßen alles![64]

Es gilt also der Frage nachzuspüren – und dafür eignet sich nichts mehr als der stets angefochtene Ausgangspunkt des Denkens –, inwiefern sich die Denkatmosphäre des Ästhetischen bewahren lässt. Ich möchte sagen: in der einfühlsamen Zurückhaltung einer subtilen Sprache eher als im Anspruch eines emphatischen Konzeptes von Kunst und Schönheit – so wie Elija am Horeb Gott nicht im Sturmwind fand, der Berge zerreißt und Felsen zerbricht, sondern im Windhauch, im Säuseln des Windes (1 Kg 19,11-13). Es geht also darum, die Aufmerksamkeit für das Fragile und Subtile zu bewahren, für den Augenblick, der wie ein Windhauch säuselnd vorübergeht, und der nur von demjenigen wahrgenommen wird, der sich wie Elija die ästhetische Sensibilität für die unerwartete Andersheit bewahrt hat, die allem Begreifen vorausliegt und dieses zugleich übersteigt.

Anmerkungen

1 Aristoteles, *Metaphysik* I, 1 980 a 21f
2 Platon, *Politeia* VII, 515c-516b
3 Aristoteles, *Nikomachische Ethik* X, 7 1177 a 17-22; siehe auch die Artikel »Kontemplation« und »Theorie« im *Historischen Wörterbuch der Philosophie*, Band 4, 1024-1026 und Band 10, 1128-1133
4 Aristoteles, *Metaphysik* I, 2 982 b 2-9
5 *Metaphysik* I, 2 980 a 4 - 981 b 32
6 *Metaphysik* I, 2 982 a 1 - 983 a 11
7 *Nikomachische Ethik* X, 7 1177 b 31 - 1178 a 8
8 *Metaphysik* II, 1 993 b 9-11. Zu diesem Motive siehe die ausführliche Studie von C. Steel, *Der Adler und die Nachteule. Thomas und Albert über die Möglichkeit der Metaphysik* (Lectio Albertina 4), Münster 2001
9 Albertus Magnus, *Metaphysica* II, c. 2 (Editio Coloniensis XVI,1), 93,90 - 94,6
10 Plotin, *Enneade* I, 6 »Über das Schöne«, 1-31
11 *Ebd.*, 42-44
12 A. G. Baumgarten, *Meditationes philosophicae de nonnullis ad poema pertinentibus*, praef. 4; siehe J. Ritter, Artikel »Ästhetik« in: *Historisches Wörterbuch der Philosophie*, Band 1, 556
13 A. G. Baumgarten, *Aesthetica (1750)*, Prolegomena, § 1
14 *Aesthetica (1750)*, Sectio XXXIV (Das ästhetische Streben nach Wahrheit), § 561
15 *Ebd.*, Sectio XXVII (Die ästhetische Wahrheit), § 423
16 *Ebd.*, Sectio XXVII, § 424
17 *Ebd.*, Sectio XXVII, § 428
18 *Ebd.*, Sectio XXVII, § 429
19 *Ebd.*, Prolegomena, § 10
20 *Ebd.*, Prolegomena, § 12
21 *Ebd.*, Sectio III (Die ästhetische Übung), § 47
22 *Ebd.*, Sectio I (Die Schönheit der Erkenntnis), § 14
23 J. Ritter, Artikel »Ästhetik« in: *Historisches Wörterbuch der Philosophie*, Band 1, 558; dort (Anm. 41 mit zugehöriger Referenz auf Sp. 563) auch mit einem Hinweis auf eine deutsche Nachschrift von Baumgartens Ästhetik-Vorlesung
24 I. Kant, *Kritik der reinen Vernunft* (KrV), A 42 (B 59)
25 *Kritik der Urteilskraft* (KU), Vorrede zur ersten Auflage, A III-V (B III-V)
26 *KU*, Einleitung, A XLI (B XLIII)
27 *KrV*, Vorrede zur ersten Auflage, A VIII
28 *KU*, Einleitung, A XLI (B XLIII)
29 *KU*, Einleitung, A XLI-XLII (B XLIII-XLIV)
30 *KU*, Einleitung, A XLII (B XLIV)
31 *KU*, Einleitung, A XLIII (B XLV)
32 *KU*, A 4 (B 4)
33 *Der einzig mögliche Beweisgrund zu einer Demonstration des Daseins Gottes*, Akademie-Ausgabe, Bd. II (Vorkritische Schriften II, 1757-1777), 77
34 *KU*, A 18 (B 18)
35 *KU*, A 32 (B 32)
36 *KU*, A 61 (B 61-62)
37 *KU*, A 68 (B 69)
38 Hierzu W. Perpeet, *Das Kunstschöne. Sein Ursprung in der italienischen Renaissance*, Freiburg / München 1987

39 G. F. W. Hegel, *Vorlesungen über die Ästhetik* I (Theorie-Werkausgabe, Band 13), 13
40 J. Ritter, Artikel »Ästhetik«, in: *Historisches Wörterbuch der Philosophie*, Band 1, 555-580, hier: 576
41 G. F. W. Hegel, *Vorlesungen über die Ästhetik* I (Theorie-Werkausgabe, Band 13), 25
42 *Ebd.*, 26
43 *Ebd.*, 13. Dass Hegel in der Durchführung seines Programms einer Ästhetik seinem eigenen dialektischen Wissenschaftsanspruch nicht gerecht geworden sei, die Wissenschaft der Kunst erfordere die dialektische Vermittlung der gleichermaßen abstrakten Standpunkte der vom Empirischen ausgehenden Induktion und der von einer allgemeinen Idee des Schönen ausgehenden Deduktion, sondern auf die »historische Erscheinung der einzelnen Kunstwerke ... nur erläuterungsweise im Werte von Beispielen« Bezug genommen habe, merkt bereits Hegels Schüler Heinrich Gustav Hotho kritisch an; siehe W. Henckmann (Hg.), G. F. W. Hegel, *Einleitung in die Ästhetik*, München 1967, S. 142
44 *Vorlesungen über die Ästhetik* I (Theorie-Werkausgabe, Band 13), 52
45 *Ebd.*, 208
46 Winkelmann gilt Hegel u.a. als Gewährsmann für die »historische Deduktion des wahren Begriffs der Kunst«; siehe *Vorlesungen über die Ästhetik* I (Theorie-Werkausgabe, Band 13), 89-93. Siehe hierzu auch O. Pöggeler / A. Gethmann-Siefert (Hg.), *Kunsterfahrung und Kulturpolitik im Berlin Hegels* (Hegel-Studien, Beiheft 22), Bonn 1983
47 A. C. Danto, *Kunst nach dem Ende der Kunst*, München 1996, 18 (engl: *Beyond the Brillo Box: The Visual Arts in Post-historical Perspective*, New York 1992)
48 P. Bourdieu, *Die feinen Unterschiede. Kritik der gesellschaftlichen Urteilskraft*, Frankfurt a. M. 1987, 17-27 (frz.: *La distinction. Critique sociale du jugement*, Paris 1979)
49 A. C. Danto, *Kunst nach dem Ende der Kunst*, S. 23
50 Joseph Beuys in: Volker Harlan, *Was ist Kunst? Werkstattgespräch mit Beuys*, Stuttgart 1986, 4. Aufl. 1992, 14-16; A. Speer, »Der erweiterte Kunstbegriff und das mittelalterliche 'Kunst'-Verständnis«, in: *Joseph Beuys und das Mittelalter*, hrsg. von H. Westermann-Angerhausen, Köln 1997, S. 166-175; A. C. Danto, *Kunst nach dem Ende der Kunst*, S. 16f
51 W. Welsch, »Die Geburt der postmodernen Philosophie aus dem Geist der modernen Kunst«, in: ders., *Ästhetisches Denken*, Stuttgart 1990, S. 79-113
52 J. Dubuffet, »Position anticulturelles«, in: ders., *L'homme du commun à l'ouvrage*, Paris 1973, S. 67-75; W. Welsch, »Die Geburt der postmodernen Philosophie«, S. 80f
53 W. Welsch, »Die Geburt der postmodernen Philosophie«, S. 83-98
54 O. Enwezor, »Die Black Box«, in: *Documenta 11_ Plattform 5: Ausstellung – Katalog*, Kassel 2002, S. 42-55, bes. S. 43-45
55 W. Welsch, »Das Ästhetische – eine Schlüsselkategorie unserer Zeit?«, in: ders. (Hg.), *Die Aktualität des Ästhetischen*, München 1993, S. 11-47, hier S. 34. Hierzu auch A. Speer, »Jenseits von Kunst und Schönheit. Auf der Suche nach dem Gegenstand einer philosophischen Ästhetik«, in: Allgemeine Zeitschrift für Philosophie 20.3 (1995), S. 181-197, bes. S. 181-185
56 W. Welsch, »Das Ästhetische«, S. 26-29
57 J.-F. Lyotard, »Anima minima«, in: W. Welsch (Hg.), *Die Aktualität des Ästhetischen*, S. 417-427, hier S. 417
58 J.-F. Lyotard, »Anima minima«, S. 417
59 *Ebd.*, S. 422
60 *Ebd.*, S. 422f
61 *Ebd.*, S. 423
62 *Ebd.*, S. 426
63 *Ebd.*, S. 420, 427
64 Aristoteles, De anima III, 8 431 b 21: »hé psychè tà ónta pós esti pánta « (»anima est quodammodo omnia«)

Von Atmosphären, Stimmungen & Gefühlen

Fritz Strack, Atilla Höfling

Der Begriff der Atmosphäre wird nicht nur im Alltagsgebrauch, sondern auch in der Lehre der Ästhetik unweigerlich mit emotionalem Erleben in Verbindung gebracht (vgl. Leitartikel von Gernot Böhme). Bereits angeführte Definitionen des Atmosphärenbegriffs als „gestimmte Räume" (Elisabeth Ströker), „quasi objektive Gefühle" (Hermann Schmitz) oder als „Sphären gespürter leiblicher Anwesenheit" (Gernot Böhme) verdeutlichen, dass die Bezeichnungen „Atmosphäre" und „Erleben" in enger Beziehung zueinander gesehen werden. Auch aus psychologischer Sicht erscheint eine klare Trennung beider Begriffe nur schwer möglich – fast sogar unsinnig. Denn „Atmosphäre" im psychologischen Sinne ist nicht etwa eine Eigenschaft, die den Objekten unserer Umwelt innewohnt. Vielmehr liegt sie gänzlich „im Auge des Betrachters" und ist somit in jeglicher Hinsicht als subjektives Phänomen zu bezeichnen. Aus Perspektive der Psychologie gesehen, regen Atmosphären nicht etwa Stimmungen an, sondern sie *sind* empfundene Stimmungen – elementare, emotional getönte Erlebenszustände, die subjektiv wahrgenommen werden können. Was den Gebrauch des Begriffs „Atmosphäre" innerhalb dieser Sichtweise von inneren Gefühlszuständen abhebt, ist allein der Umstand, dass Menschen ihre empfundene Stimmung zusätzlich noch auf bestimmte Reize oder Geschehnisse in ihrer Umwelt zurückführen. Etwa dann, wenn sie von einer „guten Gesprächsatmosphäre" während einer Unterredung mit ihrem Vorgesetzten oder von der „freundlichen Atmosphäre" eines lichtdurchfluteten Raumes sprechen.

Wenn Menschen „Atmosphären erfahren" wollen, so versuchen sie letztlich, einen Bezug zwischen ihren eigenen Empfindungen und den Reizen aus ihrer Umwelt herzustellen. Oftmals sehen sich Menschen dabei als „passiver" Empfänger von vorhandenen Atmosphären und sind der Meinung, dass Atmosphären ihre Stimmung in unidirektionaler Weise beeinflussen. Das bewusste Erleben von „Atmosphäre" beinhaltet zusätzlich zum Empfinden von affektiven Zuständen jedoch auch eine Zuschreibung von Verursachung, die eine Person selbst vornimmt. Somit wäre von einer bidirektionalen Beeinflussung auszugehen, bei der das Individuum „Atmosphären" nicht nur aufnimmt, sondern aktiv konstruiert. Letztlich wird Reizen und Geschehnissen innerhalb des psychologischen Paradigmas der sozialen Kognition eine gewisse Atmosphäre also erst aktiv vom Betrachter „unterstellt". Nämlich dann, wenn dieser davon ausgeht, dass seine momentane Stimmung auch tatsächlich durch eben jene Reize oder Geschehnisse verursacht wurde – seine Stimmung also auf diese Objekte zurückführt. Fühlt man sich in einem Raum entspannt, und ist man zudem der Meinung, dass dies an der Gestaltung des Raumes liegt, so spricht man von einer „freundlichen, beruhigenden Atmosphäre, die der Raum ausstrahlt". Fühlt man sich während einer Unterhaltung wohl, und führt dies auch tatsächlich auf Merkmale des Gesprächspartners und des Gesprächs zurück, so spricht man von einer „guten Gesprächsatmosphäre", etc.

Diese Sichtweise basiert auf den sog. Attributionstheorien der Emotionsentstehung (Schachter & Singer, 1962; Mandler, 1980). Im Prinzip wird davon ausgegangen, dass Menschen emotionale Zustände wie z.B. Wohlbehagen beim Betreten eines Raumes zunächst als unmittelbare, körperliche Empfindungen erleben. Diese (primär physiologischen) Erregungszustände sind noch relativ unspezifisch und weisen in der Regel nur eine grobe, mehr oder weniger ausgeprägte *affektive Tönung* auf. Erst in einem zweiten Schritt „erklären" sich Menschen ihre primären, noch relativ undifferenzierten affektiven Empfindungen, indem sie diese auf bestimmte Ursachen zurückführen – etwa auf die Gestaltung eines Raumes, oder auf die Person des Gesprächspartners. Durch diesen zweiten, gedanklichen Schritt der Attribution (oder Ursachenzuschreibung) werden kognitiven Emotionstheorien zufolge aus relativ diffusen, affektiv getönten Erregungszuständen konkrete Emotionen. Der Begriff „Emotion" wird in der Psychologie also keineswegs als Synonym für „Stimmung" verwendet, sondern bezeichnet nur jene affektiven Reaktionen, die zeitlich begrenzt sind, sowie eine relativ hohe Intensität und einen klaren Objektbezug[1] aufweisen. Anders als konkrete, zeitlich abgrenzbare und intensive emotionale Episoden, stellen Stimmungen eher diffuse „Hintergrundtönungen" ohne klaren Objektbezug dar. Stimmungen werden nicht immer bewusst wahrgenommen und können sich über längere Zeiträume erstrecken. Wir können zwar gut oder schlecht gelaunt sein, wissen aber nicht immer, warum wir es sind. Im Gegensatz dazu freuen wir uns über *etwas* oder ärgern uns über *jemanden* – kennen somit also meist den Auslöser unserer Emotionen.[2]

Zumindest was das Kriterium der Objektbezogenheit angeht, so ließe sich zwischen dem Empfinden von „Atmosphäre" und dem Empfinden von Emotionen eine Analogie ziehen. Denn prinzipiell weisen auch Atmosphären immer einen Bezug zu bestimmten Objekten oder dem Kontext auf. Was den Atmosphärenbegriff jedoch sicherlich vom Konzept der Emotion unterscheidet, ist das Kriterium der Intensität. Emotionen sind per Definition relativ intensive affektive Reaktionen. Der Begriff der Atmosphäre hingegen lässt einen gewissen Spielraum zu, was die Intensität der Empfindung angeht. So kann der Begriff „Gesprächsatmosphäre" konkrete, intensive Empfindungen während einer Unterhaltung umschreiben, während mit „Verkaufsatmosphäre" die subtil erzeugte, gute Stimmung der Kunden in einem Kaufhaus gemeint sein kann, die der Kunde teilweise nicht einmal selbst bewusst registriert! Nichts desto trotz bezieht sich eine empfundene „Atmosphäre" immer auf einen bestimmtes Objekt, etwa ein Kaufhaus oder ein Gespräch.

Es wurde bereits erwähnt, dass Menschen aktiv einen Bezug zwischen ihrem subjektiven Empfinden und Reizen aus der Umwelt herstellen, wenn sie „Atmosphären spüren". Solche Interpretationen der eigenen Befindlichkeit sind zwangsläufig subjektiv und anfällig für Verzerrungen. Menschen sind sich beispielsweise nicht immer über alle tatsächlichen Gründe für ihre momentane Stimmung bewusst, so dass bestimmte Ereignisse auch *unbemerkt* die Stimmung beeinflussen können. Das kann dazu führen, dass Menschen ihre aktuelle Stimmung auf die falschen Ursachen zurückführen. Dieses Phänomen wird in der Psychologie als „Missattribution" bezeichnet und manifestierte sich u.a. in einer Untersuchung von Schwarz und Clore (1983). Die Autoren konnten zeigen, dass Menschen bei schlechtem Wetter weniger zufrieden mit ihrem Leben sind, als bei gutem Wetter. Machte man die Befragten zunächst jedoch durch eine Bemerkung auf das gute oder schlechte Wetter aufmerksam, so verschwanden die „wetterbedingten" Unterschiede hinsichtlich der Lebenszufriedenheit. Das Konzept der Missattribution bietet für diesen Befund eine einleuchtende Erklärung: Wenn sich Menschen nicht darüber im Klaren sind, dass ihre gute oder schlechte Stimmung auf das Wetter zurückzuführen ist, wird diese (fälschlicherweise) durch die Zufriedenheit mit dem eigenen Leben erklärt. Mit anderen Worten: Die Stimmung wird missattribuiert.

Doch selbst dann, wenn Menschen sich tatsächlich über alle mögliche Ursachen im Klaren wären, hängt viel davon ab, welchen Anteil sie den einzelnen Einflussquellen an ihrer Stimmung beimessen. Diese Gewichtung kann von Person zu Person völlig unterschiedlich ausfallen! Stellen Sie sich beispielsweise einen schlecht gelaunten Museumsgast vor, der ein abstraktes Gemälde betrachtet. Ist nun die „nervöse, wirre Atmosphäre" des Bildes der Grund für seine schlechte

Stimmung, oder etwa sein Ärger über die lange Parkplatzsuche vor dem Museum? Der Eindruck, den der Betrachter vom Gemälde haben wird, hängt entscheidend davon ab, wie sehr er dazu neigt, seine (schlechte) Stimmung auf das Gemälde zurückzuführen, oder eben auch nicht. Diese subjektive Gewichtung hängt nicht nur von der Bewusstheit für unterschiedliche Ursachen ab, sondern auch von Vorannahmen, Überzeugungen und früheren Erfahrungen eines Menschen. Beispielsweise könnte sich der Gast durchaus darüber im Klaren sein, dass er sich kurz zuvor sehr geärgert hat. Nichts desto trotz könnte er zugleich der Meinung sein, dass er sich ja bereits „abgeregt" habe und diese emotionale „Ärger" – Episode seine Wahrnehmung daher nicht mehr beeinflusse. Gerade weil sie ihm im Kontrast zur vorherigen intensiven emotionalen Episode nicht so bewusst ist, könnte der Betrachter seine schlechte Stimmung trotz allem als validen Indikator für seine Einstellung zu dem Gemälde erachten. Er würde demnach zu dem Schluss gelangen, dass ihm das betrachtete Bild nicht sonderlich gut gefällt.

Beide Beispiele verdeutlichen, dass Atmosphären letztlich nie objektiv sein können, dass es nie „die eine" Atmosphäre geben kann – auch wenn häufig Konsens über die emotionale Wirkung von bestimmten Objekten oder Ereignissen herrschen mag. Man könnte in gewisser Weise sagen, dass gezielt geschaffene „Atmosphären" (oder Reizbedingungen) zwar Stimmungen zu beeinflussen vermögen, dass sie zur gleichen Zeit aber doch „nur" Konstruktionen darstellen, die auf der Grundlage von Stimmungen gebildet werden.

Aus den Beispielen geht jedoch noch ein weiterer Aspekt von Stimmungen hervor, der auch innerhalb psychologischer Forschung Beachtung fand. Empfundene Stimmungen werden nicht nur durch Attributionen erklärt, sondern sie können auch ihrerseits Erklärungsbasis sein. Unter bestimmten Voraussetzungen ziehen Menschen ihre momentane Stimmung nämlich als Informationsgrundlage für Urteile oder Entscheidungen heran. Etwa wenn es um die Einschätzung der eigenen Lebenszufriedenheit geht (Schwarz & Clore, 1983) oder um die Beurteilung von Kunstwerken. Dem sog. "mood as information"–Ansatz von Schwarz & Clore (1983) zufolge, ziehen Menschen ihre Stimmung nicht nur in Situationen heran, in denen sie ein rein affektives Urteil fällen müssen, sondern auch dann, wenn nur wenig faktisches Wissen für ein Urteil zur Verfügung steht, oder wenn sehr komplexe Urteile abgegeben werden müssen. Wenn man z.B. nach der Zufriedenheit mit seinem Leben als Ganzem gefragt wird, wäre es viel zu (zeit)aufwendig, sich alle relevanten Begebenheiten aus der Vergangenheit wieder ins Gedächtnis zu rufen. Die momentane

Stimmung bietet eine schnell zugängliche Alternative, um sich die Beantwortung der gestellten Frage zu vereinfachen. Umso einleuchtender erscheint es, dass Menschen auch (und gerade) den Zugang zu so emotionsrelevanten Bereichen wie Kunst und Ästhetik primär über ihre Stimmungen erlangen. Wenn Menschen ein Kunstwerk oder die Atmosphäre eines Raumes „auf sich wirken lassen", dann versuchen sie bewusst, ihre momentane Stimmung wahrzunehmen und diese in Bezug zum betrachteten Objekt zu setzen. Wie wirkt ein Gemälde auf mich? Was löst eine Skulptur in mir aus? Wie gefällt mir der Raum, den ich gerade betrete? Vor allem die Laien unter uns würden solche Fragen wohl ausschließlich anhand ihrer momentanen Stimmung beantworten, während ein bewanderter Fachmann sicherlich auch weitere, „objektivere" Bewertungsmaßstäbe für sein Urteil heranziehen könnte (z.B. Sachwissen, vorherige Erfahrungen, etc.).

Stellen Sie sich vor diesem Hintergrund erneut den Museumsgast vor, der erstmalig eine Ausstellung über moderne Kunst besucht. Wie würde wohl seine Meinung zu besagtem abstrakten Gemälde lauten, wenn er einige Stunden zuvor ein Lob für seine gute Arbeit, verbunden mit Gehaltserhöhung von seinem Vorgesetzten erhalten hätte? Aus psychologischer Perspektive wäre zu erwarten, dass der Besucher das gleiche Gemälde in guter Stimmung positiver beurteilt als in schlechter Stimmung. Vor allem dann, wenn er sich nicht über mögliche Stimmungseinflüsse bewusst ist.

Interessanterweise wirkt sich die Stimmung eines Menschen nicht nur auf seine Urteilsbildung aus, sondern auch auf weit elementarere Vorgänge, z.B. sein Gedächtnis. Bower (1981) konnte beispielsweise zeigen, dass Probanden in schlechter Stimmung besser dazu in der Lage waren, die negativen Begriffe aus einer zuvor auswendig zu lernenden Wortliste zu erinnern. Probanden in guter Stimmung zeigten hingegen vor allem für die positiven Begriffe (aus der gleichen Liste) bessere Gedächtnisleistungen. Dieses Phänomen wird als "mood-congruent recall" bezeichnet und umschreibt den Umstand, dass all jene Gedächtnisinformationen besser aus dem Gedächtnis abgerufen werden können, die von ihrem affektiven Gehalt her kompatibel zur Stimmung beim Abrufzeitpunkt sind[3]. Etwas vereinfacht ausgedrückt: In guter Stimmung fallen einem eher positive Dinge ein, in schlechter Stimmung kommen einem eher negative Dinge in den Sinn. Dies könnte ein weiterer Grund dafür sein, warum Stimmung einen Einfluss auf menschliche Urteile haben kann. Dem gut gelaunten Museumsgast kommen beim Betrachten eines Kunstwerkes unwillkürlich eher positive Gedanken in den Sinn, während dies bei einem schlecht gelaunten

Museumsgast genau umgekehrt ist. All diese Gedanken und Assoziationen könnten zusätzlich zu seiner vorhandenen Stimmung ebenfalls in den Urteilsprozess mit einfließen und so seine Meinung zum betrachteten Kunstobjekt beeinflussen. Dieser Kompatibilitätseffekt zwischen Stimmung und Verfügbarkeit von Gedanken wird durch das Konzept des „assoziativen Netzwerks" erklärt. Eine detaillierte Erläuterung dieser Modellvorstellung würde an dieser Stelle allerdings zu weit führen. Für einen Überblick siehe Bower (1981) oder Strack & Deutsch.

Die bisher beschriebenen Phänomene machen deutlich, dass Stimmungen einen großen Einfluss auf weite Bereiche menschlichen Erlebens haben. Es wurde bereits dargestellt, dass die eigene Stimmung als Urteilsgrundlage herangezogen werden kann, um Objekte zu beurteilen, sich einen Eindruck von etwas zu verschaffen und auch, um „Atmosphären zu erleben". Wie Menschen die Atmosphäre wahrnehmen, die sie „umgibt", hängt entscheidend davon ab, ob sie in guter oder in schlechter Stimmung sind, und wie sie sich diese Stimmung erklären. In diesem Sinne sind Betrachter nicht nur „Empfänger" von Atmosphären, sondern auch ihre „Konstrukteure".

Stimmungen beeinflussen unser Erleben aber auch indirekt, indem sie bestimmte Gedächtnisinhalte verfügbarer machen als andere. Das heißt: Auch wenn Menschen sich nicht ausschließlich auf ihr Gefühl verlassen möchten – sich vielleicht sogar Mühe geben, Atmosphären möglichst „neutral" zu erfassen – so wird doch die Richtung ihrer bewussten Gedanken unwillkürlich durch ihre Stimmung beeinflusst.

Anmerkungen

1 Mit „Objekten" im psychologischen Sinne können nicht nur Gegenstände, sondern auch Personen und Ereignisse gemeint sein.
2 An dieser Stelle sei ergänzend angemerkt, dass der Begriff „Gefühl" im alltäglichen Gebrauch häufig gleichermaßen als Synonym für Emotion *und* Stimmung verwendet wird. Über jegliche emotionalen Zustände hinaus umfasst der Begriff „Gefühl" in der Psychologie allerdings auch weitere, nicht-affektive Zustände, beispielsweise ein „Gefühl der Bekanntheit". Aus Gründen der begrifflichen Klarheit werden im Folgenden nur die Ausdrücke „Emotion" und „Stimmung" verwendet, um auf affektive Gefühlszustände Bezug zu nehmen.
3 Die Stimmung zum Lernzeitpunkt war in beiden Gruppen neutral.

Literatur

Bower, G. (1981). Mood and memory. *American Psychologist, 36 (2),* S. 139-148

Mandler, G. (1980). The generation of emotion: A psychological theory. In: R. Plutchik & N. Kellermann (Hrsg.). *Theories of emotion.* S. 219-243. New York, Academic Press

Schachter, S. & Singer, J.E. (1962). Cognitive, social, and physiological determinants of emotional states. *Psychological Review, 69,* S. 379-399

Schwarz, N. & Clore, G.L. (1983). Mood, misattribution, and judgments of well-being: Informative and directive functions of affective states. *Journal of Personality and Social Psychology, 45 (3),* 513-523

Strack, F. & Deutsch, R. (2004). Reflective and impulsive determinants of social behavior. *Personality and Social Psychology Review,* 8, S. 220-247

Stimmig/unstimmig Timo Bautz
Was unterscheidet Atmosphären?

Dass die Geschmackskultur und Alltagsästhetik verstärkt auf Atmosphären anspringen oder mit dem „Atmosphärischen" arbeiten ist der Ausgangspunkt von diesen Überlegungen, die auf den Stellenwert des Phänomens für den Bereich der Kunst zielen. Die Gleichung: viel Atmosphäre = schön, weniger Atmosphäre = nicht so schön, diese Gleichung hätten wohl nicht einmal die Romantiker gelten lassen. Und auch heute scheint noch niemand den Begriff der Atmosphäre als die neue Leitunterscheidung für die Kunst reklamieren zu wollen. Aber es formiert sich ein zunehmendes Interesse an dem Phänomen[1]. Ich möchte zunächst für diese Tendenz thesenartig einige Gründe nennen, daran anknüpfend den Unterschied von inszenierten und quasi-natürlichen Atmosphären untersuchen und schließlich nach den Konsequenzen fragen, die sich daraus für die Kunst und ihre Rezeption ergeben.

- Seit der Romanik unterliegen motivische und inhaltliche Ansprüche in der bildenden Kunst der Gefahr der Beliebigkeit. Sie sind mit dem Risiko verbunden, aus gemeinsamen Sinnhorizonten herauszufallen. Ein Prädikat der modernen Kunst ist deshalb ihre Kommentarbedürftigkeit. Die sehr lockere Anbindung an noch erwartbare Verständnismöglichkeiten und eine wachsende Kommentarmüdigkeit kann bildende Künstler veranlassen, sich inhaltlich zurückzuhalten und unbestimmten Sphären zuzuwenden. Atmosphären sind auch ohne Bedeutungszumutung und Begleitinstruktionen einem ästhetischen Genuss zugänglich.
- Auffälligkeit, Erkennbarkeit und Unverwechselbarkeit sind in einem hart umkämpften Kunstmarkt wichtig. Strategien, die sich darauf beziehen, nehmen ihren Ausgang auch von Atmosphären, denen sie sich zuordnen oder von denen sie sich absetzen wollen. Auf dem Gebiet der Atmosphäre sind Übernahmen jedenfalls kaum zu identifizieren und Innovationen leichter durchzubringen.

- Das gegenwärtig wichtigste Bildmedium, der Film, wirkt wie kein anderes atmosphärisch. Schauspieler, Ausstattung, Beleuchtung, Kameraeinstellung, Schnitttechnik und nicht zuletzt die Musik werden unter diesem Aspekt aufeinander abgestimmt. Für die bildende Kunst ergibt sich daraus eine Herausforderung, die man wohl nur mit der durch die Verbreitung der Fotografie vergleichen kann. Im Unterschied zu Werbefilm und Kinofilm, die auf ein Massenpublikum zielen, können Künstler mit Atmosphären experimenteller umgehen und auf diese Konkurrenz reagieren.
- Bewegte Bilder, dokumentarische oder inszenierte, fesseln und führen die Aufmerksamkeit enger als alle Artefakte und Gattungen der bildenden Kunst. Ihre Rezeption erscheint im Vergleich dazu nüchtern, aber auch freier. Durch formale bzw. inhaltliche Steigerung und Verdichtung kann der Wahrnehmungssog des Films nicht annähernd erreicht werden, auch nicht durch Mittel der Irritation und des Schocks. Denn es geht im ästhetischen Erleben (auch eines anspruchsvollen Films) nicht nur um eine lückenlose Absorbtion der Aufmerksamkeit, sondern um eine erhellende evtl. deutende Alternative oder Ergänzung zur alltäglichen Weltwahrnehmung. Das tägliche sinnliche Abtasten der Welt mit Hilfe von Unterscheidungen, die nur zu einem geringen Teil aufeinander bezogen sind, produziert immer Nichtmitgesehenes. Und das Springen von einem Unterschied zum anderen erweckt das Bedürfnis, die lückenhafte Sichtweise wenigstens zeitweise zu überspielen. Atmosphären als geschlossene, intern differenzierte Erlebnisräume, sind dafür eine ideale protoästhetische Konstellation, weil sie ganze, abgerundete Sequenzen von Sinneseindrücken ermöglichen.
- Die Natur als Projektions- und Fluchtraum ist ein Begleitphänomen der Künstlichkeit moderner Lebensbedingungen. Nicht nur Wissenschaft und Technik, auch das darauf reagierende ökologische Bewusstsein macht ihr diesen romantischen Kompensationswert für Zivilisationsfluchten zunehmend streitig. Sie wird im allgemeinen Bewusstsein zum Gegenstand hoher Rationalität und Risikokalkulation. Damit könnte der Kunst vermehrt die Funktion zuwachsen, naturäquivalente Reservate und Refugien zu erzeugen, auch im Sinn quasinatürlicher Atmosphären.
- Das gespannte Verhältnis von unübersichtlicher Vielfalt und Uniformität in den alltäglichen Lebensbereichen des Konsums, den Wohnformen und Stadtbildern führt zu neuen Sensibilitäten für noch verbleibende Spielräume. Werbeagenten und Designer spezialisieren sich auf das Versprechen von Atmosphäreunterschieden als Ausweg aus der Gleichförmigkeit, die sie selbst miterzeugen. Im Gegenzug dazu können Künstler sich veranlasst sehen, Atmosphären an diesem

Markt vorbei zu inszenieren und verfeinerte Ansprüche an ein noch individuelles und originelles Leben verteidigen.
- Wenn es stimmt, dass wir immer häufiger Stimmungen kommunizieren auch jenseits ästhetischer, privater und therapeutischer Kontexte, und wir so auf eine unübersichtlich gewordene Realität mit hohen individuellen Ansprüchen reagieren, dann könnte dieses Verhalten zu modifizierten Wahrnehmungsformen führen. Der ästhetische Zugang zu kunst- und naturfernen Sachverhalten und das Ansprechen auf deren Stimmung könnte man jedenfalls als Anzeichen eines generalisierten subjektiven Realitätsbezugs deuten, der die funktionalen Zusammenhänge weitgehend ausblendet. Man kann dies als Ausdruck eines luxurierten Weltverhältnisses der Spaßgesellschaft sehen und als subjektiven Entlastungsmodus gegenüber ihrer objektiven Funktionsorientierung.

Wie Menschen Atmosphären empfinden und unterscheiden, welche Formen des Erlebens dafür typisch oder förderlich sind, lässt sich empirisch schwer ermitteln. Einen ersten Zugang eröffnen die sprachlichen Beschreibungen. Zunächst ist interessant, wie es zu einer Übertragung des griechischen Wortes aus dem geographisch-meteorologischen Bedeutungszusammenhang kommt? Warum bezeichnet das Wort erstmals in der Zeit des Sturm und Drang die besonders verdichtete Ausstrahlung einer Person?

Als Grund lässt sich der folgende Zusammenhang vermuten: Atmosphärische Erscheinungen wie Wetter, Luft, Wolken zu verschiedenen Tages- und Jahreszeiten sind zunächst uralte und einprägsame Stimmungsauslöser aus zwei ganz verschiedenen Gründen. Zunächst sehen dieselben Orte und Landschaften bei unterschiedlichen Licht- und Wetterlagen anders aus, so dass die Aufmerksamkeit für diese Änderungen empfindlich wird. Das besondere Tempo dieser Änderungen erlaubt es, sie in den Übergangsphasen gut zu beobachten. (Das ist bei anderen vergleichbar elementaren Naturerfahrungen weniger leicht der Fall. Einige sind dafür zu langsam wie Wachstum oder Krankheit, andere zu schnell, denkt man an Jagdszenen oder an Katastrophen). Zudem haben Wettererscheinungen bezogen auf den Lebensrhythmus und den Lebenserhalt eine große Bedeutung, so dass Beobachtung und Emotion hier nahe beieinander liegen.

Ein weiterer Übertragungshintergrund könnten die Emotionen selbst sein. Sie stehen in einer merkwürdigen Entsprechung zu meteorologischen Erscheinungen. Wie diese werden sie ebenfalls als Änderungen in einem konstanten Bezugsrahmen in gewissen Abständen und über gewisse Zeiträume erlebt. Die Selbstwahrnehmung von Gefühlsschwankungen gegenüber einer relativ stabilen Grundstimmung ist durchaus vergleichbar mit der Beobachtung von Licht und Wetteränderungen über einem gleichbleibenden Ort. Wenn das so ist, korrespondieren hier zwei grundlegende Lebenserfahrungen der Außen- und Innenwelt, die fallweise auch noch kausal verbunden sind. Einerseits objektive Relationen von Konstanz und Wechsel in der Umwelt und subjektiv analog Stimmungsänderungen der Person. Vielleicht ist diese Analogieerfahrung auch ein Grund für die Übertragung des Wortes aus dem objektiven, naturwissenschaftlichen Bereich auf ein Phänomen der Grenzauflösung zwischen Person und Umwelt.

Folgt man den Anlässen und Kontexten von Atmosphärebeschreibungen, ermöglicht das indirekte Schlüsse auf die Empfänglichkeiten und Empfindlichkeiten, die sich einem direkten Zugriff entziehen. Solche Anlässe sind nicht nur innerhalb der Kunst zu suchen in Gedichten, Romanen, Drehbüchern und Reiseberichten, sondern auch in privaten Briefen, Tagebüchern oder Werbetexten. Die dafür verwendeten sprachlichen Mittel, sieht man von der Syntax einmal ab, sind Adjektive, Attribute, Vergleiche, Metaphern. Oft so, dass in der Beschreibung eines Details die Stimmung des Ganzen fassbar werden soll. Dies scheint sich auch in der mündlichen Mitteilung von Atmosphären zu bestätigen, denkt man an die Berichte von besonders eindrucksvollen Tages- oder Reiseerlebnissen.

Die sprachgebundene Kommunikation über Atmosphären offenbart, wie stark das Empfinden von Kontexten, Erwartungen, Überraschungen und Gewohnheiten abhängt. Eine generelle Empfindlichkeitszunahme im Leben über alle Kontexte und Erwartungen hinweg scheint es zu geben, wenn sich Menschen von ihren alltäglichen funktionellen Wahrnehmungsmustern lösen. Gut bekannt ist das in herausgehobenen Lebenssituationen des Verliebtseins, während einer Krankheit oder anderen generellen Änderungen im Leben, deren Ausmaß und Grenzen wir noch nicht überblicken können. In solchen Situationen erlebt man neu und anders, man sucht geradezu nach Anlässen für Stimmungen bei allem und jedem, um möglichst alle Dimensionen der Veränderung zu erfassen. Das Berührtwerden durch Atmosphären kann dann sogar als Zeichen des Verliebtseins, der Krankheit oder der Erholung genommen werden. Andere Kontexte für eine besondere Atmosphäreempfindlichkeit wären das Reisen, Wiederbegegnungen nach längerer Zeit usw.

Warum die Empfindung eines stimmigen ganzheitlichen Eindrucks den alltäglichen routinierten Wahrnehmungsmodi eigentlich weniger entspricht, erklärt ein Blick auf deren biologische Funktion. Unsere Sinne tasten die Umwelt nach Unterschieden ab. Sie reagieren nicht einfach auf Reize, sondern deren Schwellenunterschiede. Bei regelmäßiger Reizung auf Durchschnittsniveau deaktivieren sie. Auf Unterschiede in der Umwelt geeicht, liefern sie Informationen über Abweichungen von Durchschnittserwartungen und ermöglichen so bei minimalem Aufmerksamkeitsaufwand überlebenswichtige Reaktionen. Wenn das Erfassen des Ganzen einer Eindruckslage mit dieser Funktionsweise in Zusammenhang steht, dann vielleicht so, dass sie an deren Anfang steht, wo es um die Bildung einer Durchschnittserwartung geht. Atmosphärewahrnehmungen wären so gesehen gerade bei Umweltveränderungen eine wichtige Voraussetzung für die spätere „automatisierte" Aufmerksamkeit. Der gegenüber lassen sie Unterschiede und Grenzen verschwimmen. Sie entscheiden vorab darüber, wie wir unsere Sinneseindrücke verarbeiten, nämlich nicht nach dem Differenzschema „dies und nicht das", sondern nach dem Empfangsmodus „dieses Signal ergänzt das vorige".

Der Phänomenologe Martin Seel hat Atmosphären auf Wahrnehmungssituationen eingeschränkt, die für den Wahrnehmenden existenzielle Bedeutung haben[2]. Seine Beispiele sind sehr unterschiedliche Objekte (der Ball im Garten, der an den Lärm und das Spiel der Kinder erinnert), Personen, Stile in der Lebensumgebung und in unseren Lebensverhältnissen, die auf realisierte bzw. nicht realisierte Lebensmöglichkeiten verweisen. In diesem Sinn sind Atmosphären einerseits kulturell und biographisch relativ. Andererseits sind sie nicht rein subjektiv, sondern von jedem Menschen mitvollziehbar, der ähnliche existentielle Affinitäten hat oder kennt. Auch Landschaften und Städte können diesen existentiellen Bezug dauerhaft präsentieren, indem sie bestimmte Lebensmöglichkeiten und deren Stimmungen nahe legen. Man empfindet ihre Atmosphäre, vorausgesetzt, andere Interessen und Stimmungen überlagern sie nicht.

Auch wenn man die existenzielle Einschränkung nicht teilt, geht es in allen Beispielen um eine nicht festgelegte, für Assoziationen und ungewohnte Beziehungen offene Empfindungsweise, die das Ganze eines Wahrnehmungsumfeldes zu einer Stimmungslage verdichtet. Die Ursachen dafür liegen einerseits in subjektiven, teils situativen Erfahrungsbedingungen und zum anderen in allgemeinen objektiven Lebensbedingungen. Diese sind, wie in den Thesen eingangs formuliert, kulturell und historisch variabel. Angesichts dieser Vielfalt von Kausalitäten erscheint der Versuch aussichtslos, das Phänomen Atmosphäre und seine Auslöser systematisch zu ordnen. Personen, Situationen, Umgebungen, Gerüche, Geräusche, Räume ergeben nicht einmal einen irgendwie klar eingrenzbaren Bereich. Wenn man dennoch versucht, sie nach ihrer sinnlichen Erscheinungsform zu klassifizieren, wie es Gernot Böhme tut[3], scheint mir eine grundlegende Unterscheidung aufschlussreich, nämlich die zwischen natürlichen und inszenierten Atmosphären; also die Atmosphäre eines Kunstwerkes, eines Films, eines Speiselokals im Unterschied zu der einer Landschaft, einer Werkstatt oder auch eines U-Bahnhofs. Die Expansion inszenierter Atmosphären bis hin zur Gestaltung von Freizeitparks, Büros, Kaufhäusern, Bahnhöfen und Flughäfen ist unübersehbar. Doch führt sie wegen der wiederholten Begegnung und im Kontext alltäglicher funktionaler Aufmerksamkeitsmuster meistens nur unterschwellig und unbewusst zu Atmosphäreempfindungen. So inszenierte Arrangements sind dadurch ausgezeichnet, dass sich in ihnen funktionelle, kommerzielle und ästhetische Aspekte vermischen. Hinzu kommt, dass die Menschen, die in ihnen agieren, selbst als Ausdrucksträger die Atmosphäre mit beeinflussen. Auf diese Weise wird der Unterschied von natürlichen oder quasi natürlichen und inszenierten Atmosphären undeutlich. Vollends verloren geht er, wenn man von der Atmosphäre einer ganzen Stadt spricht. Böhme tut dies mit Blick auf ganz verschiedene sinnliche Zugänge, sozusagen als Summe. Er nennt stadttypische Geruchsmischungen aus Benzin, Abwasser, Parfums, und erinnert an typische Geräuschkulissen, sogenannte soundscapes von Motoren, Stimmen, Radios und nicht zuletzt an die optischen bzw. räumlichen Konstellationen von gewachsenen oder geplanten Straßen mit ihren Gebäuden. Es mag sein, dass sich diese Gemengelagen manchmal zusammenfügen zu übergeordneten synästhetischen Stimmungseinheiten. Wahrscheinlicher ist es, dass bei einer derartigen Zunahme der Einflussbereiche die Charakteristik und Intensität der jeweiligen Reizsphäre verblasst. Könnte es nicht sein, dass es sich bei der Rede von der Atmosphäre einer ganzen Stadt (ähnlich wie bei der sogenannten Atmosphäre an der Börse) nicht um eine Empfindung handelt, sondern um eine Vereinfachungsstrategie der Kommunikation bei unübersichtlich vielen Einflussfaktoren?

Am engsten verflochten sind quasinatürliche und künstliche Atmosphären dort, wo Menschen interagieren. Die Atmosphäre einer Familie in ihrem alltäglichen Zusammenleben enthält weniger inszenierte Anteile als kulturell herausgehobene Situationen des Zusammenseins. Aber natürliche Ausstrahlung und bewusst oder unbewusst gepflegte Haltungen beeinflussen sich auch dort gegenseitig. Das erschwert ihre Unterscheidung einerseits, andererseits geben nicht nur Konflikte

Anlass, die Unterscheidung von inszenierten und natürlichen Atmosphären im menschlichen Kontakt immer wieder vorzunehmen und aufrecht zu erhalten.

Ein über Jahrzehnte gewachsenes architektonisches Ensemble, die Geräusche eines Wochenmarktes und der Geruch einer Untergrundbahn wirken als quasi natürliche Atmosphärequalitäten. Andererseits bewegen wir uns in der urbanen Welt in einer Übermenge professionell gezielter, inszenierter Atmosphären. Und das Verhältnis von künstlichen und natürlichen Stimmungsquellen verlagert sich immer weiter. Gewohnheit und Menge der Stimmungen, die angeheizt werden, verbieten es, in jedem Augenblick ihre Intentionalität und Künstlichkeit mitzuerleben. In einer solchen Wahrnehmungslage liegt es nahe, die Inszenierung zugunsten quasi natürlicher Atmosphären immer wieder auszublenden. Die suggestiveren Angebote von Seiten der Werbung, der Kultur- und Freizeitindustrie stumpfen einerseits ab. Auf der anderen Seite wächst in einer inszenierten Umwelt nicht nur die Skepsis gegenüber Stimmungsangeboten, sondern auch die Sensibilität für nicht beabsichtigte oder unterschwellige Nebeneffekte, die wir plötzlich entdecken; und die sich dadurch, dass wir sie spontan entdecken, zu quasi natürlichen Atmosphären verdichten. (Die Faszination an Trödelmärkten und Retromoden verdankt sich vielleicht auch dieser Entdeckerlust an nicht mehr aktuell ansprechende Lebensstile, die zeitverschoben natürlich-atmosphärisch wirken.) Man kann ganz allgemein vermuten, dass die Entdeckung des Nichtgemeinten in einer durchgestalteten Welt zu einem genuin ästhetischen Bedürfnis wird. Was bedeutet das für die Kunst?

Die Atmosphäre eines sommerlichen Tales oder einer Dorfgasse bei Abenddämmerung berührt uns anders als die einer kunstvoll angelegten Parklandschaft oder einer beleuchteten Kirchenfassade. Abgesehen davon, dass die genannten Erscheinungen unterschiedliche Stimmungsqualitäten auslösen, scheinen die nichtinszenierten Atmosphären ihren Entdecker mehr auf sich selbst zurückzulenken, während die beiden letzten ihn auf die Absichten und Bedingungen ihrer Entstehung verweisen. Sicher kann man auch angesichts einer Kirchenfassade oder bei einem Musikstück und erst recht in einem Kinofilm ihre Künstlichkeit ausblenden, und manche illusionistischen Kunstprogramme rechnen mit diesem Vergessen. Andererseits erscheint die Hingabe an Kunst-Atmosphären als wären sie quasinatürliche Gegebenheiten nicht eigentlich angemessen. Zu wissen, dass man sich in kalkulierten, vorgebahnten Stimmungsrichtungen und -Grenzen bewegt, muss deren Intensität nicht mindern. Allerdings fühlen wir uns stärker zu einer affirmativen oder kritischen Reaktion aufgerufen. Diese Dimension wird verschenkt, wenn der Aspekt der Intention ausgeblendet wird, allerdings auch, wenn er ganz in den Vordergrund der Rezeption rückt.

Sicher können auch konzeptionelle, konstruktive, politische oder ironische Kunstwerke Atmosphären erzeugen. Nur tun sie es sparsamer und reflektierter, vielleicht auch um einer solchen Verwechslung von natürlicher und künstlicher Atmosphäre vorzubeugen. Eine solche Vorsicht kann geboten scheinen, weil die sinnliche Wahrnehmung ästhetischer Artefakte der von Atmosphären sehr ähnlich und verwandt ist. Will man genaueres über das Verhältnis von ästhetischer Wahrnehmung und der von Atmosphären ermitteln, fällt zunächst auf, dass beide zugleich allgemeiner und spezieller aufeinander bezogen sind. Man kann fast alles atmosphärisch erleben u.a. auch Kunstwerke; aber nicht jedes Kunstwerk muss atmosphärisch wahrgenommen werden. Umgekehrt kann man fast alles ästhetisch wahrnehmen, ohne es atmosphärisch erleben zu müssen. Sucht man nach Unterschieden, kann man sagen, dass sich die Wahrnehmung von Atmosphären mehr durch Unbestimmtheit auszeichnet als die ästhetische Wahrnehmung. Nicht umsonst wird die Dämmerung oft als Paradigma von Atmosphären gewählt, in der Unterschiede undeutlich werden, und sogar die Nähe zum Unbewussten anklingt. Beim Kunstwerk resultiert seine stimmige Geschlossenheit aus der Beziehung und Kombination seiner Elemente. Kein Unterschied soll herausfallen, beide Seiten müssen Kontakt zu weiteren Unterschieden halten, so dass sie auch als Seiten anderer Unterschiede vorkommen und fast wie im Kreis auf sich zurückführen. Bei Atmosphären ergibt sich ihre Stimmigkeit dadurch, dass von Anfang an die Unterschiede weniger Profil haben. Die Aufmerksamkeit gleitet fast unmerklich von einem zum anderen, wobei sie die Einzelheiten nicht identifiziert, sondern an einer Kleinigkeit die Repräsentanz des Ganzen zu spüren glaubt. So eindrücklich und deutlich Atmosphären erscheinen können, sie vermitteln die Bestimmtheit ihrer Färbung nicht durch Unterschiede. Aufgrund dieser internen Kontrastschwäche gibt es auch keine wirkliche Analysen oder Systematik von Atmosphären in dem Sinn, wie Kunstwerke analysiert oder interpretiert werden können. Bei allen Überschneidungen engt dieser Unterschied die Möglichkeiten der theoretischen und auch der pädagogischen Annäherung an Atmosphären ein.

In beiden Wahrnehmungsformen ist das Ganze nicht durch die Dekomposition der Elemente zu verstehen. Es ist nicht nur die Summe bestimmter Formen, Kanten oder Wölbungen einer Plastik, mit denen ihre Wirkung kalkuliert wird, sondern deren Bezug zu den anderen Formen und Qualitäten, die sich wechselseitig beeinflussen. Die klassische Ästhetik hat diese Organisationsform der Einheit in Vielheit bei gelungenen Werken mit dem Organischen verglichen. Moderne Rezeptionstheorien sehen darin lieber Bedingungen für eine kreisende Aufmerksamkeit, in der sich Beobachtungen gegenseitig stützen und fordern, so dass eine Außenperspektive so lange wie möglich vermieden und blockiert wird.[4] In jedem Fall erscheint das Werk dadurch selbständig und unabhängig von seinen Entstehungsbedingungen und auch vom Künstler, der es wie eine eigene Sphäre aus der Produktion entlässt. Das gegenseitige Verweisen werkimmanenter Faktoren und die Faszination durch eine dadurch ausgelöste geschlossene Aufmerksamkeit entsprechen dem Erleben von Atmosphären als stimmiges Zusammenwirken verschiedener Sinneseindrücke. Jedes gelungene Kunstwerk gibt von seiner formalen Organisation her, ähnlich wie die Natur, Anlass und Möglichkeit für eine atmosphärische Wahrnehmung. Aber nicht alle erschöpfen sich darin. Wenn jemand angesichts einer Sammlung kubistischer Bilder eine quasi natürliche Atmosphäre wahrnimmt, dann stellt sich nicht nur die Frage, ob das im Sinne ihrer Erfinder ist, sondern grundsätzlich ob sich jenseits ihrer Entstehungsbedingungen Kunstwerke angemessen erschließen lassen.

Angesichts der realen Verflechtung natürlicher und inszenierter Atmosphären in der urbanen Welt einerseits und dem Vermeiden oder Betreiben ihrer Verwechslung durch inszenierte Atmosphären andererseits, kann die Frage auftauchen, ob und wie überhaupt verhindert werden kann, dass etwas als atmosphärisch aufgeladen empfunden wird. Welche Eigenschaften auf Seiten der Artefakte sind atmosphärefeindlich oder atmosphäreuntauglich? Zunächst möchte man annehmen, dass alles sinnlich Wahrnehmbare eine Atmosphäre erzeugen kann, nicht nur ein altes Wirtshaus, sondern auch eine Autobahnraststätte mit Plastikdekorationen, nicht nur Dämmerung und Kerzenlicht, sondern auch ein grauer Himmel oder neonbeleuchtete Straßen; es kommt eben auch auf die Situation und die besonderen Umstände an.

Abgesehen von der grundsätzlichen Nähe zur Kunst entfalten sich Atmosphären leichter, wenn ihre Absichtlichkeit und die Bedingung ihrer Herstellung im Hintergrund bleiben und umgekehrt. Eine Performance intendiert mehr Atmosphäre als ein Konzeptkunstwerk, ein naturalistisches Stück mehr als das epische Theater im Sinne Brechts, das die Form des Gemachten betont[5]. Das Zurücktreten der Intentionen erleichtert das Eintreten in den Raum formaler oder inhaltlicher Beziehungen. Das Motiv der Ruine wird seit der Romantik geradezu als Inbegriff einer gesteigerten Atmosphäre gesehen. Sie öffnet die Grenzen von Kunst und Natur für Verweisungen und Vermutungen dadurch, dass sie eine kausale Zuschreibung latent hält und ins Unbestimmte laufen lässt.

Allerdings gibt es objektive Bedingungen, die das Aufkommen von Atmosphären erschweren. Beispiele dafür sind gerade im Kontext von Kunst und Design bekannt. Oft sind es Gegensätze, die unvermittelt so aufeinander treffen, dass sie ohne Anreicherung immer nur auf ihren Gegenpol zurückweisen bzw. sich gegenseitig ihre Wirkung nehmen. Ländliche Innenräume mit auftrumpfendem Plüsch-Mobiliar, Folklore-Kleidung aus sportlich eleganten Stoffen, Designer-Formen mit rustikalen Materialien usw. können nach anfänglichen Irritationen zur Gewohnheit werden, aber sie können schwerlich Atmosphären generieren. Die beabsichtigte oder unbeabsichtigte Störung und Negation konventioneller Atmosphären durch den Einsatz gegensätzlicher Akzente wird auch nach einer Gewöhnung nicht als stimmig erlebt, eben weil Atmosphären sich nur im Erleben des Ganzen einer Sphäre entfalten.

Gegensätzliche Tendenzen können über den Prozess der Vermittlung in einen stimmigen Zusammenhang gebracht werden. Annäherung, Modulationen, Vermittlung, Abstufung nuancierter Unterschiede sind die in der Kunst dafür benutzten Techniken bzw. Namen. Aber zeitgenössische Designer, Modemacher und auch Künstler widersetzten sich solchen Regeln gerne, und man kann das auch als den Versuch ansehen, sich einer sinnlich unmittelbaren Form von Atmosphären zu verweigern. Ähnliche Ziele verfolgen Künstler wie Cindy Sherman oder Thomas Demand, die das Medium der Fotografie zur Abbildung inszenierter Realität so einsetzen, dass die Künstlichkeit der Inszenierung sichtbar wird. Ihre fotografierten Imitationen von Personen, Ereignissen und Innenräumen spielen mit der Atmosphärelosigkeit künstlicher Lichtverhältnisse und der Sterilität der Studiorealität. Die Anlehnung an Raumatmosphären ermöglicht es, die Entstehung eben dieser Atmosphäre abzublocken, wenn sie als Imitat sichtbar wird. Ein allerdings unfreiwilliges Pendant zu dieser Form der Atmosphärevermeidung durch sichtbare Imitation ist die Kitschpostkarte, die Klischees von Atmosphären so einsetzt (verkürzt, übertreibt ...), dass sie nur auf die Intention der Atmosphäre verweist, aber keine erzeugt. Eine ganz andere Form der Distanz zu Atmosphären entsteht, wenn reine und strenge Gesetzmäßigkeit transparent und überdeutlich die Farb- und Formwahl des Künstlers bestimmt. De Stijl, Op-Art, Minimal-Art und monochrome Malerei sind dafür Beispiele. Das Konstruktive, Konzeptuelle, Konsequente verweist deutlich auf die Ziele des Künstlers, während die Mischung, die Erscheinungsvielfalt und die Durchdringung von Material, Form und Inhalt leichter Atmosphären ins Spiel bringen.

Man kann dagegen einwenden, dass auch die gesuchte Atmosphärelosigkeit z.B. eines monochromen Bildes eigene Atmosphärequalitäten entfaltet. Aber diese Umkehrung oder Übertragung des Begriffes auf sein Gegenteil geht über die Intention des Konzeptes hinweg. Die Neutralisierung, Brechung, Distanzierung von Atmosphären kann die Programmatik aktueller Ästhetik ebenso bestimmen wie ihre Steigerung und Übertreibung. Künstler können auf laute Werbeatmosphären mit noch grelleren Mitteln reagieren oder mit stilleren. Sie generieren dabei nicht nur Atmosphären um ihrer selbst willen, sondern reflektieren die dafür erforderlichen elementaren Stimulationsformen und unsere aktuellen und funktionalisierten urbanen Wahrnehmungslagen.

Anmerkungen

1 Was die Literatur betrifft ist vor allem auf die phänomenologisch inspirierten Publikationen von Gernot Böhme zu verweisen. Ders.: Atmosphären, Frankfurt 1995; und Anmutungen - über das Atmosphärische, Stuttgart 1998

2 Martin Seel reserviert den Begriff für Wahrnehmungssituationen, bei denen sich in der Erscheinung ein existentieller Bezug sinnlich vermittelt. Vgl. Martin Seel: Ästhetik des Erscheinens, München 2000, S. 42

3 Gernot Böhme unterscheidet drei Hauptgruppierungen: Atmosphären, die durch Bewegung im Raum zustande kommen, soziale Atmosphären in der Interaktion und synästhetische Reizverdichtungen in der dinglichen und belebten Umwelt.

4 Vgl. Timo Bautz: Welche Beobachtungen ermöglichen ästhetische Objekte - Überlegungen zum ornamentalen Charakter der Kunst, in: ders: Radierungen 1999 (Katalog)

5 Auch ganze Kunststile, Kunstgattungen und Techniken kann man hinsichtlich ihrer „Atmosphäretauglichkeit" unterscheiden. So wird häufig die weiche grenzauflösende Venezianische und die strenger konturierende Florentiner Maltradition in dieser Hinsicht gegenübergestellt. Dieser Vergleichsgesichtspunkt findet sich wieder beim Gegensatz der romantischen und der klassizistischen Malerei. Schon vor der Renaissance und der Entdeckung des „sfumato" kann man die Ablösung der Temperamalerei mit ihrer harten Tontrennung durch die Öltechnik mit ihren Möglichkeiten der Farbannäherung in diesem Kontext sehen. Farbverläufe schaffen leichter Gesamteindrücke und Atmosphären als Farbgrenzen und Linien, bei denen sich das Auge eher an den Unterschieden entlang orientiert. Sogar innerhalb der Druckgraphik steigen die Möglichkeiten der Atmosphäre von der harten Holzschnittlinie über die Radierung bis zur Graustufendifferenzierung der Aquatinta und Schabtechnik.

Versuche zur aisthetischen Atmosphäre[1]   Andreas Rauh

Nein, ein Regenbogen ist kein Objekt der materiellen Umwelt, das durch die Fähigkeit des Lebewesens Mensch, mittels seiner Sinnesorgane Informationen aus seiner Umwelt zu gewinnen, wahrgenommen wird. Dies mag zwar im Hinblick auf ein pragmatisches Wahrnehmungsverständnis plausibel erscheinen und würde sich auch durchaus mit lexikalischen Standarddefinitionen von ‚Wahrnehmung' decken.

Doch schon im Ringen um naturwissenschaftliche Korrektheit dürfte es aus optisch-physikalischen Gründen ein Anliegen sein, neben den objektiven Eigenschaften wie Dispersion und Brechungsindex des Wassers für das Phänomen Regenbogen die spezifische Relation zum Betrachter zu betonen. Um einen Regenbogen wahrzunehmen, sollte der Winkel Sonne-Tropfen-Beobachter dem Winkel Tropfen-Beobachter-Sonnengegenpunkt entsprechen. Damit existiert der Regenbogen in einer bestimmten betrachterstandortrelativen Richtung und nicht an einem bestimmten Ort. Schon zwei nebeneinander stehende Betrachter sehen zwar das gleiche (einen Regenbogen), aber nicht dasselbe (den einen Regenbogen als festes Objekt).

In dieser Auffassung dessen, was Wahrnehmung ist, spielen also zwei Positionen eine Rolle, die beide in einem ‚Hier und Jetzt' anwesend sein müssen: der im richtigen Winkel blickende Betrachter als das betrachtende Subjekt und die angestrahlten Regentropfen als das betrachtete Objekt.

Dieses Verständnis von Wahrnehmung erweist sich nicht nur als bloße organische Rezeption in einem materiellen Umfeld, sondern lässt den konkreten Augenblick und Ort nicht außer Acht. Im Vergleich zum angedeuteten lexikalischen Wahrnehmungsdefinitionsvorschlag wird es für das Wahrnehmen von Atmosphären wichtig werden, eher eine Organ*ver*bundenheit statt eine Organ*ge*bundenheit zu betonen: Der eigene Leib und die Synästhesie als ursprüngliche Einheit der Sinneserfahrung bilden die prädifferenzierte Wahrnehmungsbasis, die sich spezifizieren und in ein pragmatisches Alltagsverständnis von Wahrnehmung umschreiben lässt.

Vom geologischen Phänomen des Regenbogens sei nun ein Bogen geschlagen zu dem Phänomen der Atmosphäre, dessen begrifflicher Ursprung ebenfalls mit dem geologischen Kontext in Verbindung zu bringen ist. Als physikalisch-meteorologischer Begriff bezeichnet er allgemein die Luft- oder Gashülle, die einen Stern oder Planeten umgibt. Die Erdatmosphäre befindet sich zwischen dem festen Sein der Erde und dem Nichts des Weltalls. Hier verläuft eine definitorische Grenze fließend: Wo hört die Atmosphäre auf, wo gehört sie nicht mehr der Einheit Erde an? Auch bezüglich ihres vertikalen Aufbaus sind starke Schwankungen bedingt durch Jahreszeit und geographischer Breitenlage aufzufinden, die es in der Meteorologie nötig machen, neben einer geometrischen auch mit einer geopotentiellen Höhe zu rechnen.

Die Gebrauchsweise des Atmosphärebegriffs ist demnach metaphorisch und weist im aisthetischen Kontext ebenso Schwierigkeiten der definitorischen Abgrenzung auf.

Dennoch scheint es ein breites Reservoir an Alltagserfahrungen mit Atmosphären zu geben, und so taucht der Atmosphärebegriff in der Alltagssprache nicht selten auf. Nahezu aufdringlich wird er gebraucht, wenn es bspw. darum geht, die gemütliche Atmosphäre eines Friseursalons, die Wohlfühlatmosphäre in einer Saunalandschaft oder den atmosphärischen Baustoff Holz zu bewerben. Gerade ein Ausflug in die bunte Welt der Werbung vermag den Bezug der Atmosphäre auf Räume, Subjekte und Objekte aufzuzeigen. Dort gibt es also Atmosphären, und sie wirken auf den Menschen, sie sind greifbar, zumindest beschreibbar.

Oder sitzt eine derartige Betrachtungsweise einem werbepsychologischen Trick auf? Was ist denn genau die Atmosphäre? Wird hier ein vager, undefinierter und ggf. undefinierbarer Begriff als Aushängeschild genutzt? Handelt es sich um einen Container-Begriff, der je individuelle Situationserinnerungen und subjektive Erfahrungen umgreift, auf diese verweist und als objektives Merkmal auf die zu bewerbenden Gegenstände oder Dienstleistungen projiziert wird?

Wenngleich Atmosphären teilweise zu Recht im Verdacht stehen mögen, bloß sprachliche Phänomene zu sein, birgt der Begriff zwei Aspekte, die weiterführende Fragen evozieren. ‚Atmosphäre' wird auffassbar einerseits als ein *nicht neutraler Ort*, an dem sich Subjekt und Objekt befinden und andererseits als *epistemisches Phänomen*, als spezifische Wahrnehmungsweise und als hermeneutische Möglichkeit. Was sind die ontologischen und konstitutiven Merkmale von Atmosphäre?

Was nimmt man wie wahr, wenn man Atmosphären wahrnimmt? Welche Rolle spielen sie für die Erkenntnis? Wie lassen sie sich adäquat beschreiben?

Besonders im Rahmen einer Entgrenzung der Ästhetik hin zu einer Aisthetik wirkt der Atmosphärebegriff als Versuch, eine Abwendung von einer Urteilsästhetik und eine Wendung hin zur Erfahrung der Präsenz des Wahrnehmungsobjektes, des Dargestellten im gestimmten Raum zu erzielen. Deshalb der Titel einer aisthetischen Atmosphäre als auf alle sinnliche Wahrnehmung entgrenztes Phänomen.

Dabei gilt der einer theoretischen Beschäftigung notwendig geschuldete Wechsel vom Wahrnehmungszusammenhang zum diskursiven Zusammenhang der Ästhetik insofern als bedrohlich, als damit dem ästhetischen Urteil eine zentrale Stellung eingeräumt werden könnte: Für den Bereich der Kunst kann die Dominanz von Sprache und die damit verbundene Möglichkeit der semiotischen Auslegung des Wahrgenommenen einen Zeichen- und Verweisungscharakter von Kunstwerken suggerieren. In Anbetracht aktueller Kunst ist dies jedoch nicht zwingend der Fall.

Gleichfalls soll versucht sein, der Legitimation des Sprechens von Atmosphäre aus der Alltagssprache nachzugehen. Nicht nur taucht der Begriff in der Sprache auf: Sprache ist selbst ein wichtiger Bestandteil der umgebenden Umwelt und somit auch eine Umgebungsqualität, die in Begegnung mit der subjektiven Stimmung die Atmosphäre mitzuprägen vermag. Ein Aspekt, der gerade nach einer Entgrenzung der Ästhetik zur Aisthetik beachtet werden kann. Somit darf es sinnvoll erscheinen, die folgenden Abschnitte versuchsweise nach semiotischem Beispiel systematisch zu gliedern.

Im *semantischen* Abschnitt „Wie wird ‚Atmosphäre' verstanden?" finden sich Ausschnitte aus der vertikalen Bedeutungsgeschichte des Atmosphärebegriffs. Im *syntaktischen* Abschnitt „Wie funktioniert ‚Atmosphäre'?" folgt eine Bedeutungserweiterung durch die begrifflich-horizontale Verschränkung und sprachliche Anhängsel, im eng mit dem vorherigen zusammenhängenden *pragmatischen* Abschnitt „Wann verwendet man ‚Atmsophäre'?" dann die Verwendungsweise in der Kommunikation. Der Vorschlag einer andersartigen Sichtweise auf den Atmosphärebegriff hat darin seinen Platz.

Wie wird ‚Atmosphäre' verstanden?

Die historisch korrekte Rekonstruktion des Atmosphärebegriffes lohnt es, an anderer Stelle nachzulesen. Dennoch seien einige Punkte herausgehoben.

Wie Atmosphären begegnen ist im Aurabegriff bei Benjamin angelegt, und besonders deutlich dann, wenn man wie er den Begriff der ‚Aura' mit dem der ‚Spur' konfrontiert, Tierspuren im Schnee beispielsweise. „Die Spur ist die Erscheinung einer Nähe, so fern das sein mag, was sie hinterließ. Die Aura ist Erscheinung einer Ferne, so nah das sein mag, was sie hervorruft."[2]

Nimmt man eine *Spur* wahr, tritt ein momentan unverfügbares Etwas in Erscheinung, eine Distanz wird zur Nähe. Ein geübter Spurenleser könnte sogar genaue Angaben zur Tierart geben, die die Spur im Schnee hinterlassen hat.

Nimmt man eine *Aura* wahr, begegnet ein momentanes Etwas, das unverfügbar erscheint, eine Nähe wird zur Distanz. In der Anwesenheit der Konstituentien einer Aura wie die Zweige eines Baumes, unter dem man liegt, oder die Berge am Sommernachmittag ist das, was über deren gegenständliche Eigenschaften hinausreicht – die Aura – nicht greifbar.

Gerade dann beim Verständnis von Atmosphäre nach Böhme wird im atmosphärischen Spüren die je spezifische *Umgebungseigenart* bemerkbar. Hierbei gilt zu bedenken, dass man die Weise des Wahrnehmens von Atmosphären missverstehen würde, würde man sie nur als intuitives leibliches Spüren und damit als eine Art reflexives Sich-Spüren begreifen.

Zwei Erfahrungsweisen lassen Atmosphäre als Gegenstand der Wahrnehmung aufscheinen, Erfahrungsweisen, in denen sie als gleichsam objektive Stimmung mit der eigenen Stimmung kontrastiert und diese stimmen oder umstimmen kann:[3]

Eine *Ingressionserfahrung* ist ein Wahrnehmen von Etwas, in dem man in es hineingerät. Man begegnet einer Stimmung, einem emotionalen Charakter, der zunächst nicht der eigene ist. Hierbei wird die Atmosphäre als etwas Raumartiges entdeckt, das in seiner Gestimmtheit auf die Befindlichkeit wirkt.

Eine *Diskrepanzerfahrung* ist ein Wahrnehmen von Etwas, das eine Stimmung vernehmbar macht, die deutlich von der mitgebrachten Stimmung abweicht. Es ist gerade der Kontrast der eigenen Stimmung zu einer Atmosphäre, in die man gerät, der „Atmosphären als quasi objektive

Gefühle"⁴ bestimmbar macht und zeigt, dass mit Atmosphären keine Stimmungsprojektionen gemeint sind. In der Diskrepanzerfahrung verharrt die eigene Stimmung zur räumlich spürbaren Stimmung im kontrastiven Gegensatz. Hier offenbart sich ein Knackpunkt der Atmosphäredebatte: Die Verhandelbarkeit von ‚Atmosphäre' als Wahrnehmungsgegenstand entscheidet sich in der phänomenologischen Plausibilität von quasi-objektiver Atmosphäreanmutung, die in der Diskrepanzerfahrung manifest wird.

In Betonung der gravierenden Rolle der Wahrnehmung als aktueller wird Atmosphäre verstanden als „gemeinsame Wirklichkeit des Wahrnehmenden und des Wahrgenommenen. Sie ist die Wirklichkeit des Wahrgenommenen als Sphäre seiner Anwesenheit und die Wirklichkeit des Wahrnehmenden, insofern er, die Atmosphäre spürend, in bestimmter Weise leiblich anwesend ist".⁵ Nur in affektiver Betroffenheit werden Atmosphären präsent. Ihr Was-Sein lässt sich nicht von einem neutralen Beobachterstandpunkt aus festmachen. Zentraler Punkt der Ontologie der Atmosphäre ist das Kriterium der *Wahrnehmbarkeit*. Dies weitet die Objektkohärenz von Atmosphären zu einer Kopräsenz von Wahrnehmungssubjekt und Wahrnehmungsobjekt, was es plausibel erscheinen lässt, statt von akzidentellen Eigenschaften der Dinge von deren *Ekstasen* zu sprechen als die „Weisen, durch die das Ding sich bemerkbar macht und als wahrgenommenes Wirklichkeit erhält."⁶

Damit sind Atmosphären in der *Perspektive des nicht neutralen Ortes* sinnvoll denkbar als von den Ekstasen der Menschen, Dinge und Umgebungen tangierte Räume, als „Sphären der Anwesenheit von etwas".⁷ Sie zeigen sich als ein Phänomen, das ‚Immer und Überall' vorhanden ist und in der Relation und Begegnung eines Subjektes und eines Objektes sowohl seinen Ort und seine Entstehungsbedingungen hat, gleichsam aber auch diese Relation und Begegnung stiftet. Es bietet sich ein Vergleich zur geologischen Atmosphäre an: Ohne diese wären die klimatischen Bedingungen solche, die die Möglichkeit für die Existenz und Begegnung von Subjekten und Objekten schlicht nicht bieten würde. Für die ästhetische Arbeit, die das Erzeugen von (aisthetischen) Atmosphären mitverantwortet, sind sie gestaltbare Raumcharaktere, die zum Grundierungsmuster subjektiver Stimmungen werden.

In der *epistemischen Perspektive* zeigen sich Atmosphären als ein besonderes ‚Hier und Jetzt' in der Betroffenheit von ihnen. Spezifisch wahrgenommen und auffallend als eine besondere wird die

Atmosphäre, wenn sich ein durch die natürlichen wie gestalteten Umgebungsqualitäten gestimmter Raum aus der immer und überall vorhandenen Atmosphäre durch Diskrepanz zur eigenen Stimmung heraushebt. Das Bewusstsein um das besondere Zusammenspiel von Umgebungsqualität und Stimmung in der beide umgreifenden Atmosphäre fördert ein Naturverständnis, das durch das Wirken auf und die Begegnung mit dem Wahrnehmungssubjekt gekennzeichnet ist. Die entsprechenden Bemühungen sprachlicher Benennung der Atmosphäre können als hermeneutischer Beitrag im Verständnis einer inszenierten Wirklichkeit und Umwelt aufgefasst werden.

Wie funktioniert ‚Atmosphäre'?

Bevor man begriffshistorisch an einen definitorischen Endpunkt für ‚Atmosphäre' gelangt, ist es lohnend, die verschiedenen Aspekte im Sprechen von Atmosphäre aufzuspüren.
Wie taucht der Begriff im Satz auf?
Der Atmosphärebegriff kann *alleine* auftauchen.

Man spricht etwa davon, auf einer Party herrsche Atmosphäre, ein Musikstück falle durch Atmosphäre auf, ein Restaurant habe Atmosphäre. Diese Aussagen scheinen die Diffusität eines ganzheitlichen Eindrucks zu bezeichnen, der vor einer einzelsinnlichen oder gegenstandsrelativen Benennungsleistung steht. Eine nähere Qualifizierung der Atmosphäre geschieht dann unter Absehung der Angabe genauer Konstituenten und meist nur im semantischen Feld von ‚gut' oder ‚nicht gut' / ‚schlecht': ‚Die Atmosphäre auf der Party war gut'.

Diese syntaktische Formation verweist auf ein *Dass* von Atmosphäre, also auf die vage Wahrnehmung, dass das Wahrnehmungsfeld von etwas irgendwie gestimmt ist. Das Vorhandensein überhaupt einer Atmosphäre wird in dem spezifischen ‚Hier und Jetzt' erkannt, was sich mit der These des ‚Immer und Überall' der Atmosphäre als aisthetisches Grundphänomen durch den Hinweis deckt, dass es sich um eine – entweder durch besondere Konstellationen der Umgebungsqualitäten oder durch besondere Wahrnehmungsoffenheit des Subjektes – herausragende Atmosphäre handelt, die dann spezifisch als solche bemerkt wird.

Der Atmosphärebegriff kann in Verbindung *mit Substantiven* auftauchen.

Man spricht etwa von Lagerfeueratmosphäre, Kaufhausatmosphäre oder Strandatmosphäre und weist damit ganz bestimmten Ereignissen, Orten und Umgebungen eine Gestimmtheit zu, die ihnen quasi wie eine feste Eigenschaft zuzukommen und unabhängig von der je eigenen Stimmung zu bestehen scheint. Erfahrungen, die durch Abweichung von und Einstimmung der eigenen Stimmung gewonnen werden, legen im Versuch einer näheren Atmosphärebestimmung Konstituenten und Dingkonstellationen dar, die aus der Eindrucksdiffusität hervorstechen: Im Kaufhaus sind die Luft und einzelne Teilbereiche speziell klimatisiert, ist das Blickfeld von hohen und kundenorientiert angeordneten Regalen und massenhaft Produkten bestimmt und die akustische Möblierung durch einfache und melodiöse Musik subversiv gestaltet.

Diese syntaktische Formation deutet überindividuell bekannte Atmosphären an, die quasi-objektiv vorhanden zu sein scheinen und bestimmte Umgebungsqualitäten in Relation zur individuellen Stimmung umfassen.

Der Atmosphärebegriff kann in Verbindung *mit affektiven Adjektiven* auftauchen.

Man spricht etwa von der heiteren Atmosphäre eines Frühlingsmorgens, von der unheimlichen Atmosphäre einer Ruine oder von der melancholischen Atmosphäre eines Abends. Bereitet auch eine Verortung der Atmosphäre zwischen Subjekt und Objekt Deskriptionsschwierigkeiten, so stehen für die Benennung ihrer Geartetheit, ihres *Charakters* als die spezifische Weise des Betroffen-machens, ein differenziertes Vokabular affektiver Adjektive zur Verfügung: heiter, bedrückend, erhebend, achtungsgebietend, einladend, gespannt, festlich, etc.

Begegnet auch die Atmosphäre als diffuses Ganzes, so ist es der Charakter, den sie ausstrahlt, die spezifische Wirkung auf das Wahrnehmungssubjekt, die ihre Erkenn- und Wiedererkennbarkeit ausmachen.[8]

Somit wird in dieser syntaktischen Formation das *Was* der Atmosphäre betont, das nicht von einem neutralen Standpunkt als vielmehr nur in affektiver Betroffenheit bestimmt und auch daher nur als quasi-objektiv bezeichnet werden kann.

Diese affektiven Adjektive treten aber nicht immer in Verbindung mit dem Begriff ‚Atmosphäre' auf. Gerade im Kontext der Alltagssprache wird häufig im gleichen oder nah verwandten Sinn das Wort ‚Stimmung' gebraucht: die heitere Stimmung eines Frühlingsmorgens.

Doch auch wenn sprachliche Umformulierungsmöglichkeiten den Verdacht einer „Variabilität der Beziehung zwischen sprachlichem Ausdruck und gemeintem Sachverhalt" und damit einer unsicheren Benennungsleistung des Atmosphärebegriffs im Vergleich zum historisch besser etablierten Stimmungsbegriff nahe legen,[9] entspringt die Variabilität jedoch vornehmlich dem intuitiven Gebrauch der Alltagssprache oder deren Möglichkeit terminologischer Mehrdeutigkeiten, weshalb man das Verhältnis von Signifikant und seinem Signifikat gesondert beachten muss. Denn obwohl man anstatt von Gewitteratmosphäre eher von Gewitterstimmung spricht, wird mit der Gewitterstimmung weniger ein bewusstseinsgrundierender subjektiv-emotionaler Zustand gedacht, sondern vielmehr Stimmung als Gestimmtheit des Raumes durch Wetterphänomene, die emotional spürbar wie ein Objekt gegeben sind, also eine Atmosphäre.

Der Atmosphärebegriff kann auch *gar nicht* auftauchen.
　　Man bleibt in seinen Ausdrücken konkreter, bleibt bei den Adjektiven und spricht davon, dass man sich heiter oder melancholisch fühlt, oder dass es einem unheimlich zumute ist. Aufgrund der Tatsache, dass die Bezeichnung einer Atmosphäre oder Stimmung im Kontext von emotional sehr differenzierten Wahrnehmungserlebnissen steht und Gefahr läuft, eine Abstraktion vom konkreten einzelnen Erlebnis darzustellen, kann man deshalb ganz auf diese Gattungsbegriffe verzichten, in Verwendung der direkteren Ausdrücke das Bilden allgemeiner Oberbegriffe umgehen. Dies würde zudem dem phänomenologischen Tatbestand gerecht, dass man im Sinne medialer Wahrnehmung ja auch eigentlich keine Farbe, sondern etwas Rotes oder Blaues wahrnimmt, und also gleichfalls keine heitere Atmosphäre, sondern Heiterkeit.[10]
　　In dieser syntaktischen Formation verschwindet der Atmosphärebegriff in der Konzentration auf den Wahrnehmungssubjektpol und dessen Benennungsleistung in unmittelbarer affektiver Betroffenheit.

Hierbei wird das Spannungsverhältnis zwischen Signifikant und Signifikat, zwischen dem Begriff der Atmosphäre und der Atmosphäre als Wahrnehmungsgegenstand in aktueller Wahrnehmung besonders deutlich. Der Dimension der Betroffenheit in der Atmosphärewahrnehmung liegt ein anderer Ich-Standpunkt zugrunde wie im Bedenken und Bezeichnen der Atmosphäre. Während man in der Wahrnehmung „selbst in die Atmosphäre stimmungsmäßig aufgelöst oder [...] selbst noch in der Distanzierung von ihr affektiv betroffen"[11] ist, nimmt man in der spezifischen Thematisierung von Atmosphäre einen Standpunkt der Unbetroffenheit ein: Aus der Erfahrungsbeziehung zwischen Atmosphäre und dem betroffenen Ich in der Aussage ‚Mir ist unheimlich' wird eine die Atmosphäre verobjektivierende Tatsachenbeschreibung ‚Hier herrscht eine unheimliche Atmosphäre', die eine reflexive Distanz zur affektiven Betroffenheit aufbaut.

Weil die Atmosphäre im Wahrnehmungskontext des Spürens von Anwesenheit in Betroffenheit und nur quasi-objektiv begegnet, weil sie als Grundphänomen der Wahrnehmung weder subjektiver Zustand noch objektive Eigenschaft, sondern eine Kopräsenz von Subjekt und Objekt ist, erinnert der Versuch eines begrifflichen Zugriffs auf die Atmosphäre wie auf ein Objekt strukturell an das dilemmatische Spannungsverhältnis zwischen Aisthesis und Vernunft, an das Aufgehen des Einzelnen der sinnlichen Wahrnehmung in der Allgemeinheit des Begriffs.

So diffus die Erfahrung des Angegangenwerdens von einer Atmosphäre auch sei und so diffizil damit eine begriffliche Festlegung dessen erscheint, was die ‚Atmosphäre' nun genau ist, so differenziert kann sie in ihrem Charakter durch affektive Adjektive und in Kombination mit anderen Subjektiven benannt werden.

Wann verwendet man ‚Atmosphäre'?

Sollte man auch den Atmosphärebegriff selber eher selten verwenden, so ist man ihm bestimmt schon in Gesprächen begegnet: Jemand berichtet von der fröhlichen Atmosphäre auf einer Feier, von der lockeren Atmosphäre beim Gespräch mit dem Chef, von der konzentrierten Atmosphäre im Vorlesungssaal. Ist der Bericht gelungen, so besteht die Möglichkeit, dass der Zuhörer die Atmosphäre nachempfinden kann. Diese Möglichkeit besteht nicht nur bei der gesprochenen Sprache, sondern auch bei der geschriebenen Sprache eines Gedichtes oder Reiseberichtes oder auch bei der Körpersprache.

Die Sphäre der Sprache ist damit nicht nur ein wahrnehmungsbezogener Bestandteil der Umwelt, sondern ein Medium, das seinen Teil dazu beiträgt, „Atmosphären durch Worte zu erzeugen".[12] Ein selbst- oder vorgelesener Krimi beschreibt ja nicht nur die Atmosphäre eines bestimmten Ortes, sondern vermag sie herbeizuzitieren.

Im Bereich der Werbung ist es gängig, diese zitative Funktion zu nutzen und im und durch das Medium der Sprache den zu bewerbenden Gegenstand in eine spezifische Atmosphäre einzubetten: Man soll nicht nur einen Gegenstand kaufen, sondern auch ein damit verbundenes, nicht nur privat empfundenes Gefühl.

Überlegungen aus pragmatischer Perspektive wenden sich nun einigen Facetten des Gebrauchs von ‚Atmosphäre' in der Alltagskommunikation zu, in der Atmosphären erzeugt und vermittelt werden.

Kann man dieselbe Atmosphäre kommunizieren? Können mehrere Personen durch das sprachliche Herbeizitieren dieselbe Atmosphäre spüren?
 Da Atmosphären in den Relationen von Wahrnehmungssubjekten zu ihrem Wahrnehmungsumfeld bestehen, scheinen die Weisen ihres Erscheinens nicht objektiv im Sinne einer örtlichen Fixiertheit und einer invarianten Registrierbarkeit zu sein. Ästhetische Arrangements sollen zwar möglichst überindividuelle Bedingungen für die gleiche Stimmung bereitstellen, aber selbst wenn zwei Personen auf derselben Feier waren, haben sie unter Umständen nicht dieselbe Atmosphäre gespürt.
 Dass Atmosphären also nicht unbedingt für jeden die gleichen sind oder sich mit der Zeit wandeln können[13] erweist sich, wenn man bedenkt, dass „Atmosphären [...] nur wahrnehmungsräumlich, nicht aber ortsräumlich auffindbar"[14] sind. Sie sind an einem Ort vorzufinden, durch die Ekstasen von Dingen, Personen und deren Zusammenspiel bestimmt und überindividuell an diesem Ort ingressiv oder in Diskrepanz wiederholbar zu vernehmen. Statt aber objektiv, neutral und mit Raumkoordinaten (ortsräumlich) sind Atmosphären nur quasi-objektiv feststellbar, da sie an die je aktuelle Wahrnehmung und damit auch subjektiv gebunden (wahrnehmungsräumlich) sind. Dieses erinnert an das Regenbogenbeispiel: Betrachterperspektive und Umgebungsqualitäten sind Bedingungen für die Erscheinung eines kommunizierbaren Bezugsphänomens, eines relationalen Wahrnehmungsobjekts.

Quasi-objektiver Bezugspunkt einer Verständigung über Atmosphären im intersubjektiven Gespräch ist der *Charakter* der Atmosphäre, der Begegnung zwischen Wahrnehmendem und

Wahrgenommenen. Die Charaktere dienen dabei quasi als Scharnier zwischen den jeweils subjektiv gespürten Atmosphären, so dass es möglich wird, sich über eine Atmosphäre auch dann auszutauschen, wenn sie wahrnehmungsmäßig in affektiver Betroffenheit eine andere ist als in sprachlicher Vermittlung.

,Herbeizitieren' meint in diesem Zusammenhang also kein ,unverfälschtes Belegen' einer bestimmten, gespürten Atmosphäre, sondern mehr ein ,Herbeirufen' eines bestimmten Charakters einer Atmosphäre.

Wie taucht nun der Begriff ,Atmosphäre' in der Kommunikation auf, welche Rollen kann er dabei einnehmen?

Gerade in seiner Verwendungsweise scheint der Atmosphärebegriff Variationen je nach Kontext und Hintergrund der Rede zuzulassen:

Als *spezifisches Wahrnehmungsphänomen*, als spezifische Wahrnehmung fallen Atmosphären ,Hier und Jetzt' auf. Nimmt man eine Atmosphäre wahr, dann ist das eine ortsgebundene und augenblicksverhaftete, bestimmte Wahrnehmung, ein einmaliges Erlebnis.

Als allgemeiner und *grundlegender Wahrnehmungsgegenstand* sind sie im Spüren ,Immer und Überall' vorhanden. Man ist in jedem Augenblick in Atmosphären eingebettet.

Als *Umgebungsqualität* sind sie ,Hier und Immer'. Bestimmten Gegenden und Räumen haftet eine Atmosphäre an. Sie sind von einer Atmosphäre geprägt, in die man immer wieder geraten kann.

Ergänzend sei der Versuch gewagt, Atmosphären in einen Urteilskontext zu stellen. Als *spezifisch ästhetische Urteile* tauchen sie dann nur in qualitativ besonderen Situationen auf.

Im Falle einer *geteilten Wahrnehmungswirklichkeit*, in die der Gesprächspartner keinen Einblick hat, könnte der Atmosphärebegriff einem Legitimationswunsch entspringen:

Für sich persönlich spricht man eher selten von Atmosphäre. Man ist bezogen auf seine eigenen konkreten, aber meist distanzierenden Wahrnehmungen und bezieht dazu emotional Stellung: Man hört eine monotone Stimme, der Vorlesungssaal ist schlecht beleuchtet und präsentiert sich in gräulicher Wandfarbe. Dies trägt dazu bei, dass man sich gelangweilt fühlt.

Wird man von einer anderen Person nach einer Stellungnahme gefragt, gerät man in die Bedrängnis, mittels eines Urteils Wahrnehmungsrechenschaft abzulegen. Hier ist es plausibel, einen sprachlich bedingten Ansatzpunkt der Genese des Atmosphärebegriffs zu vermuten, sozusagen die Verlegenheitslösung, für ein quasi freischwebendes Gefühl kein Substrat zu haben. Eine subjektive Stimmung muss als objektiv vorhandene Atmosphäre herhalten. Man sucht nach einem Objekt, dem man die in affektiver Betroffenheit gespürten Qualitäten anhängen kann und gelangt zu dem Urteil: ‚Im Vorlesungssaal war eine langweilige Atmosphäre'. Der Begriff der Atmosphäre scheint sich in diesem Kontext auch deshalb zu eignen, weil mit ihm eine mögliche Aufforderung zum Erlebnisnachvollzug gestellt werden kann, weil mit ihm unter anderem ein teilhabender Subjektbezug und kein reiner Objektbezug angedeutet wird.

Vielleicht liegt dieser Wahrnehmungsrechenschaft auch die Gewohnheit zugrunde, in Subjekt, Prädikat und Objekt zu denken. Zumindest könnte diese Verobjektivierung einer subjektiven Gestimmtheit einer reinen Sprechgewohnheit folgen, die der affektiven oder alogischen und doch zugleich pragmatisch sinnreichen Dimension der Sprache geschuldet wäre.

Im anderen Falle einer *ungeteilten Wahrnehmungswirklichkeit*, die man mit dem Gesprächspartner teilt, ließen sich bisherige Begriffsansätze wiederfinden:

Aufgrund einer spezifischen aisthetischen Qualität, die synästhetisch oder auch nur modal gewahrt wurde, aufgrund von Raumkonstellationen, Menschenansammlungen und dem eigenen Bezug zu ihnen wird man veranlasst, ein ästhetisches Urteil zu fällen.

Das Wahrnehmungssubjekt ist in einem ‚Hier und Jetzt', in einer aktuellen Wahrnehmung von der Fülle der Wahrnehmung oder deren konkrete Qualität so überwältigt, dass es sein emphatisches Befinden nicht in deutliche Worte fassen kann. Im Kontext einer sinnlichen und handlungsentlasteten Situation – zum Beispiel bei einem Konzert, einer Feier oder im Museum – möchte das Subjekt vielleicht auch keine analytisch klaren Worte finden und formuliert nur einen Charakter des vagen und vielsagenden Begriffs der Atmosphäre. Er wird quasi objektiv und ist von verpflichtender Besonderheit in dem Sinn, dass das wie auch immer geartete Zusammenspiel der verschiedenen Sinneswahrnehmungen mit der eigenen Stimmung überindividuell verstanden und begreifbar werden soll.

Hierbei wurde auf den phänomenalen Faktor der *Zeit* noch nicht näher eingegangen, was im Folgenden auch nur holzschnittartig nachgeholt werden kann.

Beachtet man, wann in einer Unterhaltung von der Atmosphäre einer Feier oder eines Museums gesprochen wird, dann ist auf eine zeitliche Nachordnung zum Wahrnehmungserlebnis, eine reflexive Distanz zur affektiven Betroffenheit von einer Atmosphäre zu verweisen. Diese Nachordnung plausibilisiert die Annahme einer Urteilsstruktur.

Während jedoch ein Urteil das Einzelne der sinnlichen Anschauung unter das Allgemeine eines Begriffes subsumiert und Begriffe im Hinblick auf ein spezifisches Kriterium verbindet und trennt, versucht das Urteil über eine Atmosphäre vielmehr auf die Mannigfaltigkeit der Wahrnehmungssituation zurückzugreifen, auf die besonderen Wahrnehmungsqualitäten, die sich in bestimmter Unbestimmtheit als individuelles Allgemeines aufdrängen und nur ihrem Charakter nach beschrieben und nicht definiert werden können. Die Vielheit der einzelnen Sinnesmodalitäten, die Überschneidungen dieser Modalitäten hin zur Synästhesie und nicht minder die eigenen Erfahrungen und Erwartungen beschreiben in der Konsequenz keinen klaren Begriff, sondern einen klar unklaren Begriff: den vagen Begriff der Atmosphäre.

Mit der Erwähnung der eigenen *Erfahrungen* und *Erwartungen* sind zwei weitere Aspekte benannt, die in einem Urteil über Atmosphären als Vergangenheits- und Zukunftsdimensionen in der Wahrnehmung neben der Gegenwärtigkeit der Synästhesie mitschwingen:

Mit den Charakteren einer Atmosphäre schließt man deskriptiv an gehabte Erfahrungen an und weckt mit diesen verknüpfte Erwartungen, die verstärkt oder enttäuscht werden können und somit im Erleben eine Atmosphäre als eine besondere oder unscheinbare herausstellen.

Dies bedeutet zum einen *individuell*: In einem Urteil über eine Atmosphäre werden persönliche Erlebnisse in Bezug zur aktuellen Wahrnehmung gesetzt. Das leibliche Sich-Befinden in bestimmten Situationen und Atmosphären wächst damit im Laufe der Zeit zur aisthetischen Hintergrunderfahrung, die im Hinblick auf bestimmte Erscheinungscharaktere Erwartungen an die Gestaltung der Umgebung wie an die Stimmung beim Wahrnehmenden mitbringen, aber auch in neuen und unerwarteten Situationen diesbezügliche Assoziationen hervorrufen kann. Das Wahrnehmen von

Atmosphären ist damit keine rein perzeptive Angelegenheit, sondern beinhaltet neben der affektiven Betroffenheit auch Reflexion und Imagination.

Die Dimensionen Erfahrung und Erwartung bedeuten zum anderen *überindividuell*: Die Wahrnehmung von Atmosphären und damit deren Beschreibung und Vermittlung ist abhängig „von der Wahrnehmungssozialisation und auch von der jeweiligen Handlungssituation".[15] So trivial der Hinweis erscheint, dass der überindividuelle, gleichsam quasi-objektive Status der heiteren Atmosphäre eines Frühlingsmorgens auf den wahrnehmenden Menschen bezogen werden muss, und nicht objektiv in dem Sinne sein kann, dass etwa eine Katze oder ein Vogel diese Atmosphäre verspüren, so kann angenommen werden, dass der alltagspragmatische Rekurs auf bestimmte Erscheinungsweisen von Räumen, Orten, Menschen auf ein kulturelles Umfeld zurückgreift. Aus soziologischer Perspektive ist die Wahrnehmung von Atmosphären durch ein inkorporiertes Dispositionssystem bestimmt, durch ein Einleben in ein Wahrnehmungsfeld: Beispielsweise wird die bedrückende Atmosphäre bei einer Trauerveranstaltung in verschiedenen Kulturgemeinschaften auch durch verschiedene Farben und Symbole mitgeprägt.

In ein Urteil über eine Atmosphäre fließt damit neben der Wahrnehmung auch das kulturelle Hintergrundwissen mit ein und kann deren Charaktere verstärken. Wer schon mal eine Reportage über ‚die Atmosphäre der 20er Jahre in Berlin' gesehen hat, kann durch Bilder und Texte dieser Zeit eher die Atmosphäre nachempfinden, als wenn diese Hintergrundinformationen fehlten.

Atmosphäre in der Feldforschung

Wie können nun Atmosphären adäquat beschrieben werden? Wie stehen Aufzeichnungen distinkter Wahrnehmungen nun zur erwartbaren Umfassendheit atmosphärischer Wahrnehmung?

Hinsichtlich der Gewinnung eines Atmosphärebegriffs aus der Feldforschung[16] ist festzuhalten, dass sie vom Besonderen über das Besondere zum Allgemeinen erfolgt. Damit ist der Erkenntnisschritt vom Einzelnen der sinnlichen Anschauung (dem Besonderem) zu dessen Begriff (dem Allgemeinen) um einen Zwischenschritt erweitert, der dem Umstand geschuldet ist, dass der mediale Zugriff – durch Sprache, Schrift oder Photographie – auf das synästhetische, leibliche Spüren von Anwesenheit problematisch erscheint. Das auf das Besondere der grundlegenden Wahrnehmung bezogene weitere Besondere stellt daher die sprachliche Beschreibung der subjektiven Wahrnehmungswirklichkeit im Feld atmosphärischer Gegebenheiten dar.

Der Wechsel vom Besonderen zum Besonderen ist ein Wechsel der Dimension der Betroffenheit in aktueller Wahrnehmung zur Dimension der (relativen) Unbetroffenheit in einer ersten Begriffsformulierung: Die emotionale Beteiligung und Involviertheit in der Wahrnehmung als Spüren wird durch das Notieren von Wahrnehmungen für den Feldforschungsbericht auf eine eher kognitive Ebene in den Modus einer eher distanzierteren Wahrnehmung überführt.[17]

Dieser Bezug zweier Wahrnehmungsweisen kann mit ‚Wahrnehmung der Wahrnehmung', oder deutlicher mit ‚Gewahrung der Wahrnehmung' bezeichnet werden und stellt eher einen aisthetisch-reflexiven Bezug als ein Begründungsverhältnis zweier Wahrnehmungsebenen dar.

Für die Feldforschung ist die jeweilige Atmosphäre etwas, das ‚Hier und Immer' anwesend ist und in einem besonderen ‚Hier und Jetzt' wahrgenommen wird.

Auch wenn Atmosphären beständig aneinandergrenzen, sich überlappen und ineinander übergehen, lässt sich mit Blick auf die Feldforschungsdaten feststellen, dass man von Atmosphären dann spricht, wenn sie durch einen besonderen Kontrast, durch besondere Qualitäten aus den ständig umgebenden Atmosphären herausstechen. Sie werden an den Grenzstellen auffällig, an denen sie sich ändern, an denen zwei verschiedenartige Atmosphären vorherrschen und aufeinandertreffen, wenn sie also *diskrepant* bemerkt werden. Sie werden auch an Stellen auffällig, an denen sich ein atmosphärischer Eindruck vertieft, sie also *ingressiv* bemerkt werden.

Mit ‚Diskrepanzerfahrung' wurde der spürbare und bleibende Kontrast einer quasi-objektiven Stimmung zur eigenen Stimmung bezeichnet, mit ‚Ingressionserfahrung' die Überwindung eines anfänglichen Stimmungskontrastes durch Eintauchen in die Atmosphäre. Wird nun die Feldforschung zur Beschreibung von Atmosphären herangezogen, so ergeben sich akzentuale Begriffsverschiebungen, die aus eigenen Beobachtungen[18] und der Pragmatik der Atmosphärewahrnehmung – also einem möglichen Wahrnehmungswechsel von Diskrepanz in Ingression und umgedreht – folgen:

Eine ‚*Diskrepanzerfahrung*' ist demnach die Erfahrung eines quasi-objektiven Stimmungsbruchs. Zwei Atmosphären grenzen derart aneinander, dass der Wechsel ihrer Eigenarten nicht unbemerkt bleibt. Das Wahrnehmungssubjekt ist in zwei verschiedene Atmosphären geraten. Man muss nicht in die jeweilige Atmosphäre eintauchen, wenn man mit festen Blick auf den Boden direkt sein Wegziel ansteuert: In diesem Sinne sind sie unaufdringlich. Aber sie sind bestimmt, wenn man sich spürend auf die Umgebung einlässt, wenn man aus der einen kommend in die andere gerät.

Damit wird das Aufscheinen und Bewusstwerden charakteristischer Atmosphären durch deren Aneinandergrenzen gefördert.

Eine ‚Ingressionserfahrung' ist die Erfahrung einer Atmosphäre, in die man immer tiefer hineingeraten ist. Ihre besondere Eigenart wird erst nach längerem Aufenthalt in ihr bemerkt. Charakteristische Atmosphären lassen sich im Raum durch ihren Intensitätsgrad vorfinden, durch Anbahnungen ihres Vorhandenseins. Sie zu bemerken, erfordert eine Exponiertheit an die jeweilige Atmosphäre, eine besondere Befindlichkeit im ‚Hier und Jetzt'.

Das beginnt bei der Wahrnehmungseinstellung und damit schon bei der Art, wie man seine Wege beschreitet. Laufen ist eine Tätigkeit, die in dem Sinn eine distanzierende Wahrnehmung erfordert, dass man nicht gegen einen Baum oder in einen Wasserlauf gerät, dass man um Dinge herummanövrieren kann. Im Gegenzug dazu sollte man häufig einfach mal stehen bleiben, sich ggf. setzen, da Eindrücke auch und gerade im Zusammengehen zeitlich disparater Erfahrungsmomente entstehen, man sie sich erlaufen kann.

In der so erlangbaren Mannigfaltigkeit von Wahrnehmungen können Momente auftauchen, die u.U. untypisch im Rahmen bisheriger Erfahrungen sind.

So können atmosphärische Qualitäten durch architektonische Dramaturgien, durch Blickchoreographien, durch Wahrnehmungswechsel bewusst werden. Aufmerksamkeit wird geweckt für Raumbezüge und –spannungen, synästhetische Wechselspiele und Zusammenklänge und für den Betrachter als Bezugspunkt von Erfahrungen verschiedener Perspektiven und Raumzusammenhängen.

Die Akzentverschiebungen bei den unterschiedlichen Auffassungen von Diskrepanz- und Ingressionserfahrung verantwortet dabei der phänomenologische Zugang. Im Kontext der schon von Aristoteles angeführten zwei Anwesenheitsformen eines Erkenntnisgegenstandes ‚an sich' und ‚für uns' muss es phänomengerechter erscheinen, sich in einem aisthetischen Unterfangen an die Anschauungsordnung (‚für uns') zu halten, anstatt im Rahmen einer Seinsordnung (‚an sich') die Vernetzung und Stetigkeit subjektiven Erlebens auszublenden.

Dieses Erleben steht jedoch jederzeit in verschieden getönten Stimmungsfeldern, der jeweiligen Atmosphäre.

Hinsichtlich ihrer *Beschreibbarkeit* droht die Gefahr, nur eine grobe Beschreibung davon zu liefern, was von hoher Komplexität ist; ähnlich wie beim Geschmack eines besonderen Weines und verknappenden Beschreibungen wie ‚gut' oder ‚süß'.

Soll eine Atmosphärebeschreibung gelingen, muss die Ebene der Unbetroffenheit in der Versprachlichung und Verschriftlichung von Atmosphären Anschluss suchen zu den Erfahrungen mit Atmosphärebetroffenheit seitens der Konversationspartner oder Leser.

So kann der Charakter einer Atmosphäre über einzelsinnliche Beschreibungen und deren sinnesmodale Verknüpfungen vermittelt werden. Gegebenenfalls gelingt die Artikulation einer besonderen Atmosphäre sogar im semantischen Feld nur einer spezifischen Sinnesmodalität.

Hinsichtlich ihres *Gehaltes* zeigt sich die Atmosphäre als nicht neutraler Ort, als Wahrnehmungsumgebung, die in verschiedenem Maße anregend sein kann und die je charakteristische Relation von Wahrnehmendem und Wahrgenommenem bewirkt. Auch wenn man nicht extra auf Atmosphären achtet, schwingen sie in der Wahrnehmung mit und können in der Reflexion benannt werden; ähnlich wie bei der ‚angespannten Atmosphäre einer Sitzung' einer Politikerrunde, die spürend wahrgenommen wird, obwohl die Politiker abstrakte Sachverhalte diskutieren und sich nicht auf ihre leibliche Anwesenheit im Umfeld anderer anwesender Dinge konzentrieren.

Von diesen sprachbezogenen und rezeptionsästhetischen Feststellungen ließe sich ein kurzer Ausblick in produktionsästhetischer Hinsicht wagen:

Da jeder Wahrnehmungsraum von einer Atmosphäre grundiert zu sein scheint und diese Atmosphäre die Bedingung für konkrete Wahrnehmungen darstellt, kann man mit Hilfe des Atmosphärebegriffs geplante und nichtgeplante Umgebungsgestaltungen ins Verhältnis zur Wahrnehmung und der Gestimmtheit des Raumes setzen. Solcherart fungiert er als *hermeneutische Möglichkeit* und leistet zudem einen Beitrag zu der Frage, was eine umfassende Wahrnehmung sei und wie sie bewusst vollzogen wird.

Durch die Wirkung von Atmosphären auf die Stimmung des Wahrnehmenden und damit auf dessen Wahrnehmungsvorlieben ist es im Interesse der Museen und der Kunstvermittlung – aber auch anderer Felder ästhetischer Arbeit – durch bestimmte Atmosphäreangebote an diese Vorlieben anzuknüpfen oder neue zu evozieren, um damit bspw. eine nachhaltige und detailliertere Kunstbetrachtung erfolgen zu lassen. Dem sollte ein Bewusstsein vorausgehen, wie Atmosphären überhaupt, wie gewisse Stimmungsfelder und Wahrnehmungsintensitäten hervorzurufen sind.

Weitere Atmosphäreforschung könnte somit auf diese forcierte Atmosphäreerzeugung, die Förderung umfassender Wahrnehmung als Atmosphärekompetenz und das versuchsweise Planen des Nichtplanbaren abzielen.

Anmerkungen

1 Folgender Text basiert auf meiner Magisterarbeit mit dem Thema: ‚Atmosphäre – eine aisthetische Feldforschung', verfertigt am Lehrstuhl für Kunstpädagogik der Universität Würzburg.
2 Benjamin, W., zitiert in: Hauskeller, M.: *Atmosphären in Natur und Kunst*, www.hbs-hessen.de/pol/Hauskeller05-00.htm
3 Vgl. im Folgenden v.a.: Böhme, G.: *Aisthetik*, München 2001, S. 46ff.
4 Ebd., S. 48.
5 Böhme, G.: *Atmosphäre als Grundbegriff einer neuen Ästhetik*, Kunstforum International 120/1992, S. 253.
6 Böhme, G.: *Aisthetik*, München 2001, S. 161.
7 Böhme, G.: *Atmosphäre*, Frankfurt 1995, S. 33.
8 Vgl. ebd., S. 75.
9 Vgl. Henckmann, W.: ‚Atmosphäre, Stimmung, Gefühl' in diesem Buch.
10 Vgl. ebd.
11 Böhme, G.: *Aisthetik*, München 2001, S. 50.
12 Böhme, G.: *Atmosphäre*, Frankfurt 1995, S. 75. Vgl. zudem S. 38: „Dieselben Atmosphären können aber auch durch Worte [...] erzeugt werden."
13 Vgl. die Kahlo-Bildanalyse in: Mahayni, Z. (Hrsg.): *Neue Ästhetik*, München 2002, S. 85-96. Hier wird deutlich, wie sich die Atmosphärecharakterisierung desselben Subjektpols in Betrachtung desselben Objektpols mit zunehmender Dauer ändert.
14 Hauskeller, M.: *Atmosphären erleben*, Berlin 1995, S. 34.
15 Böhme, G.: *Atmosphäre*, Frankfurt 1995, S. 97. Als ein Ergebnis ihrer fokussierenden Interviews stellt auch Düttmann fest, dass „der Einbezug von Lebenserfahrung in Lernprozesse [...] einen fundierenden und prägenden Einfluss auf Wahrnehmungsprozesse schlechthin" habe, Düttmann, S.: *Ästhetische Lernprozesse*, Marburg 2000, S. 161.
16 Der Begriff der Feldforschung wurzelt in den Gesellschaftswissenschaften, der Archäologie, Ethnologie sowie Sprachwissenschaft und wurde in meiner Magisterarbeit für Forschung innerhalb der Ästhetik entlehnt verwendet als induktive Herangehensweise an einen Untersuchungsgegenstand, an das Phänomen der Atmosphäre. Merkmale hierbei waren: teilnehmende Beobachtung, Gedächtnisprotokolle, intensive Auseinandersetzung mit den eigenen Beobachtungen, Gedanken, Gefühlen, Sprachgewohnheiten und das Zusammenführen und Verdichten der Beschreibungen.
17 Dieser Vorgang versteht sich als Beschreibung zur Erstellung eines Feldforschungsberichtes und nicht schon als Auswertung des leiblichen Spürens im Hinblick eines Begriffes von Atmosphäre.
18 Als spezifisches Feld der aisthetischen Feldforschung fungierte die Museumsinsel Hombroich bei Neuss-Holzheim. Die spannungsvolle Inbezugsetzung von Kunst, Architektur und Landschaft lässt ästhetische und kunstbetonende mit öko- und geologischen Situationen in Kontrast und Konvergenz geraten und eröffnet somit ein breites Wahrnehmungsfeld.

Die Atmosphäre der Kunstwelt — Gerhard Wagner
Arthur C. Danto, Andy Warhol und die Soziologie der PopArt[1]

Brillo Box

Arthur C. Danto hat 1964 in seinem Aufsatz "The Artworld"[2] eine Definition von Kunst ins Auge gefasst, die ohne ästhetische Kriterien auskommen sollte. Zu dieser Maßnahme hatte ihn die Ausstellung von Andy Warhols Objekt "Brillo Box" in der New Yorker Stable Gallery veranlasst. Diese Ausstellung hatte die Frage provoziert, warum Warhols Kisten für Topfreiniger Kunst sein sollten, ihre gewöhnlichen Gegenstücke in den Supermärkten aber nicht. Zwar waren Warhols Kisten aus Sperrholz, die anderen aus Karton. Doch das änderte für Danto nichts an der Frage, was denn ein Kunstwerk von einem Alltagsgegenstand unterscheide, wenn beide in materieller Hinsicht identisch sind. Diese Frage wollte er nicht dadurch beantworten, dass er derlei Objekte als Anti-Kunst einstufte. Ihn interessierte vielmehr eine Definition von Kunst, die auch für Warhols Kisten galt, und diese Definition konnte seines Erachtens keine äußeren, der vergleichenden Beobachtung zugänglichen Kriterien bemühen.

Für Danto handelte es sich hier um ein ontologisches Problem, oder besser: um das Problem einer „ontologischen Differenz", und so begegnete er der Frage, was Kunst letztlich „ist", mit Hilfe der sprachanalytischen Philosophie. Er untersuchte die Bedeutung des Wörtchens „ist" in Aussagesätzen und kam zu der Überzeugung, dass es eine besondere Bedeutung in Sätzen hat, die in Bezug auf Kunstwerke geäußert werden: wenn man etwa von einem blauen Farbklecks sagt, das „ist" der Himmel, oder wenn man auf einen Schauspieler zeigt und sagt, das „ist" Hamlet. In diesem sprachlichen Gebrauch des „ist" manifestiert sich Danto zufolge ein Akt der künstlerischen Identifikation, der freilich nur unter bestimmten Bedingungen vollzogen werden kann.

Die erste Bedingung betrifft den Gegenstand, denn nicht alles und jedes kann Objekt künstlerischer Identifikation sein: "it is a necessary condition for something to be an artwork that some part or property of it be designable by the subject of a sentence that employs this special *is*"[3].

Die zweite Bedingung betrifft den Sprechenden. Um das Wörtchen „ist" im Sinne der künstlerischen Identifikation verwenden zu können, muss er in Sachen Kunst beschlagen sein. Er muss über kunsttheoretische und kunsthistorische Kenntnisse verfügen und sich in dieser so genannten Kunstwelt bewegen können, weswegen er auch stets auf die Erfüllung der ersten Bedingung achten und gar nicht alles und jedes als Kunstwerk identifizieren wird: "To see something as art requires something the eye cannot decry – an atmosphere of artistic theory, a knowledge of the history of art: an artworld."[4]

Dantos Argumentation lief also darauf hinaus, ein Kunstwerk letztlich in Abhängigkeit von etwas zu begreifen, das er die Kunstwelt nannte. Diese Kunstwelt bestimmte er zu einer Art transzendentalen Voraussetzung, zur Bedingung der Möglichkeit von Kunst, was er anhand der Brillo Boxes erläuterte: "What in the end makes the difference between a Brillo Box and a work of art consisting of a Brillo Box is a certain theory of art. It is the theory that takes it up into the world of art, and keeps it from collapsing into the real object which it is (in a sense of *is* other than that of artistic identification). Of course, without the theory, one is unlikely to see it as art, and in order to see it as part of the artworld, one must have mastered a good deal of artistic theory as well as a considerable amount of the history of recent New York painting."[5]

Eine systematische Ausarbeitung seines Ansatzes sollte Danto 1981 in seinem Buch *The Transfiguration of the Commonplace* vorlegen, wobei er merkwürdigerweise keine Rücksprache bei Warhol nahm, obwohl er zu dieser Zeit Gelegenheit dazu hatte.[6] Jedenfalls reagierte Danto damit seinerseits auf eine Theorie, die sein Schüler George Dickie in Reaktion auf seinen Artikel "The Artworld" entwickelt hatte. Tatsächlich hatte Dickie 1974 eine so genannte Institutionentheorie der Kunst vorgelegt, mit der er Dantos Argument in zweifacher Hinsicht modifizierte. Erstens verlieh er dem Begriff Kunstwelt eine soziologische Dimension, indem er dieser laut Danto aus Theorien über Kunst und aus Wissen über Kunstgeschichte bestehenden Welt eine aus entsprechenden Experten bestehende und insofern legitimierte Institution zuordnete, die als eine Art Treuhänderin in Sachen Kunst über die Frage Kunst oder Nicht-Kunst befinden konnte. Zweitens nahm er der Radikalität von Dantos Ansatz die Spitze und kehrte insofern zu einem ästhetischen Kriterium zurück, als er behauptete, etwas könne nur dann ein Kunstwerk sein, wenn es ein Kandidat für eine Würdigung sei.[7]

Danto reagierte nur auf diese zweite Modifikation, indem er seine 1964 aufgestellte Bedingung, es müsse eine Eigenschaft des Kunstwerks geben, die mit dem „ist" der künstlerischen Identifikation bezeichnet werden kann, präzisierte. Was ein Kunstwerk von einem Alltagsgegenstand unterscheide, sei keine dubiose Würde, zu einem Gegenstand ästhetischer Reflexion zu werden, sondern zunächst seine *"aboutness"*, also der Umstand, dass es über etwas ist.[8] Anders als ein Alltagsgegenstand ist ein Kunstwerk laut Danto über etwas. Während eine gewöhnliche Brillo-Kiste über nichts ist, sondern einfach nur das ist, was sie ist, ist jede von Warhols Kisten über etwas, auch wenn man ihr dieses etwas nicht ansieht und man es sich unter Umständen mühsam erarbeiten muss. Zumindest ist sie über die Welt, der sie entstammt, und leistet das, „was Kunstwerke immer schon getan haben" – sie „veräußerlicht eine Weise, die Welt zu sehen", „drückt das Innere einer kulturellen Epoche aus und bietet sich als ein Spiegel an".[9] Warhol soll sich, wie Danto in einer späteren Arbeit erläuterte, die Brillo-Kartons gerade wegen ihrer „absoluten Geläufigkeit und semiotischen Potenz" ausgesucht haben; sie waren allgegenwärtig und ein Teil des typischen Wanderlebens der Amerikaner: „Der Karton war der meistbenutzte Behälter für den Versand und die Lagerung von Büchern, Geschirr, Kleidern oder für den Heimtransport von jungen Katzen. Jeder warf solche Kartons in den Müll".[10]

Da andere kulturelle Artefakte zweifellos dieselbe Leistung erbringen, musste Danto ein weiteres Kriterium benennen, um das spezifische Über-etwas-Sein eines Kunstwerks zu erfassen. Dabei rekurrierte er auf die Rhetorik, die als Kunstlehre der Rede die Zuhörer dazu bringen soll, „zum Gegenstand der Rede eine bestimmte Einstellung einzunehmen: sie zu veranlassen, den Gegenstand in einem bestimmten Licht zu sehen".[11] Mit einem Kunstwerk soll es sich nun genauso verhalten. Danto zufolge stellt ein Kunstwerk die Welt in einer Weise dar, „die uns veranlaßt, sie in einer besonderen Sicht zu sehen".[12] Dabei liegen ihm auch dieselben Tropen zugrunde wie der Rhetorik, hauptsächlich die Metapher: „Wenn Napoleon als römischer Kaiser dargestellt wird, dann stellt der Bildhauer Napoleon nicht einfach in einer antikisierenden Aufmachung dar, so dass man von den Gewändern annimmt, die römischen Kaiser hätten sie getragen. Vielmehr strebt der Bildhauer danach, dass der Betrachter dem Sujet Napoleon gegenüber die Einstellungen annimmt, die gegenüber den erhabeneren römischen Kaisern angemessen wären – bei Cäsar oder Augustus (...). Die so gekleidete Figur ist eine Metapher der Würde, Autorität, Größe, Macht und politischen Vollendung."[13]

Danto war der Überzeugung, dass die „Struktur der Metapher" die „Struktur des Kunstwerks" schlechthin ist; jede Abbildung oder Beschreibung eines *„a als b"* weise diese metaphorische

Struktur auf, die ja auch der „künstlerischen Identifikation" zugrunde liege: In demselben metaphorischen Sinn, in dem ein blauer Farbklecks der Himmel „ist", „ist" der *als* römischer Kaiser dargestellte Napoleon ein römischer Kaiser.[14] Im Grunde geht es hierbei um eine „metaphorische Transfiguration", die dadurch charakterisiert ist, dass ihr Sujet seine Identität beibehält; deswegen spricht Danto nicht von Transformation, sondern von Transfiguration, was „Verklärung" bedeuten soll: „Napoleon verwandelt sich nicht in einen römischen Kaiser, sondern trägt nur die Attribute eines solchen".[15] Diese Form von Verklärung soll Danto zufolge für jedes Kunstwerk gelten.

Also muss sie auch für das Objekt "Brillo Box" gelten, für das Warhol den Anspruch erhoben hatte, Kunst zu sein. Dass es sich hierbei tatsächlich um eine Verklärung handelt, machte Danto nachvollziehbar, indem er den Leser in die Lage der damaligen Besucher der Stable Gallery versetzte: „Einen Augenblick lang sind wir irritiert und nehmen an, die Kunstwelt müsse erniedrigt werden, wenn sie dem Anspruch stattgebe; dass ein so niedriges und lumpiges Objekt durch die Zulassung zur Kunstwelt erhöht wird, scheint außer Frage zu stehen. Doch dann erkennen wir, dass wir das Kunstwerk – ´Brillo Box` – mit seinem vulgären Gegenstück in der kommerziellen Realität verwechselt haben. Das Werk erhebt seinen Anspruch, Kunst zu sein, dadurch, dass es eine draufgängerische Metapher vorschlägt: der Brillo-Karton-als-Kunstwerk."[16]

Ein Kunstwerk verstehen bedeutet demzufolge, seine Metapher zu verstehen, was Danto zufolge nur möglich ist, wenn man über einen hinreichenden kunsttheoretischen und kunsthistorischen Sachverstand verfügt. Danto hielt denn auch an seiner 1964 postulierten transzendentalen Bedeutung der „Kunstwelt" fest: „Etwas überhaupt als Kunst zu sehen verlangt nichts weniger als das: eine Atmosphäre der Kunsttheorie, eine Kenntnis der Kunstgeschichte."[17] Allein, dass Danto die Kunstwelt ein weiteres Mal als eine Atmosphäre begreift – also dieselbe Metapher verwendet wie 1964 –, könnte nun selbst ein rhetorischer Akt sein, mit dem er uns dahin bringen will, das Phänomen Kunst so zu sehen wie er es sieht. Diese Metapher scheint es ihm zu erlauben, sich in eleganter Weise von der Soziologisierung zu distanzieren, die Dickie der Kunstwelt hatte angedeihen lassen. Tatsächlich hat Danto eine Soziologisierung der Kunstwelt für gar nicht mehr nötig befunden, denn nach seiner Überzeugung war die Kunst mit "Brillo Box" in einer Weise an ihr Ende gekommen, die alle Soziologie überflüssig macht.[18]

Der Weltgeist zwischen Kisten

Wie Danto im Vorwort seines Buches *The Transfiguration of the Commonplace* formulierte, hatte Warhols Objekt "Brillo Box" nicht einfach nur ein kunsttheoretisches Problem markiert. Vielmehr soll mit diesem Werk die Kunst an ihr Ende gelangt sein, und zwar insofern, als sie „zu einer Art von Bewußtsein ihrer selbst übergegangen und wiederum in gewisser Weise zu ihrer eigenen Philosophie geworden ist".[19] Die Kisten in der Stable Gallery hätten nicht nur die metaphorische Struktur des Kunstwerks zum Bewusstsein gebracht; sie hätten auch deutlich gemacht, dass es Kunst ohne Kunsttheorie und Kunstgeschichte nicht gibt. Dadurch hätten sie die Kunst in die philosophische Reflexion ihrer selbst verwandelt, wofür Warhol das beste Beispiel sei.

Danto war der Auffassung, dass Warhol unter allen Künstlern einem „philosophischen Genie" am nächsten komme.[20] In einem 1994 publizierten Essay mit dem Titel "The Philosopher as Andy Warhol" formulierte er: "Since at least Warhol's exhibition of Brillo (and other) cartons at the Stable Gallery on East 74th Street in Manhattan, in the spring of 1964, I have felt him to possess a philosophical intelligence of an intoxicatingly high order. He could not touch anything without at the same time touching the very boundaries of thought, at the very least thought about art."[21] Für Danto ging mit Warhol eine mehrtausendjährige Entwicklung zu Ende, was er in einer Reihe weiterer Aufsätze in Anlehnung an Hegels Geschichtsphilosophie begreifen wollte: „Hegel gilt die Welt in ihrer historischen Dimension als der dialektische Prozeß der Selbsterkenntnis des Bewußtseins. Das heißt in seinem eigentümlichen Idiom: Das Ende der Geschichte tritt ein, wenn der Geist die Gewißheit seiner selbst als Geist erlangt"; dieser Prozess soll sich in Stadien vollziehen, „von denen eines die Kunst ist und eines die Philosophie. Dabei ist der historische Auftrag der Kunst die Ermöglichung der Philosophie, nach dessen Erfüllung die Kunst in dem reißenden kosmisch-historischen Strom keinen geschichtlichen Auftrag mehr hat."[22]

Danto rekonstruierte die Geschichte der Kunst denn auch als die Geschichte ihrer fortwährenden „Entmündigung" durch die Philosophie. In den 60er Jahren des 20. Jahrhunderts soll es nun insofern zu jener von Hegel angemahnten Ablösung der Kunst durch die Philosophie gekommen sein, als die Kunst auch noch ihre eigene Philosophie ermögliche: „Die Kunst endet mit dem Anbruch ihrer eigenen Philosophie."[23] Sie hat „sich selbst in die Theorie von sich selbst verwandelt", und zwar dadurch, „dass die Gegenstände bis zum Nullpunkt reduziert werden, während die Theorie ins Unendliche wächst, so dass es am Ende praktisch nur noch Theorie gibt und die Kunst sich zu dem blendenden Glanz der reinen Gedanken über sich selbst verflüchtigt hat und gleichsam nur noch als Objekt ihres eigenen theoretischen Bewußtseins existiert."[24] Das soll nicht bedeuten, dass es danach keine Kunst mehr gibt. Die Kunst sei nur in ein posthistorisches Stadium eingetreten. Während sie sich in ihrer geschichtlichen Zeit fortschrittlich entwickelt habe, sei nun alles möglich geworden: „Sie zerfällt in eine Folge von individuellen Handlungen, die ein bloßes Nacheinander ist."[25]

Das aber hat Auswirkungen auf die Kunstwelt. Hatte es, wie Danto indirekt einräumte, in der historischen Zeit noch der Institutionen bedurft, um über den Fortschritt der Kunst zu befinden, so sollen diese in der nachhistorischen Zeit immer überflüssiger werden: „Die Institutionen der Kunstwelt – die Galerien, die Sammler, die Ausstellungen, der Journalismus –, die auf der Geschichte basieren und daher bestimmen müssen, was jeweils neu ist, werden nach und nach verschwinden."[26] Was bleibt, ist natürlich die Kunstphilosophie; und so ist es nachvollziehbar, dass Danto am Atmosphärenbegriff festhielt, um die Kunstwelt im Sinne einer „Theorieatmosphäre" zu umschreiben.[27] Offenbar schien der Atmosphärenbegriff dem Weltgeist eher zu konvenieren als die Begrifflichkeit der Soziologie.

Doch wie so oft trügt der Schein. Studien zur historischen Semantik zeigen, dass gerade der Atmosphärenbegriff in einem engen Zusammenhang steht mit Begriffen, die eine Karriere in der Soziologie gemacht haben. Danto wird mit der Wahl dieses Begriffs die soziologische Dimension der Kunstwelt nicht los, was man – um im Jargon zu bleiben – insofern als eine List der Vernunft interpretieren kann, als seine These vom Verschwinden der Institutionen wenig plausibel ist. Seine Behauptung, dass die Kunstwelt in der „Theorieatmosphäre" der Kunstphilosophie aufgehe, wird schon durch den Umstand widerlegt, dass es eine Kunstphilosophie ohne Kunstphilosophen und die entsprechenden Institutionen nicht geben kann.

Mag sein, dass Danto, wie seinerzeit Hegel, der in Napoleon den Weltgeist zu Pferde sah, in Warhol den Weltgeist zwischen Kisten gesehen hat. Doch hat er es sich (wie Hegel) angelegen sein lassen, seine Ansicht vom Katheder aus zu verbreiten. Dass er sich mit der Zeit verstärkt journalistisch betätigte und Kunstkritiken in Zeitschriften wie *The Nation*, *Artforum*, *Grand Street*, *Modern Painters* und *Times Literary Supplement* verfasste, bedeutet nicht nur, dass er eine Institution mit einer anderen vertauscht hat. Es bedeutet auch, dass er sein wissenschaftliches *detachment* aufgegeben hat und zu einem künstlerischen *engagement* übergegangen ist, das ihn in der Kunstwelt zu einem einflussreichen Kritiker machte. Warum sonst sollte der Kunstphilosoph, der im Ende der Kunst den Anfang der Kunstphilosophie erkannte, auf eine Institution setzen, deren Verschwinden er selbst prognostiziert hat?

Klären wir also zunächst die Soziologie der Kunstwelt, um die Position Dantos besser zu verstehen. Dabei empfiehlt es sich, mit der Semantik des Atmosphärenbegriffs zu beginnen, die uns von selbst in soziologische Gefilde führen wird.

Atmosphäre, Milieu und Feld

Der Begriff Atmosphäre wurde in der Physik des 17. Jahrhunderts aus antikem Wortmaterial geprägt (griech. atmos = Dunst, sowie sphaira = Kugel). Dabei müssen, worauf Leo Spitzer hingewiesen hat, Äther- und Raumvorstellungen der griechischen Antike, die im lateinischen Äquivalent *aer ambiens* aufgehoben das Mittelalter überdauert hatten, als Vorbild gedient haben. Jedenfalls bezeichnete man mit dem Begriff Atmosphäre die den Planeten umgebende Lufthülle: "This 'surrounding air' reminds us of *aer ambiens*."[28] Die Bedeutung von *aer ambiens* sollte aber noch in einem anderen Begriff fortleben, nämlich im Begriff *milieu*, wie er aus einer Übersetzung von Isaac Newtons Begriff *medium* hervorging. Newton hatte diesen Begriff in ziemlich diffuser Weise verwendet, unter anderem als *ambient medium* im Sinne eines umgebenden Elements; und es war eben dieser Sinn, der sich durchsetzte, nachdem Mme de Châtelet Newtons *medium* ins Französische übersetzt hatte, wo es *milieu* heißen und etwas Umgebendes bedeuten sollte: "What was destined to survive, to become so deeply rooted in the language as to continue to put forth new fruit, is the phrase 'milieu ambiant' = the element immediately surrounding a given body."[29]

Die Begriffe Atmosphäre und Milieu bedeuteten also dasselbe, wobei der Milieu-Begriff allgemeiner war, was ihn für andere wissenschaftliche Disziplinen attraktiv machte. Dies gilt zunächst für die Biologie, die ihn sich im 18. Jahrhundert aneignete: "*milieu ambiant* continues to refer to the 'element surrounding a given body' – in biological terms, the *media* in which experiments with bacteria-culture were carried out. But now this 'surrounding element' is that which environs, not an inert substance, as in physics, but a living being; *milieu ambiant* represents the element in which an organism *lives* and upon which it depends for sustenance (...) Thus once the term passes over into the vocabulary of the biologists its reference becomes necessarily enriched."[30] Tatsächlich kam es damit zu einer Bedeutungserweiterung. Nun bezeichnete der Milieu-Begriff nicht mehr nur ein Umgebendes, sondern auch ein Bedingendes.

In dieser erweiterten Bedeutung sollte dieser Begriff dann im Frankreich des 19. Jahrhundert rezipiert werden: zunächst von der Soziologie, was insofern nicht verwundert, als diese neue Disziplin ihre Grundbegriffe in Anlehnung an die Biologie ausbildete. Für Auguste Comte bedeutete Milieu die Gesamtheit aller äußeren Umstände, von denen die Existenz eines Organismus abhängt. Dieses Konzept ließ sich unschwer auf die sozialen Umstände übertragen, in denen der menschliche Organismus lebt – ein Ansatz, der auch Honoré de Balzacs *Comédie Humaine* zugrunde liegt. Dass sich damit das Augenmerk auf den Einfluss des Milieus richtete, ist evident: "once the term is used to refer to the environment of a living being, be it man or beast, there must necessarily be present an emphasis on the determining, conditioning efficacy of the *milieu*, for it is indispensable to the life of the organism."[31] Das wiederum brachte eine Bedeutungsverschiebung mit sich. Hatte Comte dieses Verhältnis als Harmonie konzipiert – "une telle harmonie entre l'être vivant et le milieu correspondant" –, sollte es sich im Zuge der weiteren Rezeption des Milieu-Begriffs immer ungünstiger für den Organismus gestalten. Für den Historiker Hippolyte Taine wurde der Mensch vollkommen vom Milieu determiniert: "the milieu, all-powerful, is represented as mindless of man, who is its finished product, its creature."[32]

Fassen wir zusammen: Durch die Erweiterung der Bedeutung vom nur Umgebenden zum Bedingenden tritt der räumliche Aspekt des Milieu-Begriffs in den Hintergrund und wird von einer kausalen Beziehung überlagert, in der die physikalische Vorstellung des atmosphärischen Drucks übrigens aufgehoben ist. Die Bedeutung dieser Beziehung verschiebt sich mit der Zeit hin zu einem deterministischen Verhältnis, das in den kollektivistischen Ansätzen der Soziologie Blüten getrieben hat, die näher zu betrachten wir uns ersparen wollen.

Allein das Verhältnis, das Danto konstruiert zwischen dem Sprecher, der eine künstlerische Identifikation vornimmt, und der Kunstwelt, die ihn umgeben muss, kann man im Sinne dieser kausalen Beziehung begreifen. Wie wir gesehen haben, ist die Kunstwelt Danto zufolge eine Art Bedingung der Möglichkeit der Identifikation eines Kunstwerks. Die Atmosphäre der Kunstwelt könnte man demzufolge Milieu nennen, was aber insofern kein Gewinn wäre, als der Milieu-Begriff einen

Determinismus befördert, den Danto keineswegs intendiert hat. Glücklicherweise hat die Soziologie seit dem 19. Jahrhundert Fortschritte gemacht. So hat Pierre Bourdieu eine Theorie vorgelegt, die den Milieu-Determinismus überwindet, ohne einem nicht minder problematischen Subjektivismus das Wort zu reden. Bourdieu war mit der Semantik des Milieu-Begriffs vertraut, den er wegen seiner deterministischen Konnotation durch den Begriff des Feldes ersetzte.[33] Gleichzeitig bewahrte er seine Bedeutung des Bedingenden, indem er auf Seiten des Subjekts den Begriff des Habitus einführte und ein komplementäres, ja komplizenhaftes Verhältnis von Feld und Habitus postulierte.

Für Bourdieu wird ein jeder durch die Position geprägt, die er in der sozialen Struktur einnimmt. Durch Sozialisation erwirbt jedes Kind ein „System dauerhafter *Dispositionen*" in Form von Wahrnehmungs-, Denk- und Handlungsschemata, die sich so tief in seinem Körper einnisten, dass sie Sinne, Urteilsvermögen und Verhalten und selbst Sprache, Körperhaltung und Gangart prägen. In diesem inkorporierten Dispositionssystem und durch dieses inkorporierte Dispositionssystem realisiert sich die soziale Struktur und gerinnt zur Dauerhaftigkeit. Insofern ist dieses System „strukturierte Struktur"; aber es ist eben auch „strukturierende Struktur", denn es kann Bourdieu zufolge die Struktur, durch die es selbst geschaffen wurde, seinerseits beeinflussen und modifizieren. Obwohl es durch die Struktur bedingt ist, ist es also nicht determiniert. Dieses System nennt Bourdieu „Habitus".[34] Am dauerhaftesten ist der Habitus unter Bedingungen, die jenen entsprechen, aus denen er selbst hervorgegangen ist. Hingegen wird er sich verändern, wenn die Anspruchslage steigt oder fällt. Bourdieu unterteilt denn auch die soziale Struktur in „Felder", die sich durch verschiedene Praktiken und Institutionen auszeichnen, obwohl doch jedes von ihnen ein „Ensemble objektiver Kräfteverhältnisse" ist, das allen, die es betreten, einen „Zwang" auferlegt.[35]

Ein solches Feld ist Bourdieu zufolge auch der Bereich der Kunst. Damit könnte man den Sprecher, der eine künstlerische Identifikation vornimmt, als unter dem Zwang dieses Feldes stehend begreifen, wobei seine Identifikation nur gelingen wird, wenn er über einen entsprechenden Habitus verfügt, das heißt, wenn er qua Sozialisation in Sachen Kunst hinreichend disponiert ist. Tatsächlich bringt Bourdieu seinen Begriff des Feldes selbst in Verbindung mit Dantos Begriff der Kunstwelt. Dabei bezieht er sich leider nur auf dessen Aufsatz "The Artworld" aus dem Jahre 1964, weshalb es nicht wunder nimmt, dass ihm die Pointe von Dantos Argument entgeht. Bourdieu interpretiert in Dantos Aufsatz eine Position hinein, die der Institutionentheorie Dickies sehr nahe kommt. Danto jedenfalls hat weder 1964 noch später behauptet, „dass der Unterschied zwischen

Gerhard Wagner

Kunstwerken und gewöhnlichen Gegenständen nur in einer Institution beruht, einer 'Kunstwelt' (*art world*) nämlich, die jenen die Anwartschaft auf ästhetische Wahrnehmung verleiht".[36] Bourdieu erlaubt sich sogar den „Spaß", dem „Philosophen" einen leichten Soziologismus vorzuhalten, um ihm im gleichen Atemzug seine soziologische Unbedarftheit zu bescheinigen.[37]

Darüber mag lachen, wer will. Uns interessiert hier lediglich, dass dieser *faux pas* die Adäquanz von Bourdieus Theorie nicht schmälert: Ein „Kunstwerk" sei „eine *Institution*, die gewissermaßen doppelt existiert, in den Dingen und in den Köpfen. Dinglich in Gestalt eines künstlerischen Feldes, eines relativ autonomen sozialen Universums, des Produkts eines langsamen Entstehungsprozesses; in den Köpfen in Form von Einstellungen, die im Zusammenspiel mit der Erfindung des Feldes, dem sie angepaßt sind, sich selbst erfunden haben. Wenn die Dinge und die Einstellungen unmittelbar zusammenstimmen, wenn also das Auge das Produkt des Feldes ist, dem es sich zuwendet, dann scheint dort alles unmittelbar mit Sinn und Wert begabt. (...) Die Erfahrung des Kunstwerks als unmittelbar sinn- und werthaft ist ein Effekt der Übereinstimmung der beiden sich gegenseitig begründenden Seiten derselben historischen Institution: des gebildeten *Habitus* und des künstlerischen Feldes."[38] Diese Komplizenschaft von Habitus und Feld ermöglicht aber nicht nur das Verstehen eines Kunstwerks, sondern sorgt auch dafür, dass die Frage nach der „Grundlage" von Sinn und Wert des Kunstwerks „ganz und gar außergewöhnlich" ist; diese Frage stellt sich nicht, weil diese Grundlage „gewöhnlich für alle, die sich in der Welt der Kultur wie Fische im Wasser bewegen, fraglos gegeben ist (*taken for granted*)"; tatsächlich stellt sie sich erst dann, „wenn eine Erfahrung eintritt, die für einen gebildeten Menschen außergewöhnlich ist".[39] Eine solche außergewöhnliche Erfahrung hat Bourdieu zufolge Danto gemacht, „der nach einem Besuch der Ausstellung von Warhols Brillo-Kartons in der Stable Gallery den willkürlichen Charakter ... des mit der Ausstellung an einem anerkannten und Anerkennung verleihenden Ort durch das Feld durchgesetzten Wertes entdeckt" haben soll.[40]

Was er wirklich entdeckt hat, werden wir sofort klären. Als Fazit halten wir aber zunächst fest, dass sich die Beziehung von Kunstwelt und künstlerischer Identifikation durchaus mit Bourdieus Theorie begreifen lässt. Damit ist die so genannte Atmosphäre der Kunstwelt an die Soziologie angeschlossen, was Danto, wie erinnerlich, völlig fern gelegen hatte. Könnte nun seine Ablehnung damit zu tun haben, dass Danto eingedenk der allseits bekannten Tatsache, dass es in der Soziologie um Dinge wie Macht geht, in sich einen Willen zu ebensolcher entdeckt hatte? Dass es so gewesen sein könnte, ist durchaus plausibel. So zitiert etwa Eckart Britsch einen New Yorker Museumsdirektor, der nicht genannt werden wollte, weil er sich über die Kritiker der dortigen Szene ausließ: „Natürlich behaupten diese Leute, wie etwa Arthur Danto, sie hätten überhaupt keine Macht. Aber da lache ich nur. Sie würden ja gar nicht mitmischen, wenn es nicht darum ginge."[41] Werfen wir also einen näheren Blick in dieses Feld!

Der Kampf um Anerkennung

Felder sind Bourdieu zufolge immer auch „Kampffelder, auf denen um die Wahrung oder Veränderung der Kräfteverhältnisse gerungen wird".[42] Dabei kommen als Kampfmittel verschiedene Kapitalsorten zum Einsatz: nicht nur das ökonomische, sondern auch soziales, kulturelles und symbolisches Kapital.[43] Während das ökonomische Kapital alles umfasst, was in Geld konvertiert oder in Eigentumsrechten institutionalisiert werden kann, ist das soziale Kapital jenes Netzwerk an Beziehungen, mit dessen Unterstützung gerechnet werden kann. Das kulturelle Kapital wiederum umfasst drei Dimensionen: eine objektivierte (Bücher, Gemälde, etc.), eine institutionalisierte (Titel, Positionen, etc.) sowie eine internalisierte Dimension, die sich direkt aus dem Habitus ergibt und sämtliche Fähigkeiten beinhaltet, die man sich durch Bildung einverleiben kann. Das symbolische Kapital kann auf jeder dieser Kapitalsorten beruhen und ist dann deren *„wahrgenommene und als legitim anerkannte Form"*.[44]

Bei diesen Kämpfen geht es ausschließlich um Dinge wie Macht. Insofern gibt die jeweilige Struktur eines Feldes „den *Stand* der Machtverhältnisse zwischen den am Kampf beteiligten Akteuren oder Institutionen wieder bzw., wenn man so will, den *Stand* der Verteilung des spezifischen Kapitals, das im Verlauf früherer Kämpfe akkumuliert wurde und den Verlauf späterer Kämpfe bestimmt. Diese Struktur, die der Ursprung der auf ihre Veränderung abzielenden Strategien ist, steht selber ständig auf dem Spiel: Das Objekt der Kämpfe, die im Feld stattfinden, ist das Monopol auf die für das betreffende Feld charakteristische legitime Gewalt (oder spezifische Autorität), das heißt letzten Endes der Erhalt bzw. die Umwälzung der Verteilungsstruktur des spezifischen Kapitals."[45] In diesem Kampf lassen sich denn auch zwei typische Strategien mitsamt ihrer Träger ausmachen: Die so genannten Orthodoxen, denen es gelungen ist, das spezifische

Kapital weitgehend zu monopolisieren, sind am Erhalt der Struktur interessiert. Die so genannten Häretiker, die weniger spezifisches Kapital aufbieten können, zielen demgegenüber auf die Umwälzung der Struktur.

Bourdieu hat diesen Zusammenhang in zahlreichen empirischen Untersuchungen illustriert, unter anderem auch in Bezug auf das Feld der Kunst, über das er schreibt: „Dass die Geschichte des Feldes die Geschichte des Kampfes um das Monopol auf Durchsetzung legitimer Wahrnehmungs- und Bewertungskategorien ist: diese Aussage ist noch unzureichend; es ist vielmehr der *Kampf* selbst, der die Geschichte des Feldes ausmacht; durch den Kampf tritt es in die Zeit ein. Das Altern der Autoren, Werke oder Schulen ist etwas ganz anderes als ein mechanisches Abgleiten in die Vergangenheit: es wird erzeugt im Kampf zwischen denjenigen, die Epoche gemacht haben und ums Überleben kämpfen, und denjenigen, die ihrerseits nur Epoche machen können, wenn sie diejenigen aufs Altenteil schicken, die Interesse daran haben, die Zeit anzuhalten, den gegenwärtigen Zustand zu verewigen; zwischen den Herrschenden, die mit der Kontinuität, der Identität, der Reproduktion im Bunde stehen, und den Beherrschten, den Neuankömmlingen, denen es um Diskontinuität, Bruch, Differenz, Revolution geht. Epoche machen, das heißt untrennbar damit auch: *eine neue Position* jenseits der etablierten Positionen, vor diesen Positionen, als *Avantgarde* entstehen zu lassen und mit der Einführung der Differenz die Zeit zu schaffen."[46]

Was Bourdieu hier für den Modernismus behauptet, lässt sich auch für die Entstehungsphase des Postmodernismus behaupten, wenn wir Bourdieus Ansatz mit Dantos Argumentation verbinden. Dass der „Tod der Avantgarde"[47], den Marcel Duchamp mit seinen Readymades vorweg genommen haben soll, in der zweiten Hälfte des 20. Jahrhunderts mit den Objekten Warhols eintrat, kann man tatsächlich als Resultat eines Kampfes verstehen. So wie das Kunstfeld durch Kampf in die Zeit eingetreten war, so trat es durch Kampf aus ihr heraus. Das soll nicht heißen, dass es zu existieren aufhörte. Es trat nur aus seiner geschichtlichen Zeit heraus. Das mag der gängigen Vorstellung dialektischer Bewegung widersprechen, die streng genommen zum Stillstand hätte kommen müssen. Aber Duchamps Urinal und Warhols Kisten mussten ja zunächst einmal als Kunst durchgesetzt werden, um an ihrem Beispiel das Ende der Kunst proklamieren und die nachgeschichtliche Zeit des Postmodernismus einläuten zu können.

Dies hat Danto wie kein Zweiter gesehen. Während diese Werke in den Augen anderer in die Sackgasse „Antikunst"[48] führten, erkannte Danto darin die *via regia* der Kunstphilosophie, denn:

„Sie allein kann die Anti-Kunst als Kunst interpretieren."[49] Er verfügte als Philosoph über das kulturelle Kapital, um erstens eine Definition von Kunst zu formulieren, die auch für Duchamp und Warhol galt, und um zweitens eine entsprechende Theorie zu verfassen, die den Postmodernismus als unausweichliche Folge einer Jahrtausende alten Entwicklung erscheinen ließ. Und wie man den Danksagungen seiner Bücher entnehmen kann, verfügte er offensichtlich auch über ein ziemliches soziales Kapital. Mit beiden Kapitalsorten konnte er sich in der Kunstwelt eine Machtposition jenseits der etablierten Positionen erobern – eine Machtposition, die legitim genug zu sein schien, um ihre philosophischen Bewertungskriterien gegen die herrschenden ästhetischen durchsetzen zu können.

Dantos Strategie war häretisch. Er wollte die Definitionsmacht eines Kritikers erlangen, indem er die herrschenden Kritiker verdrängte. Dies gilt hauptsächlich für Clement Greenberg, der maßgeblich an der Durchsetzung des Abstrakten Expressionismus zur führenden Kunstrichtung der 1950er Jahre beteiligt gewesen war[50] und auch nach deren Niedergang Anfang der 1960er Jahre seine Definitionsmacht nicht verlor, ja sogar noch steigerte: „1961 hatte Greenberg ... einen Rang erreicht, von dem herab er sich erlauben konnte, das Gute und das Schlechte in allem zu sehen".[51] Dantos Angriff war frontal, indem er Greenbergs Ästhetik historisierte, um sie als Ausdruck einer vergangenen Epoche einzustufen: „Die Geschichte der abendländischen Kunst teilt sich meines Erachtens nach in zwei Hauptepisoden: die ′vasarische′ und die ′greenbergsche′ Episode."[52] Für die erste Episode stehe die Erzählung Giorgio Vasaris, der eine Entwicklung der Kunst in einer immer besseren Darstellung der Realität erkannt haben soll. Mit dem Film sei das Ende dieser Erzählung gekommen, woraufhin Greenberg eine andere Entwicklungslogik begründet habe: „Greenberg definierte eine neue Erzählung als den Aufstieg zu den Bestimmungsmerkmalen der Kunst, insbesondere den Unterscheidungsmerkmalen der Kunst der Malerei von allen anderen Künsten. Und er entdeckte diese Unterscheidungsmerkmale in den materiellen Bedingungen des jeweiligen Mediums. Greenbergs Erzählung ist profund; sie muß jedoch mit der Pop Art enden, über die er nie anders als abschätzig schreiben konnte."[53]

In dieser Frontstellung gegenüber Greenberg wird erklärlich, warum Danto bei der Definition von Kunst auf der Irrelevanz materieller Kriterien insistierte und diese Irrelevanz dadurch begründete, dass er gebetsmühlenartig behauptete, mit Warhols Brillo Box hätte sich nicht nur eine optische, sondern in der Tat eine materielle Identität von Kunstwerk und alltäglichem Gebrauchsgegenstand ergeben. Zwar konnte Danto die handfesten materiellen Unterschiede nicht leugnen: „Warhols

Schachteln waren aus Sperrholz, die anderen aus Karton." Doch wollte er darüber partout hinwegsehen: „Was auch immer der Unterschied sein mag, er konnte nicht in dem bestehen, was dem Kunstwerk und dem ununterscheidbaren realen Ding gemeinsam war – also nicht in etwas Materiellem und der direkten vergleichenden Beobachtung Zugänglichem."[54] Dies brachte Danto auf genau die Frage, die Greenberg nicht beantworten konnte, sodass Danto Anspruch auf das Definitionsmonopol in Sachen Pop Art erhob: „Worin besteht der Unterschied zwischen einem Kunstwerk und etwas, das kein Kunstwerk ist, wenn beide genau gleich aussehen?"[55]

Der leere Raum

Nun ist es eine Sache, eine solche Frage zu formulieren und seinem Stolz darüber Ausdruck zu verleihen, einen Artikel über Warhols Objekte im *Journal of Philosophy* publiziert zu haben, lange bevor sich die Hochglanzmagazine der Kunstwelt mit ihnen befassen sollten.[56] Eine andere Sache ist es indes, diese Frage als Warhols ureigenstes Problem auszugeben: "That was Warhol's marvelous question: Why was *Brillo Box* a work of art when the ordinary boxes of Brillo were merely boxes of Brillo?"[57] Diese Zuschreibung ist insofern sehr prekär, als Warhol selbst eine Lesart seiner Kunst vorgelegt hat, die durchaus philosophisch ist, Dantos Interpretation jedoch widerspricht.

Offenbar hat Danto Warhol verkannt; wegen seines Willens zur Macht wollte er ihn vielleicht sogar missverstehen. Jedenfalls behauptete er, dass Warhol die Metaphernstruktur eines jeden Kunstwerks aufgedeckt hätte, indem er den Brillo Karton *als* Kunstwerk präsentierte; indem er, mit anderen Worten, einen Gebrauchsgegenstand bzw. eine Ware *als* Kunst ausstellte und dadurch etwas Gewöhnliches verklärte. Liest man Warhols *Die Philosophie des Andy Warhol von A bis B und zurück* von 1975 sowie sein *POPism* von 1981, sieht die Sache anders aus. Dann liegt die umgekehrte Annahme nahe, die bereits Helmut Draxler ins Auge gefasst hat, dass nämlich Warhol etwas Verklärtes vergewöhnlichte.[58] Hat er nicht eher die Kunst banalisiert, indem er sie als Ware präsentierte?

Danto ist das Banale nicht verborgen geblieben: "In the early 1960s it was universally assumed that art must be something exalted and arcane, which put one in touch with a reality no less arcane and exalted. The reality on which Warhol's art verged was neither arcane nor exalted: it was banal."[59] Danto ist diesem Aspekt allerdings nicht nachgegangen, wie er es auch versäumt hat, Warhols Bücher zu studieren. Einerseits pries er zwar die philosophische Qualität dieser Texte, deren Stil ihn an Nietzsches Aphorismen erinnerte.[60] Andererseits wollte er sich damit aber nicht auseinander setzen, sondern sich auf Warhols Objekte konzentrieren.[61] Diese Entscheidung, nur Warhols Objekte zu berücksichtigen, ist an sich schon seltsam genug, wo es doch um Philosophie geht und Philosophie es für gewöhnlich mit Texten zu tun hat. Sie wirkt noch seltsamer, wenn man bedenkt, dass es in den Büchern Warhols mehr als nur kontingente Berührungspunkte zwischen seinen Ausführungen und der Philosophie Dantos gibt. Beide Autoren verwenden dieselbe Begrifflichkeit. Hätte es Danto nicht interessieren müssen, warum Warhol ein Kapitel seiner *Philosophie* mit dem Begriff „Atmosphäre" überschreibt?

Unsere begriffsgeschichtliche Rekonstruktion des Konzepts der Atmosphäre hatte uns zunächst mit der neuzeitlichen Physik im Allgemeinen und mit der Newtonschen im Besonderen in Berührung gebracht. Auch Warhol bezieht sich offensichtlich auf den Newtonschen Raumbegriff, denn er beginnt sein „Atmosphäre" genanntes Kapitel nicht nur mit Reflexionen über „den *einen Raum*", sondern kommt dabei auch in bemerkenswerter Weise auf die Vorstellung des „leeren Raumes" zu sprechen, die Newton gegen Bernoulli, Descartes, Huygens und Leibniz in die Physik eingeführt hatte: „Wirklich reich ist man, glaube ich, wenn man einen Raum hat. Einen großen leeren Raum. *Ich glaube wirklich an leere Räume*, obwohl ich als Künstler viel Müll produziere. Ein leerer Raum ist nie-vergeudeter Raum. Ein vergeudeter Raum ist jeder Raum, in dem Kunst ist."[62]

Ebenso wie für Newton ist der leere Raum für Warhol zunächst etwas, das etwas anderes enthalten kann. Dass er ihm zu einer Idealvorstellung gerät, die er nicht nur mit Reichtum, sondern auch mit Kunst assoziieren kann, wird durch jene halbherzige Säkularisierung ermöglicht, mit deren Hilfe sich die seit dem 17. Jahrhundert aufstrebende bürgerliche Gesellschaft ihre Identität als „Eigentumsmarktgesellschaft" versüßte.[63] Während das antike und mittelalterliche Denken die Erde als Zentrum einer kosmischen Ordnung begreifen konnte, die selbst als Ausdruck einer höheren, transzendenten Ordnung gedacht wurde, musste das neuzeitliche Denken nicht nur die Kränkung der Dezentrierung der Erde verwinden, sondern auch den Verlust der Transzendenz. Hierzu hat Newton einen wichtigen Beitrag geleistet. Obwohl er an der Existenz Gottes festhielt, beschränkte er dessen Funktion darauf, den leeren Raum, der alles enthalten sollte, aus sich emanieren zu lassen. Wie schon die Atmosphäre konzipierte er den leeren Raum als „Medium", das er seiner weitaus geringeren Dichte wegen allerdings nicht im Sinne eines materiellen, sondern eines „immateriellen Äthers" begreifen wollte.⁶⁴ In diesem nunmehr entzauberten Kosmos bot sich der leere Raum als eine buchstäbliche „Leerstelle" an, die man nicht nur in der natürlichen, sondern auch in der sozialen Dimension mit säkularen Ordnungsvorstellungen besetzen konnte. Während die einen in der Natur Gesetze erkannten, die dem Kosmos eine harmonische Ordnung gaben,⁶⁵ übertrugen die anderen diese Ordnungsvorstellung aus dem Bereich der Natur in den der Gesellschaft.⁶⁶ Die Theoretiker der bürgerlichen Gesellschaft besetzten die „Leerstelle" mit ihrer Vorstellung des sich selbst regulierenden Marktes, wobei sie der Kunst die Funktion zuwiesen, an die verlorene Transzendenz zu erinnern. Die Kunst sollte auf ein Jenseits des „Preislichen" verweisen, um die bürgerliche Existenz ins „Gefühlvoll-Ganzheitliche" abzurunden.

Als „ästhetischer Sonntag" des werktäglichen *Enrichissez vous!* konstituierte die Kunst denn auch zusehends eine „Sphäre des Außerpreislichen" und „laugte sich an mit den Kriterien des Humanen und Sittlichen, zeugte im Schein des Augenblicks vom fernen Glanz der Einheit des Wahren, Schönen und Guten, bürgte für Qualität im Reich der schrankenlosen Quantitäten und profilierte sich mithin als Wert an sich, nicht als Wert für sich, der in irgendeinem Preis sein Äquivalent finden könnte."⁶⁷ Diese Sphäre des Außerpreislichen ist in der bereits zitierten These Dantos gemeint: "In the early 1960s it was universally assumed that art must be something exalted and arcane, which put one in touch with a reality no less arcane and exalted."⁶⁸ Folgen wir seiner Argumention, besteht die Genialität Warhols darin, es fertig gebracht zu haben, so etwas Gewöhnliches wie die Brillo-Kartons zu verklären und in die Kunstwelt genannte Sphäre außerpreislicher Transzendenz zu überführen. Danto hat ja seine Vorstellung von Verklärung des öfteren sogar mit dem Religiösen assoziiert: „Verklärung ist ein religiöser Begriff. Er bedeutet Verehrung des Gewöhnlichen. (...) Es will mir nun scheinen, als habe die Pop Art ihre Beliebtheit nicht zuletzt der Tatsache zu verdanken gehabt, dass sie solche Dinge oder Gattungen von Dingen verklärte, die den Menschen am meisten bedeuteten, und sie somit zu Gegenständen der Hochkultur erhob."⁶⁹

Es wäre zu prüfen, wieviel die Brillo-Kartons den Amerikanern wirklich bedeuteten, was wir uns schenken können, denn Warhol selbst widerspricht Danto. Wenn er in seiner Notiz zum leeren Raum betont, dass die Kunst – seine eigene nicht ausgenommen – den Raum vergeudet, dann meint er damit das, was er zuvor als „die Kunst" von „*Busineß-Kunst*" unterschieden hatte und später „Kunst-Kunst" nennen sollte.⁷⁰ In der Tat fügt er jetzt hinzu: „Es ist viel besser, Busineß-Kunst zu machen als Kunst-Kunst, weil die Kunst-Kunst dem Raum, den sie einnimmt, keinen

Nutzen bringt, während das bei der Busineß-Kunst der Fall ist."[71] Im Unterschied zur Kunst-Kunst, die ohne Rücksicht auf den leeren Raum einfach nur in ihm geschieht, bringt die Business-Kunst den leeren Raum zur Geltung, was freilich nur bedeuten kann, dass sie ihn als etwas ausweist, wo sich Kauf und Verkauf vollziehen: mithin als Markt.

Wenn Philosophieren bedeutet, die eigene Zeit in Gedanken zu fassen, darf man Warhol als einen Philosophen bezeichnen. Und wenn er schon ein Genie gewesen sein soll, dann deshalb, weil er in dieser seiner Zeit, in der der Markt zur allumfassenden, massenmedial vermittelten Massenproduktion und -konsumption fortgeschritten war, dessen Gesetzmäßigkeit konsequent zu Ende dachte, indem er auch noch die Sphäre des Außerpreislichen der Welt der Waren einverleibte und sie insofern vergewöhnlichte: „Der ständigen Reproduktion von Waren, Nachrichten und Stars entspricht die Banalisierung der Kunst. Sie ist denselben Mechanismen ausgeliefert, und nur darin kann sie mehr wirklich werden. Nicht als Wiederholung eines Originals, sondern ohne jeden Ursprung, als echte Kunst im Zeitalter ihrer technischen Reproduzierbarkeit. Banalisierung ist das antiromantische Realitätsgebot der Stunde, das alle heroischen Ansprüche durch provokative Nachbildungen von Waren (nicht durch wirkliche Ready Mades) unterwandert. Es sind Ready Mades zur Potenz. Nicht einmal als Waren sind sie echt."[72]

Anders als Danto nicht müde wird zu behaupten, ist Warhols „Brillo Box" *nicht* identisch mit den gleichnamigen Kartons in den Supermärkten. Dann hätte Warhol ja gleich Kartons aus dem Supermarkt holen können, um sie zu verklären. Das hat er aber nicht getan, sondern Kisten aus Holz gezimmert, in denen sich im Übrigen die Leere des Raumes wiederholt. Damit machte er eine neue Gleichung auf, nämlich die „Gleichung Kunst = Ware"; wenn man so will, kann man darin den „aufklärerischen Kern" seines Schaffens der 1960er Jahre erkennen.[73] Jedenfalls wird auf dieser Folie seine Behauptung verständlich: „Ein gutes ‚Busineß' ist die faszinierendste Kunst überhaupt."[74]

Wie es eigentlich gewesen ist, wird man freilich erst erfahren, wenn man die Struktur der New Yorker Kunstszene in der zweiten Hälfte des 20. Jahrhunderts mit kunstsoziologischen Mitteln analysiert. Dafür bietet Bourdieus Theorie eine erste Basis, zumal Bourdieu den Feldbegriff aus Newtons Physik ableitet.[75] Auf dieser Grundlage ließe sich ein ähnliches Buch über Danto schreiben, wie jenes, das Wolf Lepenies über den französischen Kunstkritiker Charles-Augustin Sainte-Beuve geschrieben hat und das den Titel *Sainte-Beuve. Auf der Schwelle zur Moderne* trägt.[76] Danto stand auf der Schwelle zur Postmoderne, und er hat nicht gezögert, sie zu überschreiten.

Anmerkungen

1. Für Anregungen und Kritik danke ich Rainer Goetz, Stefan Graupner, Annette Grigoleit, Anna Maria Hess und Guy Oakes. Paul Djakowski danke ich für die Zubereitung von zehn Dosen Campbell's Tomato Soup während des Seminars „Kunstsoziologie" im Sommersemester 2003 an der Universität Würzburg, ohne deren Verzehr wir Warhol wahrscheinlich nie verstanden hätten.
2. Arthur C. Danto, The Artworld, in: *Journal of Philosophy* 61, 1964, S. 571-584
3. Ebd., S. 577
4. Ebd., S. 580
5. Ebd., S. 581
6. Vgl. seine rückblickende Bemerkung in Arthur C. Danto, Warhol and the Politics of Prints, S. 376-384 in: ders., *The Madonna of the Future. Essays in a Pluralistic Art World*. New York: Farrar, Straus and Giroux 2000, hier S. 384: "My only actual memories of Warhol are from scenes like those at the Feldman gallery in Soho in 1981, where Andy roamed the margins. I congratulated him and we shook hands, and he signed one of the invitations for my then new wife. I never introduced myself, nor explained why I thought him a great artist. We lived in worlds which really only touched at the margins."
7. George Dickie, *Art and the Aesthetic: An Institutional Analysis*. Ithaca: Cornell University Press 1974. Vgl. auch die Kritik an Danto von George Dickie, A Tale of Two Artworlds, S. 73-78 in: Mark Rollins (Hg.), *Danto and His Critics*. Oxford: Blackwell 1993
8. Arthur C. Danto, *Die Verklärung des Gewöhnlichen. Eine Philosophie der Kunst*. Frankfurt am Main: Suhrkamp 1984, S. 89
9. Ebd., S. 315
10. Arthur C. Danto, Warhol, S. 334-342 in: ders., *Reiz und Reflexion*. München: Fink 1994, hier S. 337-338
11. Danto, *Die Verklärung des Gewöhnlichen*, S. 253
12. Ebd., S. 255
13. Ebd., S. 255
14. Ebd., S. 264 u. 255
15. Ebd., S. 256
16. Ebd., S. 314
17. Ebd., S. 207
18. Dantos Theorie wurde denn auch überwiegend von Ästhetikern rezipiert. Vgl. die Beiträge in Mark Rollins (Hg.), *Danto and His Critics*. Oxford: Blackwell 1993; Arto Haapala, Jerrold Levinson und Veikko Rantala (Hg.), *The End of Art and Beyond*. Atlantic Highlands: Humanities Press 1997; David Carrier (Hg.), Danto and His Critics. Art History, Historiography and After the End of Art, in: *History and Theory* 37, 1998, S. 1-143
19. Danto, *Die Verklärung des Gewöhnlichen*, S. 12-13
20. Danto, Warhol, S. 335
21. Arthur C. Danto, The Philosopher as Andy Warhol, S. 73-90 in: *The Andy Warhol Museum*. New York: Distributed Art Publishers 1994, hier S. 74
22. Arthur C. Danto, Die philosophische Entmündigung der Kunst, S. 23-43 in: ders., *Die philosophische Entmündigung der Kunst*. München: Fink 1993, hier S. 37-38. Vgl. hierzu kritisch Robert Kudielka, Die Befreiung der Kunst von der Kunst. Arthur C. Danto und das Happy End des philosophischen Bildungsromans, in: *Deutsche Zeitschrift für Philosophie* 45, 1997, S. 765-771. Zu Hegel vgl. Willi Oelmüller, Hegels Satz vom Ende der Kunst und das Problem der Philosophie der Kunst nach Hegel, in: *Philosophisches Jahrbuch* 73, 1965/66, S. 75-94
23. Arthur C. Danto, Das Ende der Kunst, S. 109-145 in: ders., *Die philosophische Entmündigung der Kunst*. München: Fink 1993, hier S. 137

24 Ebd., S. 140-141
25 Ebd., S. 133
26 Ebd., S. 145
27 Arthur C. Danto, *Die Verklärung des Gewöhnlichen*, S. 88
28 Leo Spitzer, Milieu and Ambiance: An Essay in Historical Semantics, in: *Philosophy and Phenomenoligal Research* 3, 1942/43, S. 1-42 u. 169-218, hier S. 188
29 Ebd., S. 173
30 Ebd., S. 175
31 Ebd., S. 177
32 Ebd., S. 177
33 Pierre Bourdieu, *Die Regeln der Kunst. Genese und Struktur des literarischen Feldes*. Frankfurt am Main: Suhrkamp 2001, S. 29
34 Pierre Bourdieu, *Entwurf einer Theorie der Praxis auf der ethnologischen Grundlage der kabylischen Gesellschaft*. Frankfurt am Main: Suhrkamp 1976, S. 165
35 Pierre Bourdieu, *Sozialer Raum und „Klassen". Leçon sur la leçon*. Frankfurt am Main: Suhrkamp 1985, S. 10
36 Pierre Bourdieu, *Die Regeln der Kunst*, S. 452
37 Ebd., S. 452-453
38 Ebd., S. 454-455
39 Ebd., S. 454
40 Ebd., S. 454-455
41 Eckart Britsch, Snap, Crackle, Pop. Die Kunststadt New York, in: *Kursbuch* 99: Kunst-Betrieb, 1990, S. 47-56, hier S. 52
42 Ebd., S. 74
43 Pierre Bourdieu, Ökonomisches Kapital, kulturelles Kapital, soziales Kapital, S. 183-198 in: Reinhard Kreckel (Hg.), *Soziale Ungleichheiten (Soziale Welt, Sonderbd. 2)*. Göttingen: Schwartz 1983
44 Pierre Bourdieu, *Sozialer Raum und „Klassen"*, S. 11
45 Pierre Bourdieu, Über einige Eigenschaften von Feldern, S. 107-114 in: ders., *Soziologische Fragen*. Frankfurt am Main: Suhrkamp 1993, hier S. 108
46 Pierre Bourdieu, *Die Regeln der Kunst*, S. 253
47 Eric Hobsbawm, Der Tod der Avantgarde: Die Künste nach 1950, S. 618-644 in: ders., *Das Zeitalter der Extreme. Weltgeschichte des 20. Jahrhunderts*. München: Deutscher Taschenbuch Verlag 1999
48 Ebd., S. 636
49 Karl Markus Michel, Heiliger Lukas! Kritik der Kunstkritik, in: *Kursbuch* 99: Kunstbetrieb, 1990, S. 129-154, hier S. 143
50 Vgl. Clement Greenberg, *Die Essenz der Moderne. Ausgewählte Essays und Kritiken*. Dresden: Verlag der Kunst 1997; vgl. auch Serge Guilbaut, *Wie New York die Idee der modernen Kunst gestohlen hat. Abstrakter Expressionismus, Freiheit und Kalter Krieg*. Dresden: Verlag der Kunst 1997
51 Arthur C. Danto, Pop Art und vergangene Zukunft, S. 159-178 in: ders., *Das Fortleben der Kunst*. München: Fink 2000, hier S. 163-164. Vgl. hierzu auch Arthur C. Danto, Die Moderne und die Kritik der reinen Kunst: die Geschichtssicht Clement Greenbergs, S. 93-113 in: ders., *Das Fortleben der Kunst*. München: Fink 2000
52 Danto, Pop Art und die vergangene Zukunft, S. 169.
53 Ebd., S. 169. Zur Überprüfung von Dantos These einer Greenbergschen Erzählung müsste berücksichtigt werden die Analyse von Monika Wagner, *Das Material der Kunst. Eine andere Geschichte der Moderne*. München: Beck 2002
54 Danto, *Die Verklärung des Gewöhnlichen*, S. 11-12
55 Danto, Pop Art und die vergangene Zukunft, S. 168
56 Ebd., S. 167
57 Danto, The Philosopher as Andy Warhol, S. 82
58 Helmut Draxler, MarktMoral. Über die Listen der Selbstbehauptung, in: *Kunstforum international* 104, 1989, S. 94-104
59 Danto, The Philosopher as Andy Warhol, S. 76
60 Ebd., S. 74: „The 1975 text, as well as its pendant volume, *POPism: The Warhol'60s*, sparkle with conceptual

observations and wit, put forth in the most piquant aphoristic language."

61 Ebd., S. 74: "I refer to the very art that Warhol's critics saw as mindless and meretricious. Indeed, it is my opinion that it was among Warhol's chief contributions to the history of art that he brought artistic practice to a level of philosophical self-consciousness never before attained."

62 Andy Warhol, *Die Philosophie des Andy Warhol von A bis B und zurück*. München: Droemersche Verlagsgesellschaft 1991, S. 139-140

63 C.B. Macpherson, *Die politische Theorie des Besitzindividualismus. Von Hobbes bis Locke*. Frankfurt am Main: Suhrkamp 1973, S. 202

64 Panajotis Kondylis, *Die Aufklärung im Rahmen des neuzeitlichen Rationalismus*. München: Deutscher Taschenbuch Verlag 1986, S. 219

65 Vgl. Alexandre Koyré, *Newtonian Studies*. London: Chapman & Hall 1965, S. 14-15: "The Newtonian world is chiefly composed of void. It is an infinite void, and only a very small part of it – an infinitesimal part – is filled up, or occupied, by matter, by bodies which, indifferent and unattached, move freely and perfectly unhampered in – and through – that boundless and bottomless abyss. And yet it is a world and not a chaotic congeries of isolated and mutually alien particles. This, because all of these are bound together by a very simple mathematical law of connection and integration – the law of attraction – according to which *every one of them is related to and united with every other*. Thus each one takes its part and plays its role in the building of the *systema mundi*."

66 Vgl. Reinhart Koselleck, *Kritik und Krise. Eine Studie zur Pathogenese der bürgerlichen Welt*. Frankfurt am Main: Suhrkamp 1973, S. 109, die insbesondere auf die Bedeutung hinweist, die bei dieser Übertragung die Freimaurerei spielte: „Die mathematisch und mechanistisch konstruierte Harmonie der Natur sickerte durch die moralische Harmonie der geometrisch geschulten Maurer in den Raum der menschlichen Geschichte ein."

67 Helmut Draxler, MarktMoral, S. 94 u. 104

68 Arthur C. Danto, The Philosopher as Andy Warhol, S. 76

69 Arthur C. Danto, Pop Art und vergangene Zukunft, S. 173; vgl. auch Danto, *Die Verklärung des Gewöhnlichen*, S. 193-195

70 Warhol, *Die Philosophie des Andy Warhol von A bis B und zurück*, S. 92

71 Ebd., S. 140

72 Helmut Draxler, MarktMoral, S. 103

73 Ebd., S. 103

74 Andy Warhol, *Die Philosophie des Andy Warhol von A bis B und zurück*, S. 92

75 Vgl. Pierre Bourdieu, *Die Regeln der Kunst*, S. 29. Natürlich bleibt zu klären, ob Bourdieus an Newton orientierter Feldbegriff durch die auf Newton folgenden Erkenntnisse in der Physik nachgebessert werden muss

76 Wolf Lepenies, *Sainte-Beuve. Auf der Schwelle zur Moderne*. München: Deutscher Taschenbuch Verlag 2000

Inszenierte Authentizität   Klaas Huizing
Der Tru(e)man der Mediengesellschaft

Jesus als inkarnierte Liebesatmosphäre

Der Atmosphären-Begriff gehörte bisher nicht zu den diskurstragenden Schlagworten der Theologie oder Religionswissenschaft, tauchte allerdings immer wieder in kult- oder ritual-logischen Zusammenhängen auf. Der ungarische Religionswissenschaftler KÁROLY KERÉNYI etwa bestimmte heilige Spiele durch den Begriff der „festlichen Atmosphäre", die zwischen „Ernstem und Spielerischem, streng Gebundenem und willkürlich Freiem schwebt" (zitiert nach Adolf E. Jensen, Mythos und Kult bei den Naturvölkern, Wiesbaden 1951, S. 69) – die Ernsthaftigkeit bezieht sich auf das neue Verhältnis zur Wirklichkeit, das Festlichkeitsgefühl ist die Bedingung für schöpferische Vorgänge und speist ihre Kraft aus der Reinszenierung einer urphänomenalen Ergriffenheit.

Über den Begriff der Ergriffenheit lässt sich der Atmosphären-Begriff ausgezeichnet in die (christliche) Theologie einspeisen. Die christlichen Urschriftsteller (vulgo: die Evangelisten) griffen zur Feder, weil sie ergriffen waren von dem Eindruck, den die Person des JESUS VON NAZARET gemacht hat. Bisher dienten die Begriffe Aura oder Charisma dazu, diese Ergriffenheit näher zu beschreiben. Hermann Schmitz hat vorgeschlagen, Jesus Christus als personale Inkarnation der Liebesatmosphäre zu begreifen, die den Menschen mit unbedingtem Ernst angehe (SCHMITZ, Der unerschöpfliche Gegenstand, 1990, S. 446; Schmitz unterschätzt dabei das Spielerische im Prozess der Anverwandlung dieser Atmosphäre!).

Spannend ist die Frage, wie sich die inkarnierte Liebesatmosphäre zeigt und eine emotionale Vergemeinschaftung leistet. Nun wissen wir nicht, wie Jesus etwa ausgesehen hat, und doch hat es immer wieder Versuche gegeben, ein Porträt Jesu zu entwerfen, das idealtypisch Liebe ausdrückt. Die Eindrucksmächtigkeit von Personen wurde vor allem im 18. Jahrhundert durch zwei (auf den ersten Blick) konkurrierende ästhetische Semiotiken erkundet, durch die Physiognomik und Pathognomik. Der Schweizer Pfarrer JOHANN KASPAR LAVATER (er entwarf auch ein idealtypisches Christusbild) orientierte sich an den festen Formen eines Gesichts, die er als definitiven Ausdruck eines Innern glaubte dechiffrieren zu können – ein attraktives Modell auch heute noch für breite Leserschichten: Die BILD-Zeitung, außerordentliches Entspannungsmedium in einer angespannten Zeit, hat den Lesern das Ausdrucksverstehen dramatisch vereinfacht. Und zwar am Beispiel von Boris Becker. „Der Fall Boris und die Frage: Kann man Untreue sehen? Ja, z.B. an den Ohrläppchen." BILD DIR DEINE MEINUNG. So geschehen am 23. Januar 2001 auf Seite neun. Ein gewisser Dr. Peter Breidenbach (43) und Prof. Dr. Kurt Tepperwein (68) geben sich als Fachmänner für Physiognomik zu erkennen, jener Pseudo-Wissenschaft, die behauptet, Charaktereigenschaften an äußeren Gesichtsmerkmalen ablesen zu können. Zwei Beispiele: „Große Ohrläppchen: Starkes Sexleben, große Potenz. Stark nach außen gewölbter Ohrbogen: Egoist." Rückfrage: Lässt sich durch eine kosmetische Operation der Egoismus bekämpfen und die Potenz viagrafrei steigern? „Runde Nasenspitze. Seine Nase verrät es. Boris ist ein Mensch, der jede Art von Genuss liebt. Das Essen, gute Gespräche – und ganz besonders sexuelle Genüsse." Rückfrage: Gilt dieses Merkmal auch für Frauen? Lässt sich der Härtegrad der Verwöhntheit an der Nasenspitze ablesen? Kann ich also künftig stressfrei zwischen verwöhnten und weniger verwöhnten Nasen wählen?

Komplexitätsreduktion ist ein herrliches Geschäft. Und soziologisch kann man die Sehnsucht danach durchaus verstehen. Wir stehen in einem hermeneutischen Dauerstress. Die individuellen Selbstverständigungsprozesse sind angesichts der angebotenen Pluralität von Lebensstilen, der Unterspülung von übergeordneten Sinnzusammenhängen, der nachlassenden Bindungskraft von Institutionen (auch Kirchen), der zunehmenden Patchwork-Identitätsbildung durch entstandardisierte Lebensläufe nur noch mit viel Mühe zu bewältigen. Wen wundert es da, wenn Angebote gemacht werden, die Kompliziertheit unserer Deutungsprozesse radikal zu vereinfachen.

Die pathognomische ästhetische Lesekunst will dagegen das Innere an den bewegten Ausdrucksmodi deuten, Lichtenberg und Engel waren erste Wegbereiter. Wegweisend sind die Arbeiten von ABY WARBURG gewesen, der den Körper als Medium religiöser oder sozialer Botschaften verstand. Zeitlebens untersuchte er Gesten, Gebärden, Haltungen als Bedeutungsträger (Pathosformeln), die eine emotionale Vergemeinschaftung leisten sollen. Vorbildlich sind seine Forschungen auch deshalb, weil Warburg auf die Ausdrucksthese, dass sich also im Äußeren das Innere ausdrückt, weitgehend verzichtet. (Noch DILTHEYS Ausdruckshermeneutik, eine, das wird beinahe immer übersehen, Urbanisierung der alten Physiognomik, ringt mit diesem Problem.)

Spätestens die Einsicht in die unhintergehbare inszenatorische Qualität von Gesten (ALTHOFF) drängt dazu, die Physiognomik oder allgemeiner die Ausdruckskunde, wie Böhme vorgeschlagen hat, als Eindruckskunde zu reformulieren.

Für den Protestantismus bedeutet diese schwache Lesart eine Aufgabe liebgewonnener Forschungen. ALTHOFF vermutet, dass die Reformation in ihrem anti-ritualistischen Gestus (und die Aufklärung in ihrem Streit gegen den ‚leeren Schein', den Wandel) von den im Mittelalter üblichen aufgeführten zu den echten Emotionen vorangetrieben hat, gibt allerdings treffend zu bedenken: „Im Mittelalter wie heute dürften ‚aufgeführte' Emotionen Wirkungen entfalten, die sie zumindest partiell zu ‚echten' werden lassen. Und auch echte Emotionen kommen ohne die Ausdrucksmittel vorangegangener Aufführungen nicht aus." (ebd.) Immer wieder hat der Protestantismus um die Authentizität der Gefühle – exemplarisch im Bekehrungserlebnis der Pietisten – gerungen.

Nicht von ungefähr hat die Deutsche Forschungsgemeinschaft (DFG) im Jahre 1995 das Projekt „Theatralität. Theater als kulturelles Modell in den Kulturwissenschaften" auf den Weg gebracht. ERIKA FISCHER-LICHTE schreibt in der Einleitung zu dem von ihr herausgegebenen gleichnamigen Sammelband treffend, dass sich unsere Kultur verstärkt „nicht mehr in Werken, sondern in theatralen Prozessen der Inszenierung und Darstellung" (S. 11, 2000) konstituiert. Aufregend ist die weitere These: Authentizität und Wahrheit werde „nur in und durch Inszenierung" (ebd.) zugänglich.

Wie aber werden die Erlebnisse vermittelt? Die aufgelesene ritual-logische Debatte bleibt in dieser Hinsicht unbefriedigend. SCHMITZ ist es gewesen, der die leibliche Kommunikation mit der Umwelt sehr viel genauer begrifflich gefasst hat. Ich will diesen Theorieansatz für eine leibliche Kommunikation mit der medialen Umwelt übersetzen.

Zunächst aber SCHMITZ. Gegenstände der Wahrnehmung – hier in einem weiten Sinne gefasst – laden durch bestimmte Linien und Formen zu einer leiblichen Bewegung ein. SCHMITZ nennt sie Gestaltverläufe oder Bewegungssuggestionen. Musik etwa fährt sprichwörtlich in die Glieder, zeichnet einzelne Bewegungen vor, in denen der Leib sich einschmiegen kann. Dieser Schwung kann sich auch in den Bögen und Schwingungen barocker Kirchen abspiegeln oder in der Gebärde und Geste eines Menschen.

Als zweite Anmutung nennt Schmitz die Synästhesien. Wenn ich recht sehe, meint SCHMITZ damit, dass der Gegenstand der Wahrnehmung anfänglich nicht eine Aufspaltung in einzelne Sinnesbereiche zulässt, in Gerüche, Tasteindrücke, Farben, sondern gleichsam als atmosphärischer

Totaleindruck mitgeteilt wird. Wenn ein Leib etwa eine Situation als knisternd erspürt und sich zusammenzieht, dann ist das ein Gesamteindruck, der später an einzelnen Eindrücken festgemacht werden kann: die erhitzte Gesichtsfarbe eines Protagonisten, die nicht zum Lächeln passt, der schwitzige Händedruck etc.

Die Anmutungscharaktere der Bewegungssuggestion und der Synästhesien scheinen mir bestens geeignet, im Medienumgang (wie schon im Textumgang) eine erste Atmosphärenübertragung zu beschreiben, die verändert. In meinem medienästhetischen Diskurs kommen beide Begriffe in einer Hermeneutik der Gesten zum Einsatz. Die Bewegungssuggestionen konzentrieren sich auf die (choreographierten, auch architektonisch versteinerten) Gesten, die zu einem leiblichen Nachspielen einladen. Synästhesien untersuchen den Gesamteindruck einer Atmosphäre, die sich häufig in einzelnen Gesten verdichtet.

Inkarnierte Atmosphären, so meine These, verdichten sich in Gesten. Die Liebesatmosphäre verdichtet sich im ‚Kanon' solidarischer Gesten, die biblisch vor allem an den Gleichnissen studiert und eingebildet werden können.

In der Spur Aby Warburgs frage ich nun, wie die Gesten weiter tradiert werden. Mich interessiert dabei besonders, wie die Gesten in den neuen Medien Gestalt finden. Ich will die Frage konkretisieren an einem Film, der das Thema der Authentizität von Gefühlen und Gesten inszeniert.

Die Legende vom True Man – Der Ausbruch aus dem Paradies

Legenden-Bildung. Truman Burbank (JIM CARREY) ist ein Tor, ein Narr, ein Simpel und, wie zu zeigen, ein Wahlverwandter von Forrest Gump. Und ebenso aufrecht. Echt. Unschuldig. Soll man sagen authentisch? Man kann diesen Film lesen als Beleg für die Möglichkeit inszenierter Authentizität. Doch der Reihe nach.

Ein kleines Vorspiel: Wir sehen den Regisseur/Supervisor/Mastermind Christof (ED HARRIS), der mit dem Gestus eines Fernsehpredigers sagt: „Wir finden es langweilig, wenn uns Schauspieler falsche Gefühle vermitteln (sic!); das gilt auch für die Pyrotechnik und die Spezialeffekte. Während die Welt, die er bewohnt natürlich in gewisser Weise gefälscht ist, ist absolut nichts Gefälschtes an Truman selbst, keine Drehbücher, keine Texthilfe. Es ist nicht immer Shakespeare, aber es ist echt! Es ist das Leben!" Eine kurze Einspielung, wie Truman vor dem Spiegel (Reflexion – bingo) philosophiert. Dann die Einblendung: Starring Truman Burbank as himself; created by Christof. Die Gattin, eine wirklich patente Gattin (LAURA LINNEY), spricht „von einem wahrhaft gesegneten Leben". Sein Freund Marlon (NOAH EMMERICH) verkündet: „Es ist alles wahr und es ist alles echt … es gibt nur eine gewisse Kontrolle." Der Film beginnt.

Die Sonne geht auf über der Stadt Seahaven. Verfilmte Hochglanzidylle wie aus einem TUI-Reisekatalog. Der Traum einer amerikanischen Kleinstadt. Truman Burbank tritt aus seinem Reihenhaus. Lächelnd. Ein politisch korrekter Vorzeigeamerikaner, weil er die afroamerikanischen Nachbarn über den strahlend weißen Gartenzaun hin freundlich und artig begrüßt: „Guten Morgen. Und – falls wir uns nicht mehr sehen – guten Tag, guten Abend, gute Nacht." Echt lustig. Wie gesagt: Schönste Idylle. Das real existierende Paradies. Jeder hat seinen Job – Truman ist Versicherungsmakler, versichert also das Leben –, seine Wohnung und den täglichen Auswurf an Glückshormonen. Sofern einem nicht der Himmel auf den Kopf fällt, kann nichts passieren. Und genau das tut er. Alles Gute kommt von oben, aber als Truman aus heiterem Himmel ein Bühnenscheinwerfer (Sirus) vor die Füße kracht, ist nichts mehr wie es war. Die Idylle hat Risse bekommen. Truman wird skeptisch. Die Unschuld ist dahin.

Für den Zuschauer klärt sich der Kontext schnell auf: The Life of Truman Burbank ist eine riesige Filmshow, eine Art Mega-Big-Brother. Daily soap mit dem Charme der 50er. Viele Zuschauer verbringen mit ihm ihr Leben, lassen sogar nachts den Fernseher mit dem schlafenden Truman laufen. Als Beruhigungsmittel gegen die Angst vor Schlafes Bruder.

Seit seiner Geburt vor 30 Jahren, vor genau 10.909 Tagen, ist Truman ein vierundzwanzig Stunden-Heroe im Fernsehen, gesegnet mit einer gigantischen Einschaltquote von 1,7 Milliarden Zuschauern. 5000 Scheinwerfer – bzw. leider jetzt nur noch 4999 – leuchten seinen Tag aus. Das größte Studio überhaupt. Vergleichbar der Chinesischen Mauer. Dieses Mega-Studio können himmlische Dienstreisende, das ist Amerikas reichlich verspäteter Beitrag zur Kultur, vom Mond aus erkennen. Man muss konkretisieren: Vom wirklichen Mond aus, denn das Studio hat eine exklusive Sonne, exklusive Sterne und einen exklusiven Mond. Es ist immer Center-Park-Wetter.

Alles ist inszeniert. Jeder Schritt der Mitspieler. Jede Geste. Jeder Satz. Trumans Familie sind veritable Schauspieler. Und alles wird gelenkt vom Supervisor Christof, der reale Mann im Mond, der von seinem erhöhten Horch- und Sichtposten aus alles überwacht. Wie dieser Christof in einem "True

Talk" den Zuschauern stolz mitteilt, erwirtschaftet diese Sendung das Bruttosozialprodukt eines kleinen Landes. Productplacing pur. Buchstäblich alles aus der Sendung kann der Zuschauer per Katalog bestellen: die Anzüge, die Häuser, die Versicherungen, die Gartenanlagen, einfach alles.

Dem Regisseur PETER WEIR („Der Club der toten Dichter") gelingt es, die Rahmenhandlung so zu konstruieren, dass die beim Kinogänger aufkommende Frage, wieso Truman niemals sein Paradies verlassen wollte, verstummt: Truman hat ein Trauma, weil sein Vater während einer gemeinsamen Segelfahrt scheinbar ums Leben kam; seitdem fürchtet er sich vor dem Wasser. Die Stadt Seahaven ist von Wasser umgeben. Wie praktisch. Ergo erwächst in Truman selten der Wunsch, die Stadt zu verlassen. Wenn nötig, pult seine Schauspieler-Mutter (HOLLAND TAYLOR) ein bisschen in dieser Wunde herum: „Ich habe dir nie die Schuld an dem Unglück gegeben..." Zudem wird Truman pausenlos beschallt: Das Radio sendet immer beruhigende Klänge und preist das Leben in der Kleinstadt; sein (offensichtlich) eingebläuter Lieblingsfilm heißt: Show me the way to go home, eine Lobeshymne des Kleinstadtlebens und der Freundschaft: „Keiner ist arm, der Freunde hat." Sein Freund (der offensichtlich immer mal wieder für vier Wochen Urlaub aus der Sendung herausgeschrieben wird) redet ihm bei einem Sixpack Reisepläne aus. Seine Gattin, die ironisch säuselt: „Du möchtest ein Entdecker sein?" (Anspielung auf den Regisseur Christof/Kolumbus), lockt mit einem Baby: „Ein Baby ist Abenteuer genug!" Geplant war offensichtlich, die Befruchtung live zu übertragen! Sexszenen selbst fehlen allerdings, werden mit Musik überblendet. Auch hier: prüdes Amerika!

Die versteckten Kameras gewähren eine leicht intime Optik. Schlüssellochperspektive. Klinische Peep-Show. Oder bieten, wie Christof im Finale fordert, die „Heldeneinstellung", also senkrecht von unten. Und auch wenn die eigene Frau plötzlich eine Reklameszene mimt, darf das Truman nicht verstören: er ist damit aufgewachsen. „Meryl: Hallo Schatz! Sieh mal, was ich habe... Dieser Küchenfreund kann schneiden, raspeln, schälen in einem Gerät. Es muss nie geschliffen werden und ist spülmaschinenfest. Truman: Wow. Das ist ja ein Superding!" Erst später, nach einem dramatischen Fluchtversuch, entdeckt Truman plötzlich, dass der Reklamespruch seiner (wie gesagt: sehr, sehr patenten) Gattin für Kakao reichlich daneben ist. Und der Küchenfreund wird ihr, als Truman den Werbespruch zynisch zitiert, plötzlich eher unheimlich.

Und warum zappen die Zuschauer seit 30 Jahren nicht weg? Weil sich in diesem reinen Tor die Sehnsüchte der Zuschauer nach der heilen Welt verdichten. Christof bekennt, Truman habe die Menschen inspiriert und ihnen Hoffnung gegeben. (Eine bis in den Wortlaut hinein verwandte

Formulierung gibt es im Forrest-Gump-Film.) Und solange der Finger der Fernsehzuschauer an der Fernbedienung nicht zuckt, ist Truman dazu verdammt, die Rolle weiter zu spielen. Befreit würde er nur, wenn die Zahlen in den Keller fielen und die Soap vom Spielplan gestrichen würde. Ein solcher dramatischer Umschwung ist zunächst nicht in Sicht. Trumans Zuschauer sind treu.

Diese irre, auf den ersten Blick völlig überdehnte Fiktion und Mediensatire könnte also durchaus funktionieren. Sie funktioniert, bis erste Materialermüdungen die geölte Maschinerie ruinieren. Trumans Autoradio sendet Regieanweisungen (eine Panne, die als Polizeifunk weginterpretiert wird); er trifft auf einen Bettler (die gabs offensichtlich nicht in diesem sozialen Paradies), in dem er seinen verstorbenen Vater wiederzuerkennen glaubt (prompt wird der entführt und der Abtransport als Säuberungsaktion deklariert); in einem Gebäude funktioniert ein Fahrstuhl nicht und Truman steht plötzlich in der Kulisse (Anspielung auf den amerikanischen Western?); Menschen, die er noch nie gesehen hat, sprechen ihn mit seinem Namen an...

Und dann begehrt Truman endlich auf, macht sich auf die Suche nach dem eigenen Ich. Spürt Fernweh. Will verreisen. Der Drehbuchautor denkt sich die irresten Szenen aus, um das zu verhindern: Flüge sind ausgebucht (wie ein Menetekel warnt ein Plakat mit einem Flugzeug, in das ein Blitz einschlägt: "It could happen to you!"); der berühmte Greyhound-Bus verreckt just in dem Augenblick, in dem Truman verreisen will; als er mit dem Auto losbraust, sind erst die Straßen verstopft, dann simuliert man ein Leck in einem Kraftwerk...

Mit diesen Szenen bedient der Mastermind Christof allerdings unbewusst eine ganz andere Dialektik: Plötzlich identifizieren sich die Menschen vor den Bildschirmen mit dem Aufbegehren ihres Helden, träumen mit Truman den American dream eines Heroe, der sich gegen geheime Mächte auflehnt – und gewinnt. Das ist das Ende der 30-jährigen Show. Truman ist selbstständig geworden. Mündig. Das muss auch sein Vater im Himmel, der ihn einst im Namen seiner Firma adoptierte, einsehen. Nur knapp allerdings siegen die Gefühle über den ökonomischen Kalkül. Zwar hat es zwischenzeitlich immer mal wieder Pannen gegeben, aber die wurden profihaft gemeistert: ein Fallschirmspringer, der über dem Eiland abspringt; ein Überraschungsgast aus einer Geburtstagstorte, der in der Show landen will; eine Kommilitonin, in die sich Truman kurzzeitig verliebt und die ihm die Wahrheit andeutet („Alle verstellen sich (...), es ist alles verfälscht (... alle schauen dir zu!")), wird von einem (soll man sagen: falschen?) Filmvater gewaltsam entführt mit dem Hinweis auf Silvias Schizophrenie. (Guter Gag!) Als Truman ihr nachreisen will, wird seine Mutter krank, er bleibt zu

Hause (guter amerikanischer Junge!) und tröstet sich mit der – wie gesagt – sehr patenten Gattin. Die aus der Serie entführte Schauspielerin gründet anschließend die „Free-Truman-Initiative". In einem kurzen telefonischen Wortgefecht mit Christof im "True Talk" behauptet Christof noch sehr selbstsicher: „Seahaven ist so, wie die Welt sein sollte. (...) Truman zieht die Zelle vor."

Legendentest. Die legendarischen Motive sind überdeutlich eingespielt. Am dicksten aufgetragen ist das Alter des Protagonisten: 30 Jahre, also wiederum der Beginn der öffentlichen Wirksamkeit Christi. Dieser Zeitindex ist nur mit Goodwill auf Zuschauer-Seite zu akzeptieren, weil man so viel Gutgläubigkeit (und Naivität) nur mit viel Mühe unterstellt. Sehr viel überzeugender ist das hintersinnige Spiel mit den Vaterfiguren. Zunächst präsentiert der Film eine kluge Spiegelung des Gleichnisses vom Verlorenen Sohn. Nicht der Sohn ist verloren, sondern der Vater. Genauer: beide Väter.

Offensichtlich musste der ‚leibliche Vater', ebenfalls eine Fiktion, aussteigen und der göttliche Drehbuchautor hat den dramatischen Abgang vom Set knallhart festgelegt. Der fiktive Vater kommt aber – ganz eindeutig entgegen der Regieanweisung – zurück, ob von Reue oder Bildschirmgeilheit getrieben, kann hier offen bleiben. Hier erkennt der Sohn – eine kluge Spiegelung des Gleichnisses vom Verlorenen Sohn – seinen Vater in den Lumpen (sic!) wieder. Diese Panne wird zum Anlass einer inszenierten Versöhnung. Erklärt wird die Rückkehr des Vaters mit einer 22-jährigen Amnesie! Ähnliches gab es schon vorher bei Denver und Dallas. Der Mastermind Christof widmet die biblische Geschichte um. Der Vater, nicht der Sohn sagt: „Mein Sohn! (...) Ich (sic!) werde es wieder gutmachen!" Authentisch ist der Sohn, nicht der Vater.

Trumans patente Gattin erinnert stark an die Frau Hiobs. Als Probleme den Set aufwirbeln, ruft sie in einem Stoßgebet um Hilfe „Tut doch was!" und verflucht in den Armen von Marlon Gott, sprich: den Regisseur: „Wie kann man von mir erwarten, dass ich das durchstehe. Das ist unprofessionell." Eine medienkritische Theodizee in der Soap! Der Laden funktioniert nicht, also muss der Drehbuchschreiber, der ganze Staff gepatzt haben. Besagte Gattin verlässt daraufhin die Sendung für immer. Durchaus konsequent. Allerdings ist eine neue Schauspielerin bereit, einzuspringen und mit Truman, so ist es zumindest geplant, ein Kind zu zeugen. Live, versteht sich.

Kräftig ironisch überzeichnet ist der Chef vom Dienst und Supervisor Christof. Der Name spielt sowohl auf den Entdecker der schönen neuen Welt Kolumbus an, verkörpert also den Entdeckertraum, als auch auf Christophorus, der den kleinen Jesus durch die Fluten trägt, und führt natürlich auch Christus selbst im Namen. Er agiert in einer bildschirmüberladenen Kommandozentrale, die an das Raumschiff Enterprise erinnert. Und auch die szenische Dramaturgie spielt mit Versatzstücken dieses Klassikers: Meteoriten, sprich: Scheinwerfer bedrohen die Erde; die Regenmaschine funktioniert nicht mehr – ein Wärmetod droht; Außerirdische, sprich: Bettler planen einen Übergriff. Allmählich gerät alles außer Kontrolle. Der Drehbuchautor hat sich offensichtlich verschrieben.

Offensiv inszeniert der Film auch eine Kippfigur der Paradiesgeschichte. Natürlich ist es der Wissensdurst, der dazu führt, dass Truman Burbank das Paradies verlässt. Nur ist es hier sein ganz eigener Wille, das Paradies zu verlassen. Der Schöpfer des Paradieses täte alles, um ihn dort zu behalten. Bisher musste der freie Wille für den Sündenfall herhalten, und sei es, man erklärte ihn letztlich für unfrei, das Gute zu wählen (Erbsündenlehre). Jetzt ist der Wille (kein ganz neuer Gedanke) Ort für den Willen zur Selbstfindung – zum true man, zum echten Menschen. In der Schlussszene, nach der wundersamen Sturmstillung, als Truman bereits auf der Himmelsleiter steht, um nach draußen zu kommen, nachdem er also auf der „Santa Maria" (Christof Kolumbus) einen neuen Horizont erobert und die finalen Verlockungen im Sturmkampf durch ein Festbinden am und im Boot (Odysseus-Motiv) überstanden hat, stellt sich ihm Christof als „dein Schöpfer" vor: „Du gehörst zu mir!" Während der Taufszene im Jordan sprach Gott aus den Wolken: „Du bist mein lieber Sohn, an dir fand ich Wohlgefallen." (Lk 3, 22, Verweis auf die Adoptionsformel Psalm 2,7: „Du bist mein Sohn. Heute habe ich dich gezeugt.") Hier, mit reichlich viel Wasser, wird die Adoption des Sohnes noch einmal wiederholt, allerdings steigt der Sohn aus und bricht – ein wunderbares Schlussbild – durch den Horizont durch mit dem tausendmal gesagten Satz: „Und – falls wir uns nicht mehr sehen – guten Tag, guten Abend, gute Nacht." Seinem Schöpfer wird „Gute Nacht" gesagt.

Man darf den Film auch als herbe Kritik an tradierten totalitären Gottesvorstellungen lesen, wo alles minutiös vorherbestimmt und der Mensch wie an Fäden geführt wird. Es gibt eine herrliche Szene im Film, die die Vorstellung von Prädestination ironisiert, als Truman nämlich mit seiner Gattin im Auto sitzt und ihr eine Vorhersage macht: „Gleich erscheint eine Frau auf einem roten Fahrrad, dann ein Mann mit einem Blumenstrauß, dann ein Käfer mit einer Beule." Und siehe, die Vorhersage trifft ein. Natürlich.
ECKERS Legendenkriterien sind deutlich identifizierbar. Auch TRUMAN ist nicht von oder in dieser Welt, sofern man darunter die inszenierte Medienwelt versteht. Das Wunder steckt im Namen: Er

ist der true man in einem verlogenen Medienkosmos. Das ist mehr als dissonant. Obwohl WEIR mit Kippungen, Spiegelungen und Drehungen biblischer Motive arbeitet, sind sie so markant, dass das Konsonanz-Kriterium funktioniert. Nicht nur latent wird sich bei vielen Zuschauern das Gefühl einstellen, es gibt einen himmlischen Regisseur (Markierungskriterium), hier kritisch auf einen Medientotalitarismus angewandt. Relevant und gleichermaßen unterstützend in der Daseinsbewältigung ist die Legende, wenn es den Zuschauern dadurch gelingt, das Leben besser in den Griff zu bekommen: also zumindest wieder eine Idee davon zu erhalten, was es heißt, ein wahrer, also authentischer Mensch zu sein. Stellvertretend für die Zuschauer dokumentiert das Film-Publikum die Wirkung dieser Legende auf das eigene Leben.

War gar nichts echt?

Les-Arten. Selbstredend sind bei diesem Film viele Les-Arten möglich. Eine psychologische oder psychoanalytische etwa, denn der freudianische Subtext ist offensichtlich: Man muss erst die väterliche Welt durchbrechen, um die eigene Welt zu erschließen... Oder eine strukturalsemiotische. In diesem Paradigma ließe sich auch genau untersuchen, wie oft das Kreuzzeichen signalhaft auftaucht: bei der Hochzeit kreuzt die Gattin Meryl die Finger, um das Treuegelöbnis ungültig zu machen, Truman entdeckt es, als er die Hochzeitsphotos mustert; in der nächsten Einstellung wird das Kreuzzeichen in einer Fensterscheibe erneut zitiert; bei einem Fluchtversuch bleibt Truman auf der Kreuzung stecken etc. Oder eine strikt soziologische Les-Art: Der mediale Verblendungszusammenhang reflektiert sich selbst.

Meine ästhetisch-gestische Les-Art berührt sich besonders stark mit der soziologischen. Als Schlüsselszene darf der Minidialog zwischen Truman und Christof gelten: „War gar nichts echt?" „Du!"

Hier wird noch einmal die Authentizität gefeiert. Wenn denn alles inszeniert ist, und wenn alle darum wissen, dann sehnt sich jeder nach Echtheit und spürt fieberhaft diesen Erfahrungen nach – obwohl niemand sicher sein kann, dass Gesten authentisch und nicht inszeniert sind. Auch deshalb hatte die Truman-Show so große Zuschauerzahlen. Die Echtheit in Zeiten der reflektierten Inszenierung sucht sich den Narren, den Simpel. Auch große Gefühle und Gesten lassen sich in der horriblen Kommunikationssituation der Soaps inszenieren: in der stigmatisierten Gestalt des Medien-Caspar-Hausers Truman.

Synästhesien. Fragt man nach den Synästhesien, dann muss man die Frage beantworten, was diese Authentizitätsatmosphäre ausmacht. Ganz einfach formuliert: Warum lieben alle Truman? Warum reagieren die meisten der Zuschauer mit Sehnsucht und innerer Wärme und damit auch mit einer leiblichen Öffnung, wenden sich eben nicht ab, sondern alltäglich hin zu diesem Medien-Helden? Zunächst: Die Atmosphäre der Umgebung ist nicht abweisend; sie ist vertraut, entspricht den Sehnsüchten vieler Amerikaner nach einer gleichermaßen gepflegten und langweiligen Vorstadtidylle. Und Truman selbst ist in seiner Gestik hilfsbereit, freundlich, offen. Ausgehend von dieser atmosphärischen Grundstimmung entdeckt man dann auch, dass Truman in vielen Szenen Pullover, Jacken und Anzugsakkos in warmen Tönen trägt, die Hosen sind meistens, zur Unterstreichung der eigenen Unschuld, hell, oft weiß. Wie Forrest Gump (s.u.) ist Trumans faciale Ausdrucksqualität nahezu unerschütterlich, gelöst, freundlich, warmherzig, kurz: Klartext. Erst als der Verdacht bei ihm keimt, verzieht er häufiger das Gesicht wie ein Kind, das zu Unrecht bestraft worden ist.

Bewegungsanmutungen. Die Bewegungsanmutungen, die dieser true man aussendet und die auf die Sensibilität beim Zuschauer überspringen sollen, also atmosphärisch gespürt werden, gipfeln letztlich in einer transzendierenden Bewegung. Nicht zufällig endet der Film auf einer Himmelsleiter. Die leibliche Bewegung, die hier mitvollzogen werden soll, ist die des Überstiegs, der Ekstase, vulgo: des Ausstiegs aus der Nicht-Authentizität – als man noch Heideggerianisch sprach, hätte man dieses Transzendieren den Vollzug der Eigentlichkeit genannt.

Ist gestische Authentizität also nur noch gebrochen, im Rahmen einer Mediensatire zitierbar? Offensichtlich. Sogar die Gesten und Beteuerungen des Freundes sind falsch. (CEES NOOTEBOOM – 1999 – hat in seinem großen Roman 'Allerseelen' dagegen noch einmal die Freundschaft gefeiert.) Ihm werden Sätze (per Mikro von Christof) souffliert wie: „Ich würde mich für dich vor ein Auto werfen. (...) Eins würde ich nie tun, dich anlügen."

Noch die Urgeste der Güte, die Umarmung, wird kühl per Drehbuch verordnet – und ist doch – von Seiten Trumans – authentisch. In der Szene der Rückkehr des Vaters (und im Finale) zeigt der Film durch Einblendung der Regieanweisungen, wie große Filmgefühle und Gesten inszeniert werden. (Deshalb ist die Truman-Show mein ganz persönlicher Kult-Film. Eine wirklich starke Liebe.) Die präzise getimten Regieanweisungen lauten: Nicht zuviel Nebel! Krankamera! Knopfkamera!

Straßenkamera! Jetzt Musik einblenden! Jetzt Nahaufnahme! Dann die Umarmung. Man sieht den vor Glück schwelgenden Truman. Auch vor den Bildschirmen umarmt man sich rührselig. Die Übertragung der Bewegungen funktioniert also. Der Regisseur wird im Gegenzug von seinen Mitarbeitern als Geste der Anerkennung für diesen kühl inszenierten Coup, für die perfekte Konstruktion des Spannungsbogens, umarmt.

Nur in einer kurzen Berührung mit der aus der Serie verschleppten Schauspielerin erlebt Truman, dieser Medien-Caspar-Hauser, nicht-inszenierte Gefühle. Danach ist auch ihr – wie allen anderen Zuschauern – eine Berührung nur noch vermittelt über das Glas des Bildschirms möglich. Deshalb lautet Trumans Paradies ‚Fidschi'. Dorthin soll seine kurze große Liebe ausgewandert sein. Die Grundstimmung „heilige Wehmut" – nach SCHLEIERMACHER die Grundstimmung der Christen, übrigens den Abschiedsreden Jesu abgelesen –, wird kanalisiert zum Ausbruch aus dem Paradies. Dieser Medien-Gott wird verlassen.

Das Paradies und das Leben sind anderswo.

Schluss

Aufgabe einer ästhetischen Theologie ist es, die basalen Anmutungs-Gesten des Christentums zu benennen und die mit legendarischem Anspruch auftretenden Reinszenierungen in den neuen Medien zu deuten. Jüngst hat der ehemalige Chefredakteur des SZ-Magazins, Ulf Poschardt, in einem mächtigen Essay für eine Kultur des Cool plädiert und sie als Neo-Stoizismus ausgegeben. (In gewisser Weise wiederholt sich der Streit zwischen Stoa und Christentum in der Spätmoderne.) Theologie, wie wir sie heute als Kulturwissenschaften an den Universitäten betreiben, kann Stärken und Schwächen dieser differenten gestischen Kulturen untersuchen. Mir scheint die uncoole Gestik des Christentums bis auf weiteres für eine Wahrnehmungsschule der Solidarität unverzichtbar. Und zumindest gelegentlich bietet Hollywood intelligente Reinszenierungen.

no history   Werner Penzel

Ein Fotopoem
Unter Verwendung eines Textes von Chuang-Tzu
und eines Gedichtes von Robert Lax

Bild: CineNomad
Graphische Gestaltung: Timo Thurner und Werner Penzel
Copyright: Werner Penzel 2004

"are you a visitor?"

NO HISTORY

IN TIMES WHEN LIFE

ON EARTH WAS FULL

AND NO ONE PERSON

WAS MORE IMPORTANT THAN ANOTHER

AND NOBODY WAS ADMIRED

OR THEIR SPECIAL QUALITIES

PEOPLE WERE TRUTHFUL

"are you a visitor?" asked the dog.

"yes" i answered.

(NOT JUST DUTIFULLY)

THEY LOVED ONE ANOTHER

"only a visitor?" asked the dog.

"yes" i answered.

(NOT JUST OUT OF CHARITY)

THEY GAVE AND TOOK

"take me with you" said the dog.

(UNAWARE OF GENEROSITY)

NOBODY REPORTED THEIR DEEDS

THEY CREATED NO HISTORY

Seltsam, im Nebel zu wandern! Friedhelm Brusniak

Stimmung des Einsamseins als atmosphärische Komponente des Lebens in Hermann Hesses Gedicht „Im Nebel" und der Versuch einer Vertonung[1]

Im Nebel

Seltsam, im Nebel zu wandern!
Einsam ist jeder Busch und Stein,
Kein Baum sieht den andern,
Jeder ist allein.

Voll von Freunden war mir die Welt,
Als noch mein Leben licht war;
Nun, da der Nebel fällt,
Ist keiner mehr sichtbar.

Wahrlich, keiner ist weise,
Der nicht das Dunkel kennt,
Das unentrinnbar und leise
Von allen ihn trennt.

Seltsam, im Nebel zu wandern!
Leben ist Einsamsein.
Kein Mensch kennt den andern,
Jeder ist allein.

Als Hesses „volkstümlichstes Gedicht" bezeichnet Peter Spycher das 1905 entstandene und im Januar des folgenden Jahres veröffentlichte Gedicht *Im Nebel*[2], und Michael Limberg charakterisiert es in seiner jüngsten Hesse-Biographie ebenso als „eines seiner bekanntesten Gedichte", „das wegen seiner Musikalität und seines volksliedhaften Charakters in vielen Schulbüchern und Anthologien vertreten ist"[3]. Dabei handelt es sich nach Peter von Matt im Grunde um ein „Allerweltsgedicht" – „tatsächlich und in des Wortes imponierendster Bedeutung" –, das allerdings jedem Leser die Gewissheit schenke, „auch ein Weiser zu sein", und das daher „gar kein so schlechtes Geschenk" sei[4].

Auch wenn Hermann Hesse von einer Naturbeobachtung ausgeht, hat er kein „Landschafts-Gedicht" verfasst, sondern diese Naturbeobachtung wird im weiteren Verlauf „auf menschliche Grundeinsichten bezogen"[5]. Zwar ist es ebenfalls richtig, dass im Gedicht nur „eine typische Stimmung Hesses unter andern" ausgedrückt wird[6], doch erscheint hier das Alleinsein „gerade durch das Zwielichtige der Nebelwelt noch gesteigert" (Franz Baumer)[7], und all das "Märchenhafte, Fremde, Entrückte", das diese Nebelwelt kennzeichnet, wobei man – so Hesse selbst – „für Augenblicke [...] das Symbolische darin erschreckend deutlich" empfindet[8], verstärkt die „tiefe Einsicht in die wahre Wirklichkeit des Lebens, die man sonst zumeist verdrängt"[9].

Walter Hinck hat im Jahre 2000 eine unter dem Titel „Stationen der deutschen Lyrik" zusammengestellte Sammlung von „100 Gedichten mit Interpretationen" von Martin Luther bis in die Gegenwart veröffentlicht und darin das Kapitel „Magie der Natur" mit Hesses *Im Nebel* unter der Überschrift „Jeder ist allein" eröffnet[10]. Ohne Umschweife gesteht er einleitend, dass die Anfangszeile „Seltsam, im Nebel zu wandern!" „eine Zeitlang große Faszination" auf ihn ausgeübt habe, sich „automatisch" bei ihm meldete, wenn „im Krieg heranwallender Nebel das Gefühl bedrohlicher Orientierungslosigkeit auslöste", aber auch in vielen anderen Situationen, so dass es „im Grunde nur der Anfangsvers" war, „der, wie gewisse Melodien, durch Assoziationen herbeigerufen wurde"[11]. Bei dieser Art von „Stimmungslyrik" sei wesentlich, dass die Aussagen „ihre aufreizende Einseitigkeit" verlören, „wenn sie nicht als objektive, sondern als durchaus subjektive Befunde" verstanden würden: „Über die ‚Stimmung' des Gedichts entscheidet schon der erste Vers, der zur Bekräftigung am Anfang der letzten Strophe wiederholt wird. Die Empfindungen, die beim Wandern im Nebel ausgelöst werden, sind wichtig, nicht die Realität, die beim plötzlichen Verschwinden des Nebels sichtbar würde"[12].

„Es muß an der ersten Zeile liegen!"[13] Mit diesem Satz beginnt auch Peter von Matt im selben Jahr seine Interpretation und fährt fort: „Der Rest besteht aus Gemeinplätzen, ist wehleidig und auch etwas eitel. Es muß diese erste Zeile sein, die alle Banalitäten magisch verwandelt und das Ganze zu einer Verlautbarung werden läßt, in der Hunderttausende ihr tiefstes Gefühl ausgesprochen hören durften." Die eigentliche Leistung des Gedichts liege darin, dass es einen „Gemeinplatz" zu einer „akuten Erfahrung" werden lasse. Dass dies gelinge, sei der ersten Zeile zu verdanken, dem einzigen „lyrischen Ereignis" in allen sechzehn Versen: „Das Sprachspiel Nebel/Leben, das uns in der Schlußstrophe etwas zu aufdringlich vorgerückt wird, steckt hier noch latent im Satz. Wir hören es mit, ohne uns seiner bewußt zu sein. Der alte Gedanke, daß das Leben eine Wanderschaft sei, taucht durch die Verbindung des Wortes ‚wandern' mit dem Wort ‚Nebel', dem Spiegelwort zu ‚Leben', im Hallraum der Zeile auf. Ja, dieser Hallraum entsteht dadurch überhaupt erst. Er verzaubert die fünf Wörter und bewirkt, daß man den Vers nicht mehr vergißt."

Solche Gedanken überzeugten die Teilnehmer eines Lieddidaktik-Seminars des Lehrstuhls für Musikpädagogik an der Otto-Friedrich-Universität Bamberg, die am Anfang des Wintersemesters 2000/2001 nach einem geeigneten Text suchten, der unter Anwendung serieller Kompositionstechniken vertont werden sollte. Hermann Hesses Gedicht *Im Nebel* schien aus mehreren Gründen besonders geeignet zu sein: Aus pädagogischer Sicht beeindruckte bereits die Tatsache, dass die hier beschriebenen „Zustände der Verlassenheit, des Alleinseins, des Nichtverstandenwerdens […] zu unsern frühesten Erinnerungen" zählen, somit „ein wesentliches Element jeder Kindheit" und entwicklungspsychologisch unverzichtbar sind, da „alle kritischen Lebensphasen […] auch mit einer neuen Selbstfindung enden" müssen[14]. Darüber hinaus forderten Inhalt und Form sowie die musikalischen Momente des Gedichts selbst zu einer intensiveren Auseinandersetzung und zur Suche nach Anregungen zum „Musik erfinden" geradezu heraus. Nicht nur die Endreime, Assonanzen und Alliterationen, sondern auch das ganze rhythmische Geschehen und der sorgsame Umgang mit dem Faktor Zeit schienen in exemplarischer Weise Hesses eigenes Bekenntnis zu bestätigen, seine Lyrik sei „vor allem Musikmachen"[15]. So stellte sich zwar angesichts der eigentümlichen Mischung von Geschichte und Gegenwart sowie der Komplexität von Märchenhaftigkeit und Magie, von Metaphorik und Symbolik, von Realität und Fiktion, von Rationalität und Irrationalität grundsätzlich die Frage, ob es mit unseren bescheidenen kompositorischen Fähigkeiten überhaupt gelingen könne, das „Musikalische" in Hesses Gedicht durch eigene musikalische Mittel zu intensivieren und in eine andere Dimension zu heben, um die „seltsame", durch das „Zwielichtige der Nebelwelt gesteigerte" „Stimmung" zu einer im wahrsten Sinne des Wortes „merkwürdigen" „Atmosphäre" zu verdichten, dennoch sollte der Versuch einer Vertonung als Strophenlied gewagt werden, auch wenn klar erkannt wurde, dass dabei der rhythmisch-metrisch äußerst differenziert gestaltete Bau der einzelnen Strophen (mit wichtigen „Sinn-Pausen"[16]) zu Problemen führen würde.

Die erste Zeile lieferte auch den Schlüssel für meinen eigenen Diskussionsbeitrag. Bei der Analyse des Gedichts war mir aufgefallen, welche Bedeutung den Vokalen für die Anfangszeile wie für die gesamte formale Anlage des Textes zukam. Während die korrespondierenden Außenstrophen den Vokal „o" vermeiden, spielt er für die beiden Innenstrophen eine zentrale Rolle. Bemerkenswert für die erste Zeile erscheint jedoch die Abfolge „e" – „a" – „i" – „e" – „e" – „u" – „a" – „e" nicht nur hinsichtlich der Hervorhebung der beiden mittleren „e" für den „Hallraum" „Nebel", sondern auch wegen der Spiegelkonstruktion bei den beiden äußeren Vokalen „e" und „a", die als Tonbuchstaben der Intervalle Quarte bzw. (in der Umkehrung) Quinte verwendet werden konnten. Ob beabsichtigt oder nicht, Tatsache ist jedenfalls, dass auch Hesses Vorname Hermann diese Konstellation der Vokale „e" und „a" aufweist und zumindest die Vermutung zulässt, dass ein gewisses Sprachspiel mit seinem Namen (mit den Konsonanten „s" und „m") in Anspielung eines Anagramms bei der Wortwahl der ersten Zeile eine Rolle gespielt haben könnte. Der Zufall will es, dass man durch Versetzung um einen Halbton nach oben mit „f" und „b" meine Namensinitialen finden kann, die als Anfangs- und Schlusstöne einer Zwölftonreihe fungieren konnten, der die Aufgabe einer „musikalischen DNA" beigemessen wurde. Diese Reihe wurde nun in der strengen Abfolge „Tritonus – Halbton" so konstruiert, dass die Idee des Palindroms „Nebel/Leben" auch hier verwirklicht wurde und die Reihe rückwärts gelesen werden kann („Krebs"). Der Tritonus als konstruktives Intervall war mit Absicht gewählt worden, denn dieses spannungsreiche Intervall hat in der Tradition der europäischen Musikgeschichte nicht nur durch die theoretische Wahlmöglichkeit verschiedener Auflösungen eine herausragende Bedeutung erlangt, weil es unsere Hörgewohnheiten entscheidend mitgeprägt hat, sondern auch wegen seines Symbolgehalts als „Diabolus in musica" und als Zeichen des „Todes", wie es noch Benjamin Britten in seinem *War Requiem* op. 66 von 1961 verwendete, das bekanntlich in Hermann Hesses Todesjahr 1962 in St. Michael's Cathedral, Coventry uraufgeführt wurde.

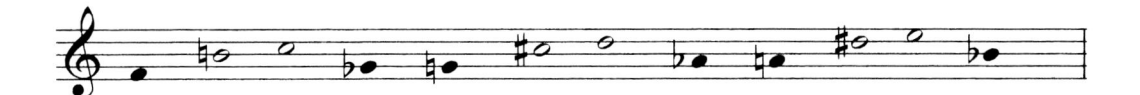

In Verbindung mit einem Halbtonschritt begibt sich das „Seltsam"-Motiv in der Liedkomposition quasi „auf Wanderschaft", scheinbar zielsicher vorwärts, aber in Wirklichkeit ohne das tatsächliche Ziel – den tonalen Schlusspunkt – zu kennen. Dies gilt ebenso – durchaus wieder im Sinne des Spiegelworts – für die Teilung der chromatischen Tonleiter in zwei gleiche Hälften in Halbtonschritten („f1-b1/h1-e2") und in Ganztonleitern („f1-es2/fis1-e2"). So werden zwar in der Singstimme und in der ostinaten Begleitung melodische und rhythmische Strukturen wahrgenommen, die jedoch in ihrer eigenartigen Kombination von Dreier- und Vierer-Metrum – die Silben der ersten Zeile könnten auch auf den Bass verteilt werden – in Verbindung mit klanglich „vernebelnden" Clustern irritierend wirken.

Ob der Versuch tatsächlich gelungen ist, die „Stimmung des Einsamseins" nicht nur musikalisch „einzufangen", sondern auch „atmosphärisch" zu „verdichten", muss dem Hörer überlassen bleiben.

Im Nebel
(Hermann Hesse)

Friedhelm Brusniak
nach Ideen und Vorgaben aus dem
Seminar "Lieddidaktik der Realschule"
Otto-Friedrich-Universität Bamberg
Wintersemester 2000/2001
(Version 2001)

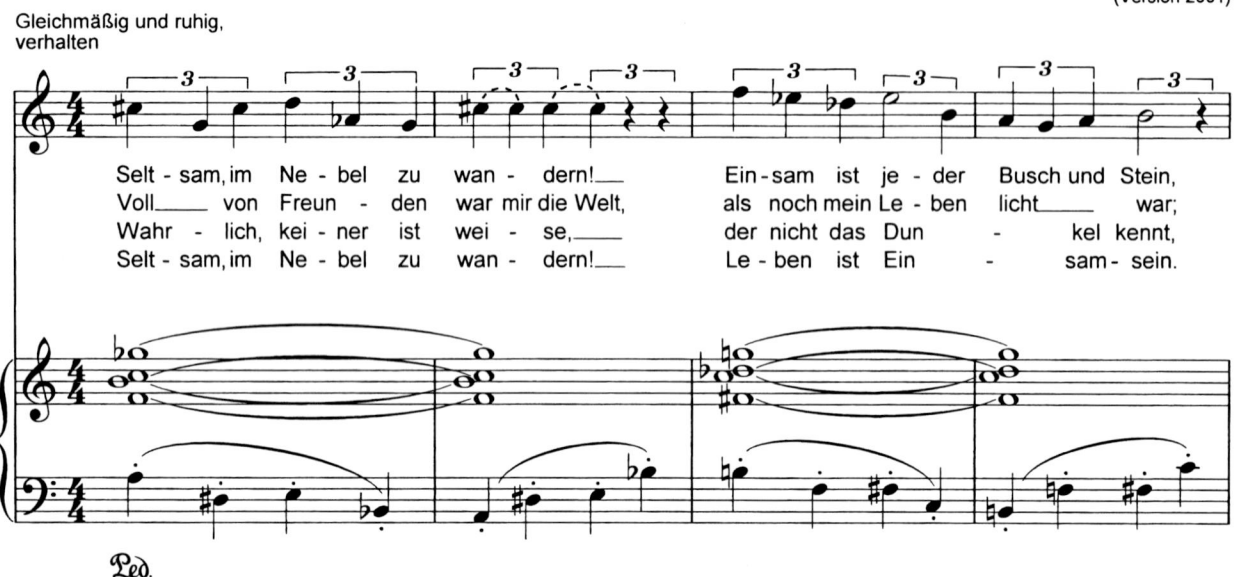

Gleichmäßig und ruhig, verhalten

Selt - sam, im Ne - bel zu wan - dern!_ Ein - sam ist je - der Busch und Stein,
Voll_ von Freu - den war mir die Welt, als noch mein Le - ben licht_ war;
Wahr - lich, kei - ner ist wei - se,_ der nicht das Dun - kel kennt,
Selt - sam, im Ne - bel zu wan - dern!_ Le - ben ist Ein - sam - sein.

kein Baum_ sieht den an - dern,_ je - der_ ist al - lein._
nun,_ da der Ne - bel fällt, ist kei - ner mehr sicht - bar._
das un - ent - rinn - bar und lei - se von al - len ihn trennt._
Kein Mensch_ kennt den an - dern,_ je - der_ ist al - lein._

Anmerkungen

1. Bei dem nachstehenden Text handelt es sich um jenes Beispiel, mit dem ich am 12. Juli 2002 im Rahmen des Symposiums „'Atmosphäre' im interdisziplinären Zeichen der Bezugswissenschaften von Kunstpädagogik" meinen Vortrag über „Atmosphäre(n) in Ligetis *Atmosphères*" eröffnete, um durch die Aufführung der Hesse-Vertonung eine „Konzertatmosphäre" zu schaffen. Mit grundsätzlichen Überlegungen zu „Stimmung" und „Atmosphäre" in der Musik wurde dann die Brücke zu Ligetis Komposition von 1961 geschlagen. Zum Forschungsstand vgl. hierzu u.a. Eva-Maria Houben, *Die Aufhebung der Zeit. Zur Utopie unbegrenzter Gegenwart in der Musik des 20. Jahrhunderts.* Stuttgart 1992, S. 179 (*Atmosphères* als „Paraphrase der Totenmesse") sowie Elmar Budde, *Wege der neuen Musik*, in: *Die Geschichte der Musik Band 3. Die Musik der Moderne*, hrsg. von Matthias Brzoska und Michael Heinemann. Laaber 2001, S. 212-214
Hermann Hesse, Sämtliche Werke in 20 Bänden, hrsg. von Volker Michels. Frankfurt a. M. 2001-2004, Band 10, 2002, S. 136 f
2. Peter Spycher, *Eine Wanderung durch Hermann Hesses Lyrik. Dokumentationen und Interpretationen.* Bern 1990, S. 186-191, Zitat S. 186
3. Michael Limberg, *Hermann Hesse. Leben Werk Wirkung.* Frankfurt a. M. 2005, S. 124
4. Peter von Matt, *Zweideutige Melancholie*, in: *Hundert Gedichte des Jahrhunderts. Mit Interpretationen*, ausgewählt von Marcel Reich-Ranicki. Frankfurt a. M. – Leipzig 2000, S. 92-94
5. Limberg, S. 124
6. Spycher, S. 189
7. Zitiert nach Spycher, S. 190
8. Zitiert nach Spycher, S. 188
9. Spycher, S. 188
10. Göttingen 2000, S. 145 f
11. Hinck, S. 145
12. Hinck, S. 146
13. Hier und im Folgenden nach Matt, S. 92 f
14. Matt, S. 93 f.; zu kritischen Hinweisen auf „die didaktischen Züge in Hesse" vgl. Spycher, S. 191
15. Hermann Hesse, *Vorrede eines Dichters zu seinen ausgewählten Werken*, 1921, in: Ders., *Gesammelte Werke in 7 Bänden*. Frankfurt a. M. 1957, Band 7, S. 252, zitiert nach: C. Immo Schneider, *Hesse, Hermann*, in: *Die Musik in Geschichte und Gegenwart*, 2., neubearbeitete Auflage, hrsg. von Ludwig Finscher, *Personenteil*, Band 8. Kassel etc. 2002, Sp. 1477-1481, hier: Sp. 1479. Vgl. hierzu Hermann Hesse, *Musik. Betrachtungen, Gedichte, Rezensionen und Briefe. Mit einem Essay von Hermann Kasack*, hrsg. von Volker Michels. Frankfurt a. M. ^{2}1986
16. Vgl. die sorgfältige Analyse bei Spycher, S. 189 f

Vom immateriellen Gestalten Michael Keller

Fünf Buchstaben: K, E, R, Z, und E. Sie stehen für eine Lautkombination. Und diese wiederum steht für eine Vorstellung: die einer Kerze.

Ich zünde nun ›live‹ eine Kerze an. Sie sehen real 1 Lux Lichtstärke. Auch die Kerze kann ein Symbol sein, z.B. für den Ersten Advent. Oder einfach für Wärme. Symbol und Aussage fallen dann zusammen, denn die Kerze gibt wirklich Wärme ab. Sie schafft dadurch eine Atmosphäre, die von den fünf Buchstaben nicht erzeugt wird, sondern nur benannt.

Warum dieses Beispiel? Und was hat es ausgerechnet mit der Entwicklung der Marke Lamborghini zu tun, über die ich im Folgenden sprechen werde? Nun, auf den ersten Blick vielleicht wenig, aber im übertragenen Sinn sehr viel.

Zunächst muss ich kurz schildern, was wir vorfanden, als wir im Herbst 1998 mit dem Projekt begannen – unser Besuch auf dem damaligen Stand war ernüchternd: Ein violetter Diablo auf Parkettboden, ein geradezu rustikal anmutender Riesen-Stier als Holzrelief, rote Kordeln als Abgrenzungen, ein paar Exemplare des unvermeidlichen Ficus benjamini, und nirgends eine Rückzugsmöglichkeit – diese lieblosen Hotelversatzstücke schienen sich ausschließlich an eine Zielgruppe zu wenden, die im Bahnhofsviertel ihren Aktionsradius hat und die Goldkette unterm halboffenen Hemd als Erkennungsmerkmal trägt.

Geradezu ein Idealfall, um zu untersuchen, wie Atmosphäre erzeugt wird und was dazu gehört – wir hatten genau sechs Wochen Zeit, um auf dem Mondial de l'Automobile in Paris einen völlig anderen Stand zu zeigen – einen, der unserer Vorstellung entsprach. Für uns ist ein Messestand die gelebte Firmenphilosophie. Ich treffe dort auf »Herrn Lamborghini«, also auf die Marke als wahrnehmbaren, konkreten Gastgeber. Kataloge, Anzeigen, ja die Produkte selbst erzählen von der Marke. Auf dem Messestand kann ich sie unmittelbar erleben.

Hier gibt es eine Reihe von Faktoren, die oft übersehen werden – sie hängen letztlich mit der Frage zusammen: Wie tritt der Gastgeber auf? Dazu gehört ganz zentral die Art, wie die Besucher empfangen werden. Ausschlaggebend ist nicht nur, ob es eine persönliche Begrüßung ist, ob das Standpersonal freundlich oder korrekt ist, hilfsbereit, aufdringlich oder zurückhaltend. Es sind auch die Farben, das Licht, die Temperatur (der Stand ist nicht derselbe, wenn in Detroit gerade -10° oder in Dubai +40° Außentemperatur herrschen), die Trittfestigkeit des Bodens, der Kaffee ...

Dahinter steht immer die Frage der Haltung, die das Unternehmen mit jedem einzelnen Aspekt vermittelt: werde ich als Besucher davon angesprochen, im allgemeinen Sinne berührt? Oder, bezogen auf das Eingangsbeispiel: Erkenne ich die Firma, die von den Buchstaben im Kopf ›bedeutet‹ wird?

Das war für uns der Ausgangspunkt. Um Antworten darauf zu finden, mussten wir uns erst einmal darüber klar werden, welche ›Bedeutungen‹ das Wort »Lamborghini« hat. Es ist dies ein notwendiger Schritt, dem wir, lange bevor ein einziger Strich skizziert wird, so viel Raum wie möglich geben. Denn es geht letztlich um nichts Geringeres als um das Verstehen des Codes, so wie man eine Sprache lernt. Dieser Code ist in die Marke eingeschrieben, wir müssen ihn nur für die Zielgruppe dechiffrieren.

Wir fanden folgende Begriffe, die zusammen als semantische Merkmale einen Bedeutungs-Cluster »Lamborghini« ergeben: ›exklusiv‹, ›kompromisslos‹, ›aggressiv‹, ›extrem‹, ›sinnlich‹, ›italienisch‹. Mit letzterem meinten wir natürlich kein Klischee, sondern die Einbindung in die Kultur, in die spezifischen Vorstellungen von Ästhetik und Lebensstil, die mit Italien in Verbindung gebracht werden (und zwar weniger von außen, als von den Italienern selber).

Anhand dieses Konglomerats von Bedeutungen ließen sich bereits weit reichende gestalterische Entscheidungen fällen – so z.B. die strenge Einschränkung auf die Farben Schwarz und Gelb, die sich aus dem Wappen ableiten und dem gesamten Auftritt etwas Absolutes und Kraftvolles geben; überhaupt war Reduktion das Mittel, um die Radikalität, ja Brutalität der Fahrzeuge maximal zu unterstützen.

Unser erster Lamborghini-Auftritt in Paris (1998) sah dann folgendermaßen aus: Zwei Diablos (natürlich einer schwarz, einer gelb) ›standen‹ (waren aber in Wirklichkeit unsichtbar schwebend aufgehängt) in Augenhöhe auf einem quadratischen Bassin aus schwarzem Stahl und einer spiegelnden schwarzen Oberfläche. Eine der Folgen war, dass viele Besucher der optischen Täuschung erlagen, die durch die spiegelnde Fläche erzeugt wurde, und zahlreiche Gegenstände, darunter eine Fernsehkamera und etliche nicht eben billige Fotoapparate auf Nimmerwiedersehen in den Tiefen des Lamborghini-Orkus verschwanden.

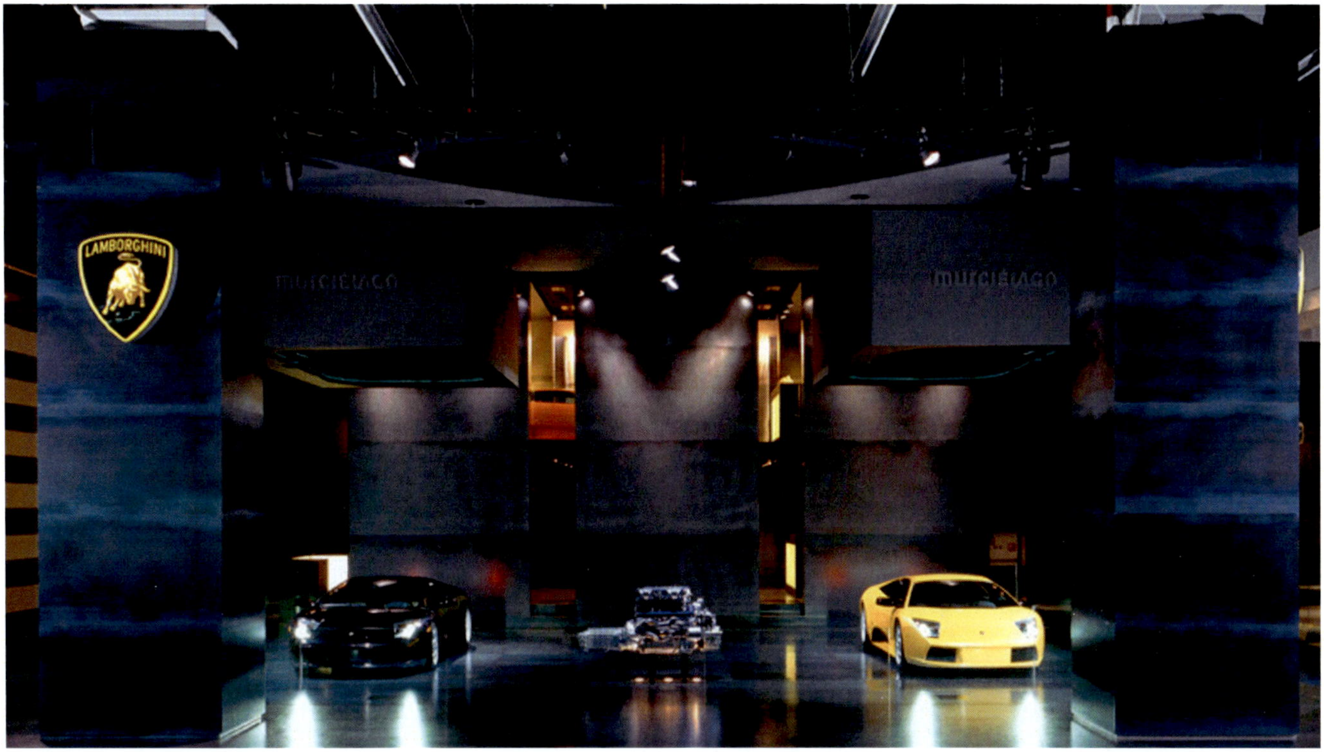
LAMBORGHINI
murciélago
murciélago

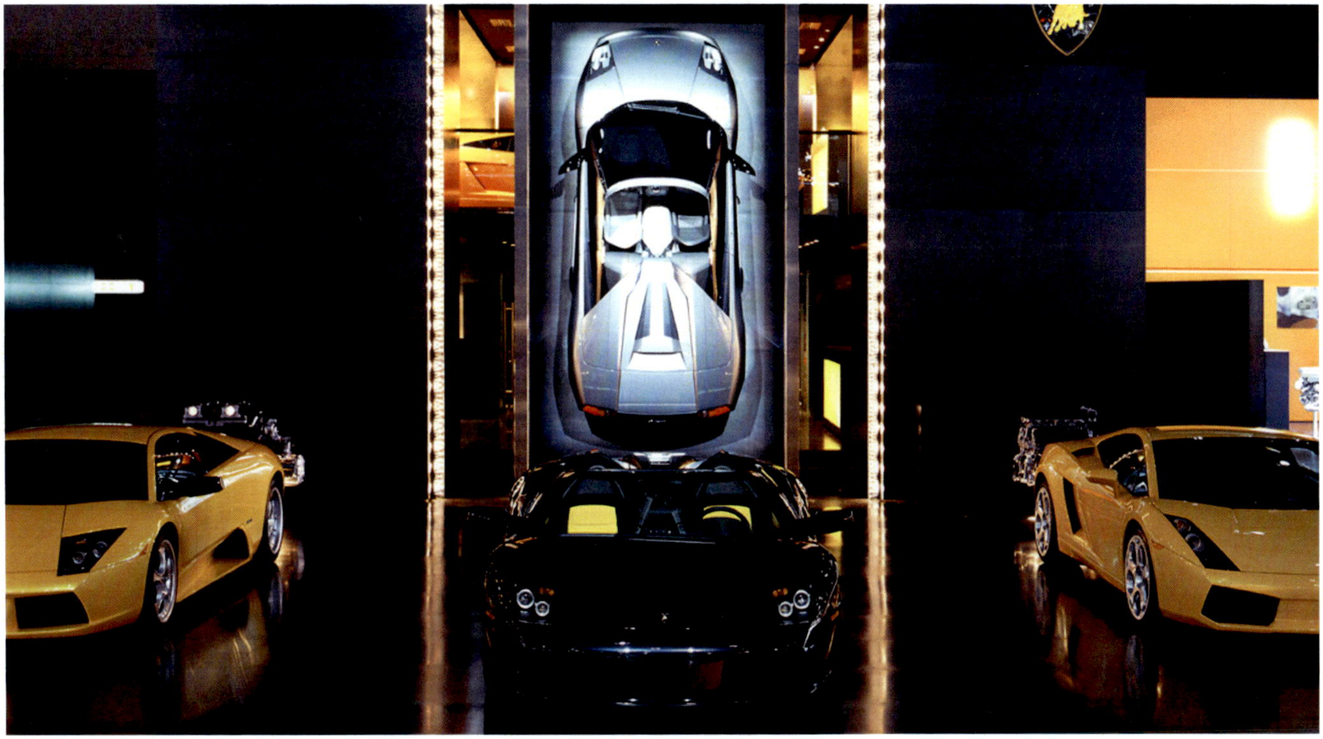

Das sorgte für einige Irritation, vor allem auch bei den Verantwortlichen für den Stand, die fragten, wie viel Kameras und Edel-Handtaschen sie noch würden ersetzen müssen. Unsere Antwort war klar: Die Besucher täuschen sich in ihrer Wahrnehmung, und das soll auch so sein – je mehr Kameras hineinfallen, je ›böser‹ also die Installation, desto stärker die Haltung von Lamborghini. So waren auch die Ränder so scharf geschliffen, dass man sich tatsächlich daran schneiden konnte. Dann erhielt man ein Pflaster von Automobili Lamborghini S.p.A. …

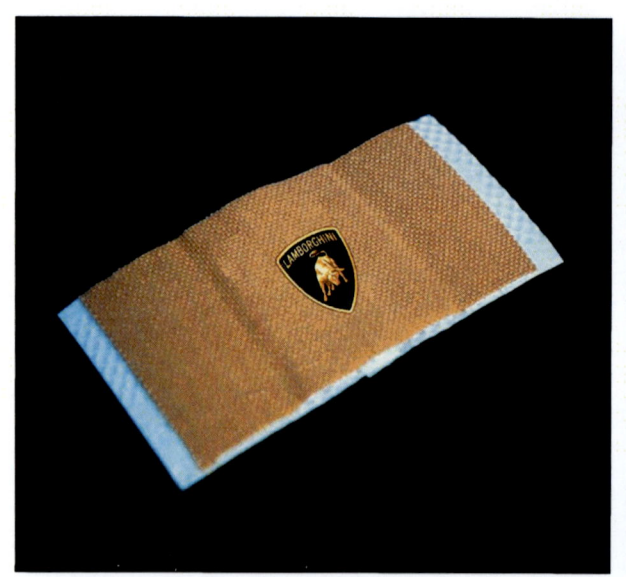

Als 2001 das lang erwartete neue Modell präsentiert werden sollte, war dies die einmalige Möglichkeit, Außen und Innen – Kommunikation und Produkt, Wahrnehmung und Form – noch näher zueinander zu bringen, ja sie zur Einheit zu verschmelzen.

Zu Beginn stand die Arbeit am Schriftzug des neuen »Murciélago« – wir hatten erstmals die Gelegenheit, eine gestalterische Maßnahme direkt am Fahrzeug durchzuführen. Der Designer, Luc Donckerwolke, hatte eine Vorstellung von seinem Boliden als Erscheinung, die nie sichtbar wird. Vor seinem inneren Auge stand ein Fahrzeug, das unter dem Asphalt fährt, das gewissermaßen nur einen Hohlraum als Spur hinterlässt, eine ›verlorene Form‹.

So gestalteten wir einen Schriftzug, der als Halb-Relief realisiert wird: Die Oberfläche der Lettern geneigt, so dass die Grundlinie als Falz mit der Materialfläche zusammenfällt und die obere Typenkante erhaben ist; seitlich betrachtet erscheint dadurch jeder Buchstabenkörper als Keil. Dieses Sich-Herausheben aus dem Boden entspricht dem Grundgedanken des Designs – und hat einen weiteren Aspekt: Durch die Positionierung des Schriftzugs auf dem Türschweller drücken sich die Buchstaben beim Einsteigen unweigerlich in den Oberschenkel des Fahrers ein und hinterlassen einen physischen Eindruck: die verlorene Form.

Außer dieser Schnittstelle von Typographie und Produktdesign stand eine ganz andere Aufgabe an: Die Konzeption der Weltpremiere mit 400 internationalen Gästen. Der Name des neuen Fahrzeugs kam uns da besonders entgegen: »Murciélago«. So hieß ein berühmter Kampfstier im 19. Jahrhundert, der wegen seines Mutes in der Arena begnadigt wurde (eine äußerst seltene Auszeichnung) und dessen Erbgut nicht unerheblich in die Zucht des weltberühmten Miura-Gutes eingegangen ist. Aber das Aufregende war, dass »Murciélago« im Spanischen ›Fledermaus‹ bedeutet – ein Wesen der Nacht.

So standen die Grundzüge der Inszenierung für uns bald fest: An einem geeigneten Ort würde – natürlich in der Dunkelheit der Nacht – das Fahrzeug wie eine Kreatur des Bösen aus der Finsternis auftauchen, die hell erleuchtete Premierenstrecke vor den geladenen Gästen durchfahren und in der Finsternis wieder verschwinden. Als »geeigneten Ort« wählten wir den Kraterrand des Ätna – auf italienischem Boden und gewissermaßen am Rand der Hölle. Dass die Natur unser Konzept dann noch mit der größten Eruption der letzten Jahrzehnte unterstützte, war ein glücklicher Zufall (oder doch keiner?) – jedenfalls bekam unsere Farb-Metaphorik eine zusätzliche Interpretation: Gelb stand für die glühende Flüssigkeit, Schwarz für die erkaltete Masse (s. Abb. S. 202).

Was ich mit diesem Beispiel nahe bringen will: gestalten ist für uns ein ganzheitlicher Prozess, der nicht unbedingt an klassische graphische Tätigkeiten und Mittel gebunden ist. Der gestalterische Akt geschieht auf der Ebene der nicht-materiellen Identitätsstrukturen, die mittels unserer Arbeit dann als physisches Oberflächenphänomen wahrnehmbar werden. Wir nennen unsere Vorgehensweise daher Tiefendesign. Eine der Implikationen dieser Haltung ist, dass die jeweils entwickelten Ausdrucksweisen auf keine andere Firma und kein anderes Produkt übertragbar sind.

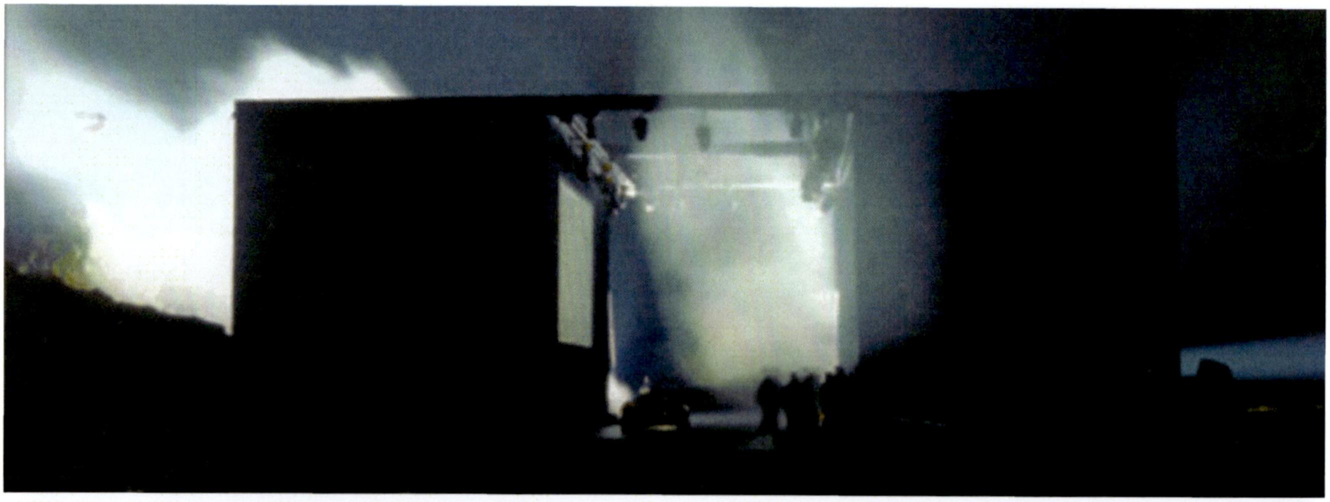

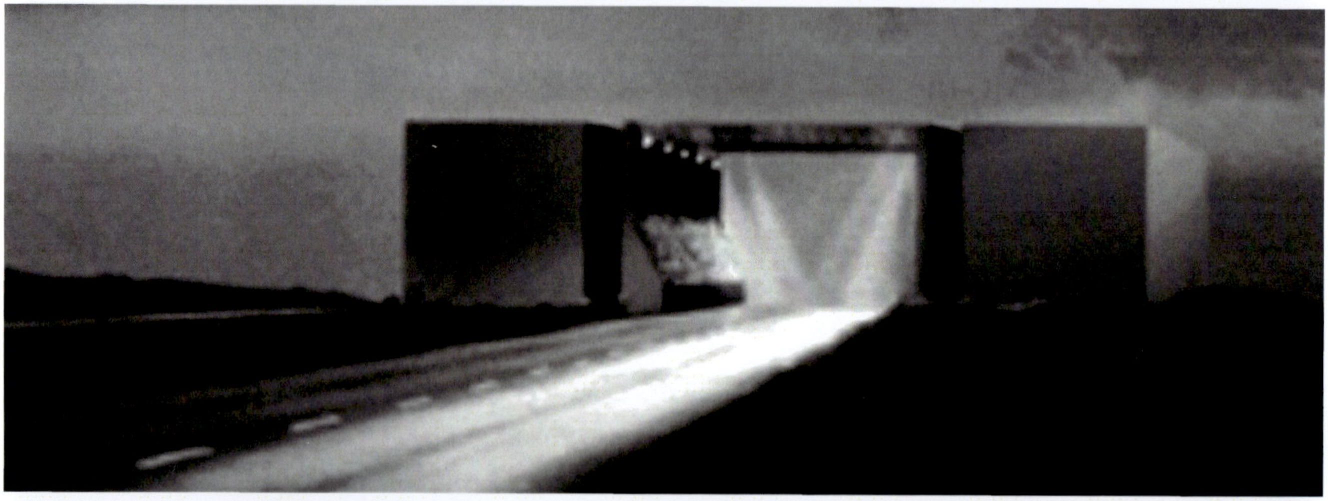

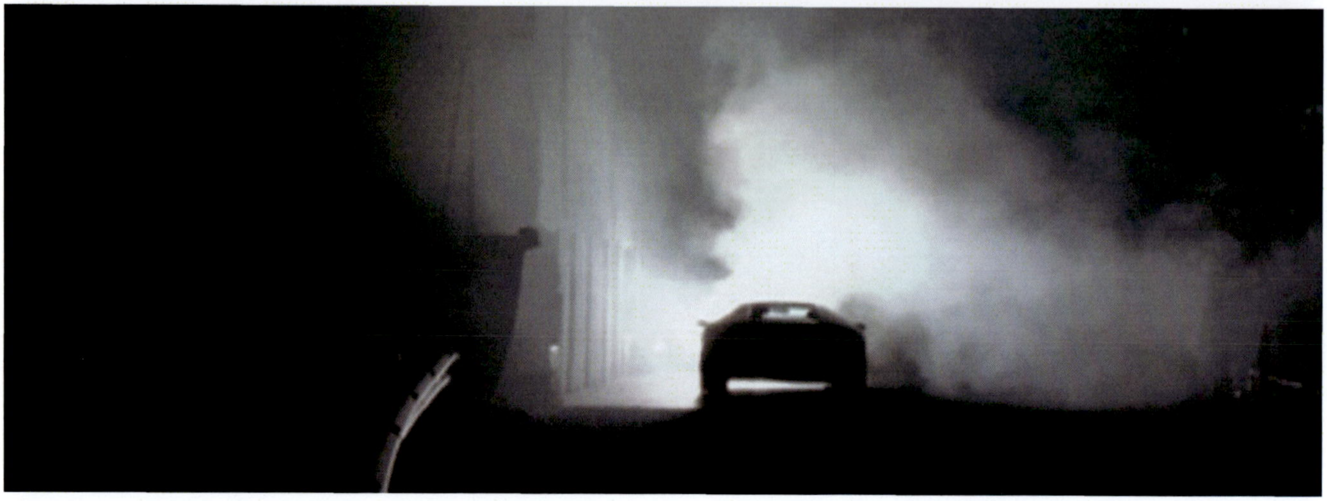

Ein völlig unterschiedlicher Auftrag aus der jüngsten Zeit mag den Kern unseres Ansatzes – gerade durch die große inhaltlichen Differenz – veranschaulichen: das Erscheinungsbild der Pinakothek der Moderne. Ich muss zunächst die Ausgangssituation kurz schildern, um die Komplexität des Falls auch für Nicht-Eingeweihte nachvollziehbar zu machen.

Die im September 2002 eröffnete Pinakothek der Moderne befindet sich in direkter Nachbarschaft mit der Alten und der Neuen Pinakothek in der Münchner Maxvorstadt, einem nah der Stadtmitte gelegenen Stadtviertel. Während die genannten Museen zu den Bayerischen Staatsgemäldesammlungen gehören, verhält es sich bei der Pinakothek der Moderne anders: nur die Sammlung Moderne Kunst ist ebenfalls Teil dieser Institution, während die Staatliche Graphische Sammlung, das Architekturmuseum der Technischen Universität München und Die Neue Sammlung. Staatliches Museum für angewandte Kunst als jeweils autonome gleichberechtigte Partner in das neu errichtete Gebäude gezogen sind. Es war so etwas wie eine designerische Quadratur des Kreises, die von uns erwartet wurde: mit einem System Zusammenhang und Autonomie gleichzeitig auszudrücken.

Das Resultat ist weitgehend bekannt, deshalb brauche ich es hier nur kurz zu skizzieren. Wir begannen mit der Alten Pinakothek und gaben ihr ein einfaches Rechteck als Symbol – eine Art Ur-Piktogramm für die Kunst. Hier ist gewissermaßen die Kunst, die in sich selbst ruht: Dürer, Rembrandt, Michelangelo, Rubens. Klassisch und nicht mehr hinterfragt, ein Baustein unserer Kultur. Dann kommt die Neue Pinakothek. Das Rechteck erhält in der Mitte eine rechteckige Öffnung und bildet nun einen Rahmen. Das weist auf das Einsetzen der Reflexion über Kunst ab dem 19. Jahrhundert hin: die Kunstgeschichte wird erfunden, Museen werden eingerichtet; Kunst wird als Erziehungsmittel gesehen und nicht nur als Objekt, das man im Fürstenhaus sammelt. Schließlich die Pinakothek der Moderne. Hier ist plötzlich kein geschlossener Rahmen mehr denkbar, weil alles offen ist, neu, im nächsten Augenblick wieder vergangen. Weil der Kunstbegriff pluralisiert wird, es keine absoluten Maßstäbe mehr gibt. Und da es ja auch um vier unabhängige Museen geht, blieb eigentlich gar keine andere Lösung als das Zerschneiden des Rahmens in vier gleiche Teile. So entstand das Logo für das größte interdisziplinäre Museum der Welt.

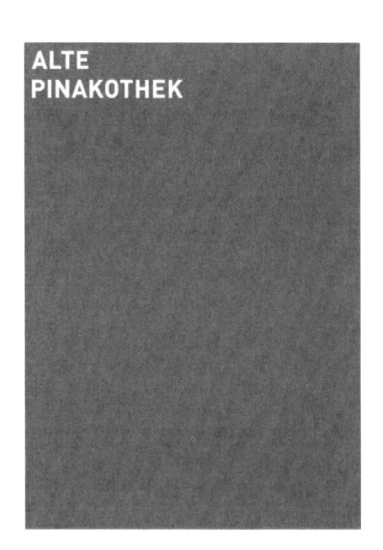

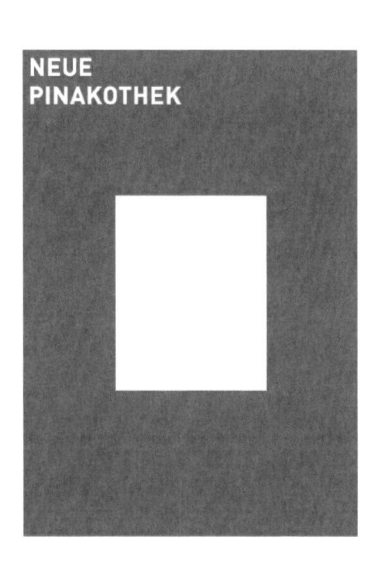

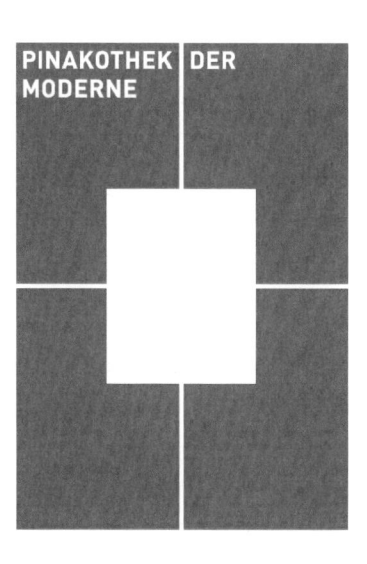

Rechteck, Rahmen und viergeteilter Rahmen – das war die Lösung, und dafür haben wir auch viele Auszeichnungen erhalten. Aber davon will ich eigentlich gar nicht erzählen, auch nicht davon, dass wir (selbstverständlich) über alle klassischen Elemente wie Schrift, Farbklima, Fotosprache, Formate etc. ein kohärentes, wieder erkennbares Erscheinungsbild geschaffen haben. Es geht mir, wie gesagt, um die immateriellen Aspekte, die letztlich die entscheidenden dafür waren, dass die sichtbare Oberfläche eine solche Stringenz erhalten hat.

Als uns die vier Direktoren der Pinakothek der Moderne einen Tag vor Weihnachten zum ersten Mal besuchten, blieben noch knapp neun Monate Zeit bis zur Eröffnung eines der größten europäischen Museen für Kunst, Graphik, Architektur und Design des 20. und 21. Jahrhunderts. Bis dahin war nicht nur das Erscheinungsbild zu entwerfen und zu implementieren, sondern auch ein umfassendes Kommunikationskonzept zu erarbeiten und die entsprechenden Einzelmaßnahmen durchzuführen: Plakate und Großflächen, die Kataloge, Informations- und Orientierungsbroschüren, ein Informationssystem auf Monitoren für den Eingangsbereich, eine Zeitschrift für Gegenwartskunst, der Internet-Auftritt, die Ausstattung des Café-Restaurants … und dazu noch die protokollarisch hochsensiblen Einladungen und Programme für die Eröffnungsfeierlichkeiten mit Staatsakt.

Doch dies alles hat nur Bedeutung als äußerer Rahmen. Was »eigentlich« geschehen ist, fand im Innern statt: am großen Stahltisch in unserem Konferenzraum. Dort sind wir uns allein auf Direktorenebene 73mal begegnet, die nicht gezählten operativen Meetings dürften mindestens das Doppelte betragen. »Warum dieser erstaunliche Aufwand?« fragte einmal ein Interviewpartner. Ich glaube, der Begriff »Aufwand« ist völlig unangebracht. Wenn eine einzige Sitzung gefehlt hätte, wäre das Projekt nicht gelungen.

Was »eigentlich« geschehen ist: Vier unabhängige Institutionen – jede davon ein in seiner Disziplin international anerkanntes Museum – haben sich eine gemeinsame Identität gegeben. Aber nicht durch Aufgabe ihrer individuellen historisch gewachsenen Persönlichkeit – und schon gar nicht institutionell, denn nach wie vor sind die vier Sammlungen autonome Einrichtungen –, sondern durch Erschaffung einer neuen, übergeordneten Ebene.

Dieses durch und durch immaterielle »Produkt« ist das, was unsere Arbeit ausgemacht hat. Dass ausgehend von vier unterschiedlichen, teils konträren Positionen und Charakteren mit ebenfalls unterschiedlichen Schwerpunkten und Zielsetzungen nach und nach eine gemeinsame Idee heranwuchs, ein Verständnis, eine Haltung und schließlich eine Ausdrucksweise: das ist ein Beispiel dafür, wie das, was wir Tiefendesign nennen, erfolgreich stattfinden kann.

In unserem Fall hat es viel mit dem ideellen Raum zu tun, den wir geschaffen haben, und der symbolisch zwischen den Ecken des Logos zu finden ist. Es ist ein flexibler Raum, denn er ist interpretierbar. Stehen die vier eng zusammen, geben sie der Kunst die zentrale, freie Fläche, oder konzentrieren sie sich jeweils auf sich selbst? Jede dieser Lesarten ist möglich, ihre Gültigkeit hängt von der jeweiligen Situation und Notwendigkeit ab.

Das Zusammenspiel von Freiraum und definierter Struktur, das gleichberechtigte Miteinander haben auch die Zusammenarbeit zwischen Museum und Designbüro geprägt. Es ist eine sehr fruchtbare Zusammenarbeit gewesen und bis heute geblieben. Aus dem gemeinsamen Wollen und Handeln hat sich eine Dynamik entwickelt, die dazu geführt hat, dass wir mittlerweile weit mehr erreicht haben als die anfangs gesteckten Ziele. Dass sich der Förderverein ein neues Erscheinungsbild im Einklang mit der Pinakothek hat geben lassen, klingt zwar nahe liegend, ist jedoch nicht selbstverständlich. Dass diese gesellschaftlich relevanten Persönlichkeiten bereit waren, über ihr Mäzenatentum hinaus diesen Schritt der Identifikation zu tun, zeugt von der Ausstrahlungskraft des gemeinsamen Geistes.

Noch deutlicher wird es in der Etablierung einer neuen topographischen Bezeichnung: Kunstareal München. So haben wir eine städtebaulich zusammenhängende Zone bezeichnet, in der neben den drei Pinakotheken noch weitere Museen gelegen sind: die Glyptothek und die Antikensammlungen sowie das städtische Lenbachhaus. Der Name ist Programm: statt der gängigen Museumsviertel, -inseln, -ufer und -quartiere haben wir einen Namen gewählt, der auf den lebendigen Inhalt abzielt: die Kunst. Auch hier ist die Wirkung nicht ausgeblieben. Besonders deutlich lässt sich das an den 20 Galerien ablesen, die unter dem Titel »Galerien im Kunstareal« nun ein gemeinsames Programm herausgeben.

Apropos Ausstrahlung: Ich selbst habe den Musterraum, ein kubisches Gebäude vor der Pinakothek der Moderne, das der Bemusterung der Räume gedient hatte, zusammen mit einigen Partnern instand gesetzt und dort ein Programm für experimentelle audiovisuelle Installationen ins Leben gerufen. Ich erfülle mir damit einen persönlichen Wunsch – und definiere mich dadurch auch selber als Teil der Pinakothek der Moderne.

Ich könnte noch viele Beispiele anführen, um zu veranschaulichen, wie stark die Anziehungskraft von einer Unternehmung ist, die mit voller Überzeugung aller Beteiligten durchgeführt wird. Aber es ist nicht nur das. Es ist auch eine sehr reiche Erfahrung, ein ständiges voneinander Lernen. Wir brachten als Kommunikationsbüro Aspekte ein, die für unsere Partner als staatliche Museen bislang kaum relevant gewesen waren, die aber mit Heranrücken des großen Eröffnungstages nun dringend benötigt wurden: ausgeprägtes Zeit- und Ressourcenmanagement, Bereitschaft zu schnellen Entscheidungen, Vertrautheit mit der Industrie (besonders bei der Suche nach Sponsoren), ergebnisorientiertes Lösungsdenken usw. Umgekehrt erfuhren wir viel über die Komplexität des sog. Kulturbetriebs, über die politischen Implikationen, über Diplomatie und über Protokollarisches, und wir lernten auch eine ganz andere Art der Zielsetzung und Sinngebung kennen. So haben sich beide Seiten gegenseitig bereichert – nicht nur, weil das Projekt erfolgreich war, sondern vor allem, weil man durch den anderen auch in der persönlichen Entwicklung vorangeschritten ist.

Dies ist ein besonders schönes Beispiel für das, was wir unter Tiefendesign verstehen. Ob ein Projekt Erfolg hat, hängt allerdings von vielen Faktoren ab, und ich nehme an, dass es in dem hier geschilderten Grade nicht in jeder Konstellation möglich ist. Aber es ist andererseits keine Frage der persönlichen Sympathien und Kompatibilitäten. Jeder intensive Arbeitsprozess führt die daran Beteiligten näher zusammen, das ist ein ganz natürlicher Vorgang. Was ich mit dem Begriff »immaterielles Gestalten« bezeichnen will, ist eine andere Dimension des Designgedankens, die sich von der Fixierung auf Fläche und Raum löst, so wie die brennende Kerze mehr ist als ihre visuelle oder sprachliche Repräsentation.

Nicht, dass Fläche und Raum plötzlich keine Rolle mehr spielten. Gestalten kann sich von der Gestalt, der Erscheinung im euklidischen Koordinatensystem nicht lösen. Aber die Erscheinung ist ihrerseits nur der wahrnehmbare Reflex des Seins – und diese Tiefenebene ist das, was mich bei meiner Tätigkeit eigentlich interessiert.

Erinnerungen an Atmosphären   Oliver Boberg

Wenn mehrere Menschen in ein und derselben Situation eine bestimmte Atmosphäre erfahren, wird es den wenigsten möglich sein, dieses Erlebnis eindeutig zu charakterisieren – die Atmosphäre bleibt vage – und dennoch erleben sie eine ganz bestimmte Atmosphäre. Die Betrachtungen verschiedener Fachgebiete können verschiedene Facetten der Atmosphäre anreißen, aber erklären, was Atmosphäre eigentlich ist, kann keines der Fachgebiete. Schließlich besitzen wir keinen speziellen Atmosphäre-Sinn und können uns möglicherweise lediglich darauf einigen, dass bei der Empfindung von Atmosphäre alle oder mehrere Sinne zusammenwirken.

In meinen Arbeiten versuche ich, obwohl es mir nicht in erster Linie um Atmosphäre im strengeren Sinne geht, die „Zutaten" bestimmter Atmosphären, genauer: der Atmosphären bestimmter Typen von Orten unserer Umgebung, herauszufiltern. In einer pseudo analytischen Weise (pseudo, weil derlei Betrachtungen immer durch mich, d.h. die Person, die sie durchführt, gefiltert werden) untersuche ich einen bestimmten Typus von architektonischem oder landschaftlichem Ort (z.B. einen Treppenabgang zur U-Bahn) an verschiedenen Beispielen, stelle fest, welche architektonischen, farblichen, beleuchtungsrelevanten Details dem überwiegenden Teil der untersuchten Repräsentanten dieses Typus gemeinsam sind, welche mir wichtig erscheinen und entwerfe daraus eine Idealinterpretation eines solchen Ortstypus.

Jeder Ort erzählt seine eigene Geschichte. Spuren des Gebrauchs, oder Nicht-Gebrauchs, des Verfalls, des Wetters, des Zeitgeschmacks usw. determinieren unsere Assoziation eines Ortes mit Personen (-gruppen), Handlungen, Verrichtungen, Geschichten. Bestimmte Details kehren an verschiedenen Repräsentanten eines Ortstypus wieder, andere Details sind eher individuelle Kennzeichen eines Ortes. Das in meinen Augen allgemein Gültige verwende ich für den Entwurf der Idealinterpretation, die besonderen Kennzeichen spezieller Orte verwerfe ich.

Ausgangspunkt für mein Interesse ist grundsätzlich das eigene Erleben. Schon immer recht empfänglich für die atmosphärischen Besonderheiten unserer Umgebung werde ich im Alltag (oder im Kino, oder beim Lesen von Comics usw.) auf einen bestimmten Ort aufmerksam und versuche, diesen in anderen Städten (oder Filmen, oder Comics) wieder zu finden. Durch das Vergleichen anderer Erscheinungsformen dieses Typs ergeben sich die gestalterischen Konstanten und Divergenten. Mit dieser Kenntnis erarbeite ich zeichnerisch meine Idealversion (bzw. ein Über-Klischee), um diese anschließend in ein dreidimensionales Modell umzuwandeln.

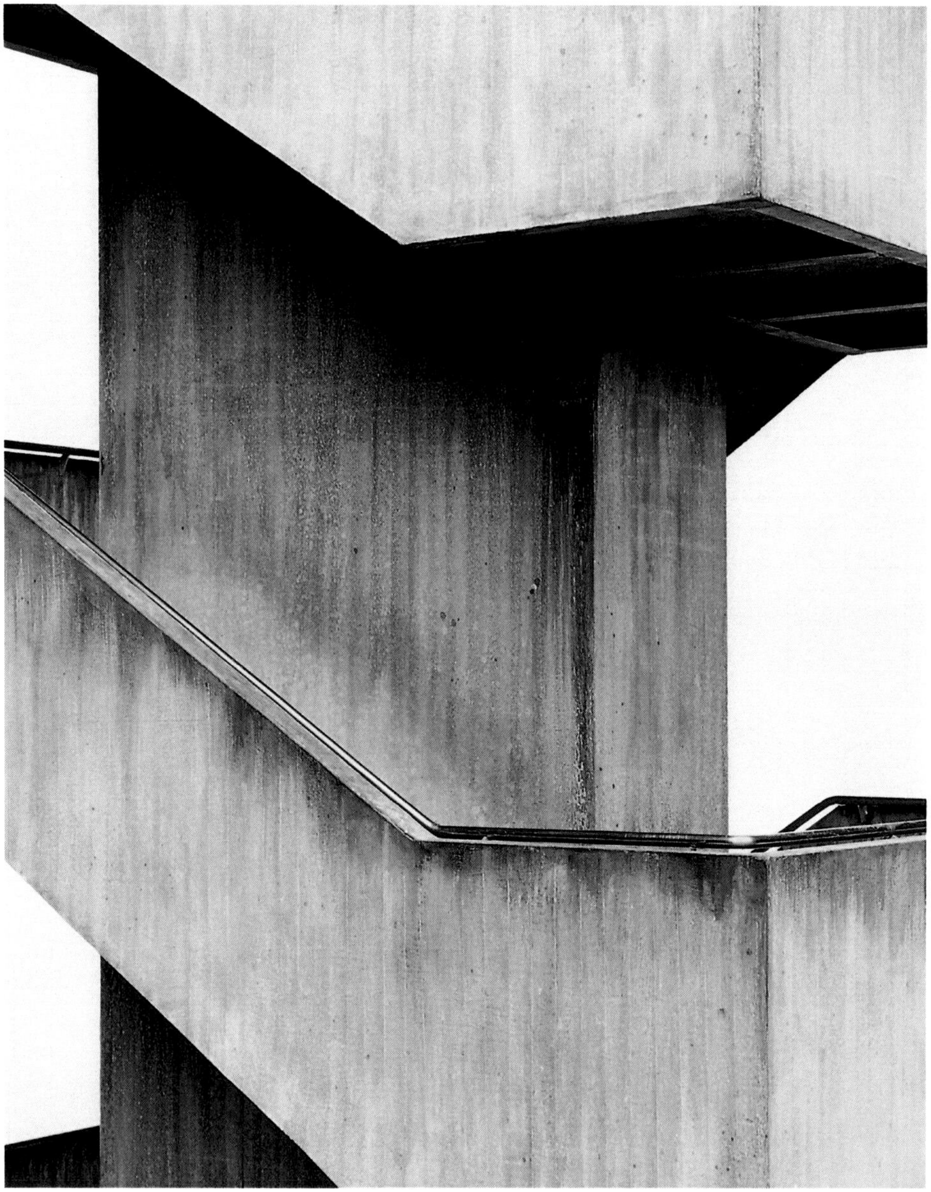

Dieses Modell – eigentlich ist es eine Kulisse, denn es wird derart gebaut, dass es nur von einem vorher festgelegten Betrachterstandpunkt und innerhalb eines Sichtrahmens seine Illusion entfaltet – erlaubt mir sowohl das Ergebnis meiner Studien an den realen Orten, als auch meine persönliche Wahrnehmung derselben in die Arbeit einfließen zu lassen. Auf diesem Wege verbindet sich das Objektive mit dem Subjektiven und repräsentiert eine doppelte Filterung der „Zutaten" einer Atmosphäre des gewählten Ortstyps.

Abschließend wird das Objekt vom vorher festgelegten Blickpunkt aus so fotografiert, dass der Betrachter die größtmögliche Illusion eines realen Ortes erhält. Da es in der Geschichte der Fotografie und der Kunst eine lange Reihe von Vertretern der Architekturdarstellung gibt, die in den Werken des Ehepaares Becher ihre nüchternsten, dem jeweils fotografierten Gegenstand gegenüber am neutralsten eingestellten Vertreter gefunden hat, verwende ich deren Bildersprache (d.h. nüchterner, distanzierter Kamerastandpunkt; keine stürzenden Linien; gleichmäßiges, undramatisches Licht; diffuser Himmel).

Damit wird gewährleistet, dass allein das abgelichtete Objekt (und nicht etwa eine bestimmte dramatisierende Lichtstimmung oder ein expressiver Aufnahmewinkel) für die Entfaltung des Charakters des Ortes (der sich vornehmlich in seiner Atmosphäre ausdrückt) verantwortlich ist. Auf diese Weise wird auch möglich, dass mehrere Betrachter in der Darstellung selbst erfahrene Orte wiedererkennen und aus der objektiven Darstellung eines Orte-Modells die Darstellung eines persönlichen Ortes für den jeweiligen Betrachter wird. (Anm.: Dies ist die Vorgehensweise für die Foto-Serie „Orte"; die Verarbeitung der in Filmen gesehenen und erfahrenen Orte geschieht in der Videoserie „Nacht-Orte"; die Orte aus Comics warten noch auf ihre Verarbeitung)

Ein Kernstück meines Interesses stellt also die persönliche Wahrnehmung des Einzelnen dar. Durch eine möglichst neutrale Darstellung versuche ich der Tatsache entgegen zu kommen, dass sich Atmosphären nicht vollständig inszenieren lassen (schon gar nicht auf den einzelnen Betrachter hin) und versuche, der Tragweite der von Betrachter zu Betrachter verschiedenen Erinnerungen Raum zu geben. Atmosphärenrelevanter und von mir nicht gestaltbarer Teil der persönlichen Erinnerung an die Erfahrung eines Ortes oder eines Ereignisses sind z.B. das persönliche Befinden (Gesundheit, Geschichte), die persönliche Situation (Wetter, Gesellschaft, Ereignis am Ort), die gerade selbst oder von anderen vollzogene Handlung. Auch beeinflussen vorhandene Gerüche die Erinnerung, die wir von einem bestimmten Ort behalten.

Hinzu kommt, dass die Orte, die darzustellen ich auswähle, im Alltag eher flüchtig wahrgenommen werden. Das geschieht vielleicht, weil wir tagtäglich an ihnen vorbeieilen oder weil sie lieblos, flüchtig oder rein zweckdienlich gestaltet sind. Gerade solche Orte finden aber einen eindeutigen, wenn auch eher unbewussten Platz in unserer Erinnerung. Ich nehme an, dass der Charakter eines jeden Ortes von verschiedenen Betrachtern sicherlich ähnlich beschrieben werden kann, dass aber die Erinnerung und die Erfahrung, die den Einzelnen zu dieser Beschreibung führt, logischerweise bei jedem anders geartet sein wird. Ähnlich, wie eine graue Fläche je nach Umgebungsfarbe einen anderen Ton anzunehmen scheint, erhält ein von mir dargestellter Ort je nach Person eine andere Geschichte, Sichtweise, Färbung.

Mein persönlicher Einfluss ist dabei nicht unerheblich. Wähle ich doch die Orte aus, komponiere sie und sorge durch die Wahl der verwendeten Materialien, Strukturen, Oberflächen und der Bemalung auf jedem Gebiet für eine Erscheinung, die bei aller scheinbaren Objektivität doch einen eigenen Stil entwickelt hat. So wird das Modell zu meinem Medium, meiner Leinwand, auf der ich die Geschichte eines Ortes erzähle. Die Fotografie dient zum Transport des jeweiligen Inhaltes. Durch sie erst wird es möglich, die Geschichten glaubhaft erzählen zu können und die Betrachtung des Objekts zu einem übergeordneten sinnlichen Erlebnis werden zu lassen.

Die Atmosphäre eines dargestellten Ortes erhält eine neue Qualität, sobald der Betrachter über den Herstellungsprozess des Bildes informiert wird. Eine Beibehaltung des ersten Eindrucks eines Ortes ist nicht mehr möglich. Die vage Vorstellung vom Herstellen des Modells, der Situation im Atelier mischt sich mit der suchenden Neugier nach Enttarnung der Illusion und dem Charakter, den man in dem Bild zuerst zu erkennen glaubte.

Der Betrachter, der sich über die Wahrnehmungsebenen Gedanken macht, wird in einem Bild fünf unterschiedliche Bilder entdecken:

- das Bild des ersten Eindrucks eines Ortes, unverfälscht.
- das Bild des objektiven Abbildes eines Modells im Atelier.
- das Bild der subjektiven Vorstellung der Modellsituation im Atelier.
- das Bild meiner persönlichen Interpretation eines Ortes.
- das Bild der Summe aller persönlichen Sichtweisen, d.h. das ungreifbare Klischee.

Wenn man so will, entsteht auf diese Weise durch eine Menge von Eindrücken eine Art neuer Atmosphäre. Da keiner der Eindrücke dominiert, und sich die Informiertheit des Betrachters mit dem ersten Eindruck und der persönlichen Erinnerung, der Erfahrung und der Vorstellung streitet, wird aus einem ersten, unbelasteten Eindruck ein relativ komplexes Wahrnehmungsphänomen. Dieses Phänomen ist nicht neu. Jeder hat bereits die Erfahrung gemacht, dass er oder sie nach Erhalt von neuen Informationen eine Sache, ein Ereignis, ein Kunstwerk mit „ganz anderen Augen" gesehen hat. Diese veränderte Sichtweise hat beiläufig auch subjektiv die Aura und somit die Atmosphäre der Sache, des Ereignisses, des Kunstwerks verändert.

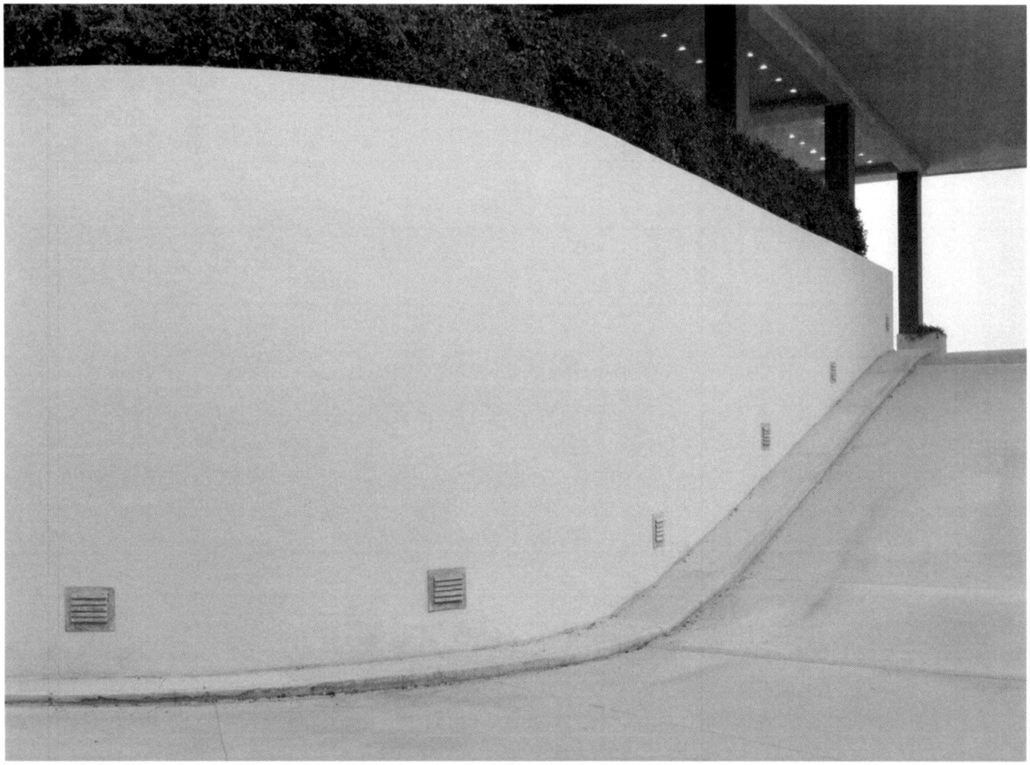

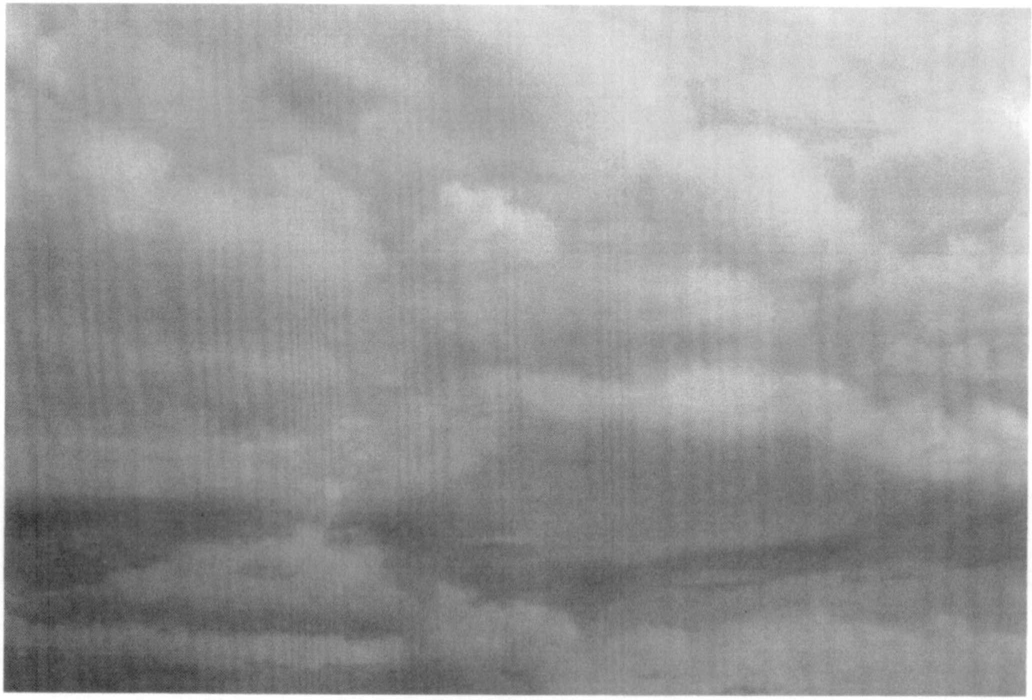

Mich interessiert diese Vorgehensweise als Kommentar zu einer Welt, in der eine Unterscheidung zwischen echt und falsch nur sehr schwer, oder teilweise gar nicht mehr möglich ist. Die ständige und massenhafte, inszenierte, nachempfundene, vereinfachte Darstellung von Geschichten, Empfindungen, Gesten, Schicksalen, Orten in Berichten, Soap-Operas, Dokumentationen lässt unsere reale Umgebung zur Kulisse der (Medien-) Erfahrungen werden, das Fernsehen zum Nachbarn und den Streit der Nachbarn zur Soap. Der Schauplatz eines „Tatorts" kommt uns so nahe, wie die Wand des Nachbarhauses schon zur Kulisse geworden ist. Weil wir schon zu viel gesehen, gelesen und gehört haben, verblassen die Unterschiede und das Immergleiche, das Klischee bleibt.

Umgekehrt versuche ich durch Erarbeitung und Reduktion auf Klischees eine authentische Erfahrung beim Betrachter hervorzurufen.

In einer weiteren Serie von Fotografien versuche ich die Atmosphären der „Orte" in einer anderen Umgebung nachzuempfinden. Ebenso flüchtig und ebenso deutlich wie in unserer gebauten oder landschaftlichen Welt nehmen wir bestimmte Situationen im Himmel wahr und belegen sie mit eindeutigen Erinnerungen.

Als Grundlage für die Entwicklung der „Himmel"-Serie dienten Hunderte von Fotografien von realen Himmelssituationen. Ohne auf meteorologische Richtigkeit zu achten, versuchte ich herauszufinden, welche Komponenten von Wolkenformationen für eine bestimmte, wiedererkennbare Stimmung verantwortlich sind. Diese wurden wiederum durch Skizzen fixiert und im Atelier mittels verschiedenster Sorten von Watte und unter Zuhilfenahme von Licht, Plexiglas und Kunstnebel in einer Art Modellsituation inszeniert.

Um der Flüchtigkeit von Wolkenformationen ein Äquivalent zu geben, entschied ich mich für die Herstellung von mehrteiligen Bildern (anfangs Diptychen, später bis zu zehn Einzelbilder), die auf jeder Tafel die annähernd gleiche Komposition zeigen sollten; allerdings leicht modifiziert, um den Eindruck zeitverzögerter Aufnahmen zu erwecken.

In der Serie „Nacht-Orte", die z.Zt. aus sechs Arbeiten besteht, beschäftige ich mich mit der Inszenierung von Orten als Schauplätze für nächtliche Szenen im Film. Hierbei spielt die blaue Beleuchtung eines Filmsets eine tragende Rolle. Über die Jahrzehnte wurde im Filmgeschäft die

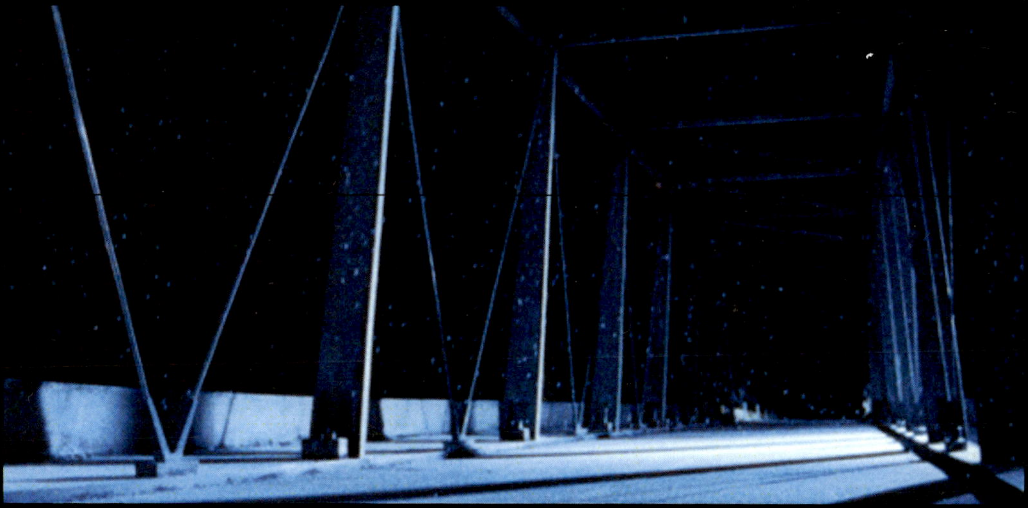

Verwendung blauen Lichtes für Nacht-Szenen zum Standart. Ohne nachzudenken hat der Betrachter diese künstliche, teilweise zu absurden Lichtsituationen führende Ästhetik akzeptiert. Mich interessieren die atmosphärischen Veränderungen, die mit dem blauen Licht einhergehen. Ein an und für sich neutraler Ort wird dadurch zur Kulisse für eine jeweils bestimmte Art von Handlung.

In meinen Filmen zeige ich jeweils einen Ort, den ich für die Verwendung einer nächtlichen Szene aufgrund von Studien für typisch erachte. Wiederum als Modell gebaut wurde er für eine Nachtszene inszeniert. Außer den üblichen, an einem solchen Ort vorhandenen, sich bewegenden Elementen (Nebel, blinkende Lichter, Regen) findet keine Handlung statt. Der ursprünglich auf 16mm-Material gedrehte Film zeigt das Motiv bei fester Kameraeinstellung. Er wird im Tonstudio mit manipulierten, bearbeiteten, neu zusammengesetzten Geräuschen aus dem Archiv versehen, am Computer zu einem endlosen Loop geschnitten und auf eine Leinwand projiziert. Es wird pro Präsentationsraum nur ein Film gezeigt. Es findet kein Austausch statt, eher laufen die Filme parallel in mehreren Räumen.

Der Betrachter sieht einen Ort, der alle Vorraussetzungen für eine Handlung bietet, die er je nach seiner eigenen Erfahrung mit dem Medium Film auch erwartet, die aber nie eintritt. Auf diese Weise verwandelt sich die anfängliche und gerade bei nächtlichen Inszenierungen sehr starke Atmosphäre mit der Zeit in eine eher abstrakte Darstellung, die der Zuschauer nach und nach zu dekonstruieren beginnt.

Die Betrachtung der atmosphärischen Komponenten dieser Arbeit muss schon bei den Bedingungen der Präsentation beginnen: Aufgrund der eher dunklen Motive können die Filme nur in absolut dunklen Räumen gezeigt werden. Die Größe der Projektion trägt zur Wahrnehmungsatmosphäre bei, und die Gestaltung der Präsentationsräume tut ihr Übriges. Die Gestaltung der Tonspur erfolgte nach kompositorischen Gesichtspunkten. Sie bleibt aber in erster Linie unauffällig und unterstützt den natürlichen Eindruck des Ortes und damit seine assoziative Geschichte. Ähnlich wie jedes gestalterische Detail des Modells trägt auch jedes akustische Detail zur Vorstellungswelt des Betrachters bei.

Wie weit jedoch die Wahrnehmungen von Atmosphären oder die Vorstellungswelten von Betrachter zu Betrachter verschieden sind oder sich ähneln, bleibt faszinierenderweise ein nie bis ins Detail kommunizierbares Geheimnis des Einzelnen.

„Lebensräume"
Unser Weg an der Grenze und die Suche nach dem Ort

Peter und Christian Brückner

Unser Weg

Planen und Bauen ist ein umfassender Kommunikationsprozess.

Die Qualität der Auseinandersetzung mit Menschen und Dingen macht diesen Vorgang zu „Kultur".

Dafür gibt es kein Rezept.

Jede Bauaufgabe erfordert und entwickelt neue Kommunikationsnetze und Medien.

Immer wieder müssen Grenzen überschritten werden.

Wir suchen die direkte Auseinandersetzung mit dem Ort und den Menschen und setzen auf kontinuierlichen Dialog.

Planen ist für uns ein Versprechen, das eingelöst werden will; planerische Idee und gebaute Realität gehören untrennbar zusammen.

Lebensräume

Landschaft mit Raum und Struktur, Tiefe und Licht.
Natur als Gebautes erleben.
Wechselhaft erhalten – erdig und neu.
Alleen sind wie mächtige Straßen, Steinbrüche wie große Plätze, Pfade wie Gassen
und das Licht ist schwer.
Teiche als große Fenster mit steinernen Adern –
vergessenes Land gepaart mit verlassenen Orten.
Grenzerfahrung bewusst und unbewusst.
Nichts ist spektakulär und besonders.
Transit als Erfahrung – Verweilen als Geschenk.
Die Menschen kantig mit wenig Worten – Lethargie.
Gebautes wächst – schnell und ungehindert.
Unorte entstehen – wie überall – sie müssen nicht gezeigt werden.
– Es gibt sie nicht, die heile Welt –
Aber die echten Bilder mit ihren Wurzeln geben den Freiraum für unsere Arbeit –
die Arbeit ist anders.
Interdisziplinäre Weggefährten begleiten sie.
Die Brüder – das Team.
Gespräche sind mehr und stellen Fragen.
Weite Wege, mit Zeit dazwischen.
Wurzeln und Flügel – ein Prinzip
Lebensräume – Erinnerung in Schwarzweiß.
Unsere Antwort mit den eigenen Farben.
Musik der Begleiter.

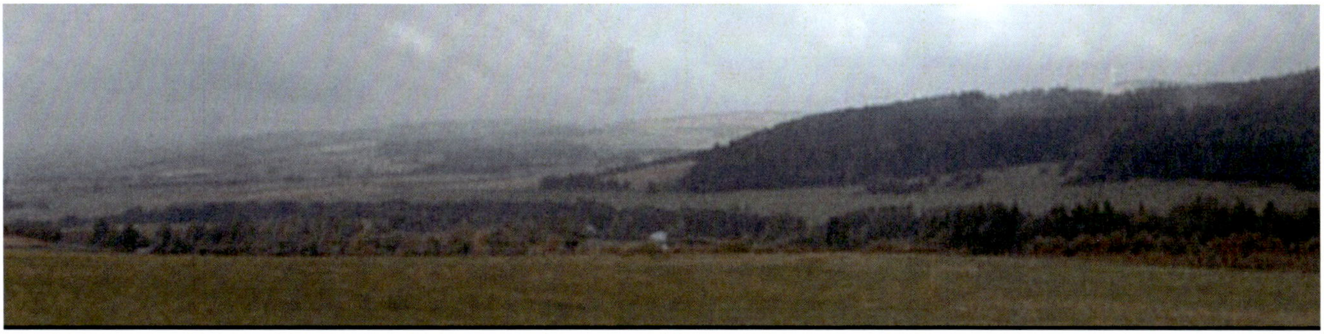
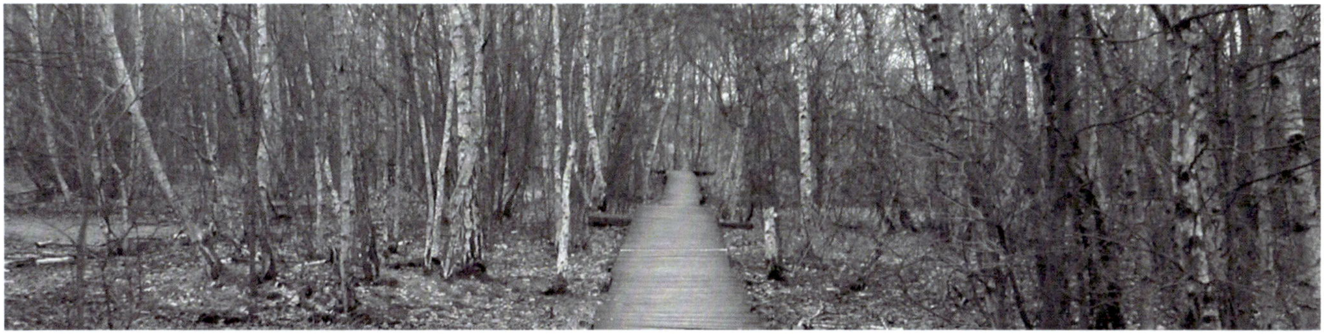
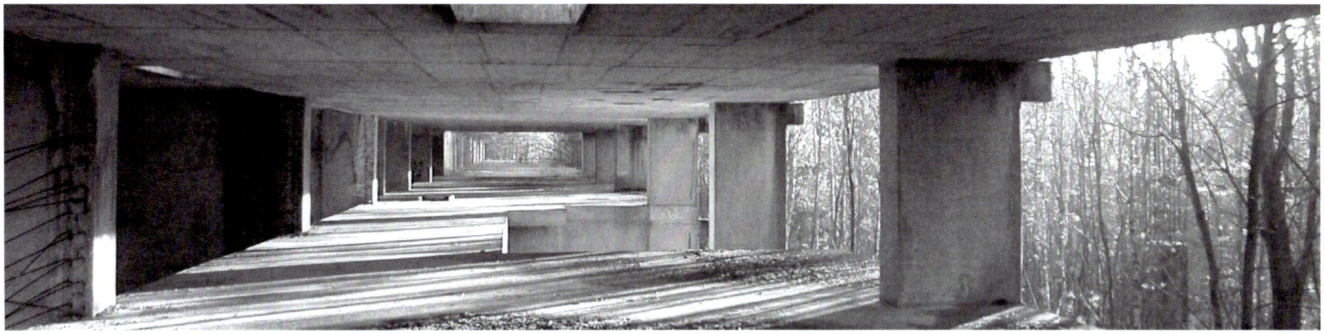

Haus Rösch, Bärnau
Ein Haus in der Landschaft

Ein Haus am Wasser,
eingebettet in eine karge Landschaft aus Wiesen und Wäldern.
Gefügt aus grob gebrochenem und präzise gesägtem oberpfälzer Granit vom
nahen Steinbruch und massivem Lärchenholz aus dem eigenen Wald.
Das Holz liegt am Stein.
Die Fuge dazwischen lässt das Licht in das Gebäude.
Ein Tor nach Westen öffnet die gute Stube.
Die Struktur ist einfach.
Die Familie wohnt im Haus mit der Landschaft.

Kapelle Tirschenreuth
Ort der Stille

Das Haus ist im Kleinen groß – und spielt mit seiner Dimension:
gäbe das Umfeld keinen Hinweis, dann stünden wir vor einem Rätsel.
Das Haus ist Kraft:
außen der massive, erdige, gebrannte Stein – gefügt zu einem unverrückbaren Fels;
innen die unfassbare Oberfläche.
Das Haus singt:
der Rhythmus verleiht ihm eine Spannung, außen wie innen;
ein sanftes Streichen (ist es ein Wind?), Klang!
Das Haus spielt mit Farbe, Licht und Schatten.
Die Jahres-, Tages- und Lebenszeiten werden zum Erlebnis.
Die „Marksteine" des Bauens sind thematisiert: Volumen, Material, Rhythmus, Licht.
Und dann die Auflösung, die Negation des Fakts, die Öffnung hin zum Transzendenten.
Es ist die Antwort auf die Frage – was will hier sein?
Wie bei einer Frucht, die man aufbricht, scheint das Innere – neu und anders.
Die Materialien nehmen sich zurück – das Licht bestimmt den Raum – Stille entsteht.
Früchte brauchen Wurzeln. Das ist nicht beliebig.
Eine erfüllte Sehnsucht: bei seinen Wurzeln ein Haus bauen zu dürfen.
Das mehr ist – als ein Haus.

Der Kulturspeicher Würzburg

Der Ort am Fluss – ein Hafen – der Kran vor dem Haus – die Farbe des Steins:
mächtige, geradezu archetypische Bilder bannen uns.
Dann dämmert Erinnerung – Ein Haus erzählt seine Geschichte:
geschäftige Bewegung, hektischer Lärm, Eisen auf Eisen, das Quietschen haltender Waggons, tuckernde Schlepper, das Schwenken, Heben und Senken der Kräne … Stille.
Schließlich greift die Zukunft Raum: ein Lagerhaus ist zum Kulturspeicher geworden.
Räume sind entstanden.
Räume, die es begreifbar machen:
die Verbindung des Alten mit dem Neuen – Einblicke, Ausblicke, Durchblicke –
Eingänge, Übergänge, Durchlässe – Material und Oberflächen.
Die Räume machen neugierig, stiften Beziehungen und erzeugen Gefühle.
Unser leidenschaftlichstes Bild:
Hinter uns der Fluss, der sich in der Abenddämmerung sanft an der Kaimauer bricht
und kühl an uns heraufkriecht.
Vor uns die alte Fassade mit dem genarbtem Kalkstein und dem angewittertem Sandstein –
daneben die Kalk- und Sandsteinplatten der neuen Fassade.
Wahre Dinge, die für sich selber stehen, die einfach da sind.
Das Licht, das aus den Fassadenöffnungen tritt, schafft Spannung, die zur Neugier wird.
Das Innen lässt sich erahnen:
respektvoll in und neben das Alte eingestellte Körper; unaufdringlicher, selbstverständlicher Raum; Raum für Leben, Raum für Kunst. Raum für „Konkrete Kunst", die nicht verweisen, sondern sich selbst genug sein will.
Ein Zufall?
Und hinter dem Haus der Wein, der seine langen Wurzeln in den Berg bohrt.
Eine schöne Fügung!
Bauchkitzeln; ein Wohlgefühl.
Ein Lagerhaus wurde zum Kulturspeicher.
Der Kulturspeicher soll Ort werden.
Zu einem Ort, der offen ist für Neues, der aufnimmt und gibt.
Auch zu einem Ort, der seine Geschichte nicht vergisst, sondern weitererzählt.
Die Architektur sorgt dafür.

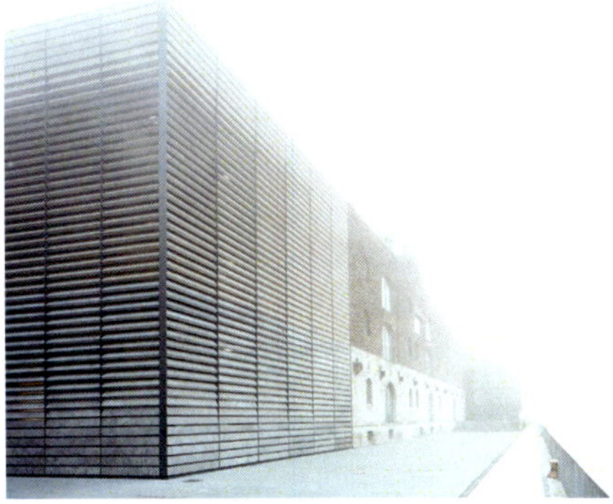
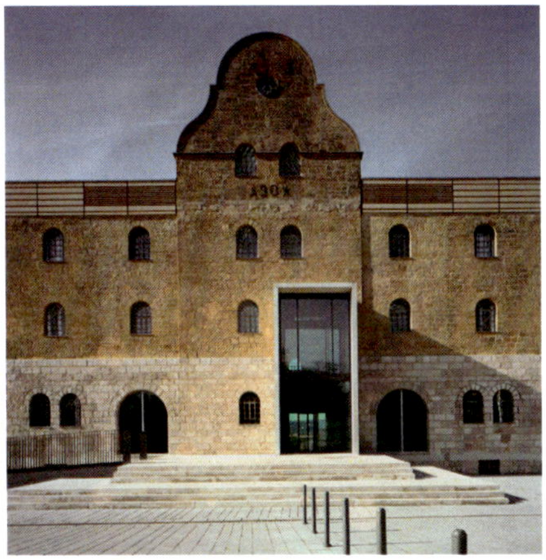
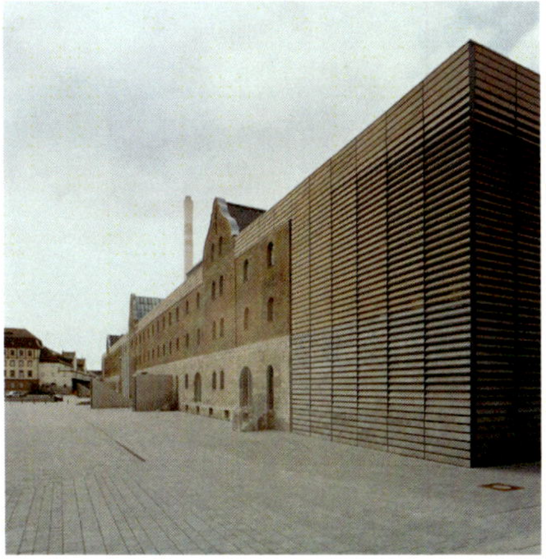
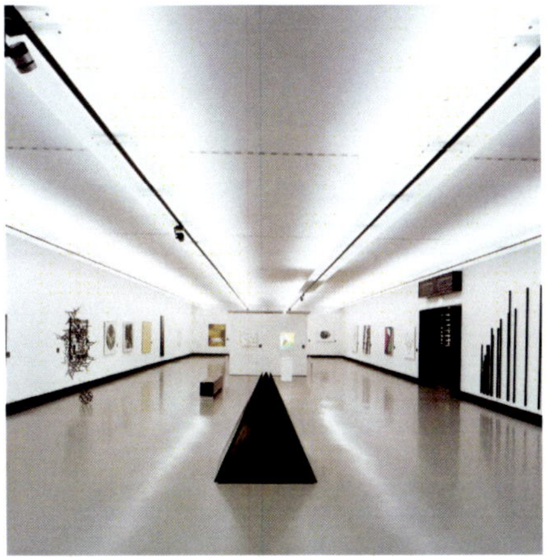
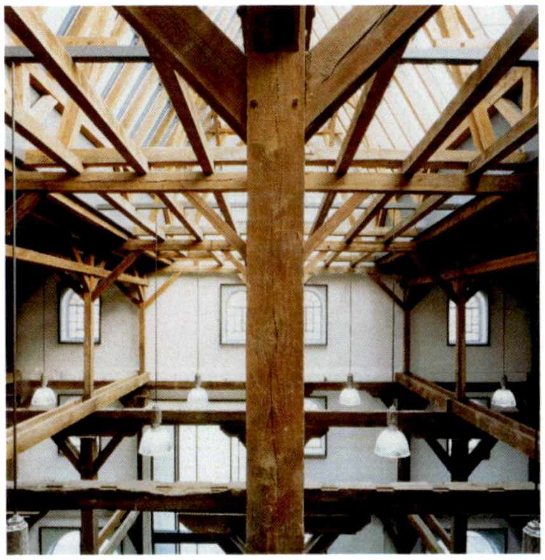
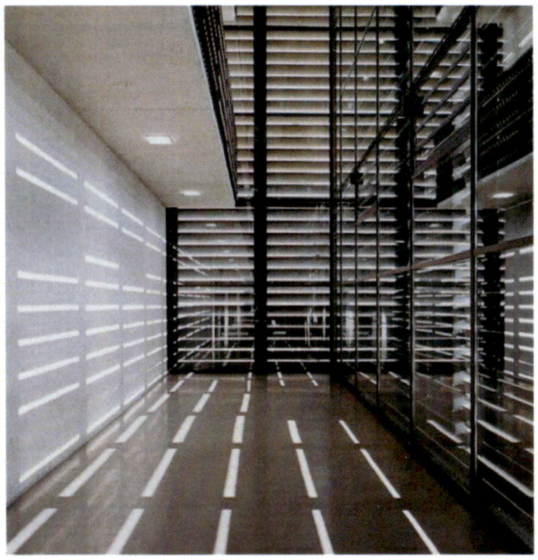
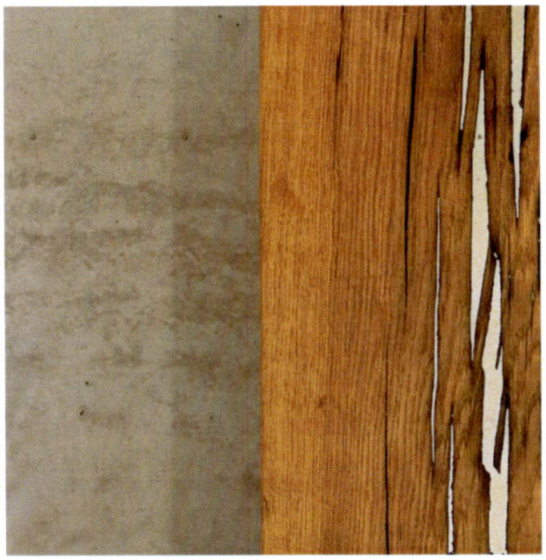
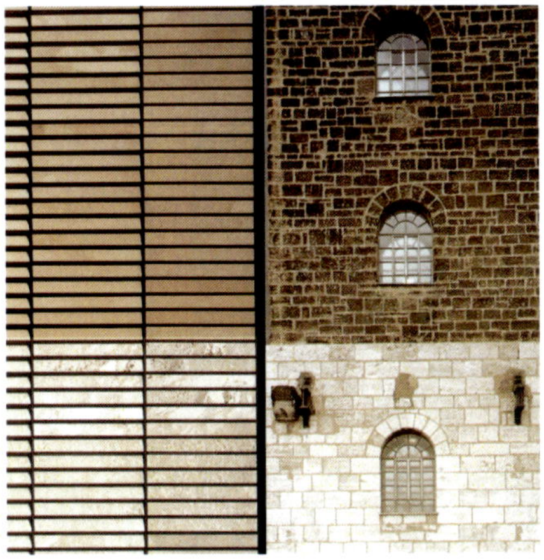
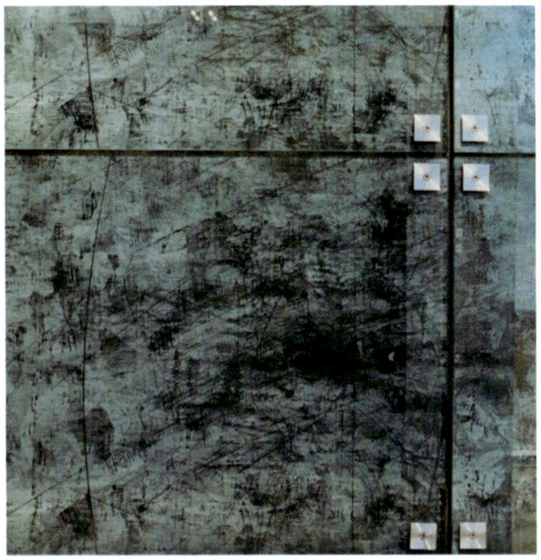

Katholische Kirche Wenzenbach
Eine Kirche für eine wachsende Gemeinde

Gestern – heute – morgen

Die Stadt wächst –

die religiöse Keimzelle des Ortes aus dem 8. Jahrhundert ist zu klein.

Kirche – Austausch – Zusammenstehen – Zusammengehen.

Die Wege und Blicke machen Sinn,

bieten klare Orientierung, setzen Alt und Neu in ein stimmiges Verhältnis.

Weiterbauen – dem Neuen Raum geben im 21. Jahrhundert.

Der Freiraum am Gottesacker hat alles, um zu einem echten Platz unter freiem Himmel zu werden.

Die Struktur der verbindenden Fassade weist in die Zukunft und erinnert sich.

Altbewährtes wird neu gefügt.

Das Material massiv verwendet, kann vor dem Morgen bestehen.

Der Kern:

Ein Schrein aus Holz und Glas schiebt sich über die massiven Wände und taucht den Raum

in blaues Licht.

Gemeinschaft kristallisiert und legt sich um den lichten Kern.

Eine neue Kirche für eine wachsende Gemeinde.

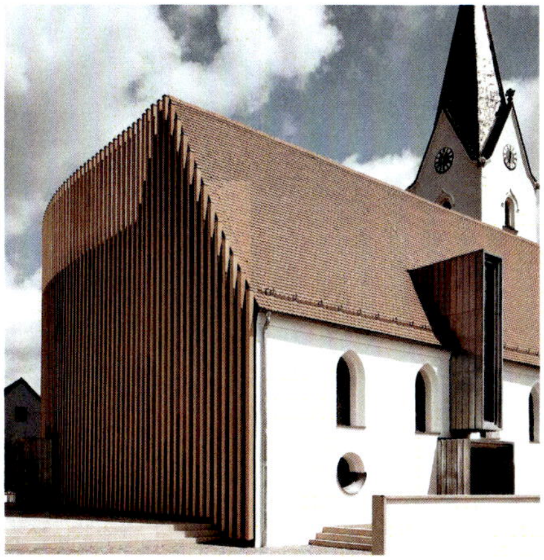
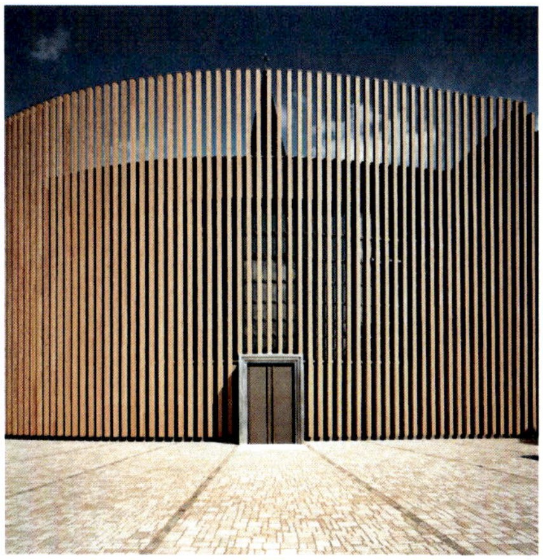
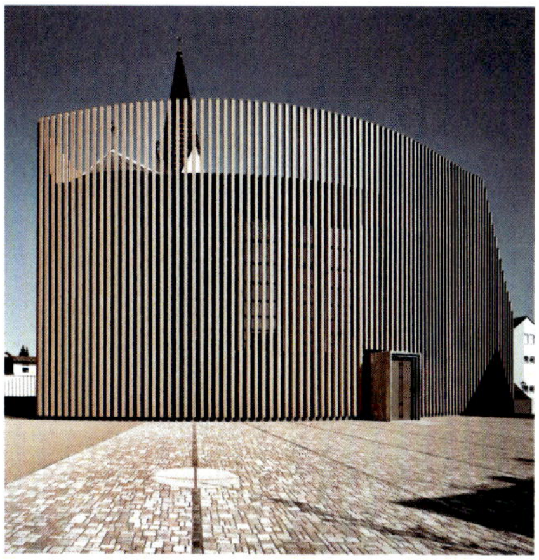
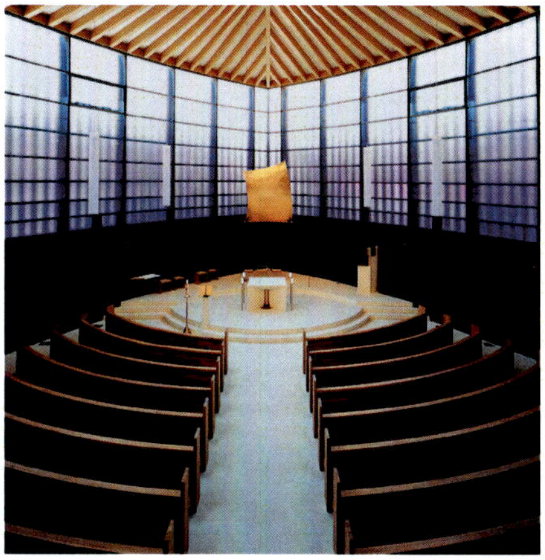
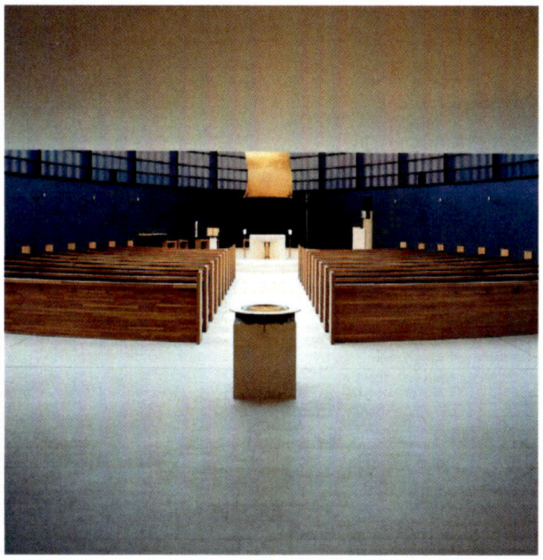
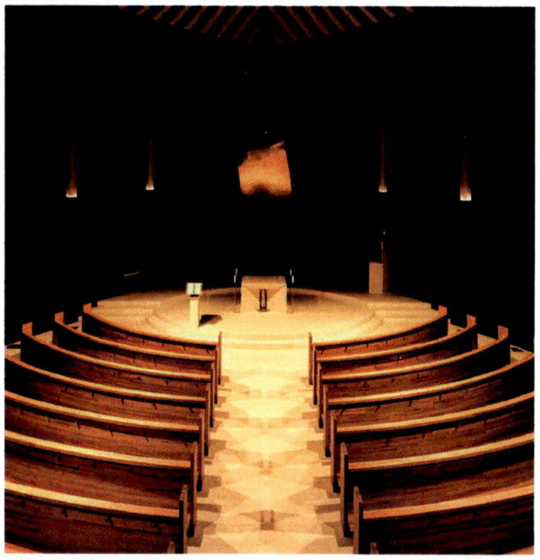
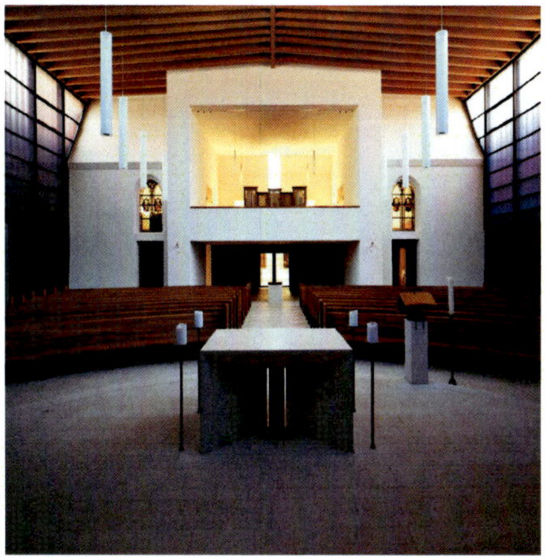
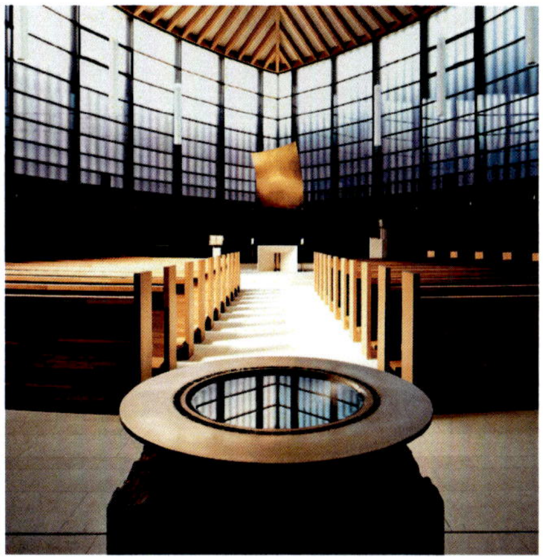
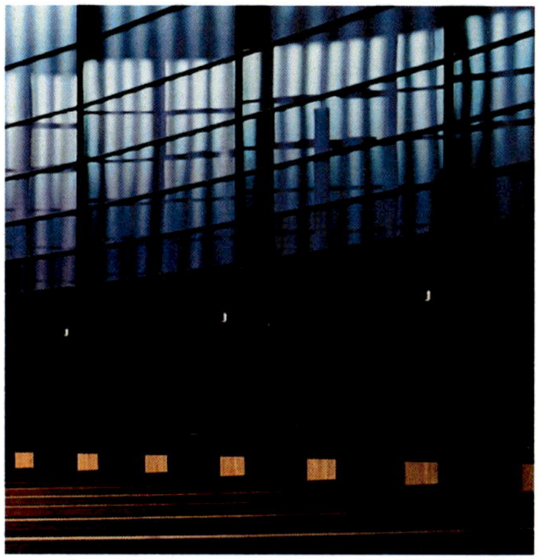

Ort der Begegnung

Zwischen Magie und Melancholie,
ein Ort – gebaut von den Menschen an der Grenze.
Der Raum ist einfach – innen wie außen.
Das Material ist nur gefügt.
Der Raum spielt mit Farbe, Licht, Schatten und den Jahreszeiten.
Die Sonne ist sein Partner,
der Mond die heimliche Liebschaft.
Grenzerfahrungen – Grenzräume – Lebensräume.
Der Wille des Ortes gibt die Antwort.

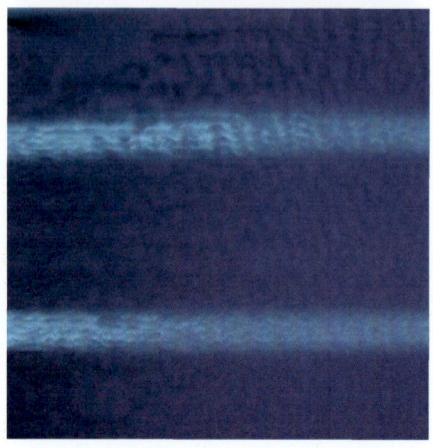

Tag&NachtRaum   Werner Mally
im Klinikum München-Harlaching

Bevor ich Ihnen das Raumkonzept mit einigen Dias vorstelle, möchte ich vorher die Entstehungsgeschichte kurz skizzieren, da diese ein wesentlicher Bestandteil der Grundidee für das Projekt war:

Eine erste Planung des Baureferats für den Umbau der Kapelle sah eine Mischung aus clubartiger Möblierung und sakraler Bestuhlung vor. Die schon im Grundriss spürbare Ratlosigkeit und die Furcht vor der Leere wurden mit einer Fülle von Funktionen kompensiert: Ein großer Tisch, Stehpult, Orgel, 10 Sessel und eine Eckbank mit Eckregal ließen keine Fragen aufkommen. Ein noch funktional nicht besetzter Bereich in der Eingangssituation wurde schließlich als eine „zweckfreie Zone" im Plan ausgewiesen.

Auf Empfehlung des damaligen Kunstreferenten der Evangelisch-Lutherischen Kirche in Bayern, Herrn A. Hildmann, habe ich mir die Situation und die Pläne vor Ort angesehen, es aber zunächst abgelehnt, mich damit länger zu beschäftigen. Ein Raum – oder vielmehr die umbaute Trostlosigkeit einer Sackgasse ohne natürlichem Lichteinfall oder geringster Aussicht auf irgendetwas – schien mir gänzlich verloren zu sein und mit nichts mehr zu retten. Aber gerade diese Aussichtslosigkeit war später der entscheidende Impuls, den Raum – zunächst nur für mich – in einem verkleinerten Maßstab im Atelier nachzubauen und ihn durch Schnitte zu zerlegen, um ihn dann möglicherweise wieder neu zusammensetzen zu können.

Auf diese Weise führten die Einschnitte später zur einzigen Lichtquelle im Raum und der skulpturale Prozess des Teilens und Trennens zum konstruktiven Prinzip. Die Aufgabe bestand jetzt darin, mit der Beschränkung auf das vorhandene Material Wand, Schnitt, Licht und Farbe so umzugehen, dass aus einer unspezifischen Stelle ein unverwechselbarer Ort entsteht.

Dieser sollte sowohl die Funktionalität und Rationalität eines Klinikums aufgreifen, als auch die Realität und Befindlichkeit des Patienten aufnehmen und reflektieren. Daraus ergab sich die konkrete Thematik, Paradoxes in einem Raum zu verbinden. Entgegengesetzte Aspekte eines

Tagesverlaufs sollten darin als gleichwertige Pole einer Raumerfahrung präsent sein, und in beiden Sphären aber sollte sich der Besucher umfassend gehalten fühlen.

Präzise geführter Lichteinfall kennzeichnet jetzt den Tages-Aspekt, lichtabsorbierende Schattenzone die Nacht.

Auf die einzelnen oben genannten Aspekte, welche die Atmosphäre des Raumes als ein untrennbares Ganzes bestimmen, möchte ich im Folgenden näher eingehen:

Geometrie der Schnitte:

Die beiden eingeschnittenen und in der Wand implantierten Lichtachsen verlaufen jeweils senkrecht vom Boden, über die Decke und an der nächsten Wand wieder zum Boden. Lediglich die Grenze der Farbräume bezieht auch den Boden mit in den Schnitt ein. Die Einschnitte öffnen den liegenden Raumkörper für das – imaginär von Außen einfallende – Licht, wobei dem Licht auch hier eine paradoxe Wirkung zukommt: es teilt, trennt und fragmentiert den Raum, aber als Lichtquelle in Form eines „Kreuzbandes" hält es ihn gleichzeitig zusammen.

Durch die geometrische Struktur erfährt die Wahrnehmung eine subtile Irritation: der Raum verliert zunächst seine ursprünglich eindeutige Richtung, und die beiden Längs-Wände scheinen nicht mehr parallel zu verlaufen. Auf der Schwelle stehend, wird sich der Besucher bald entscheiden, welche Stimmung oder Teil des Raumes ihn mehr anzieht. Unabhängig von seiner Wahl bleibt er aber immer auch mit dem entgegengesetzten Pol verbunden.

Farbe:

Neben der Lichtführung dominiert die farbige „Aufladung" die Gestimmtheit des Tag&NachtRaumes. Die sämtliche Flächen umfassende Raumschale ist in einer mehrfachen, gestisch gleichmäßigen Lasur gefasst.

Während der ocker-gelbe Part mit seiner klaren Linienführung einen aktiven, öffentlichen Charakter aufweist, zieht sich die dunkelblaue Ecke introvertiert zurück und bietet dem Besucher eine Schutzhülle des Privaten an. Lichtabsorbierendes Blau dehnt die Raumgrenze in die Tiefe und entwickelt damit eine höhlenartige Sogwirkung. Wenn Licht – und damit auch das Bewusstsein – die größere Hälfte des Raumes prägen, dann wird in der dunklen Schattenzone in der Ecksituation das Unterbewusstsein angesprochen.

Temperatur:

Ein hoher Rotanteil im Blau verhindert eine kühle Wirkung in diesem Bereich, und die Verwendung von Neonlicht in den dimmbaren Lichtachsen reduziert die Wärmewirkung vom Goldocker auf ein angenehmes Maß. Farbmischung und die Wahl des Leuchtmittels ergeben ein gleichmäßiges Wärmegefühl in beiden Polen des Raumes.

Die Reflektion von Gelb und Blau entlang des Farbwechsels erzeugt an der begehbaren, „weichen" Grenze die kälteste Zone innerhalb des Raumes. Ein kaum wahrnehmbares aber deutlich spürbares Graugrün in der Eingangssituation beschleunigt möglicherweise die Entscheidung oder Bewegung aus diesem Schwellenbereich.

Tempo:

Die Geschwindigkeit einer Bewegung im Raum hängt unter anderem von der Helligkeit ab. Im klar strukturierten TagRaum geben die Lichtachsen einen überschaubaren Rhythmus von Raumsequenzen vor. Hier stehen oder gehen die Besucher um die zweiteilige Skulptur, unterhalten sich, lesen oder schreiben in das aufliegende Gästebuch.

Der NachtRaum ist demgegenüber eindeutig schwerer, langsamer und führt über das vorsichtige Eintauchen in die Dunkelheit zum Sitzen und zur Stille.

Skulptur:

Während alle Achsen und Grenzen der polaren Raumkonstruktion linear verlaufen, ist die ebenfalls zweiteilige Skulptur die einzige runde Form. Sie betont einerseits den Schnittpunkt der Lichtachsen im Raum und liefert damit einen Kontrapunkt zum Kreuz an der Decke. Andererseits hebt sie in der kreisenden Bewegung – zumindest ansatzweise – die Polarität des Raumes auf und deutet auf die Tiefe bzw. Höhe der vertikalen Dimension.

Werner Mally 237

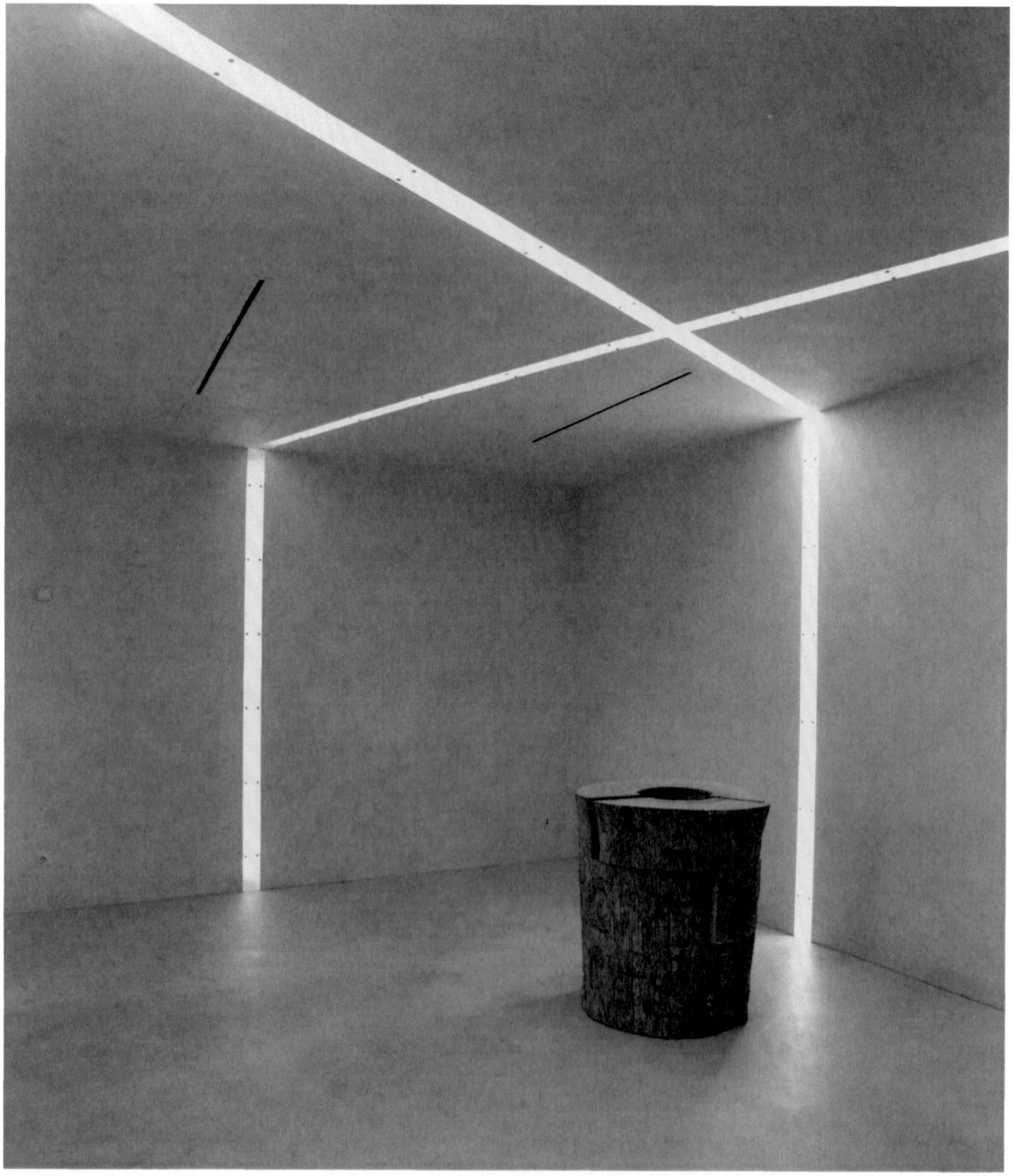

Atmosphäre und ästhetisches Interesse   Rainer Goetz

„Ich riskiere es nach wie vor,
ungedeckte Gedanken zu denken".
Theodor W. Adorno
am 16. Juli 1969 im Gespräch mit dem befreundeten Bildungsforscher Hellmut Becker

In diesem Beitrag erhält „Atmosphäre" als Begriff der Ästhetik[1] seine besonderen Konturen durch die unterstellte Beziehung zum Konzept des ästhetischen Interesses[2], zum Modell eines interessen-differenzierten projekt-orientierten Kunstunterrichts[3] und seine ereignishaft performativen Erscheinungsweisen im Bereich ästhetischer Bildung[4]. Dabei geht es um strukturelle Korrespondenzen zwischen den Rahmenkonzepten von „Atmosphäre" und „ästhetischem Interesse", zwischen „Sphären der Anwesenheit" ästhetischer Gegenstände und ästhetischer Interessen-Entwicklung der Subjekte, um den Auf- und Ausbau wünschenswerter motivationaler Dispositionen durch atmosphärisch aufgeladene ästhetische Wahrnehmungs- und Gestaltungssituationen.

Mentalitätsräume für ästhetische Interessenentwicklung

Mentalitätsräume = Klima[5]: Diese von Harald Szeemann aufgestellte, scheinbar stabile Gleichung wird in seiner Nachbetrachtung sofort in Frage gestellt. Er vergleicht sie mit einem jungen Liebespaar, das die Überlebenschancen seiner Liebe noch nicht reflektiert hat. Diese Fragestellung lässt sich auf unsere Thematik übertragen: Sind atmosphärisch aufgeladene Räume überhaupt imstande, ästhetisches Interesse zu evozieren? Und umgekehrt: Lässt sich ein Mentalitätsraum gleichermaßen aus dem ästhetischen Interesse der unmittelbar Beteiligten bestimmen, welche möglicherweise ein Klima „obsessioneller Ausstrahlung" herbeiführen möchten? Gibt es also neben Faszination auslösenden Anmutungsqualitäten atmosphärischer Sensibilität auch konstruktive Möglichkeiten atmosphärischer Kompetenz?

Solch neu erlebbarer Raum, der die sinnlichen, emotionalen und intellektuellen Bedürfnisse seiner Besucher achtete, war erfahrbar auf der 50. Biennale in Venedig (2003); wer dort das Portal der Barock-Kirche San Staë durchschritt, betrat einen lichtdurchfluteten Innenraum, der von an kaum sichtbaren Fäden hängenden Gespinsten, ausgetrockneten oder künstlichen Blüten, Blättern, feinem Wurzelwerk, Schmetterlingsflügeln, Spielzeugen, Anglerfliegen, Vogelfutternetzen, Federn, Glaskugeln und anderen schwebenden Kleinobjekten bevölkert wurde. Die Schweizer Künstler Gerda Steiner und Jörg Lenzlinger gingen mit ihrer kinetisch anmutenden Installation „Fallende Gärten" auf den sakralen Raum ein, indem sie dafür eine völlig neue, faszinierende Atmosphäre schufen. Allein zwei Monate waren die beiden Künstler an der Hängung, Verknüpfung und Vernetzung der ca. fünfzehntausend Objekte beschäftigt. Eine bezaubernd poetische Raum- und Deckenbildgestaltung thematisierte den Zusammenhang von Natur, Kunst und Wissenschaft gleich einer Wunderkammer.

Aus den Stalagmiten zweier pinkfarbener Kristallseen stiegen die bunten, zartgliedrigen, vielfältigen Elemente auf und bildeten einen neuartigen, verführerischen Blütenhimmel. Es entstand ein Ereignisraum, in dem sich Assoziationen vom irdischen Paradies spontan einstellten und damit das Staunen des ersten Augenblicks. Diese poetische Dichte wurde durch scheinbar voneinander unabhängige Einzelteilchen und Materialien erzielt, die mit ihrem offenen, unabschließbaren Bedeutungspotenzial so in Blickkontakt traten, dass sich ausbalancierte Felder der Wechselwirkung gestalteten – auch in der intensiven Auseinandersetzung mit dem vorgefundenen Ort, in dem die Altartafeln von Tiepolo und Ricci ringsum Wunder und Hoffnung thematisieren: dies ist auch die bildgewordene Quintessenz der Installation von Steiner/Lenzlinger an der Schnittstelle von Kunst und Lebenswelt, dargestellt als Exerzitium der Lebenskunst, als die Kunst zu leben, als (Selbst-)Inszenierung in der Erfahrungsarmut[6].

Auf der 45. Biennale in Venedig kuratierte Achille Bonito Oliva eine Sonderausstellung mit der Rahmenthematik „Slittamenti" (Übergänge). Damit bot er Künstlern, die ihre Themen mit verschiedenen ästhetischen Ausdrucksformen in vielschichtigen Arbeitsprozessen bearbeiteten, spezielle Räume an zur atmosphärischen Aufladung. So bezog sich z. B. Peter Greenaway im Palazzo

Fortuny (und an dessen Außenfassade) mit seiner Installation „Watching Water"[7] sowohl auf die gefährdete Stadt in der Lagune, als auch auf die Biografie des Modeschöpfers Mariano Fortuny. Diesen neuen Wahrnehmungszusammenhang verband er mit seinen eigenen bildnerischen und inszenatorischen Arbeiten als Maler, Filmregisseur, Büchermacher und Ausstellungskurator.

Greenaway verhängte die Fassadenöffnungen des Palastes mit schweren Samtbrokaten: mit blauen auf der nach dem öffentlichen Raum gerichteten Fassade, mit roten zur begrünten Innenhofseite hin. In den vier fensterlosen Kabinetten schuf der Regisseur dagegen neue virtuelle Fenster: Monitore zeigten seine Filme, besonders „Prosperos Bücher", einen Film, der mittels *Electronic Paintbox* zusätzliche bildnerische Verdichtungen und Übermalungen erfuhr, bis hin zu jenem, den er anlässlich der 200. Wiederkehr der Französischen Revolution über die Ertrunkenen in der Seine gedreht hatte. Auch die in den Kabinetten dicht gehängten Zeichnungen und Collagen und installierten Bücherwürfel widmeten sich schier uferlos der Wasserthematik. Zudem wurde in jedem Raumsegment eine entsprechende Wasserakustik eingeblendet, vom Geräusch fallender Wassertropfen bis hin zum Wasserfallgetöse …

Durch diese „Wasser-Musik" mit ihrer Entfaltungsmöglichkeit großer Suggestivkraft wurde der Betrachter in die ausgestellten Bilder hineingezogen: Spüren als „ozeanisches Gefühl" eines immer-leiblichen Vorgangs durch das Zusammenspiel aller Sinne …

Die Wahrnehmung dieser „Wasserwelten" reduzierte sich dann nicht mehr nur auf die Feststellung der Farbe Blau, sondern erweiterte sich auf das Spüren der Atmosphäre, in die ich eintauchte. Diese Greenaway'schen Installationen hatten zunächst keinen „einzelsinnlichen" Charakter; grundlegend für ihre polyvalente Wahrnehmung und ihre synästhetischen Charaktere waren die Transversalität und die damit verbundenen Wahrnehmungsüberschneidungen von Zeichnung, Malerei, Collage, Buchkunst, Installation, Film, Bewegung, Sprache, Akustik …

Scheinbar unabhängige Gestaltungselemente und teilweise konträre Bedeutungsebenen wurden von Steiner/Lenzlinger und Greenaway in Kontakt gebracht, so dass sich Wahrnehmungsfelder der Wechselwirkung bildeten. Nachdem jedes Wahrnehmungsfeld mit einer bestimmten Atmosphäre aufgeladen war, kam es zu atmosphärischen Überschneidungen, Kreuzungen, Verschleifungen, Komplexionen. Im Umgang mit Mehrdeutigkeit und Vielschichtigkeit öffnete sich einerseits ein unabschließbares Bedeutungspotential der unterschiedlichen künstlerischen Ausdrucksweisen, andererseits lenkten besonders attraktive atmosphärische Räume die

Aufmerksamkeit auf die leibliche Erfahrung. Ebenso kam es zum Phänomen der Resonanz, da unterschiedliche ästhetische Ausdrucksformen, die in keiner direkten Beziehung standen, durch sichtbare oder verborgene Analogien in Schwingung, in gegenseitige Aufladung und Ausstrahlung versetzt wurden. Im atmosphärisch-artifiziellen Erscheinen brachte ein Ausdruckselement latente Form- und Bedeutungsanalogien in benachbarten Materialien und Formgebungen zu Bewusstsein, die anderenfalls unbemerkt geblieben wären. Ein Eindruck von Einheit und Zusammenhang trotz Komplexität und Vielfalt stellte sich ein.

Ästhetisches Interesse als motivationale Bedingung und Ziel Ästhetischer Bildung oder: Wie Atmosphären ästhetisches Interesse (be-)fördern

Mit der Bestimmung von „Atmosphäre" eröffnet sich zusammen mit der „ästhetischen Interessentheorie" eine aufschlussreiche Möglichkeit, das Interaktionsgeflecht zwischen Wahrnehmendem und Wahrgenommenem, eine gemeinsame Wirklichkeit zwischen Subjekt und Objekt, zwischen Person und Gegenstand zu konstituieren. Dabei ist die interessante Gegenwärtigkeit des Gegenstands der Wahrnehmung an eine interessierte Gegenwärtigkeit im Prozess des Wahrnehmens gebunden. Interessant wird ein Gegenstand, sofern sein ekstatisches Wesen eine Sphäre von Eigensinn hervorruft; die spezifische Konkretion des Erscheinenden zeigt sich nun im interessierten Vollzug dieser Wahrnehmung einer besonderen Gegenstandsspezifität.

Die Person-Gegenstands-Konzeption des (allgemeinen) Interesses[8] und des ästhetischen Interesses[9], die einen primären Bezug zu einem (ästhetischen) Gegenstand herstellt und damit eine besondere Sphäre geistesgegenwärtigen Daseins und subjektiven Erlebens, korreliert mit Gernot Böhmes Konzeption[10], inwieweit Atmosphären zwischen Ding und Subjekt der primäre Gegenstand der Wahrnehmung sind. In diesem Zusammenhang bestimmt Böhme Atmosphären als „Sphären der Anwesenheit"[11], die sich ausdehnen zwischen den Dingen, die sie auszustrahlen scheinen und den Subjekten, die sie leiblich erspüren und in beiden zugleich. Entsprechend dem „offenen Wahrnehmungsfeld" bei Maurice Merleau-Ponty[12] und den „offenen Handlungsfeldern" bei Peter Weibel[13] bestimmt Böhme Atmosphären als „Räume, insofern sie durch die Anwesenheit von Dingen, von Menschen oder Umgebungskonstellationen, d. h. durch deren Ekstasen, ›tingiert‹ sind"[14]. Diese ›ekstatische‹ Gegenwart der Dinge ist erfahrbar in der besonderen Artikulation ihrer Präsenz, also in der Art und Weise, wie sie nicht nur durch die sogenannten sekundären Qualitäten wie Farbigkeit, Geruch oder Klang aus sich heraustreten, sondern auch durch ihre primären formalen Qualitäten. „Die Form eines Dinges wirkt… auch nach außen. Sie strahlt gewissermaßen in die Umgebung hinein, nimmt dem Raum um das Ding seine Homogenität, erfüllt ihn mit Spannungen und Bewegungssuggestionen"[15] und verändert ihn so wie die Ausdehnung und das Volumen. Die „Ekstase der Dinge" als spezifischer Modus von Gegenwärtigkeit bringt scheinbar unabhängige Elemente mit unterschiedlichen sinnlichen Eigenschaften und unabschließbaren Bedeutungsebenen so in Kontakt, dass sich Felder der Wechselwirkungen bilden und sich ihre Konnotationen vernetzen.

Die Erscheinungsweisen des Atmosphärischen sind weder dem Subjekt noch dem Objekt allein zugehörig. Die für eine hermeneutische wie für eine semiotische Ästhetik klare Trennung von Subjekt und Objekt wird aufgehoben durch die von Merleau-Ponty beschiebenen allgemeinen Wahrnehmungserfahrungen im intersubjektiven Feld von Wahrnehmendem und Wahrgenommenem.[16] Diese lassen sich durch den „Atmosphären-Begriff" von Böhme ästhetisch ausdifferenzieren. Vergleichbar mit dessen Auffassung, wendet sich Merleau-Ponty nicht nur gegen eine totale Bestimmbarkeit aller Dingeigenschaften und damit gegen die Möglichkeit einer Wahrnehmung des Dinges an sich, sondern auch gegen die traditionelle „Gabelung in Subjekt und Objekt", da man „von vorne herein darauf (verzichtet), das Sinnliche zu verstehen"[17]. Das Sinnliche ist für ihn dann nicht mehr das Gegenteil von Sinn. Für dieses den Sinn verkörpernde Sinnliche wählt er das Bild einer Falte, das zeigt, wie sich der Sinn auf das Sinnliche bezieht, nämlich als Einrollen des Sichtbaren in den sehenden Leib[18]: Sinn für die phänomenale Individualität ist immer sinnlich verkörperter Sinn und zeigt die doppelte Zugehörigkeit zur Sphäre des Objekts und des Subjekts auf und stiftet daher eine ganz neuartige interessierte und interessante Beziehung zwischen diesen beiden[19].

Diese „Sphären der gleichzeitigen interagierenden Anwesenheit" von Subjekt und Objekt weisen auf eine Prozessualität sowohl der Gegenstände als auch der Auffassung dieser Gegenstände hin, wie nämlich die sinnliche Verfasstheit des ästhetischen Gegenstands der Wahrnehmung an eine spürende Gegenwärtigkeit des Vollzugs dieser Wahrnehmung gebunden ist, und wie das sich entwickelnde ästhetische Interesse diese Wahrnehmungsprozesse beflügelt. „Jetzt dies hier" – in der Formulierung Rémy Zauggs[20] drückt sich der Anspruch des Kunstwerks aus, als dieses offene Werk in seiner Zeit jetzt aufzutreten und hier wahrgenommen zu werden. Es geht darum, dass wir ein Kunstwerk immer nur aus der Gegenwart wahrnehmen können, und das hat weit reichende Konsequenzen für die Vermittlung. Mit der besonderen Gegenwart des ästhetischen Gegenstands werden wir auch unserer eigenen Gegenwart bewusst. Der Doppelcharakter von Wahrnehmung und Wahrgenommenem verweist auf ein je gegenwärtiges Zusammenspiel aller sinnlichen Aspekte in der ästhetischen Auffassung dieser Gegenstände ästhetischer Bildung.

Atmosphäre als Präsenz im Wahrnehmen, besonders das Kriterium der Intensität des Erscheinens, zeigt sich auch am Beispiel William Forsythes performativer Tanzinstallationen "Human Writes" und "Heterotopia", die beide im Schiffbau des Zürcher Schauspiels 2006 uraufgeführt wurden. Sie rücken unterschiedliche Gestaltungsweisen von Raum in den Blick, seine unverzichtbare Verknüpfung mit sozialer Praxis: Die soziale Hervorbringung des Räumlichen wird hier ebenso betont wie die visuelle Rolle des Raums

für die Herstellung und Dynamik sozialer Beziehungen. Geschärft wird die Aufmerksamkeit für diese unterschiedlichen Raumperspektiven,

für die Ausbildung eines kritischen Raumverständnisses,

für das soziale Klima,

für die Nutzung neuer Handlungs-Spiel-Räume in sozialer Eingebundenheit, die das Wahrnehmen von Atmosphäre, den Umgang und die Korrespondenzen mit Atmosphäre fördern oder provozieren, kurzum: Welche Möglichkeiten des künstlerischen Handelns und ästhetischen Verstehens unterschiedliche Atmosphären bieten, mit welchem Grad der Intensität von Erscheinung, der Abweichung von den Erwartungshaltungen oder Überraschung oder auch Auffälligkeit.

Forsythe arbeitet schon länger an der Neubestimmung des Verhältnisses von Akteuren und Zuschauern[21]: nur etwa 100 Zuschauer konnten sich in der zweigeteilten Halle des Schiffbaus frei bewegen und die performative Tanzinstallation aus verschiedenen, auch erhöhten Perspektiven betrachten. Wo und wie lange sie beobachten wollten, entschieden sie selber. Damit und auch mit der aufgehobenen Theatersitzordnung in Bühne, Orchestergraben, dem Parkett und den Rängen kamen sich Tänzer und Betrachter, im grellen Licht der Szene nahe, ohne jede Distanz voneinander – bereits in der Spielzeit 2003/04 praktizierte Sasha Waltz mit *Insideout* an der Berliner Schaubühne eine ähnliche Installation.²² Und da die Tänzer ein extremes Beispiel leiblicher Erscheinung lieferten, erschienen sie in besonders intensiver Weise als gegenwärtig. Bei Zuschauern löste dies Unbehagen und einen Exzess an Aufmerksamkeit aus – die vielleicht größte Unwägbarkeit möglicher Betrachterreaktionen auf das ungewohnte Arrangement. Damit waren alle Tänzer und Rezipienten Teil dieser Tanzinstallation.

Es handelte sich um ein Ereignis, das auf eine Neubestimmung des Verhältnisses zwischen Tänzern und Zuschauern zielte und insofern auch die Möglichkeit eines Rollenwechsels andeutete. Solche Aufführungen mit Ereignischarakter widersetzen sich dem Anspruch einer hermeneutischen Ästhetik, die darauf gerichtet ist, diese Werke zu verstehen – wiewohl "Human Writes" einerseits von der Utopie der Menschenrechte handeln, andererseits einen unmöglichen Versuch markieren, Menschenrechte in die Tat umzusetzen. Und "Heterotopia" bezieht sich auf Michel Foucaults Raumkonzept²³ der liminalen Krisen-, Abweichungs- und Illusionsorte; Räumlichkeit erscheint dort als Überblendung von realen und imaginierten Räumen: komplexe Räume für gesellschaftliche Hervorbringung von Wahrnehmung und Aneignung, eng verbunden mit der symbolischen Ebene der Raumpräsentation.

Fragen an die Atmosphärenforschung im Zusammenhang mit der ästhetischen Interessengenese

Aufgrund der unterstellten strukturellen Korrespondenzen zwischen den Konzepten von „Atmosphäre" und „ästhetischem Interesse" stellen sich Fragen, inwieweit in atmosphärisch vielschichtig aufgeladenen ästhetischen Interessenprojekten, in der Fokussierung auf gesteigerte Aufmerksamkeit bei der Hervorbringung materieller Verkörperungen und medialer Ausgestaltungen folgende "basic needs" ²⁴ eher befriedigt werden können als im „normalen Kunstunterricht":

- *das grundlegende Bedürfnis nach* (ästhetischem) *Kompetenzerleben,*
  das schließlich zu wichtigen Einsichten in die Materialität und Ausdrucksdimension von Handlungen und Ereignissen führt, bis hin zur sozialen Inszenierung und somit sowohl in die ästhetische als auch soziale Wirksamkeit des Raumes,

- *das Bedürfnis nach (ästhetischer) Autonomie,*
  nach eigener narrativer Erschließung und Aufladung mit Imaginationen für den Aufführungscharakter von Kunst und
- *das Bedürfnis nach sozialer und interdiszipliner Eingebundenheit*[23]
  im Hinblick auf die Einheit von Visualität, Wahrnehmung und Gestalten, Sprechen und Hören in der Zusammenarbeit gemeinsamer Projekte mit „Performance" als Leitvorstellung.[24]

Ebenso ist im Kontext von „Atmosphäre" und „ästhetischem Interesse" zu klären,

- wie, unter welchen Umständen und Gegebenheiten Atmosphären dem Wahrnehmenden in besonderer Intensität erscheinen;
- wie ästhetische Interessenprojekte gezielt Anlässe für die Wahrnehmung von Atmosphären schaffen, so dass beim Wahrnehmen das Wie der Wahrnehmung mit wahrnehmbar wird;
- wie in Projekten ästhetische Gegenstandsbereiche atmosphärisch stimmig präsent(iert) werden, damit von ihnen etwas ausgeht, das sich auf Schüler überträgt als Sphäre subjektiven Erlebens;
- wie durch atmosphärisch bedingte Faszination des Projekteinstiegs eine interessierte Zuwendung zur projekteinführenden Rahmenthematik hergestellt werden kann;
- wie Gegenstände durch ihre Ausdruckskraft und ästhetische Anmutungsqualität projekt-einführende und zunehmend projekt-bestimmende Atmosphären als qualitative Eigenart des Erscheinens konstituieren und zunehmend subjektive Bedeutsamkeit erlangen und epistemische Interessenbezüge aufbauen;
- wie mit Hilfe von Atmosphären als „Sphären der Anwesenheit" der entscheidende Transformationsprozess vom ästhetischen Anfangsinteresse zum anhaltenden situationalen Interesse erreicht werden kann;
- wie die, zunächst aus externen atmosphärischen Anregungsfaktoren resultierende Faszination, Gespanntheit und Neugier in emotionale Teilhabe und anhaltende Bereitschaft zur lernwirksamen interessierten Auseinandersetzung mündet;

- wie projekt-bezogene Gestaltungsweisen selber atmosphärisch aufgeladene Lern(um)welten schaffen, die eine sukzessive Erweiterung der motivationalen Anreizbedingungen und Erlebnisqualitäten während des gesamten Projekts bewirken;
- wie unterschiedliche Gestaltungs-, Kommunikations- und Reflexionsphasen mit ihren jeweiligen besonderen atmosphärischen Wirkweisen und unterschiedlichen medialen Ausstrahlungen dazu beitragen können, dass sich eine andauernde Bereitschaft zur bildnerischen Auseinandersetzung einstellt;
- wie atmosphärisch dichte und offene Handlungsfelder eines ästhetischen Interessenprojekts eine inhaltliche und methodische Verknüpfung von individuellen und Gruppen-Interessen nicht nur ermöglichen sondern erleichtern können;
- inwieweit die jeweils von stimmigen Atmosphären geprägten Projektphasen eine persönliche und kollektive Gefühlslage des Wohlbefindens herstellen können;
- wie die ästhetischen Erfahrungen, die durch (zunächst themenzentrierte) Atmosphären hervorgerufen werden, zu neuen Gestaltungsthemen und -weisen herausfordern;
- wie Atmosphären Reflexionen in Gang setzen, die zunehmend vom Erkenntnisinteresse getragen, ästhetische Handlungsfelder auf andere Lernfelder übertragen lassen...

Vom atmosphärisch gestützten Anfangsinteresse zum situativen ästhetischen Interesse

Interessen-differenzierter projekt-orientierter Kunstunterricht sieht sich sowohl als „Werkstatt der Imagination und (Selbst-)Reflexion" als auch als „Werkstatt der emotionalen Teilhabe und des ästhetischen Engagements", in der die hohe subjektive Wertschätzung und Bevorzugung der ästhetischen Gegenstandsfelder schließlich zu Identität und Selbstkonzept führt[25]. Zum Aufbau kunstpädagogisch wünschenswerter motivationaler Dispositionen spielen neben Komponenten der Ausdifferenzierung von Wahrnehmungs- und Gestaltungsweisen handlungsbegleitende Erlebnisqualitäten eine zentrale Rolle. Die ästhetische Interessentheorie hat deshalb zu klären, wie in ästhetischen Lernumwelten Gegenstände präsentiert sein müssen, damit Subjekte sich einfühlen in die fremde und eigene bild-haft szenische Vorstellung, die Ergriffenheit oder Faszination, Erschütterung oder Belebung provoziert bis hin zum staunenden Betroffensein, zu Neugier und Mitgefühl. Atmosphärische Wahrnehmungen stehen am Anfang dieser Verknüpfung emotionaler Innenerfahrungen mit der Chance, das Erstaunliche selbst-intentional aufzugreifen und zu nutzen als erlebnisreiches Zusammenspiel von sinnlicher Erfassung, sinnenhaftem Erkennen und empfindungsmäßiger Intensität.

Was nun speziell in der kunstvermittelnden Konzeption der Interessendifferenzierung als „existentielle Animation" am Projektbeginn steht, ist ein je gegenwärtiges Zusammenspiel von aisthetischen und ästhetischen Erscheinungsweisen mit ihren mannigfaltigen sinnlichen Aspekten. Überlegungen zur „existentiellen Animation" gehen davon aus, dass jeder aisthetischen Wahrnehmung (i.S.v. Merleau-Ponty) ästhetische Modifikationen innewohnen bzw. besonders implantiert werden können, so dass zunehmend ästhetische Wahrnehmungsweisen in das projekteinführende und -bestimmende „Auftaktspiel" der Präsentation eines Rahmenthemas Eingang finden. Ästhetische Wahrnehmung setzt also eine aisthetische Wahrnehmungsfähigkeit voraus und stellt eine spezifische Modifikation dieser aisthetischen Wahrnehmungsvollzüge dar. Die aus einer „existentiellen Animation" erwachsene Erfahrung oszilliert demnach zwischen ästhetischen und nicht-ästhetischen Erfahrungen. Die Grenze zwischen ästhetischen und lebensweltlichen Zusammenhängen, der starre Gegensatz zwischen Kunst und Wirklichkeit wird durchlässiger oder gar aufgehoben, auch und besonders in der Vorstellung der Rahmenthematik, die eine große gemeinsame Schnittmenge zwischen jeweiliger Lebenswelt und den angebotenen ästhetischen Bezügen aufweisen sollte.

In der „Feldforschung" eines Andreas Slominski[26] beispielsweise verschmelzen diese Gegensätze sowohl als ästhetisches als auch als allgemeines, eher beiläufiges Erkunden von Wahrnehmung. Über banale Dinge und raumbezogene Installationen wie z.B. akribisch gebügelte, gefaltete und sorgfältig gestapelte Staub-, Wisch- und Spültücher und Fahrräder, bepackt mit Hab und Gut von Obdachlosen bis hin zu spezieller Weihnachtsdekoration für Frühling, Sommer und Herbst setzt er eine unvermutete Gestaltungsfähigkeit und Erkenntnis frei, was sich einerseits als Reflexion, andererseits als radikale Infragestellung der Autonomie der Kunst verstehen lässt …

„Animation" nannte man ursprünglich die Beseelung toter Materie durch die Übertragung von Lebensenergie. Heute bezeichnen sie Schnittstellen-Programmierer als die über Algorithmen festgelegte automatisierte Bildveränderung. Unter „Existentieller Animation" versteht nun die ästhetische Interessentheorie einerseits eine atmosphärisch dichte, zur Imagination aufrufende Inszenierung eines offenen Rahmenthemas mit zu wählenden Teilthemen, andererseits die durch emphatische Konnotation hervorgerufene, aber nicht darin aufgehende kreative Entfaltung subjektiver Erinnerungen. Für die ästhetische Interessentheorie ist wichtig, dass sich der Projektteilnehmer mit seinem eigenen Erleben zunehmend selbsttätig in die einzelnen Projektphasen einbringt. So setzt ein starkes Vermittlungskonzept von „Existentieller Animation" voraus, dass die dichte visuelle Themenpräsentation des Projektleiters, z.B. durch Diaauszüge aus seinem „Projekt-Planungs-Buch", eine themeneinführende und -adäquate innovative Raumwirkung erzielt und die Projektteilnehmer zwingt, ihre Aufmerksamkeit darauf zu fokussieren.

Die einzelnen Themenbezüge und Bedeutungsebenen treten zunächst aus sich heraus, erscheinen in intensiver Weise als gegenwärtig, um sich dann als scheinbar unabhängige Elemente so in Kontakt zu bringen, dass sich Felder der Wechselwirkungen bilden. Atmosphärische Verdichtung ergibt sich im Umgang mit Mehrdeutigkeit und Vielschichtigkeit. Vom offenen und unabschließbaren Bedeutungspotential des bildnerischen Ausdrucks wird das breite erlebnisreiche und niemals ganz eingrenzbare Potential an Ambiguitäten, Konnotationen und „Klangqualitäten" genutzt und fruchtbar gemacht, um in ihrer atmosphärischen Qualität und Form dem Wahrnehmenden in besonderer Intensität zu erscheinen; die „Ekstasen der Dinge" umhüllen ihn, er taucht in sie ein, sie dringen als Licht, Farbe, Form in seinen Körper ein, besonders in Resonanz mit Rhythmus, Textur und Volumen…

Ästhetische Interessenprojekte spielen mit permanenten, wechselseitigen Übergängen zwischen Subjekt- und Objektpositionen in den einzelnen Gestaltungs- und Vermittlungsphasen: von der „Existentiellen Animation" zum „begründeten Wählen", von der „Projekt-Tage-Buch-Gestaltung" zur „Wandzeitung", über die „Körper-Skulptur" zum „Additiven Bildertheater" und zur „Performance". Übergangserfahrungen von einem Zustand zum anderen zeigen sich exemplarisch in der Ereignishaftigkeit und atmosphärischen Dichte der „Existentiellen Animation".

Von der atmosphärisch gestützten interessierten Zuwendung zum anhaltenden, projektbestimmenden situationalen ästhetischen Interesse

Unter Berücksichtigung der begrifflichen Unterscheidung von interessierter Zuwendung, situationalem und individuellem (ästhetischen) Interesse[27] kann man die Entstehung und Entwicklung von ästhetischen Interessen auf dem besonderen Niveau eines interessen-differenzierten projekt-orientierten Kunstunterrichts modellhaft abbilden.

In der Einführungsphase der „Existentiellen Animation" wird ästhetisches Anfangsinteresse durch dichte atmosphärische Aufbereitung und Vorstellung des Projektgegenstands, der Rahmenthematik mit möglichen Teilthemen angeregt. Auch unter atmosphärischen Gesichtspunkten stellt sich nun die Frage, wie sich aus dieser interessierten Zuwendung ein anhaltendes situationales ästhetisches Interesse während des Projekts entwickeln kann – zunächst über externe Anregungsfaktoren, dann durch den Aufbau eines von äußeren Anregungsbedingungen zunehmend unabhängigen Kunstbezugs.

Die persistente selbständige Bereitschaft zum ästhetischen Engagement und zur (selbst-) reflexiven Auseinandersetzung mit Kunst führt zum individuellen ästhetischen Interesse. Nachfolgende Darstellung projekt-bestimmender Phasen und ihre Kriterien des interessen-differenzierten Kunstunterrichts konzipieren eine atmosphärisch dichte Umsetzung.

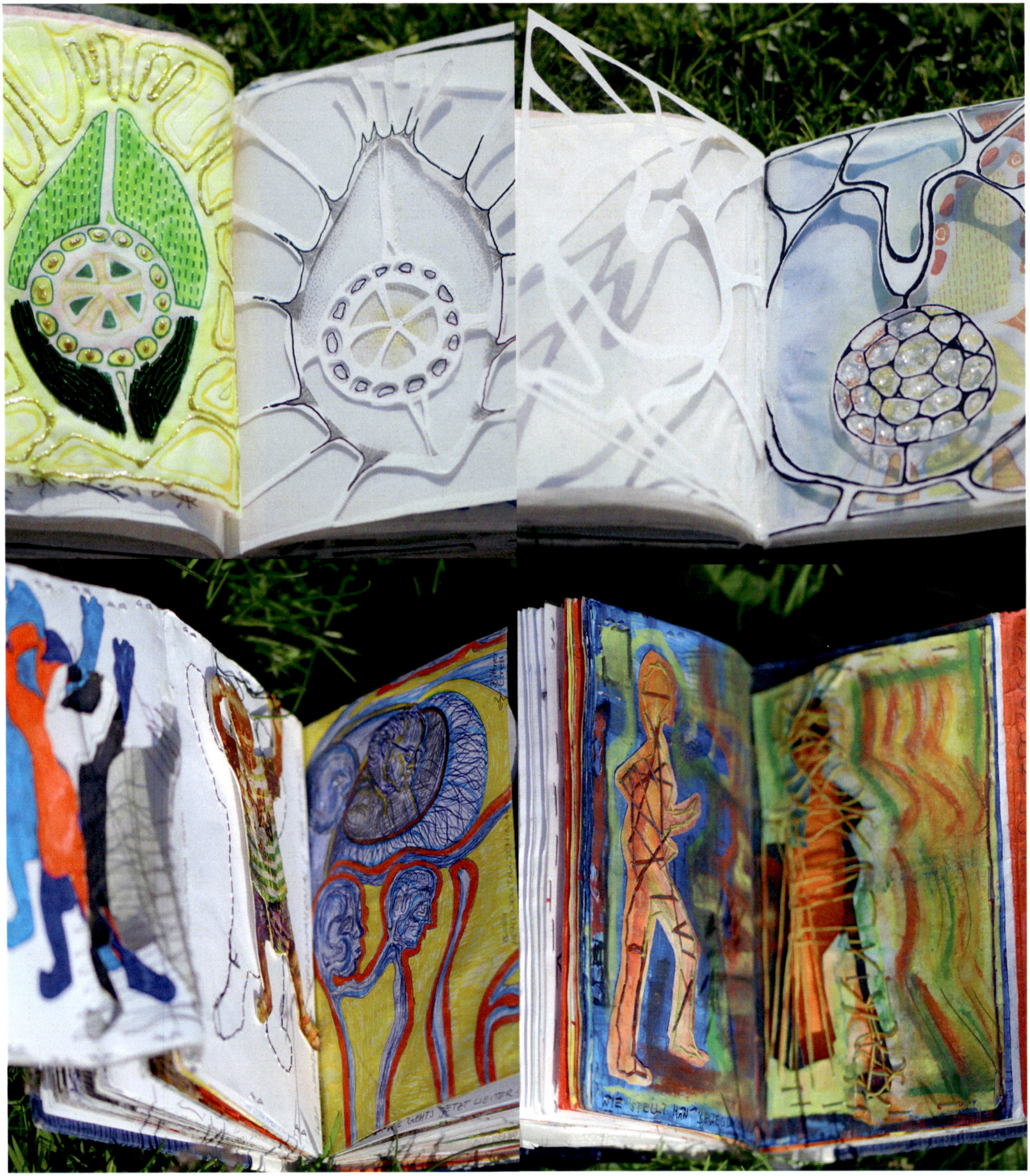

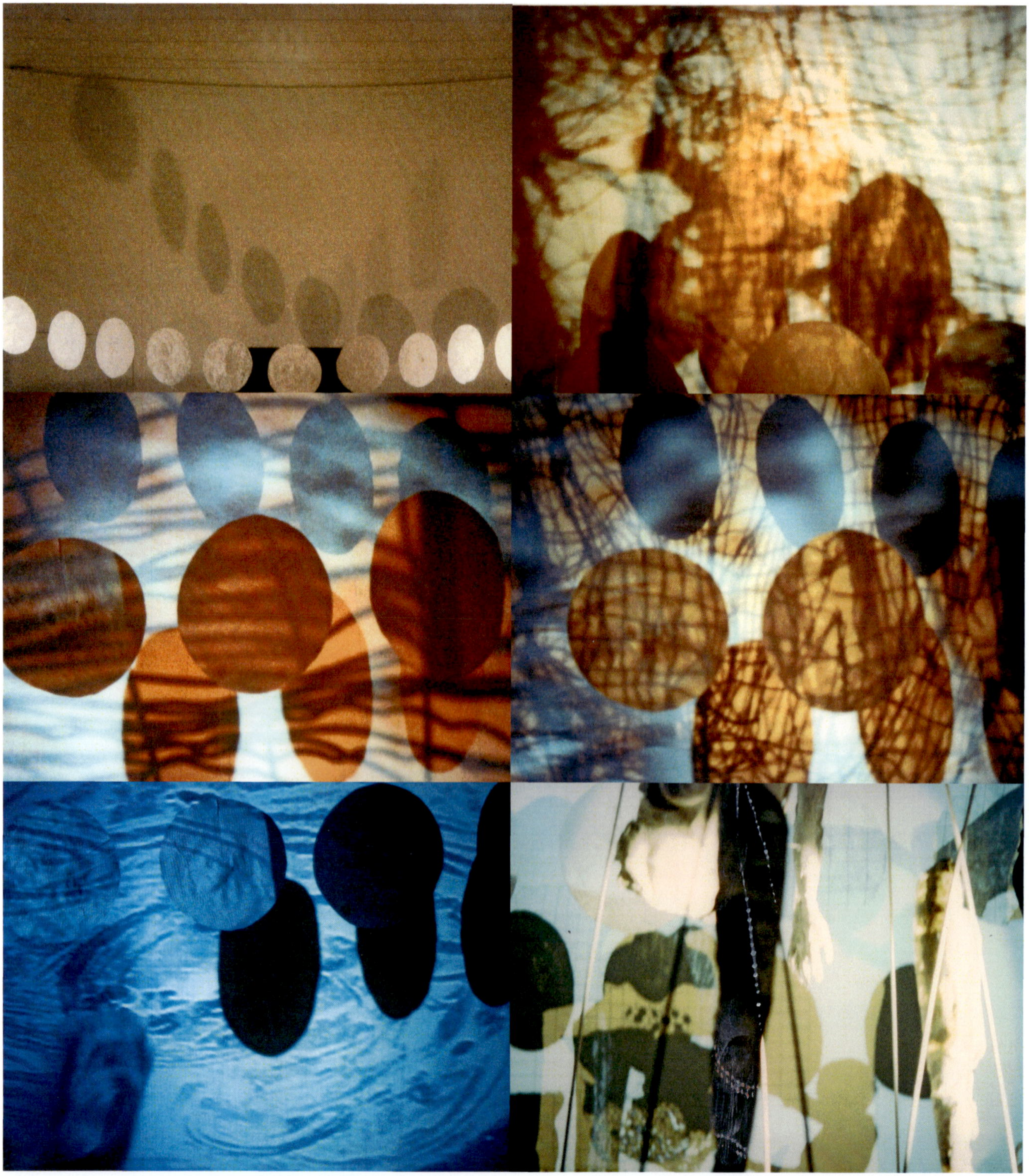

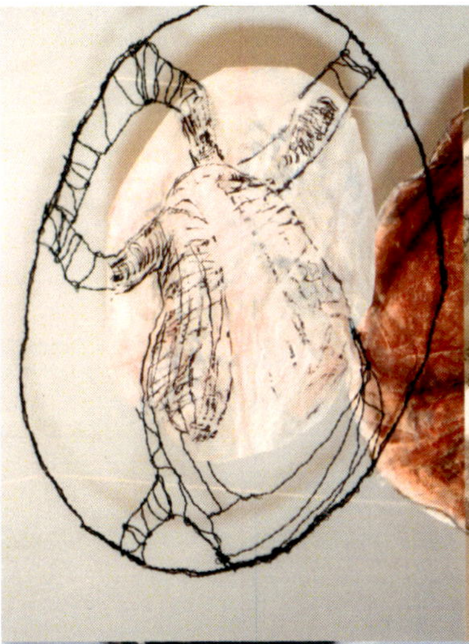
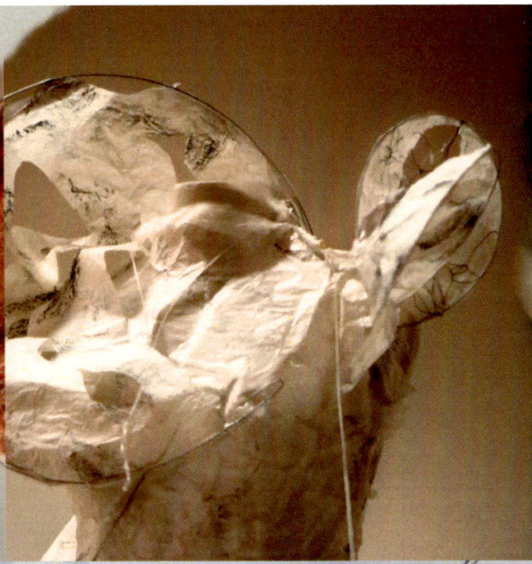
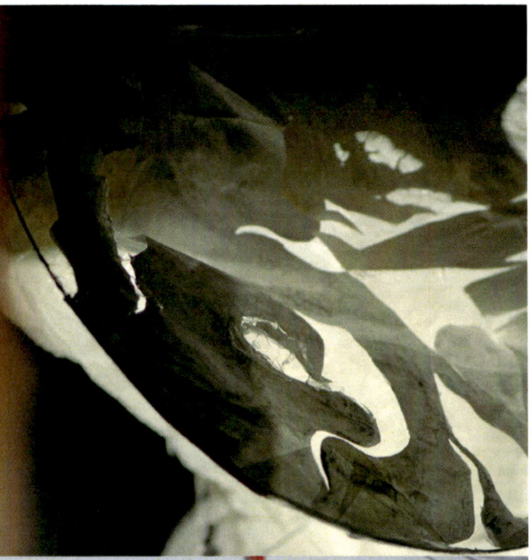
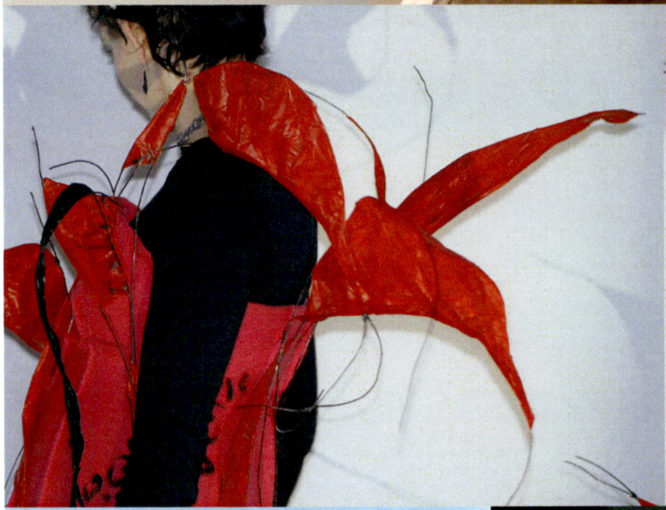
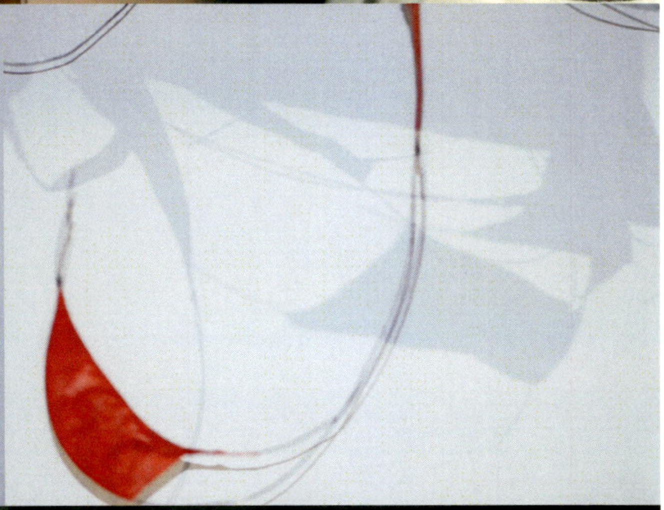
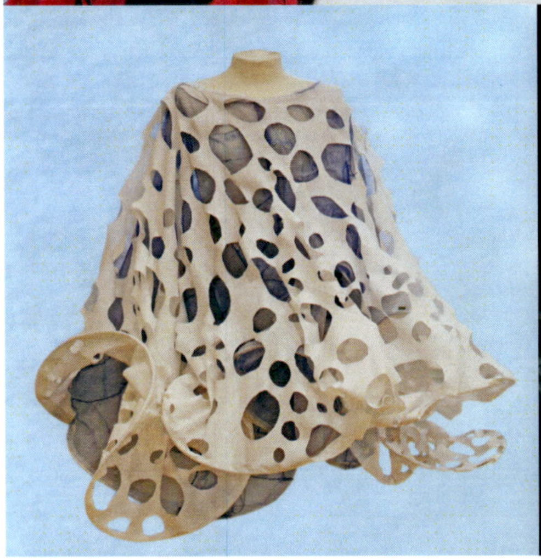
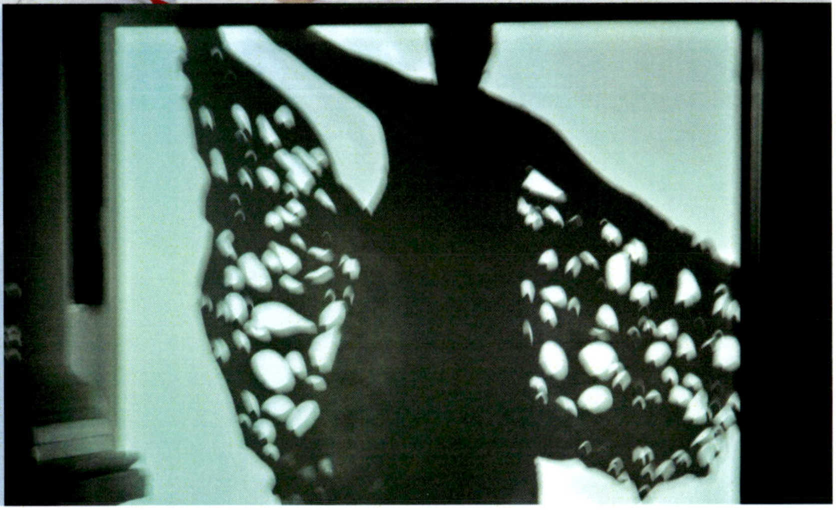

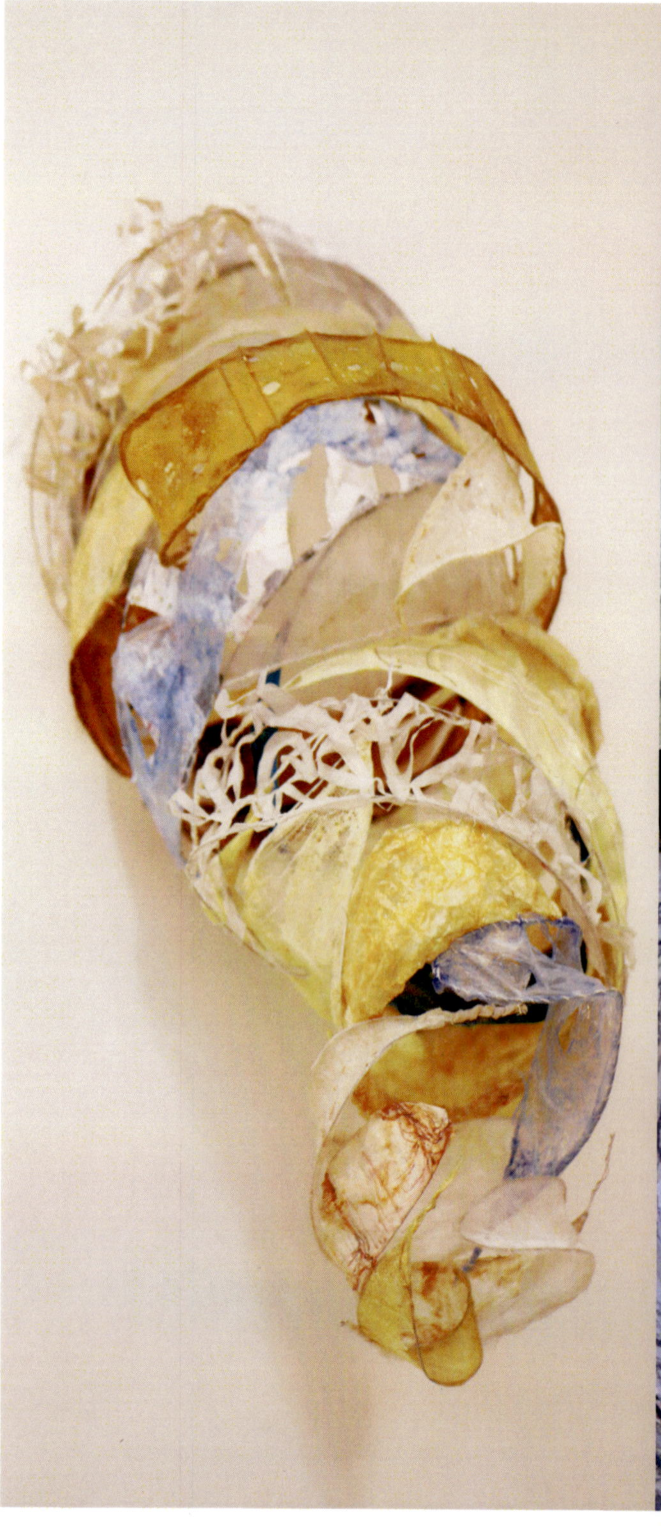
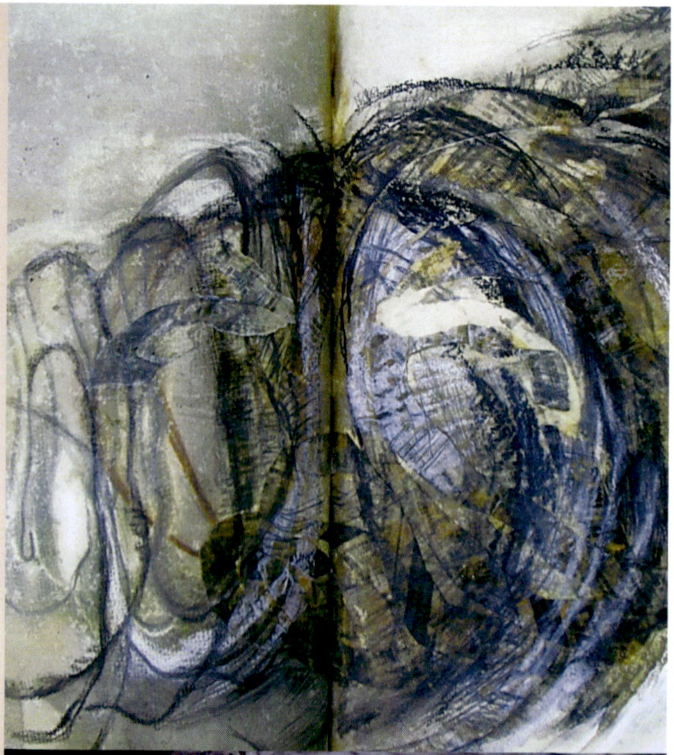
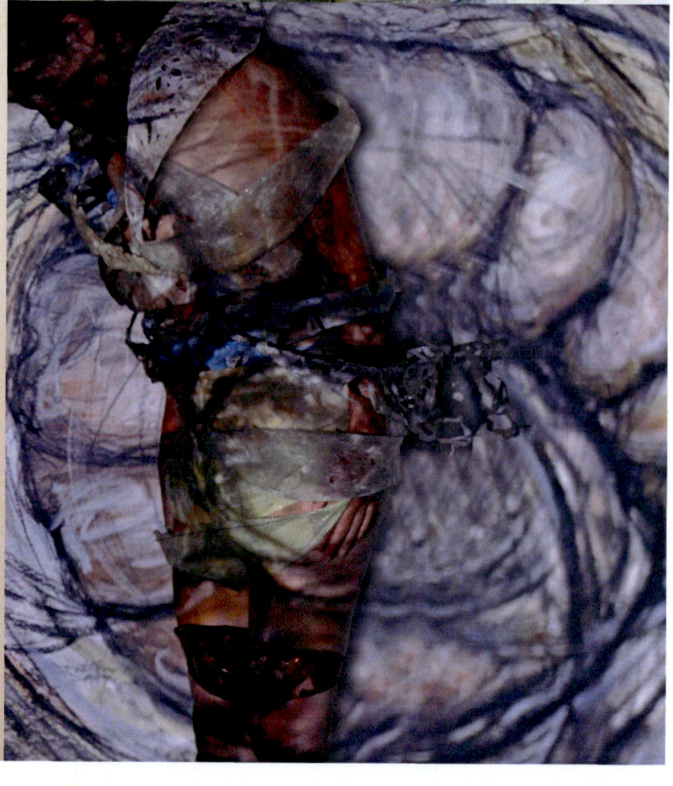

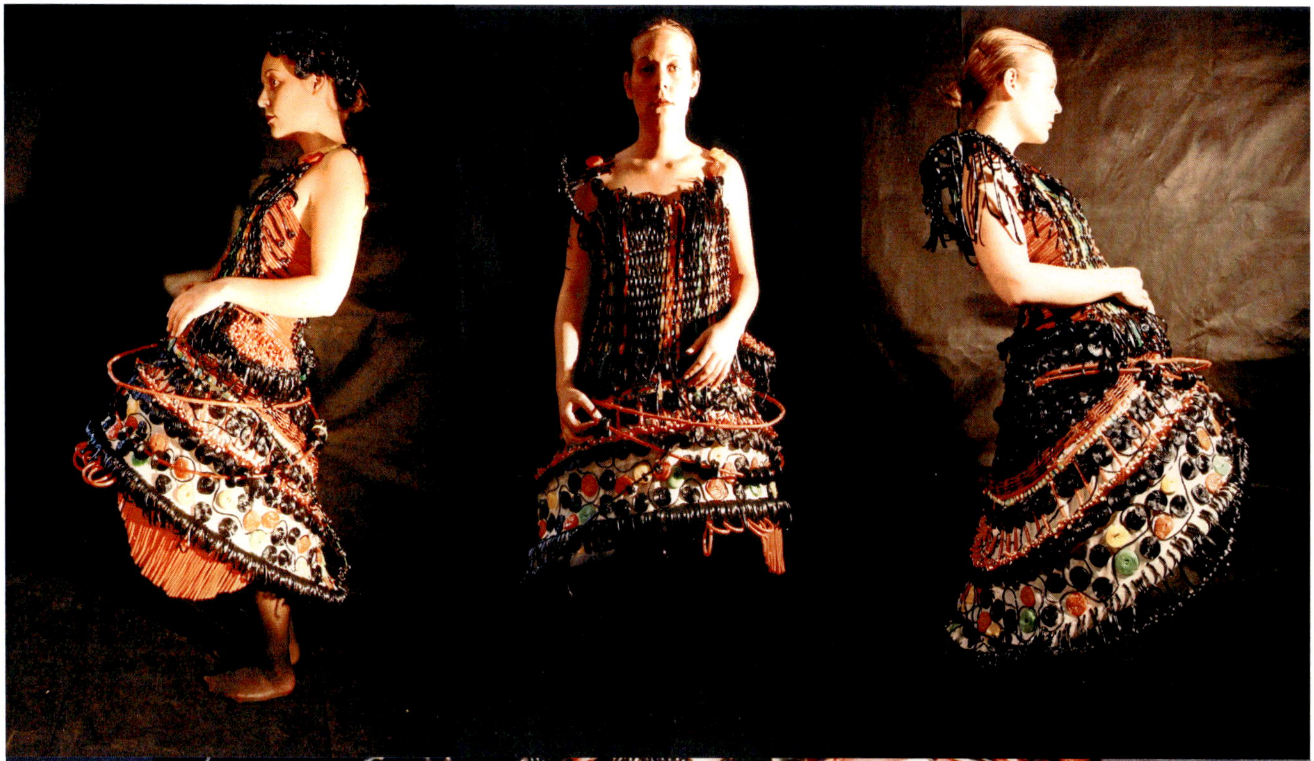

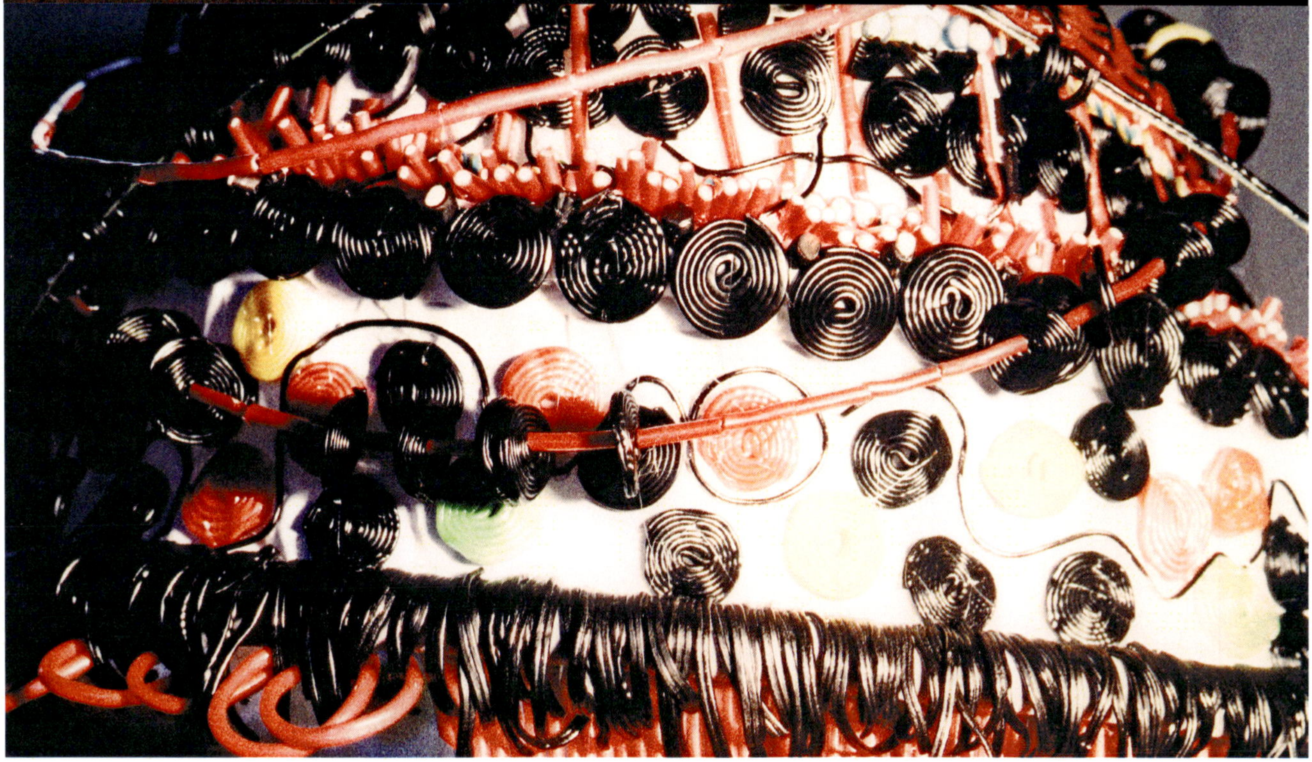

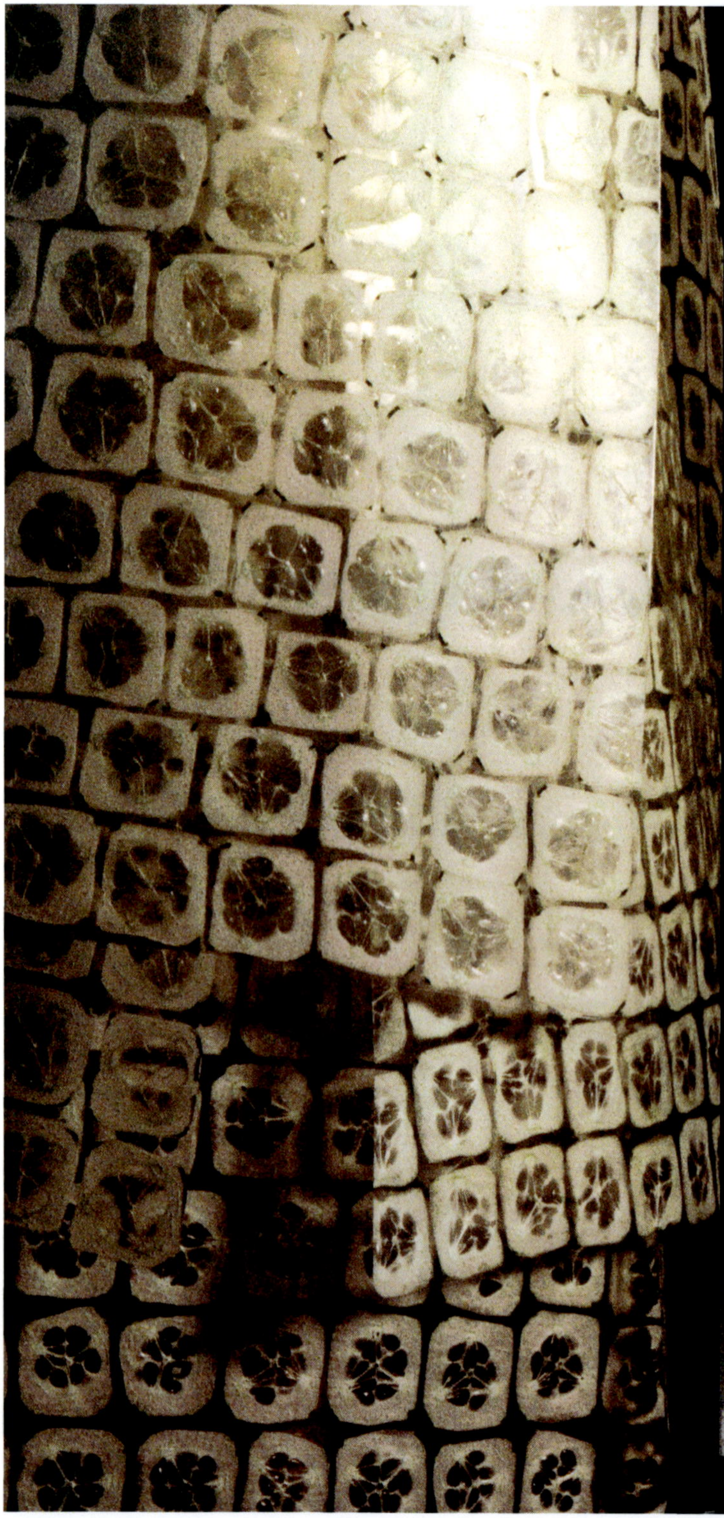
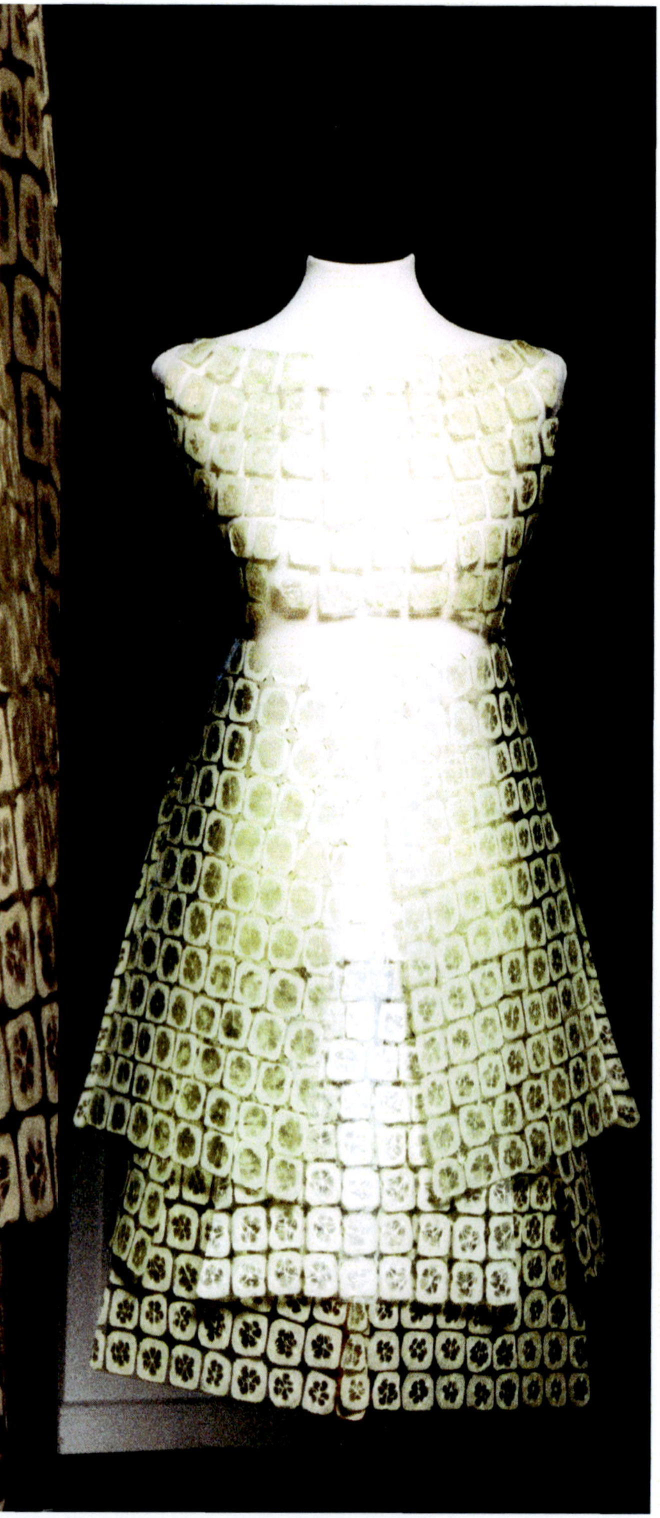

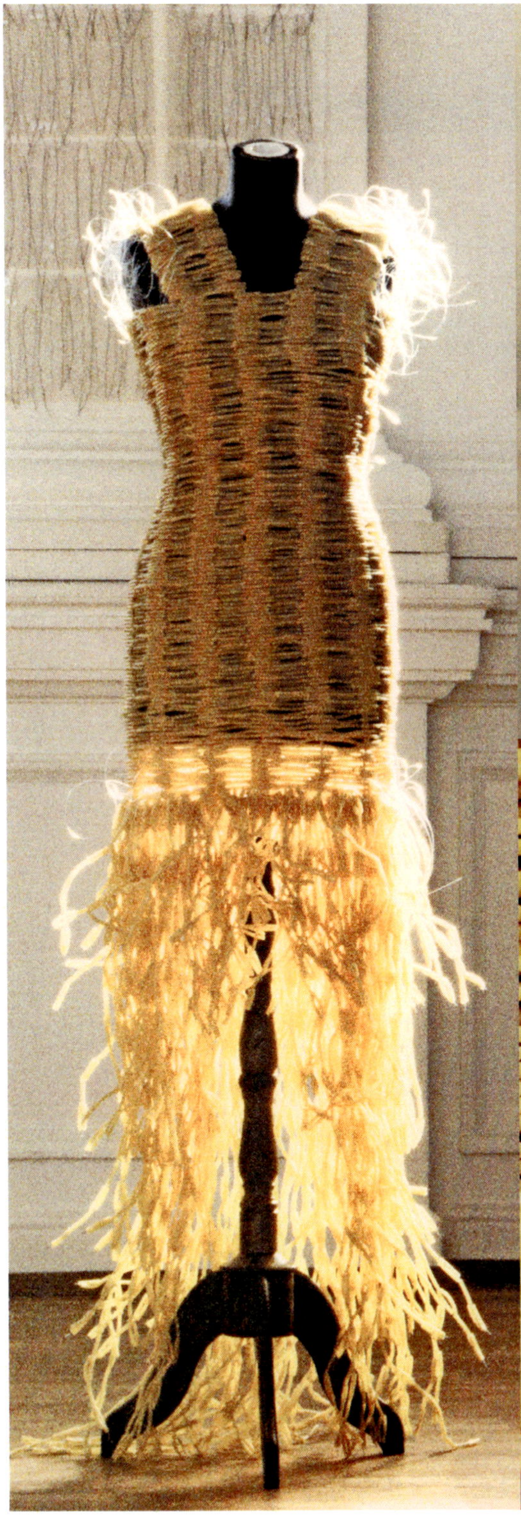
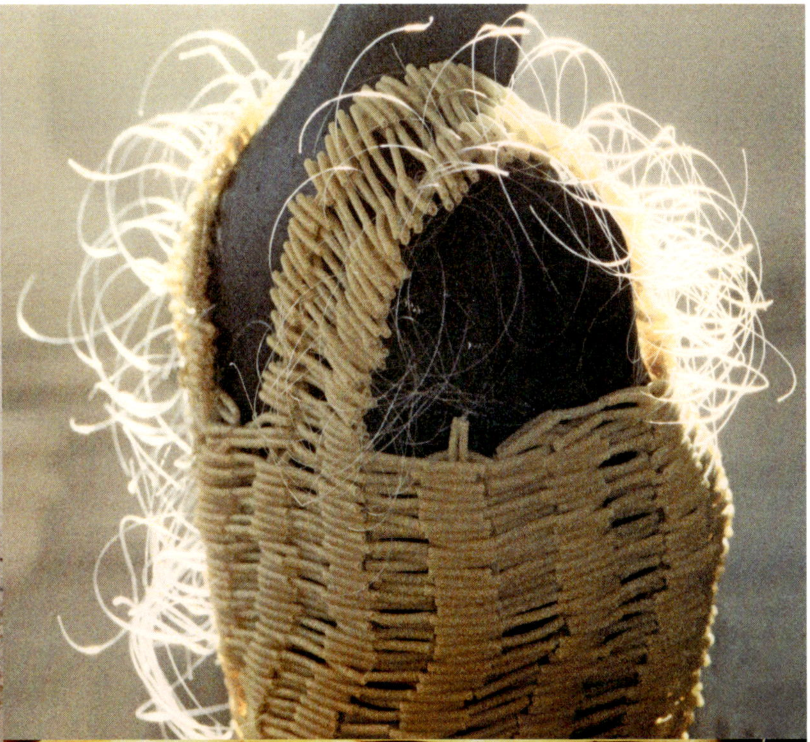
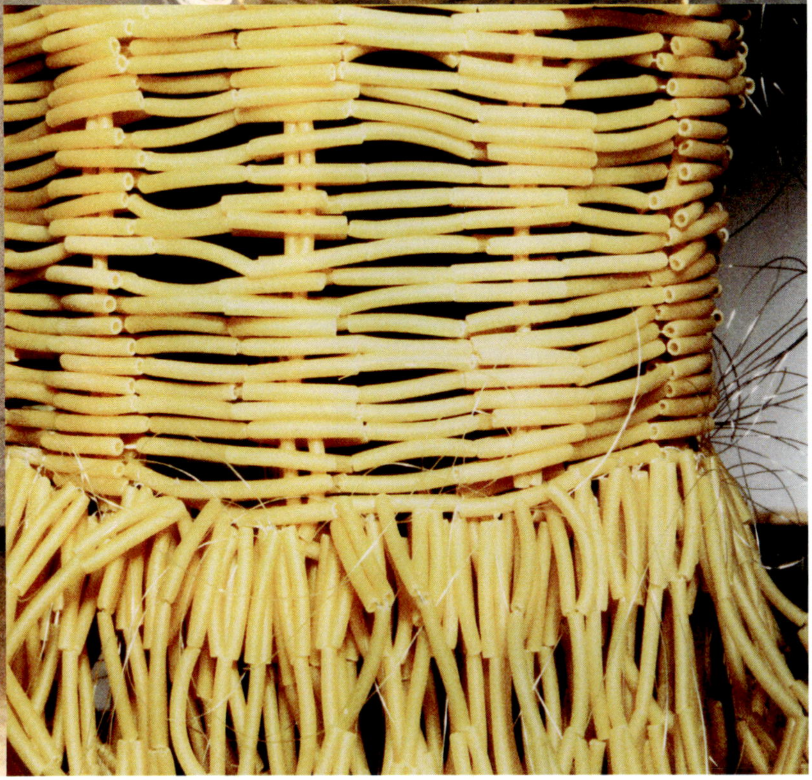

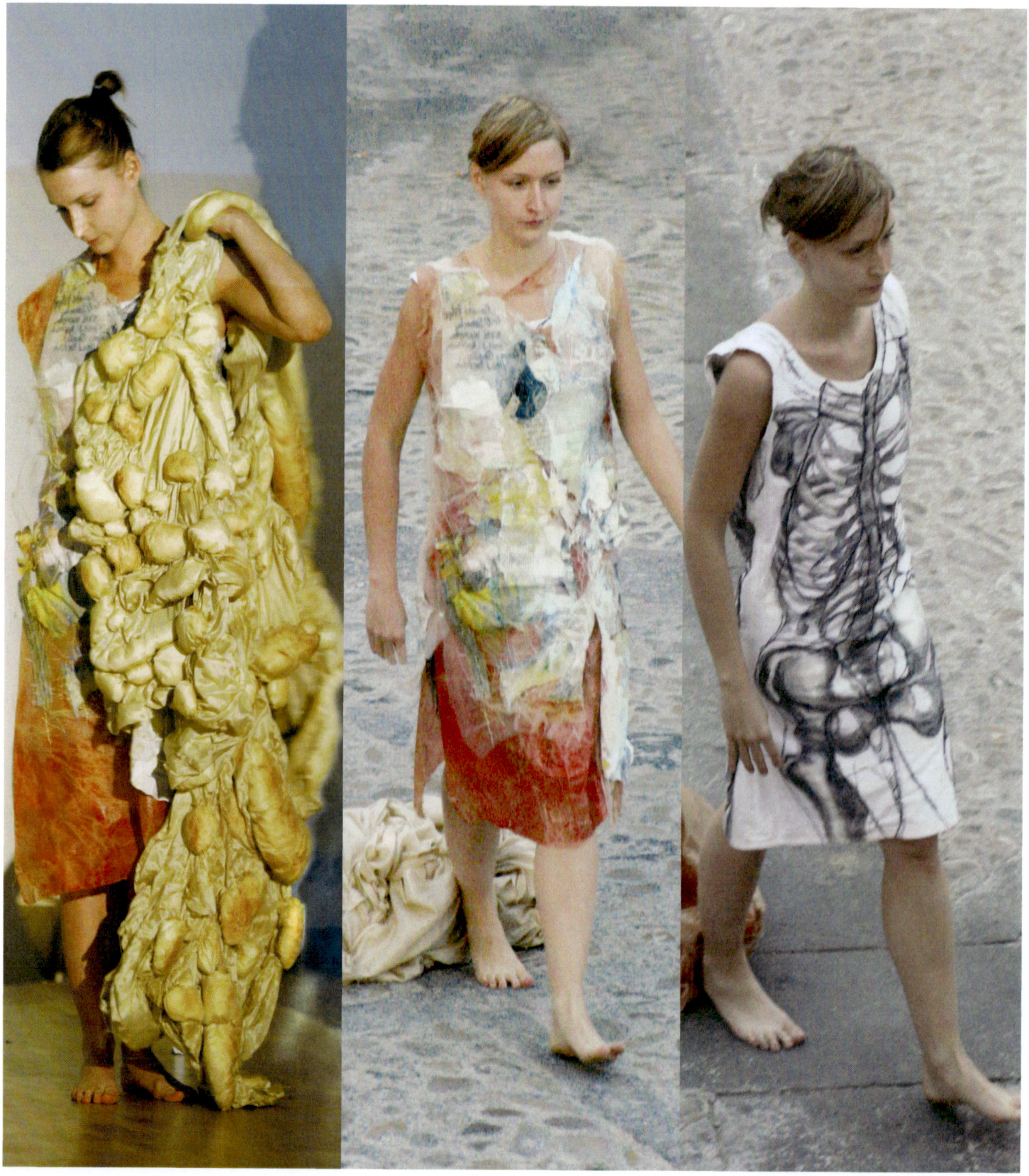

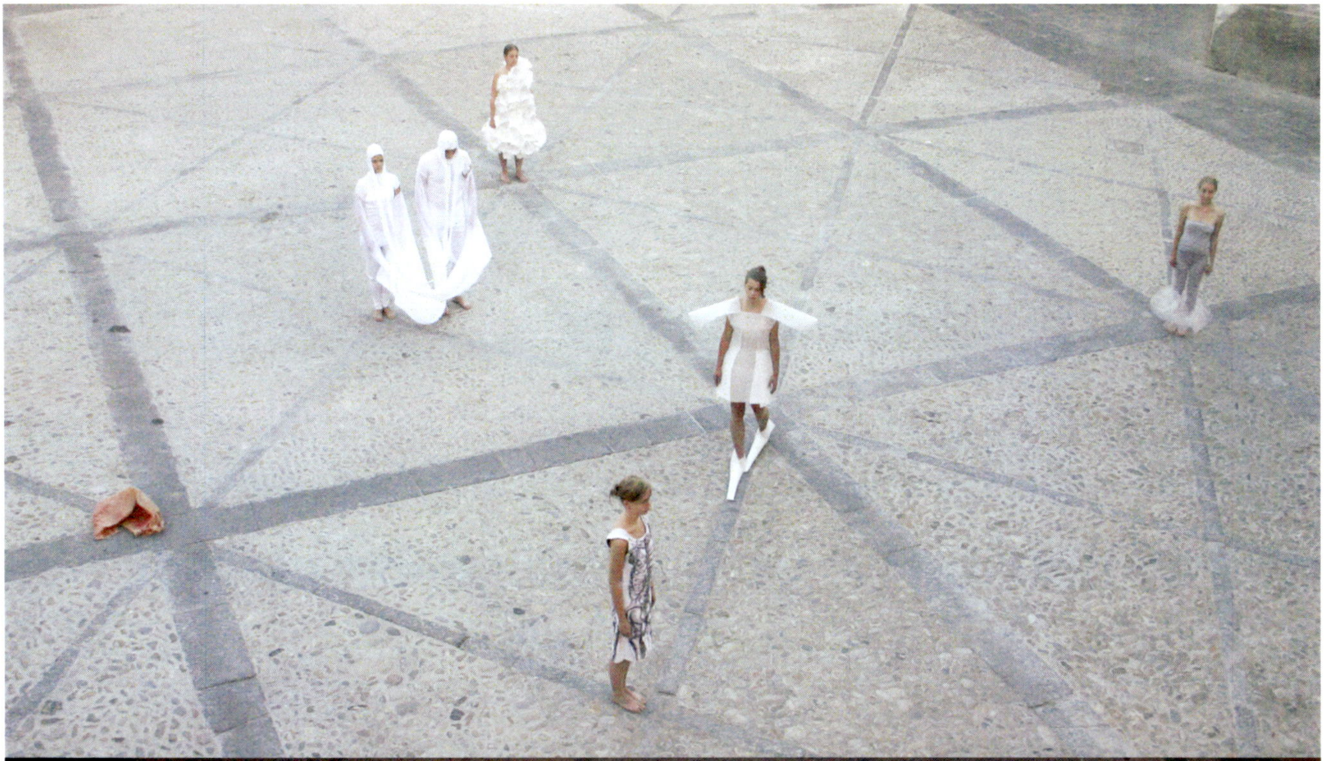

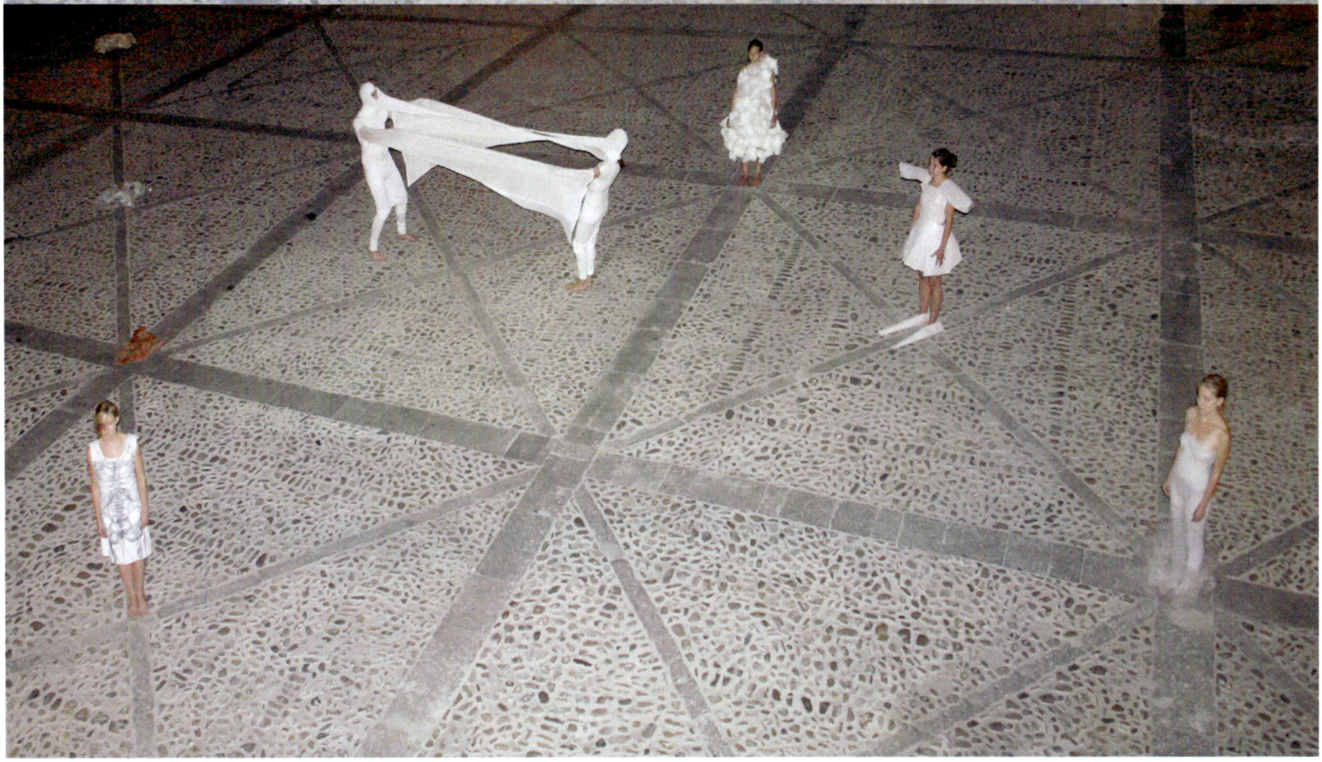

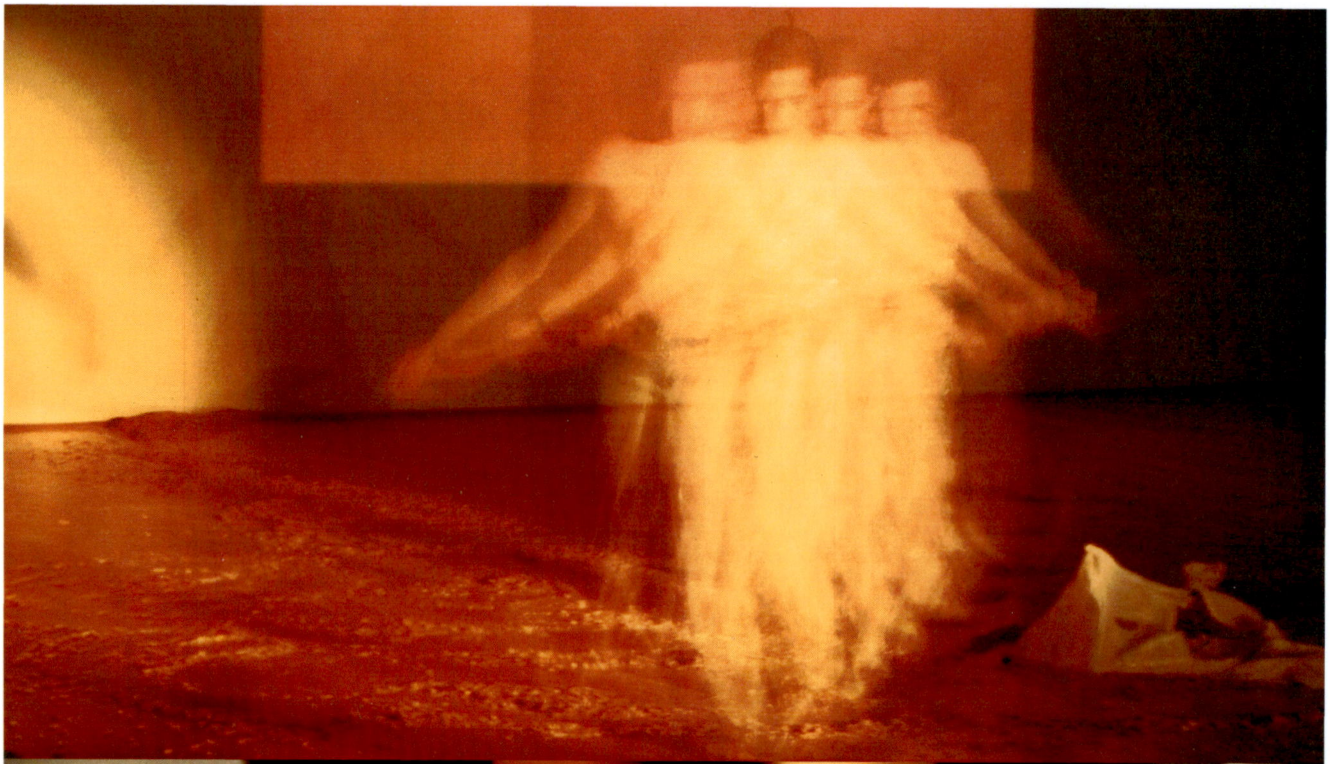
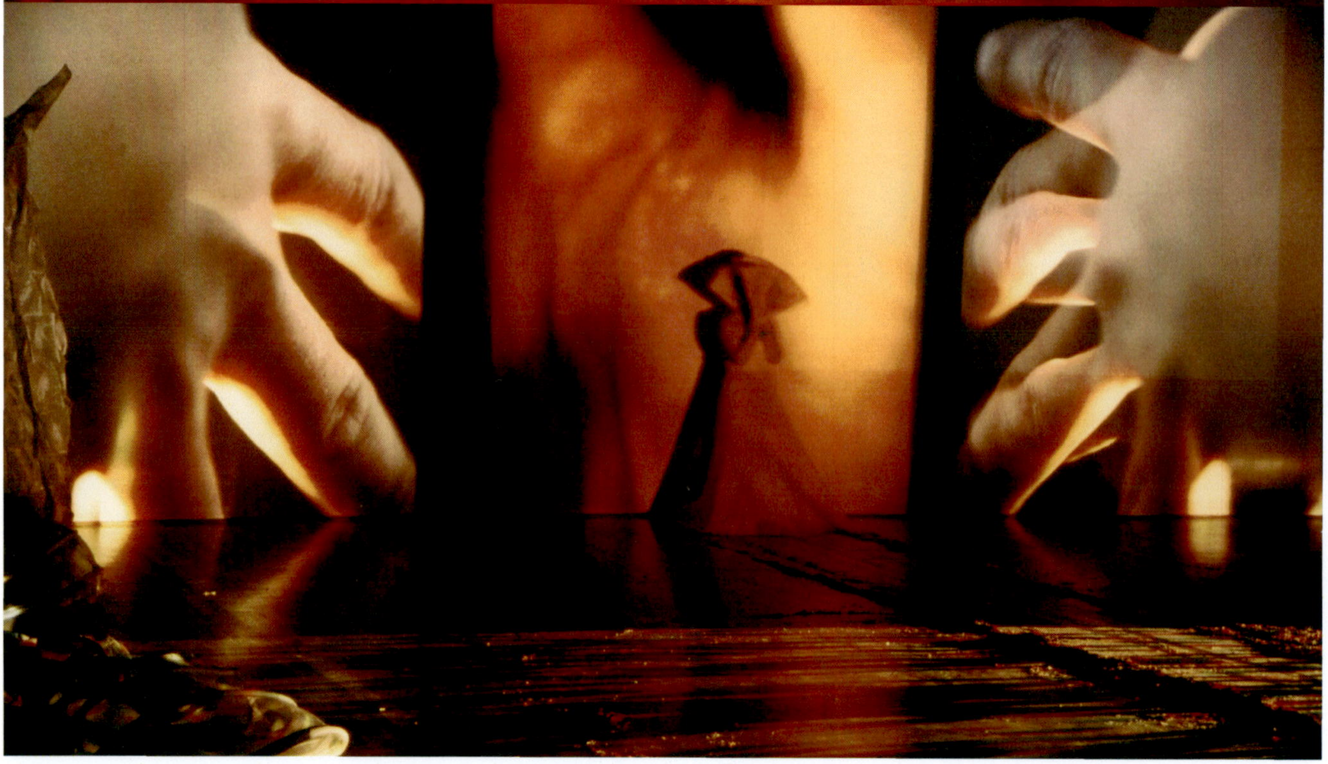

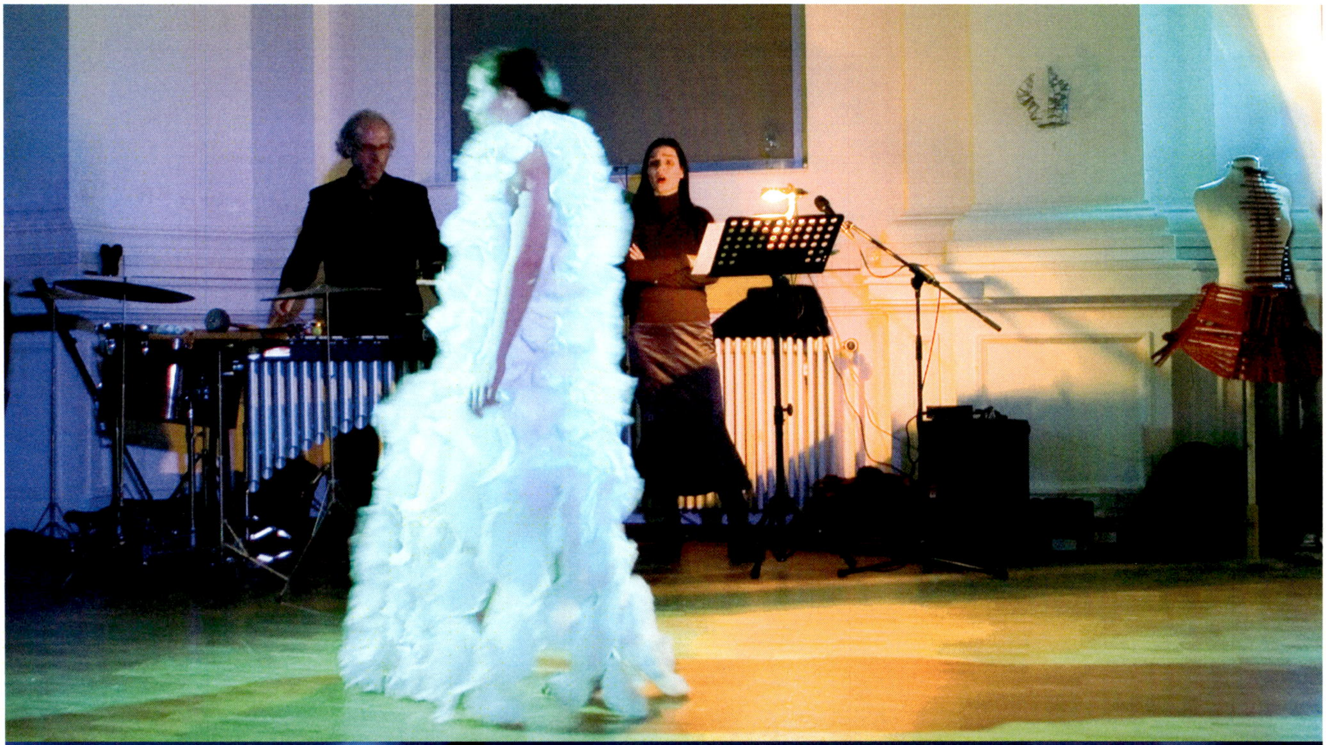

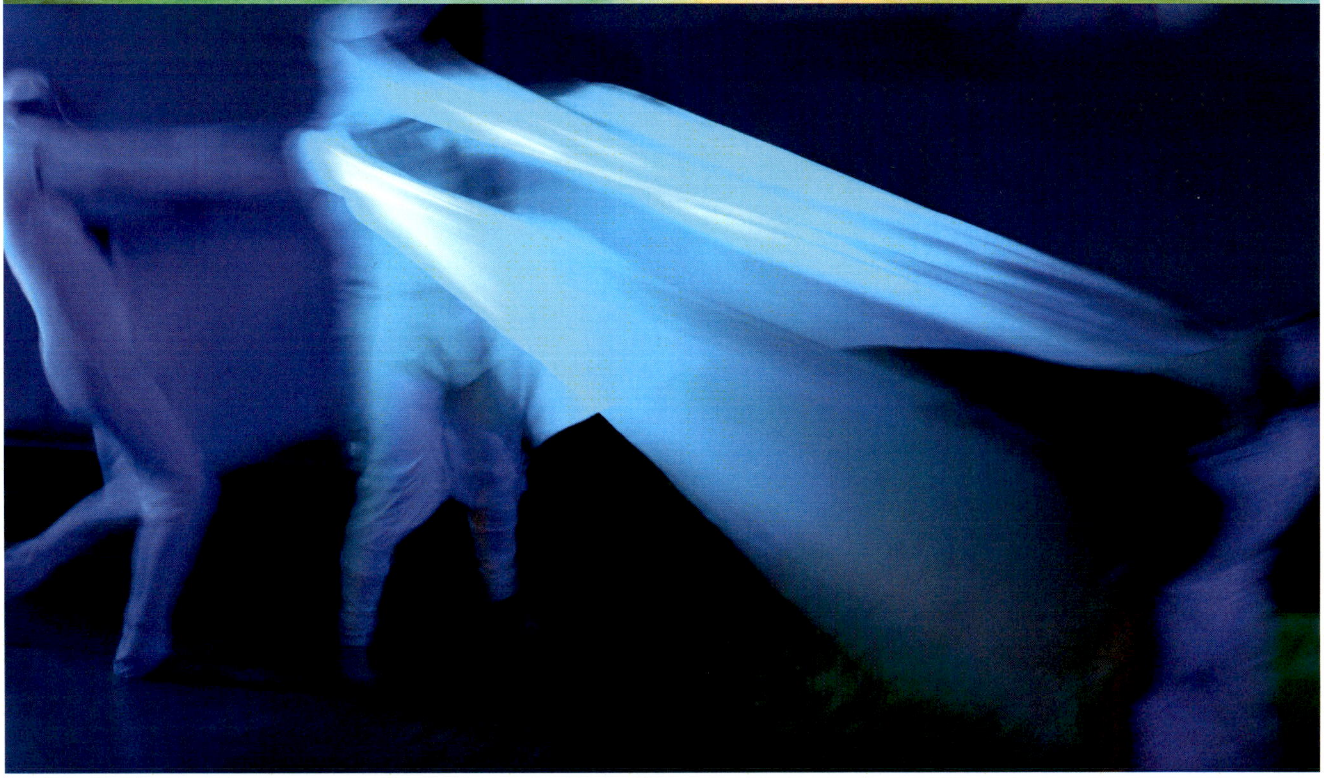

PROJEKT-BESTIMMENDE PHASEN	UND	IHRE KRITERIEN DES INTERESSEN-DIFFERENZIERTEN KUNSTUNTERRICHTS
Projekteinstieg: ■ In-Szene-setzen der Rahmenthematik durch „Existentielle Animation" der Projektleitung		In der Eingangssituation der „Existentiellen Animation" entfaltet sich als aktuelle Präsenz eine gegenstandsspezifische Atmosphäre: ■ Sie ruft zunächst einen Gesamteindruck hervor, der die ganze Aufmerksamkeit der Projektteilnehmer auf sich zieht; ■ in der Sphäre spürender Anwesenheit eines imaginierten Themenparks; ■ dessen Haupt- und Nebenwege in besonders intensiver Weise als gegenwärtig erscheinen; ■ sein zunehmend spezifisches Wirkpotential setzt mannigfaltige Assoziationen frei, ■ die zur Erzeugung anschlussfähiger neuer Bedeutungen führen ■ in der Überblendung von realen und imaginierten Räumen, ■ zwischen Lebenswelt und Fiktion vermittelnd.
■ Interessierte Zuwendung durch externe Einstiegs- und Anregungsfaktoren		Die beispielsweise durch die Dia-Präsentation von Auszügen des Projekt-Planungs-Buchs (PPB) erzeugte atmosphärisch dichte Anfangsinszenierung der „Existentiellen Animation" wird spürbar ■ in der affektiven Betroffenheit der Projektteilnehmer, ■ in ihrer sinnlichen Bezogenheit auf den Themenpark mit seinen Teilthemen. ■ Aus den Erlebensqualitäten des Projekteinstiegs erwächst epistemisches Interesse und eine auf (Selbst-)Reflexion beruhende Entscheidung.
■ Entscheidungssituation: „Begründetes Wählen"		Auf dem Hintergrund der in der „Existentiellen Animation" erzeugten besonderen Atmosphären zeigen sich durch den „interessierten Blick" zunehmend individuelle ästhetische Themenbezüge und -aspekte. ■ Die aufkeimende emotionale Teilhabe an der Themenfindung und -auffassung erschließt eine individuelle Wahl- und Entscheidungsmöglichkeit für ein bestimmtes, besonders interessantes Teilthema oder ■ die Artikulation eines neuen, anbindungsfähigen inhaltlichen Aspekts ■ mit offenen Entfaltungs- und Gestaltungsmöglichkeiten und ■ freier Bestimmung des sozialen Bezugs.

- Hier kommt es vor allem darauf an, ob und inwieweit sich der Projektteilnehmer mit einem Teilthema aus dem präsentierten Themenpark persönlich identifiziert und sich deshalb in seiner inhaltlichen Entscheidung bereits autonom fühlt.

■ Einführung in die „Projekt-Tage-Buch"-Gestaltung zur individuellen bildnerischen Entwicklung und situativen Förderung des ästhetischen Interesses	Das Abenteuer der Gestaltung von bildnerischen „Projekt-Tage-Büchern" (PTB) beginnt ■ mit der Einführung authentischer Gestaltungsbeispiele aus der „Expertenpraxis", mit der Vorstellung z.B. eigener „Projekt-Planungs-Bücher (PPB)" des Projektleiters oder/und ■ mit „professionellen" Künstlerbüchern oder/und ■ mit verschiedenen exemplarischen „Projekt-Tage-Büchern" von Schülern aus Vorgängerprojekten …
■ Anhaltende wahrnehmungs- und gestaltungswirksame Auseinandersetzungen mit dem gewählten bildnerischen Thema im individuellen „Projekt-Tage-Buch" (PTB) während der gesamten Projektdauer	Aus der emotional-positiven Tönung der atmosphärisch dichten „Existentiellen Animation" und Wahrnehmung der exemplarischen Künstlerbücher entwickeln sich themenbezogene Gestaltungsintentionen und -ideen aus eigenem Erleben: ■ Versuch der Visualisierung eigener visueller „Erzählungen", ■ mit hoher Attraktion, emotionaler Teilhabe, Selbstgefühl und ■ auf andere Gruppen- und Projektteilnehmer bezogene Ideenfindungen.
■ Erleben der individuellen bildnerischen Wirksamkeit als wichtiger Faktor bei der ästhetischen Interessengenese	■ Die offenen Gestaltfindungsprozesse vermitteln zunehmend ein Gefühl der Selbstwirksamkeit, sich nämlich in der Buchgestaltung als eigenständiges Handlungszentrum zu erleben mit immer neuen Ideenrichtungen und mit der Möglichkeit, spontanen Einfällen Raum zu geben. ■ Dies erlaubt den Aufbau eines zunehmend von äußeren Anregungsbedingungen unabhängigen, eigenen bildnerischen Ansatzes. ■ Die bis an das Projektende beizubehaltende Ideenfindung und ■ die persistente Selbstaufforderung der PTB-Gestaltung auch außerhalb der Schule, z. B. zuhause und während der Ferien, führen zu einer situationsangemessenen Autonomie als wichtige Voraussetzung für die Weiterentwicklung ästhetischer Kompetenzerfahrung, um Transformationen zwischen „Projekt-Tage-Buch" und „Wandzeitung", „Körper-Skulptur" und „Additivem Bildertheater" vorzunehmen.
■ Zwischen-Vermittlungen	■ Zunächst dient die Wandzeitung der motivierten Vermittlung und

an der Wandzeitung (WZ)
- innerhalb der jeweiligen Gruppe und
- mit allen Gruppierungen innerhalb der Klasse

engagierten Interpretation der individuellen PTB-Gestaltungen in der Gruppe.
- Jeder Projektteilnehmer veröffentlicht seinen bildnerischen Schwerpunkt, seine inhaltlichen Dimensionen und seine weiteren Gestaltungsabsichten.
- Diese Präsentationsnotwendigkeit aktiviert seine Einbildungskraft,
- der offene Blick erweitert sich vom eigenen Ansatz auf den der Gruppenmitglieder: aus aufgeschlossenem Zuwenden heraus erfolgt ein Sich-Einfühlen in die jeweilige bildhaft-szenische Vor-Stellung.
- Eine Bewusstheit der eigenen und fremden Gegenstandsauffassung und
- ein Bezug vom Selbst- zum „Fremdkonzept" kündigt sich an,
- zudem erschließt sich ein gegenseitiges Anregungspotential.

- Die Zwischen-Vermittlung in der Gruppe führt einerseits zum Erleben der jeweils eigenen bildnerischen Wirksamkeit und
- andererseits durch Ideenaustausch und Annäherung an andere Gegenstandsaspekte zu sozialer Eingebundenheit in der Gruppe oder Klasse;
- es entwickelt sich das solidarische Gefühl, in einem Netzwerk sozialer Beziehungen „aufgehoben" zu sein.

- Die Verknüpfung mit den Gestaltungsweisen und Erfahrungsbereichen anderer Gruppen folgt,
- was über die Präsentation und Ausprägung der jeweiligen Gruppenintentionen hinaus führt,
- zu einer transversalen Verflechtung und zu neuen Gestaltungsmöglichkeiten und -kombinationen zwischen den jeweiligen Projektteilnehmern, auch jenseits ihrer Gruppenzugehörigkeit.

- Die visuelle und sprachliche Kommunikation und Kooperation zwischen den einzelnen Gruppen provoziert eine gesteigerte Rezeptionsaktivität gerade an den gemeinsamen Schnittstellen der jeweiligen Gruppenaktivitäten.
- Die sich bildenden Zwischen-Räume zwischen den einzelnen Gruppenpräsentationen an der Wandzeitung erweisen sich zunehmend als energetische Anregungsfelder, sodass sie mit wachsender Detail- und Materialdichte einen großen Ideenpool bereit – und Synergieeffekte herstellen.

- Einzelne Projektteilnehmer und auch einzelne Gruppen aktivieren ihre Einbildungskraft: Sie werden auf diese Weise nicht nur von einer zusätzlichen Interessantheit mannigfaltiger Themenbezüge gepackt,
- sie werden zu einem neuen Erleben gebracht, was sich in der Folge durch zusätzlichen Ideen- und Perspektivenreichtum in der Transformation von den PTB-Gestaltungen zu „Körperskulpturen" und „Bildertheater" zeigt.

- Die Ausdifferenzierung und Komplexitätssteigerung der Gestaltung und Präsentation an der Wandzeitung dauert an bis zum Projektende

Die Konfrontation der Projektteilnehmer vor der Wandzeitung mit den medialen Bedingungen ihrer Wahrnehmung steigert ihre Selbstaufmerksamkeit und ihre emotionale Teilhabe.
- Damit erlangt der Projektteilnehmer die Möglichkeit, sich selbst als autonomen Akteur seines Wahrnehmungs- und Gestaltungsprozesses wahrzunehmen
- mit Einsicht in deren Konstruktionsweisen.

Die „Wandzeitung" erweist sich somit nicht nur als offenes Präsentations- und Dokumentationsmittel, sondern auch als Entwicklungsmedium, das hinzutretende Fragestellungen aufnimmt und verarbeitet.
Auf diese Weise bleibt das gesamte Projekt in Bewegung.

- In den Zwischen-Vermittlungen an der Wandzeitung bekommen die Ideenentwicklungen einen Ereignischarakter von Aufführungen

- Gestaltung körper-bezogener, atmosphäre-bildender Objekte in innovativen Formen interessierter Zusammenarbeit

Aus den vielfältigen Ideenskizzen der „Projekt-Tage-Bücher", die z. B.
- durch ihre leporelloartigen Ausklappungen und collagierten Einschübe
- zunehmend selber Objektcharakter annehmen, und
- durch die weiterführenden Gruppen- und Plenumsbesprechungen und Zwischen-Vermittlungen an der „Wandzeitung"
- verdichten sich neue bildnerische Konzepte für große, tragbare Objekte.
- Mit den gemeinsamen Vorstellungen und Entwürfen von „Körper-Skulpturen" entwickeln sich innovative Formen multipler, erweiterter Autorenschaft:
- besonders in den jeweiligen themenzentriert arbeitenden Gruppen lassen sich konzeptuelle und materiell-funktionale Gemeinsamkeiten herausfiltern und in Partnerarbeit miteinander verknüpfen und umsetzen.
- Das jeweilige individuelle Gestaltungsfeld „Projekt-Tage-Buch" wird nun zunehmend durch neue soziale Felder bereichert mit offenen Gruppenprozessen, Ereignissen, (Bildertheater-) Spielen usw.,
- was einerseits den Wunsch nach sozialer Eingebundenheit befriedigt,

indem sich der einzelne Projektteilnehmer mit den gemeinsamen Gestaltungsabsichten und den dahinter stehenden Personen und deren Wertschätzungen identifiziert,
- andererseits das eigene Kompetenzerleben verbunden mit dem Gefühl der Selbstwirksamkeit in der Gruppe steigert.

Das pulsierende Eigenleben, das das individuelle Projekt-Tage-Buch nach und nach entfaltet, geht nun über in ein gemeinsames offenes Handlungsfeld, das von Wirkung und Wechselwirkung und Ideenaustausch gekennzeichnet ist in der Konzentration auf eine gemeinsam zu schaffende Gestalt.
- Diese tritt nach außen, gewinnt an Größe, nimmt Maß am eigenen und fremden Körper.
- Sensible Vergrößerungen entstehen im Wissen über Objektqualitäten – Form, Proportion, Materialität –
- und über sinnliche Qualitäten, die das Objekt mit den im Projektbuch entwickelten persönlichen Erinnerungen an Erlebtes, an Gefühle und Stimmungen aufladen in einer atmosphärisch dichten Interaktion, in einer Arbeitsatmosphäre des experimentellen Übergangs.

Die Möglichkeit der Gruppen-Thematisierung und des Sich-selber-Spürens bei der Gestaltung der „Körper-Skulptur" schaffen eine Sphäre der Präsenz und einen Ort eigener und fremder Erzählungen.

Sie fordern z. B. Vergleiche von Bildhaut zur Hülle und Oberflächenbeschaffenheit der Skulptur zur Menschenhaut heraus – was auch die behandelten Themen wie „In Erscheinungtreten" oder „Die zweite oder dritte Haut" nahe legen in der Transformation, in der Berührung und Spannung von Innen- und Außenwelt. Das „Zeichnen mit der Schere oder Nähmaschine" beginnt, indem z. B (selbstgeschöpftes) Papier, Plastikmaterial, Metallgewebe, Textilien oder Filzstoff
- zu körperhaften Skulpturen zusammengefügt werden.

- Performance als Vernetzungsmöglichkeit ästhetischer Ausdrucksformen

Die entstehenden dreidimensionalen Gestaltungen betonen durchaus experimentelle, ephemere und atmosphärische Aspekte, was sich im anschließenden „Additiven Bildertheater" oder in der nachfolgenden multimedialen Performance durch die Verbindung nachfolgender Gestaltungsideen und ihrer unabschließbaren Bedeutungspotenziale noch verstärkt:

- Additives Bildertheater: Bühnenbild und Objektbegleitung durch Film und Diaprojektion

- Aus den „Projekt-Tage-Büchern" werden Zeichnungen, Malerei, Druckergebnisse, bildnerische Durchblicke und –risse, leporello-artige Ausstülpungen und –folgen usw. abfotografiert und als Diadoppelprojekti-

on in die Performance als Bühnenbild und -raum eingebracht.
- Ebenso werden Diapositive gezeigt, die im Nahblick auf den Mikrokosmos der einzelnen Körper-Skulpturen aufgenommen wurden;
- diese Detailaufnahmen werden in mehrfacher Belichtung und langsamer Überblendung präsentiert.
- Die Wahrnehmung oszilliert zwischen Ungewissheit und (wieder-)erkennender Zuordnung der momentanen Detailaufnahme zur sich zeigenden Ganzkörperskulptur:
- der Betrachter meint, bestimmte Gestaltungsausschnitte identifizieren zu können, doch bevor sie zuzuordnen sind und greifbar werden, gehen sie bereits in einem neuen Bild auf.
- Anziehend durch die in der Überblendung entstehenden neuen Farbräume, verunsichert in ihrer Undefinierbarkeit, verschmelzen die Details in den verschiedenen Überblendsituationen miteinander und ergeben neue Form-Farbpermutationen.
- Zu deren Verstärkung und „Dramatisierung" werden (Trick-) Filmpassagen mit der gleichen Rahmenthematik eingebaut;
- diese Filmausschnitte werden teilweise in die Diaprojektionen integriert, teilweise auf die installierten oder auf die sich bewegenden „Körper-Skulpturen" geworfen;
- durch gezielte Überlagerung und Fokussierungen wird in einer Art Dia-Film-Collagetechnik die Inszenierung der „Körper-Skulpturen" verdichtet und
- das Zusammenspiel der „Körper-Skulpturen" durch akustische Experimente begleitet und akzentuiert.
- Die Atmosphäre der Lichtprojektionen trägt dazu bei, eine ganz spezifische Räumlichkeit zu erzeugen: Sie entsteht in der Überblendung zwischen Wirklichkeit und Fiktion, zwischen realen und imaginierten Räumen: der performative Raum wird als „Zwischen-Raum" ständig neu hervorgebracht; er ergreift den erspürenden Mitspieler und Betrachter auch affektiv immer wieder aufs Neue.

Im „Additiven Bildertheater" verbindet sich die gewonnene Erfahrungsintensität, die als besonderes ästhetisches Interesse aufscheint, mit dem atmosphärischen Charakter.

Jede vorgestellte Körper-Skulptur und jede aus dem „Projekt-Tage-Buch" stammende Diaprojektion geht eine atmosphärisch aufgeladene Interaktion ein zwischen verschiedenen Zeit- und Gestaltungsebenen des Projekts, die

Geistesgegenwart immer mit Erinnerung und Vision verbinden.

„Additives Bildertheater" und performative, projekt-abschließende Versuche zielen darauf, das in ihnen aufscheinende zusammengefasste Ideen- und Gestaltungspotential
- in seiner interessierten Geistesgegenwart
- vor einem aufmerksam gemachten Publikum aufleuchten zu lassen,
- indem sie durch subjektive Sinnorientierung und Imagination,
- durch emotionale Teilhabe und ästhetisches Engagement der Projektteilnehmer
- eine atmosphärische Auffälligkeit und spürbare Präsenz erzeugen,
- was zugleich als Darbietung eines situativen ästhetischen Interesses verstanden werden kann.

Die Interessen- und Atmosphärenkategorie des „Zwischen" avanciert in Interessenprojekten zu einer Leitkategorie für eine Ästhetik des Performativen und zeigt sich augenfällig am Ereignischarakter der vielfältigen Verknüpfungsversuche zwischen den bildnerischen Gattungen, Medien und Materialien.

Sie beschert uns experimentelle Übergänge zwischen „Existentieller Animation", „Projekt-Planungs- und Projekt-Tage-Buch-Gestaltungen", Zwischenvermittlungen an der „Wandzeitung", gruppenbezogene „Körper-Skulptur-Arbeit", „Additivem Bildertheater", multimedialer Performance und Ausstellungspräsentation aller Projektelemente mit ihren Wechselwirkungen.

Diese Projektphasen werden zum Präsenz- und Projektionsfeld interessierter Wahrnehmung und Gestaltung; sie bieten die Möglichkeit, Atmosphären zu entdecken, zu erleben und selber zu entwerfen:

Atmosphäre als interessierte Wahrnehmung der Wahrnehmung.

Anmerkungen

1 Vgl. Gernot Böhme, Atmosphäre. Essays zur neuen Ästhetik, Frankfurt a. M. 1995; ders., Anmutungen. Über das Atmosphärische, Ostfildern 1998
2 Vgl. Rainer Goetz, Interesse als Konzept der Vermittlung von Kunst und Subjekt, in: Schriftenreihe der Akademie der Bildenden Künste, Nürnberg, Bd. 4, 1991. ders., Ästhetische Interessenforschung – für ein „Institut für Ästhetische Bildung an der Universität Würzburg", in: Johannes Kirschenmann/Rainer Wenrich/Wolfgang Zacharias (Hg.), Kunstpädagogisches Generationengespräch. Zukunft braucht Herkunft, München 2004
3 ders., Kunstpädagogische Forschungsansätze und ihre Implikationen für die Kunst-pädagogische Praxis, in: Friedrich Christian Sauter, Wolfgang Schneider, Gerhard Büttner (Hg.), Schulwirklichkeit und Wissenschaft, Hamburg 2003
4 Vgl. ders., Performance als Vernetzungsmöglichkeit ästhetischer Ausdrucksformen, Interessen-differenzierte und projekt-orientierte Modellversuche an der Universität Würzburg, in: Kunst + Unterricht, Heft 273, Velber 2003
5 Vgl. Harald Szeemann, Individuelle Mythologien, Berlin 1985, S. 217ff
6 Vgl. R. Goetz: Mögliche (Selbst-)Inszenierungen in der „Erfahrungsarmut". In: Gottfried Jäger (Hg.): Fotografie denken. Über Vilém Flussers Philosophie der Medienmoderne. Bielefeld 2001
7 Vgl. Peter Greenaway, Watching Water, Mailand 1993. Vgl. Stefan Graupner, Vernetzungsmöglichkeiten ästhetischer Ausdrucksformen im künstlerischen Arbeitsprozess als ein Modell ästhetischer Bildung. Peter Greenaway – Rebecca Horn – Robert Wilson, Diss., Würzburg, 1995
8 Vgl. Hans Schiefele, Interesse – Neue Antworten auf ein altes Problem In: Zeitschrift für Pädagogik 32, Weinheim/Basel 1986. Vgl. Andreas Krapp/Manfred Prenzel (Hg.), Interesse, Lernen, Leistung. Neuere Ansätze einer pädagogisch-psychologischen Interessenforschung. Münster 1992
9 Vgl. R. Goetz, Interesse als Konzept der Vermittlung von Kunst und Subjekt, a.a.O.
10 Vgl. G. Böhme, Atmosphäre. Essays zur neuen Ästhetik, Frankfurt a. M., 1995
11 Vgl. ders., a.a.O., S. 33f
12 Vgl. Maurice Merleau-Ponty, Phänomenologie der Wahrnehmung. Berlin 1966
13 Vgl. Peter Weibel (Hrsg.), Offene Handlungsfelder. Open Practices. Katalogbuch des Österreichischen Pavillons auf der 48. Biennale von Venedig, Köln, 1999
14 Gernot Böhme, Atmosphäre. Essays zur neuen Ästhetik, Frankfurt a. M., 1995, S. 33
15 ders., a.a.O., S. 33
16 Vgl. Maurice Merleau-Ponty, Phänomenologie der Wahrnehmung, Berlin 1966
17 Maurice Merleau-Ponty, Das Sichtbare und das Unsichtbare, München 1994, S. 180
18 ders., a.a.O., S. 191
19 ders., a.a.O. S. 180
20 Dieses Zitat von Rémy Zaugg ist der Titel einer Ausstellung im Neuen Museum Nürnberg „Jetzt dies hier: Skulptur seit den sechziger Jahren aus der Sammlung des Neuen Museums" vom 30. Juni bis 24. September 2006. In dieser Ausstellung begegnen sich z. B. unterschiedliche und gelegentlich widersprüchliche Kunstauffassungen – was auch in einem „Zentrum für Ästhetische Bildung" symptomatisch wäre, nämlich die für die Gegenwartskünste charakteristische Infragestellung und Neubestimmung des Kunstbegriffs in ständiger Folge immer wieder neu zu vollziehen…

21 Vgl. William Forsythe, „Eine Choreographie für Architektur": Vorlesungsperformance zusammen mit Daniel Libeskind („Dekonstruktivistisches Denken") im Rahmen der Vortrags- und Diskussionsreihe „The Image of Thinking". Zur Aktualität des ästhetischen Denkens" an der Akademie der Bildenden Künste in Nürnberg im Sommersemester 1990. Konzept und Leitung Rainer Goetz

22 „Das Publikum selbst wird zum Akteur." Carolin Gucke im Gespräch mit Sasha Waltz, Programmheft *Insideout*, Schaubühne am Lehniner Platz, Berlin, Spielzeit 2003/04, S. 8

23 Vgl. Michel Foucault, Andere Räume (1967), in: Karlheinz Barck u.a. (Hg.): Aisthesis. Wahrnehmung heute oder Perspektiven einer anderen Ästhetik. Essais. Leipzig 7. Aufl. 2002, S. 39-46. Zusätzlicher Bezugspunkt könnte Pierre Bourdieus Konzept der Produktion des sozialen Raumes als einer habitualisierten Praxisform sein: Vgl. Pierre Bourdieu, Sozialer Raum und „Klassen", in: ders.: Sozialer Raum und „Klassen". Leçon sur la leçon. Zwei Vorlesungen. Frankfurt a.M. 1995, S. 7-46.

24 Vgl. Richard Schechner, Victor Turner's Last Adventure, in: Victor Turner, The Anthropology of Performance. New York, 1987, S. 7-20.
Hier wird der Leitbegriff der „Struktur" abgelöst von der Leitvorstellung des „sozialen Prozesses": "Performance is a paradigm of process" (S. 8).

25 Andreas Krapp/Richard M. Ryan, Selbstwirksamkeit und Lernmotivation, Zeitschrift für Pädagogik 44, S. 54-82, Weinheim/Basel 2002

26 Vgl. Rainer Goetz, Werkstatt und Interesse. Kunstpädagogische Handlungsansätze, in: werkundzeit, 4/1992, Frankfurt a.M.

27 Vgl. Andreas Slominski, Roter Sand und ein gefundenes Glück, Ausstellung im Museum für Moderne Kunst Frankfurt am Main, 22.09.2006-28.01.2007

28 Vgl. Andreas Krapp, Entwicklung und Förderung von Interessen im Unterricht, in: Psychologie in Erziehung und Unterricht 45, München/Basel, 1998

Abbildungen

S. 249	oben	Kathrin Herbold, „Projekt-Planungs-Buch"-Auszüge für die „Kinder-Uni-Vorlesungsperformance" mit der Thematik „Insel-Entdeckungen" (2005)
	unten	Carolin Buchberger, „Projekt-Tage-Buch"-Auszüge mit der Thematik „Von der zweiten zur dritten Haut" (2004)
S. 250		Andreas Schobert, Installation im KUNSTRAUM der Universität Würzburg im Rahmen der Eröffnungsperformance „In-Erscheinung-Treten" unter der Leitung von R. Goetz und S. Münchow im Rahmen des Ausstellungs- und Symposiumsprojekts „Atmosphären entdecken, erleben und entwerfen" (2002)
S. 251	oben	Claudia Jentsch, Von der „Zeichnung mit Draht" zur „Körper-Skulptur" (2007)
	mitte	Julia Gock, „Rotes Segel-Kleid" (2007)
	unten	Lena Weißenberger, Körper-Skulptur im Schattentheater (2007)
S. 252	rechts	Maren Schüll, Körper-Skulptur (2005)
	links	Maren Schüll, Raupen- und Muschelstudien im „Projekt-Tage-Buch" (2004)
S. 253		Maren Schüll, „Lakritz-Skulptur" im Rahmen des, alle Kunsteinrichtungen Würzburgs umfassenden Ausstellungsthemas „Aufgetischt" (2005)
S. 254		Kathrin Herbold, „Körper-Skulptur" (2005)
S. 255		Susi Seven, „Körper-Skulptur" (2005)
S. 256		Maren Schüll, Drei Ansichten der 5-teiligen Körper-Skulptur „Häutungen" (2006)
S. 257	v.l.n.r.	Katharina Pfeiffer, Orpheo Weidelt, Susi Seven, Maren Schüll, Tabea Kießling/Kathrin Herbold, Anna Thaler: Performance am Marktplatz von Civitella d'Agliano (2006) anläßlich des Italien-weiten Kunst-/Literaturherbstes mit dem Goethe-Institut
S. 258		Ausschnitte aus der Performance „Die zweite Haut" anläßlich des Multi-Media-Forums an der Bayerischen BauAkademie Feuchtwangen (2001) unter der Leitung von S. Blum-Pfugstl, R. Goetz und S. Münchow in Verbindung mit der Ausstellung „Vom bildnerischen Projekt-Tage-Buch zum performance-fähigen Kunst-Objekt" am Deutschen Sängermuseum Feuchtwangen (2001)
	oben	Susanne Hörmann und
	unten	Ulrike Seifert, „Körper-Skulptur" (2001) vor Überblenddias von Mark Grund (2001)
S. 259		Ausschnitte aus der Eröffnungsperformance unter der Leitung von Kathrin Herbold und Anna Schirmer im Rahmen der Installation und des Symposiums „Kriterien Ästhetischer Bildung heute" im KUNSTRAUM der Universität Würzburg (2007)
	oben	Susi Seven und Tabea Kießling, Körper-Skulpturen
		Margarete Fichte, Modell einer Körper-Skulptur
		Susanne Pfitschler und Bernd Kremling, Musikalische Interpretation
	unten	Katharina Pfeiffer und Nina Völkl, Interaktions-Skulptur (2007)

ATMOSPHÄRE(N)
Ein dialogischer Vortrag

Jugendkunstschule Meersburg 2004

Partitur
    für   zwei Sprecher
            3 Überblendprojektoren
            1 Beamer
            1 DVD-Player
            1 Videorecorder
            1 CD-Player
            1 Kassettenrecorder

Sprecher: Rainer Goetz
                  Stefan Graupner

Medienkoordinator:
      Andreas Rauh

Rainer Goetz   Stefan Graupner

ATMOSPHÄRE(N)
Ein dialogischer Vortrag

Meersburg, 2004

◀ Schlagzeugsolo eines schwarzen Jugendlichen, lauter werdend, dann Abbruch

Atmosphäre zeigt sich stets im Plural. Wir sagen zwar, die Atmosphäre eines Tages oder die Atmosphäre einer Begegnung oder die Atmosphäre einer Landschaft. In Wirklichkeit meint dies aber eine Gemengenlage an verschiedensten Sinneseindrücken und Empfindungen, die zusammengenommen Atmosphäre ergeben.

Atmosphäre zeigt sich stets im Plural.

Text: Atmosphäre zeigt sich stets im Plural

Weiß durch leeren Rahmen

„Wie die Welt für uns ist, das heißt welcher Art unsere Beziehung zu ihr in jedem einzelnen Moment ist und wie wir uns in ihr befinden, erfahren wir nicht gegenständlich, sondern atmosphärisch."
(Michael Hauskeller)

„Atmosphären sind überall. Aber sie liegen an den „Rändern" unserer sachlichen Aufmerksamkeit. Sie treffen uns aus Umgebungen. Ein bestimmtes Gefühl zünden sie nur dann, wenn man ihnen in gestimmter Sensibilität entgegentritt.

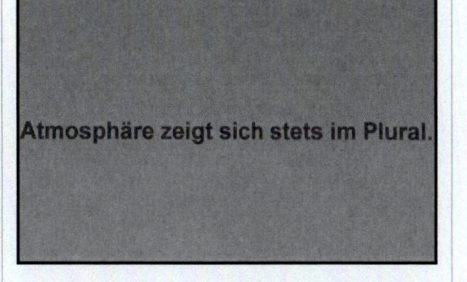

"Es fällt schwer, etwas Genaues über Atmosphären zu sagen. In unserer Kultur ist das Denk- und Sprachvermögen versachlicht." (Jürgen Hasse)

An der Wahrnehmung von Atmosphären sind denkbar alle Sinne beteiligt. Ihre Gewichtung entscheidet über das Bild, das wir von Atmosphären bekommen. Wahrnehmungsatmosphären sind in der Lage, im Kopf Bilder zu erzeugen.

Das Schlagzeugsolo eines schwarzen Jugendlichen in einem New Yorker U-Bahnhof.

◀ *Schlagzeugsolo nochmals einspielen*

Robert Ryman

Dia ausblenden

◀ *Ton ausblenden*

Dia ausblenden

Wir kennen viele verschiedene gesprochene oder notierte Sprachen der Vermittlung: Analytische, mathematische, poetische, deskriptive, phänomenologische Sprachen usf.

Das Sprechen über Atmosphären kann auch in Bild und Ton erfolgen.

◀ einblenden: Steve Reich, Drumming

Auch Bild und Ton sind Sprachen der Vermittlung. Künstler setzen diese Sprachen als Verfahrensregeln ein und erzeugen damit Atmosphären. „Wenn ... ein Künstler im allgemeinen sagt, er habe gearbeitet, ohne an die(se) Verfahrensregeln zu denken, meint er damit nur, dass er gearbeitet hat, ohne zu wissen, dass er die Regeln kannte."

(Umberto Ecco)

Wer also – wie auch immer – über Atmosphären spricht, erzeugt mit seinem Sprechen über Atmosphären gewollt oder ungewollt wiederum Atmosphären.

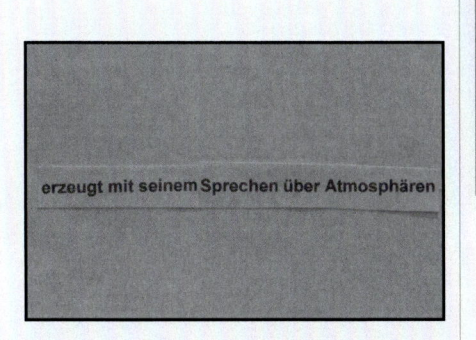

Text: erzeugt mit seinem Sprechen über Atmosphären

Text: Wer über Atmosphären spricht,

Die Sprachen, mittels derer Körper und Raum objektiv dargestellt werden, schaffen Distanz. Die Stufen der sprachlichen Abstraktion reichen vom Wort bis hin zur Formel, zur Partitur, zur Notation usf. Gemeinsam ist ihnen eine allgemeine, stets gültige Verbindlichkeit und Nachvollziehbarkeit von Form und Inhalt. (Nach Beat Hürzeler)

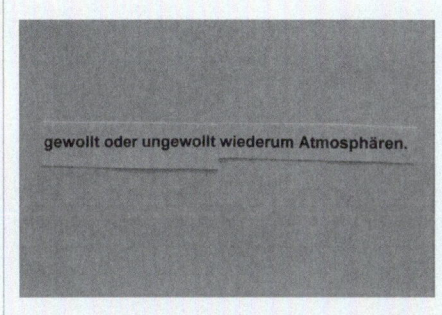

Text: gewollt oder ungewollt wiederum Atmosphären

Robert Ryman

◀ *Steve Reich ausblenden*

◀ *Videostandbild: Derek Jarman, Blue*

Robert Ryman

Die Sprachen, mittels derer Leib und Erfahrung subjektiv beschrieben werden, schaffen Nähe. Die Ausdrucksmittel, Ausdrucksmodulationen reichen von akustischen, mimischen, gestischen Äußerungen bis hin zu performativen Aktionen. Weder Form noch Inhalt der Mitteilung kann Allgemeingültigkeit und exakte Wiederholbarkeit beanspruchen.
(Nach Beat Hürzeler)

Demnach „…ist es nicht mehr die primäre Aufgabe der Ästhetik zu bestimmen, was Kunst oder ein Kunstwerk ist, und Mittel für die Kunstkritik bereitzustellen. Vielmehr ist das Thema der Ästhetik nun die ästhetische Arbeit in ihrer vollen Breite. Diese wird allgemein bestimmt als Produktion von Atmosphären."
(Gernot Böhme)

„Die neue Ästhetik ist also auf seiten der Produzenten eine allgemeine Theorie ästhetischer Arbeit. Diese wird verstanden als die Herstellung von Atmosphären."
(Gernot Böhme)

„Auf seiten der Rezipienten ist die neue Ästhetik eine Theorie der Wahrnehmung im unverkürzten Sinne.
Dabei wird Wahrnehmung verstanden als die Erfahrung der Präsenz von Menschen, Gegenständen und Umgebungen."
(Gernot Böhme)

◀ *einblenden: Brian Eno, Ambient #1 Music for Airports*

◀ *Brian Eno leiser, Text wird über Ton gesprochen*

„Stellen Sie sich vor, etwas ist spürbar in einem Raum vorhanden. Wer den Raum betritt, wird sehr wahrscheinlich aufmerksam. Aber zu sehen ist nichts und nichts zu berühren. Es ist ein Körper im Raum, der diesen verändert, indem er akustisch vorhanden, indem er äußerst diskret zu hören ist. Ein Raumkörper, ein Tonkörper..."
(Zsuzsanna Gahse)

Keith Sonnier

◀ *Brian Eno lauter werden lassen*
▰ *Videostandbild: Derek Jarman, Blue*

„Musik hörend, befinde ich mich in einem akustischen Raum, und meine Befindlichkeit ist das Wie, in dem ich meine Anwesenheit spüre. Mit dieser Feststellung wird das Thema Musik und Atmosphäre geöffnet für die Frage nach den allgemeinen, auch außermusikalischen, aber akustischen Umgebungsqualitäten."
(Gernot Böhme)

Keith Sonnier

▰ *Videostandbild ausblenden*

◀ *Brian Eno ausblenden*

Keith Sonnier

Atmosphären werden mit dem Körper wahrgenommen.

Keith Sonnier

Im Wechsel vortragen

Der Körper:

Chirurgie

Befund

Aussenansicht

Wissen über…

Gegenstand

Abgeschlossen

Dienen zu…

Dabei kann ich unterscheiden zwischen Körper und Raum und zwischen Leib und Erfahrung.

Der Leib:

Pflege

Befindlichkeit

Innenansicht

Spüren von…

Medium

Offen

Eigenständigkeit

(Nach Hermann Schmitz)

Die Unterscheidung ist nicht dualistisch aufzufassen. „Mit Leib ist nicht ein anderer Zugang zum Ding Körper gemeint, Leib meint leibliches Befinden – und erschliesst damit andere Phänomene und führt zu anderen Beobachtungen und Fragen." (Beat Hürzeler)

„Medialität und Materialität sind Seinsweisen des menschlichen Körpers, nicht bloß Sichtweisen. Also: Wir sehen unseren Körper nicht das eine Mal als Materie, ein anderes Mal als Medium, wir sind

„Atmosphären gestalten sich so gesehen aus dem, was sich angesichts der wahrnehmbaren Welt in der Wahrnehmung gestaltet. Je subjektiver – desto objektiver. Stimmungen, Empfindungen, die atmosphärisch zu Bewußtsein kommen, sind und bleiben Innenerfahrungen des erlebenden Subjekts."
(Michael Bockemühl)

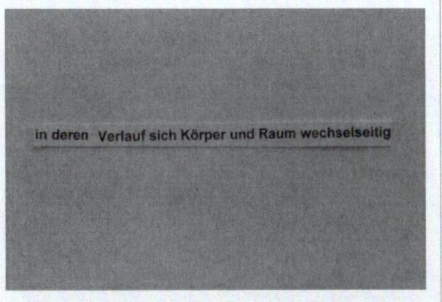

🎬 *Videosequenz: Derek Jarman, Blue, dann wieder Videostandbild, ohne Ton*

immer beides. Aber es bereitet eigentümliche ... Schwierigkeiten, den Körper als Medium und den Körper als Materie in einem ... Blick zusammenzubringen."
(Eduard Kaeser)

„Im ästhetischen Wahrnehmen aber finden sich Stimmungen/Empfindungen objektiviert unter den Bedingungen der Außenerfahrung, als Qualitäten des Erscheinenden, die sich im Prozess des Wahrnehmens zur Innenerfahrung wandeln: Innenerfahrung als Außenerfahrung."
(Michael Bockemühl)

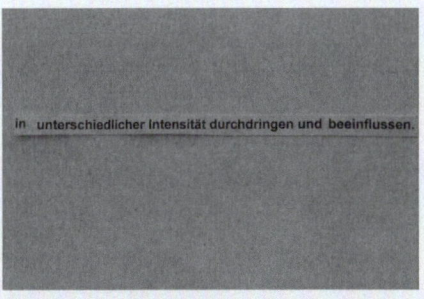

🎬 *Videostandbild aus*

Text: in deren Verlauf sich Körper und Raum wechselseitig

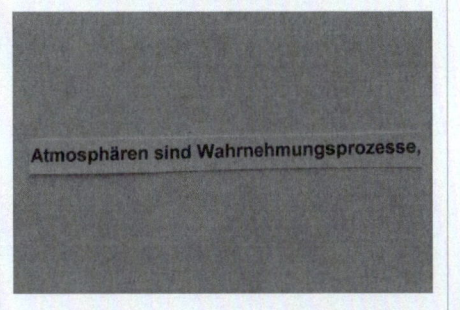

Text: Atmosphären sind Wahrnehmungsprozesse,

Text: in wechselnder Intensität durchdringen und beeinflussen.

Atmosphären sind Wahrnehmungsprozesse, in deren Verlauf sich Körper und Raum wechselseitig in wechselnder Intensität durchdringen und beeinflussen.

Rebecca Horn, Räume berühren sich im Spiegel

„Die Raumstrukturen, die für eine phänomenologische Durchleuchtung in Betracht kommen, lassen sich auf vier Aspekte verteilen:

Videosequenz: Rebecca Horn

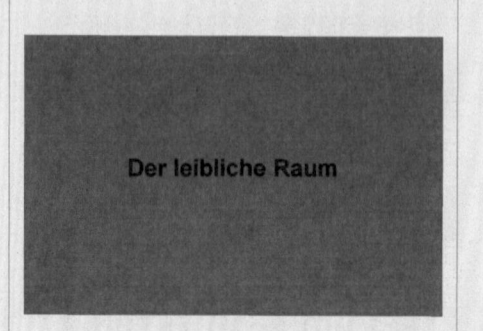

Text: Der leibliche Raum

Die Wechselwirkungen können beim Rezipienten graduell zu Verstärkung oder Abschwächung von Gefühlen führen.

Rebecca Horn, Räume berühren sich im Spiegel

Der leibliche Raum. Das ist der Raum, der ganz von Strukturen der leiblichen Dynamik und leiblichen Kommunikation bestimmt wird, der elementare,

Der Gefühlsraum, in dem sich Gefühle als räumlich ortlos ergossene, leiblich ergreifende Atmosphären ausdehnen. Über dieses Vermögen der Gefühle, im affektiven Betroffensein sich leiblich fühlen zu lassen, steht der Gefühlsraum in Verbindung mit dem leiblichen Raum.

Der Gefühlsraum

Text: Der Gefühlsraum

ursprüngliche Raum, ohne den es keinen Zugang zu erfahrbarer Räumlichkeit in irgendeinem Sinn gibt. Er wird keineswegs nur im Spüren am eigenen Leib erfahren, sondern auch das Gehörte, Gerochene und zu einem beträchtlichen Teil das Gesehene und das Getastete haben in ihm Platz.

Der vom Leib durch Fläche entfremdete Raum

Text: Der vom Leib entfremdete Raum

Der vom Leib entfremdete Raum, der so genannte Ortsraum. Das ist der der Mathematik und Naturwissenschaft allein bekannte Raum.

Die Wohnung als Kultur der Gefühle im umfriedeten Raum. In ihr finden sich alle drei genannten Formen der Räumlichkeit zusammen."
(Hermann Schmitz)

Die Wohnung als Kultur der Gefühle im umfriedeten Raum

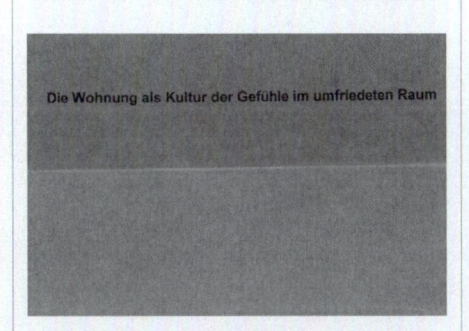

Text: Die Wohnung als Kultur der Gefühle im umfriedeten Raum

Dia ausblenden	*Dia ausblenden*	*Dia ausblenden*

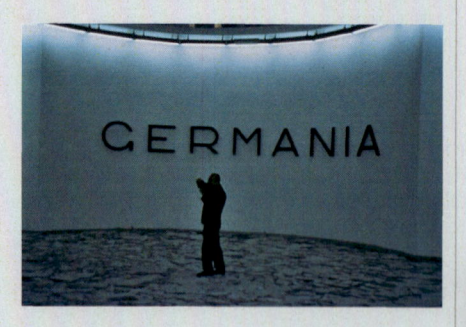

◀ einblenden: Hans Haacke, Biennale Venedig

◀ Ton lauter werden lassen

„Atmosphären werden gespürt, indem man affektiv von ihnen betroffen ist....
Die eigene Stimmung kann lediglich als der subjektive Pol der Atmosphäre erfahren werden. Die Atmosphäre dagegen als ein Etwas, das auch von mir zu unterscheiden ist, wird erst in anderen Erfahrungen entdeckt.
Man kann sie als Ingressions- bzw. Diskrepanzerfahrung bezeichnen.
Beide Erfahrungen implizieren eine Differenz zwischen mir und der Atmosphäre, wodurch die Atmosphäre dann wirklich als Gegenstand der Wahrnehmung angesprochen werden kann."

(Gernot Böhme)

Hans Haacke

Hans Haacke

◀ Ton ausblenden

Hans Haacke

Dia ausblenden

Atmosphären des öffentlichen Raums

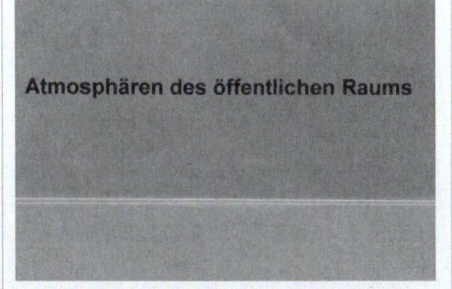

Text: Atmosphären des öffentlichen Raums

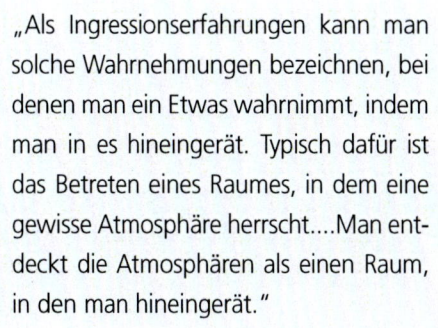

„Als Ingressionserfahrungen kann man solche Wahrnehmungen bezeichnen, bei denen man ein Etwas wahrnimmt, indem man in es hineingerät. Typisch dafür ist das Betreten eines Raumes, in dem eine gewisse Atmosphäre herrscht....Man entdeckt die Atmosphären als einen Raum, in den man hineingerät."

(Gernot Böhme)

Gordon Matta Clark

Gordon Matta Clark

Gordon Matta Clark

Gordon Matta Clark

Gordon Matta Clark

Gordon Matta Clark

Gordon Matta Clark

Gordon Matta Clark

Atmosphären des privaten Raums

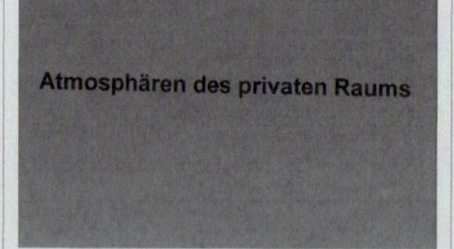

Text: *Atmosphären des privaten Raums*

Dia ausblenden

Dia ausblenden

„Es gibt aber neben der Erfahrung von Atmosphären auf der Basis der Ingression auch die Erfahrung von Atmosphären auf der Basis der Diskrepanz. Damit ist gemeint, dass ich von einer Atmosphäre her eine Anmutung erfahre in Richtung einer Stimmung, die von meiner

mitgebrachten Stimmung abweicht. So kann ich etwa, wegen eines Trauerfalls bedrückt, einen heiteren Frühlingstag in deutlicher Diskrepanz zu meinem eigenen Befinden erfahren."
(Gernot Böhme)

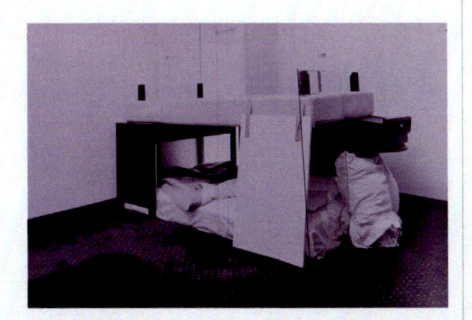

Slotawa

Slotawa

Slotawa

„Die Diskrepanzerfahrungen sind es, die in besonderem Maße dazu Anlass geben, Atmosphären als quasi objektive Gefühle zu bestimmen. In diesen Erfahrungen wird deutlich, dass ich Gefühle erfahren kann, die nicht meine sind und auch niemandes sonst."
(Gernot Böhme)

Slotawa

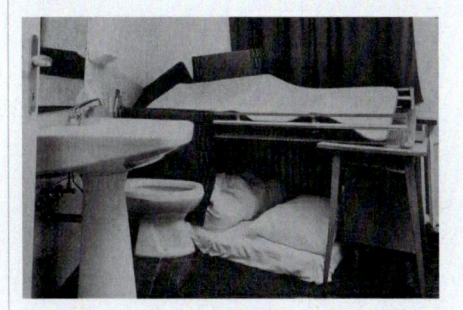

Slotawa

„Hotelzimmer sind Räume des Übergangs, die einem von vornherein begrenzten Aufenthalt dienen.
Bei allen Unterschieden des Dekors wohnt ihnen ein Moment des Übergangs inne,

Slotawa

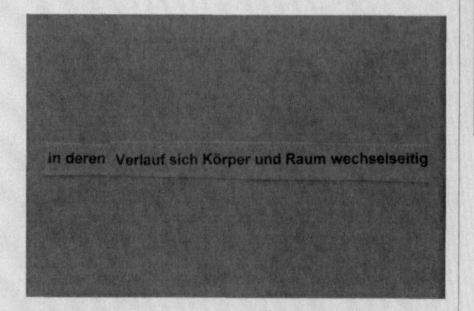

Dia ausblenden

Text: *in deren Verlauf sich Körper und Raum wechselseitig*

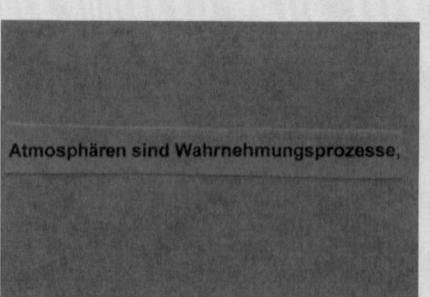

Text: *Atmosphären sind Wahrnehmungsweisen,*

das sich nicht nur in der Funktionalität der Einrichtungsgegenstände widerspiegelt. Sie unterbrechen die alltägliche, gewohnte Zeitstruktur und sind in diesem Sinne andere ... Orte."

(Astrid Wege)

Hotelzimmer sind Nischen eines öffentlichen Raums, die durch Anwesenheit eines Menschen temporär zu privaten Räumen werden. Mit der Belegung oder dem Verlassen des Zimmers ändern sich die Raum-Atmosphären.

Dia ausblenden

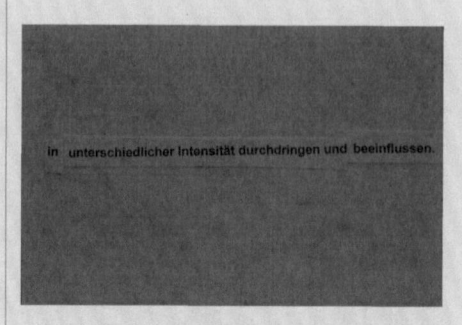

Text: *in wechselnder Intensität durchdringen und beeinflussen.*

Dia ausblenden   *Dia ausblenden*   *Dia ausblenden*

„Als ursprünglich Umgreifendes kann das Atmosphärische kein Gegenstand einzelner Sinneswahrnehmungen sein, sondern wird ganzleiblich gefühlt.
Durch Emanzipierung des Subjekts aus der umhüllenden Atmosphäre werden schließlich Wahrnehmender und Wahrgenommenes ausdifferenziert.
Die Objekte der Wahrnehmung erscheinen jedoch auch nach Emanzipation des Subjekts je nach Atmosphäre auf charakteristische Weise, das heißt sie bleiben gewissermaßen von der Atmosphäre getönt."
(Ziad Mahayni)

Insideout
Insideout – Dias (insgesamt 22) wechseln sich während des Sprechens ab.

Die Reihenfolge bleibt dabei immer:
Bild links, mitte, rechts

„Das Theater ist eine Welt des Scheins. Was sich dort abspielt, gehört nicht zu unserer Lebenswelt, verlangt nicht unser Eingreifen, verursacht uns keine physischen Leiden.
Gleichwohl ist das, was dort vor sich geht, im Prinzip von der Art, dass es auch in unserer Lebenswelt geschehen könnte, und jedenfalls ist es für uns von Bedeutung...
Die Welt des Theaters ist gegenüber unserer Lebenswelt abgetrennt, und insofern wir in sie eintreten, befinden wir uns im handlungsentlasteten Raum..."
(Gernot Böhme)

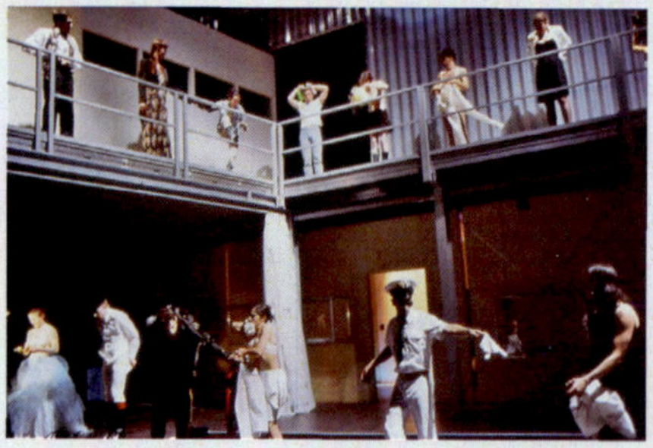

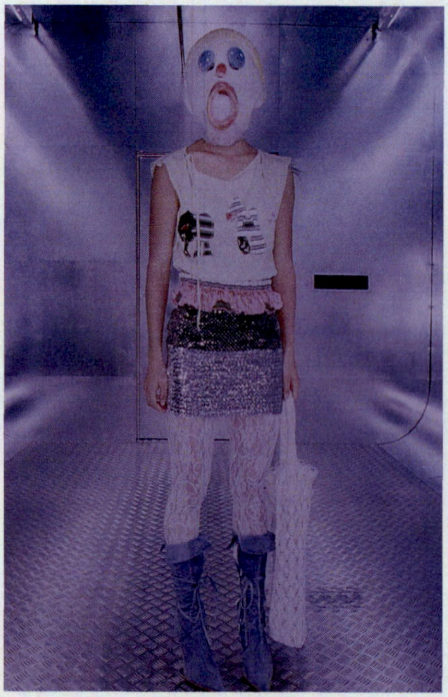

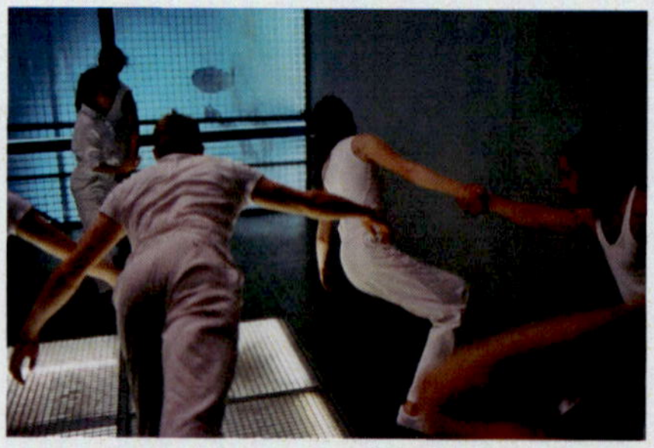

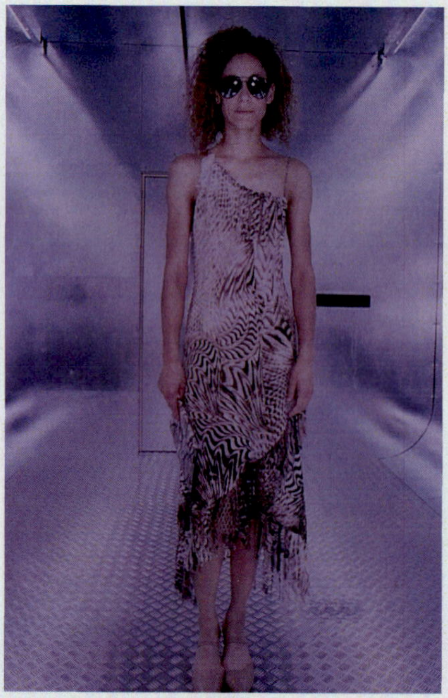

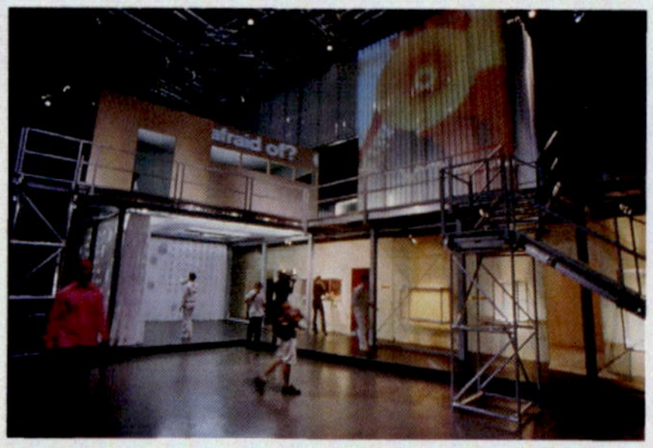
afraid of?

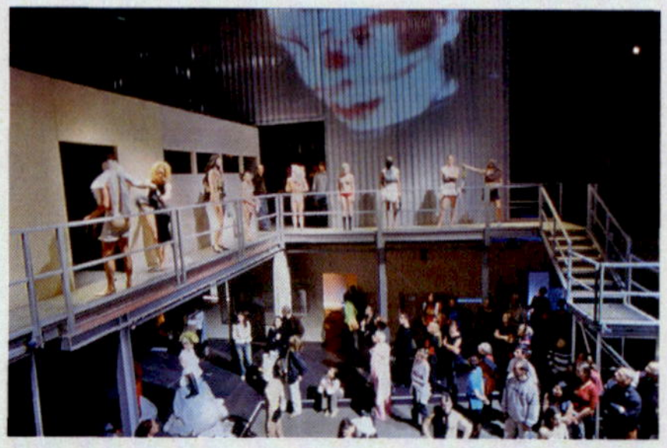

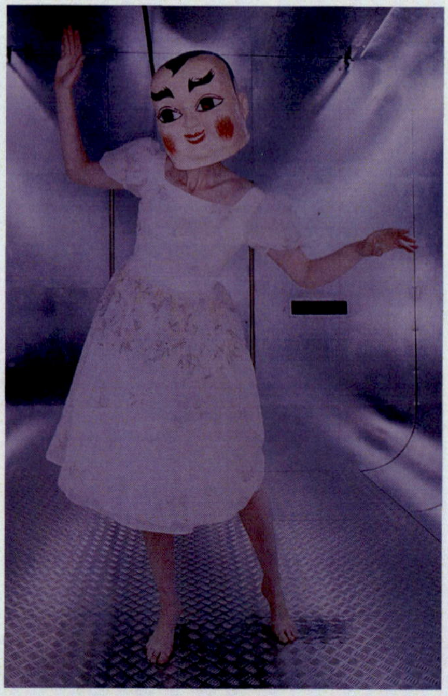

„Ich möchte eine ganze Palette, ein Kaleidoskop an Emotionen und Erinnerungsbildern entwickeln, in denen man wie in einem Wellengang durch das Stück getragen wird und dabei unterschiedliche Zustände durchläuft.
Es gibt verschiedene Stimmungen und Assoziationsfelder, in die man geführt werden kann. Das sind alles Angebote an die Zuschauer, denen sie folgen können – oder nicht."
(Carolin Emcke im Gespräch mit Sasha Waltz)

„Die Idee einer begehbaren Installation...
...die Leute nicht von a nach b nach c nach d führen...
...die Intimität der Räume, aber eben keine Dramaturgie von Zeit- oder Raumblöcken, an der alle gemeinsam entlanglaufen..."
(Carolin Emcke im Gespräch mit Sasha Waltz)

„Nicht Worte, eine Geste."
(Cesare Pavese)

Ende Insideout – Diawechsel

„Der Zuschauer vollzieht die Bewegung, die das Stück erzählt, selber unbewußt nach. Er wird gezwungen, nah ran zu gehen, plötzlich draußen zu bleiben und nur durch Schlitze schauen zu können, er muss diesen Prozess des Wechsels von innen und außen, von privat und öffentlich durch die Architektur mitvollziehen."
(Carolin Emcke im Gespräch mit Sasha Waltz)

Beispiele aus der <Licht-Installation> im KUNSTRAUM der Uni Würzburg

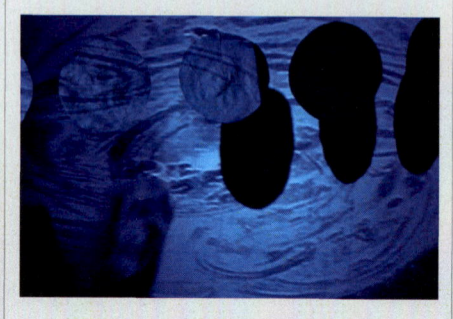

Die Idee einer begehbaren „Licht-Installation" leuchtet auch auf in sogenannten „Körper-Skulpturen" von Kunstpädagogik-StudentInnen der Universität Würzburg. Hier wird der Betrachter selbst zum Akteur:
Er kann selbst einen „idealen Standpunkt der Betrachtung" aufsuchen und sich ganz dem kontingenten (zufälligen) Spiel der Erscheinungen überlassen...

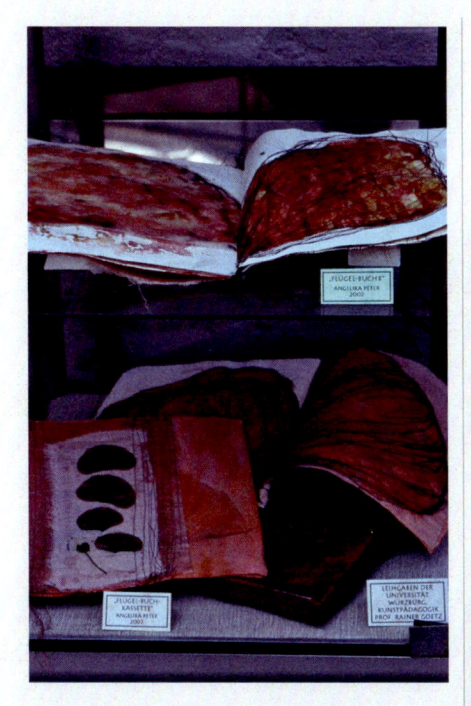

Beispiele von Projekt-Tagebüchern

Beispiel einer Körperskulptur

Atmosphärebildende Projektansätze der Kunstpädagogik der Universität Würzburg spielen mit drei Übergangszeiten und -zonen:

- Vom sinnlichen Eindruck im Projekt-Tage-Buch

In sogenannten Projekttagebüchern, die zunehmend selber Objektcharakter annehmen, verdichten sich bildnerische Konzepte für große, manchmal tragbare Objekte. Diese am eigenen Körper maßnehmenden Vergrößerungen fordern Vergleiche von Bildhaut zur Menschenhaut heraus.

- über das körperbezogene ästhetische Objekt

- zum symbolischen Ausdruck in multimedialer Performance

Beispiel aus der Performance an der Bayerischen BauAkademie, Feucht-

Das „Zeichnen mit der Schere oder Nähmaschine" beginnt; selbstgeschöpftes Papier, Plastikmaterial, Textilien oder Filzstoff werden z.B. zu körperhaften Skulpturen zusammengefügt.

🎬 *Videosequenz: Ausschnitte aus Aufführungen der Studierenden*

wangen, Oktober 2001 mit Gestaltungen von Ulrike Seifert und Mark Grund

Atmosphärische Verdichtungen entstehen, indem die getragenen, bewegten oder installierten Objekte sich mit zusätzlichen Ausdrucksformen vernetzen.

Ausschnitte aus Aufführungen der Studierenden

*Ausschnitte aus Aufführungen
der Studierenden*

*Ausschnitte aus Aufführungen
der Studierenden*

*Ausschnitte aus Aufführungen
der Studierenden*

Diaprojektionen, Trickfilme und Klangeinspielungen und ihre unterschiedlichen Bedeutungs- und Gestaltungsebenen werden so miteinander verknüpft, dass sich kreative Felder der Wechselwirkung bilden:
Dieses Geschehen bildhafter Projektionen wird inszeniert

Dia ausblenden

„Als Zuschauer muss ich mich ... entscheiden, ob ich einfach lieber ... einen bestimmten Aspekt verfolgen und begleiten möchte, oder ob ich mich auf einen Raum konzentriere bzw ständig auf Wanderschaft bin ... Ich kann mir das Stück wie ein Puzzle spielerisch zusammensetzen. Jeder hat dann am Schluß ein anderes Bild von der Aufführung." (Carolin Emcke im Gespräch mit Sasha Waltz)

🎬 *Videosequenz ausblenden*

🎬 *Videosequenz: Samuel Beckett, Quadrat I + II - Videoaufzeichnung*

🎬 *Videosequenz ausblenden*

[Schluss]

einmal über ein komplexes bild-sinnliches Symbolrepertoire und

zum zweiten über unterschiedlichste sinnhafte Bildsprachen, die ihre Diskursmöglichkeiten in eine zunehmend dichte, atmosphäre-stiftende Gesamtform als Performance einbringen.
Diese dreiteiligen Projekte, die in performative Prozesse münden, versuchen mit der Vielfalt ihrer Ausdrucksphänomene „alte" und „neue" Bildnerische Gattungen zusammenzuführen, um so den Zwiespalt zwischen ihnen durch atmosphärisch aufgeladene Übergänge von sinnlicher Wahrnehmung und sinnhafter Imagination zu überbrücken.

Dia ausblenden

Verwendete Literatur und Künstler

Namen der gezeigten und zu Gehör gebrachten Künstler und zitierten Theoretiker in der Reihenfolge ihres Auftritts:

Schlagzeugsolo eines schwarzen Jugendlichen auf Plastikeimern und Eisenstangen, U-Bahnhof *Time Square*, New York, 2001 (private Tonbandaufzeichnung)

Michael Hauskeller, Atmosphären erleben. Philosophische Untersuchungen zur Sinneswahrnehmung, Berlin 1995, S.101

Jürgen Hasse, Zum Verhältnis von Stadt und Atmosphäre, in: Jürgen Hasse (Hrsg.), Subjektivität in der Stadtforschung (Natur-Raum-Gesellschaft Bd.3), Institut für Didaktik der Geographie, Frankfurt 2002, S.20

Robert Ryman, Untitled 1960, Öl auf Leinwand, 133x133 cm

Umberto Ecco, Nachschrift zum 'Namen der Rose', München 1986, S.18

Steve Reich, Drumming, Part I, 1970/71 (Ausschnitt), Deutsche Grammophon Nr. 427 428-2

Derek Jarman, Blue, Großbritannien 1993, 35mm, 74 Min. Buch und Regie: Derek Jarman, Deutsche Fassung/Sprecher: Ulrich Matthes, Wolfgang Condrus, Sylvester Groth, Eva Mattes (Edition Manfred Salzgeber, Berlin) (Ausschnitt)

Nach **Beat Hürzeler**, Ansprechendes Ansprechen. Bausteine für eine Geographie der Befindlichkeiten. Unterwegs zur Phänomenologie von Hermann Schmitz und zur Ästhetik von Gernot Böhme, Diplomarbeit der Philosophisch-Naturwissenschaftlichen Fakultät der Universität Bern, 2000

Robert Ryman, Surface Veil II 1971, Öl und blaue Kreide auf Leinwand, 365,9x365,9 cm

Robert Ryman, Untitled 1959, Öl auf Leinwand, 110,6x110,6 cm (Ausschnitt)

Gernot Böhme, Atmosphäre. Essays zur neuen Ästhetik, Frankfurt a.M. 1995, S.25

Brian Eno, Ambient # 1 Music for Airports, 1978 (Ausschnitt), Editions EG 17

Zsuzsanna Gahse, Wie breitet sich ein Ton aus, in: Kunst-Bulletin Nr.9 (September) 1995, S.22

Gernot Böhme, Anmutungen. Über das Atmosphärische, Ostfildern 1998, S.81

Keith Sonnier, Licht-Installation im Verbindungstunnel am Flughafen München II (private Aufnahmen)

Zusammenfassung nach **Hermann Schmitz**, System der Philosophie. Band 3. 2.Teil: Der Gefühlsraum, Bonn 1998 (3.Aufl.), in: Beat Hürzeler, a.a.O. S.74

Eduard Kaeser, Medium und Materie. Für ein komplementaristisches Konzept des menschlichen Körpers, in: Philosophia Naturalis, Band 34 (1997), Heft 2, S.356

Michael Bockemühl, Atmosphären sehen, in: Ziad Mahayni (Hrsg.), Neue Ästhetik. Das Atmosphärische und die Kunst, München 2002, S.222

Rebecca Horn, Räume berühren sich in den Spiegeln, 1975 (Berlin-Übungen, 1974/75) (Ausschnitt)

Hermann Schmitz, Der Leib, der Raum und die Gefühle, Ostfildern 1998, S.50ff

Hans Haacke, Germania. Installation. Biennalepavillon der Bundesrepublik Deutschland, Venedig 1993 (private Ton- und Bildaufzeichnungen)

Gernot Böhme, Aisthetik. Vorlesungen über Ästhetik als allgemeine Wahrnehmungslehre, München 2001, S.46

Hans Haacke, Germania. Installation. Biennalepavillon der Bundesrepublik Deutschland, Venedig 1993 (private Ton- und Bildaufzeichnungen)

Gernot Böhme, Aisthetik. Vorlesungen über Ästhetik als allgemeine Wahrnehmungslehre, München 2001, S.46/47

Gordon Matta-Clark:
Splitting, 1974
Farbphotographie, 102x153 cm
Sammlung Yvon Lambert, Paris

Splitting, 1974
4 s/w Photographien (Ausschnitt)
Sammlung M.Jeurissen, Hasselt

Bingo, 1974
3 Fragmente eines Bauwerks, Vorder- und Rückseite
Gordon Matta-Clark Trust, New York

Office Baroque, 1977
Innenansicht

Office Baroque, 1977
Cibachrome, 101,5x75,6 cm
Sammlung Daniel und Danielle Varenne, Genf

Circus-Carribean Orange, 1978
Cibachrome, 101,6x50,8 cm
Sammlung Jane Crawford, New York

Office Baroque, 1977
Cibachrome, 108x58 cm
Privatsammlung

Office Baroque, 1977
Cibachrome, 101,6x76,2 cm
Sammlung Morton G. Neumann, Chicago

Office Baroque, 1977
Cibachrome, 101,5x76,2 cm
Sammlung Jane Crawford, New York

(Alle Abbildungen aus Ausstellungskatalog *Gordon Matta-Clark*, IVAM Centre Julio González, Valencia 1993)

Florian Slotawa:
Möwenpick Hotel, Kassel, Zimmer 231
Nacht zum 4. Juni 1999, s/w-Photographie

Hotel Nußbaumer, Brennerpass, Zimmer 5
Nacht zum 4. Januar 1999, s/w-Photographie

Hotel Stadt Rendsburg, Dresden, Zimmer 12a
Nacht zum 7. Juni 1998, s/w-Photographie

Hotel Victoria, Lausanne, Zimmer 505
Nacht zum 11. Januar 1999, s/w-Photographie

Hotel des Vosges, Straßburg, Zimmer 66
Nacht zum 13. März 1999, s/w-Photographie

Hotel Città di Parenza, Triest, Zimmer 307
Nacht zum 2. Januar 1999, s/w-Photographie

Pension Josefine, München, Zimmer 18
Nacht zum 5. Juli 1999, s/w-Photographie

(Alle Abbildungen aus Katalog *Florian Slotawa*, Kunsthalle Mannheim 2002)

Astrid Wege, Auf Zeit. Zu Florian Slotawas Hotelarbeiten, in: Katalog *Florian Slotawa*, Kunsthalle Mannheim 2002, S.89

Bilder *Insideout*: Programmheft **Sasha Waltz**, *Insideout*, Schaubühne am Lehniner Platz, Berlin, Spielzeit 2003/4 und Jochen Sandig, Berlin

Ziad Mahayni, Atmosphäre als Gegenstand der Kunst. Monets Gemäldeserie der Kathedrale von Rouen, in: Ziad Mahayni (Hrsg.), Neue Ästhetik. Das Atmosphärische und die Kunst, München 2002, S.62

Gernot Böhme, Aisthetik. Vorlesungen über Ästhetik als allgemeine Wahrnehmungslehre, München 2001, S.117

„Das Publikum selbst wird zum Akteur". Carolin Emcke im Gespräch mit **Sasha Waltz**, Programmheft *Insideout*, Schaubühne am Lehniner Platz, Berlin, Spielzeit 2003/4, S.8

Carolin Emcke im Gespräch mit **Sasha Waltz**, a.a.O. S.13

Cesare Pavese, zitiert nach: Sasha Waltz, Dialoge, Künstlerhaus Bethanien, Berlin 1993 (Vorwort)

Carolin Emcke im Gespräch mit **Sasha Waltz**, a.a.O. S.16

>>Licht-Installation<< der StudentInnen der Kunstpädagogik der Universität Würzburg im Wintersemester 2003/4 im KUNSTRAUM der Universität Würzburg unter der Leitung von Rainer Goetz und Stefan Graupner

Eröffnungs-Performance >>Ent-Blättern<< zum Ausstellungs- und Symposiumsprojekt ZUKUNFT(S)WERKSTATT BUCH, Juni 2000 an der Universität Würzburg in Kooperation mit der Evangelischen Akademie Tutzing (Dr. Roswitha Terlinden), unter der Leitung von Sabine Blum-Pfingstl, Rainer Goetz und Sandra Münchow

Performance >>**Die zweite Haut**<< anläßlich des Multi-Media-Forums an der Bayerischen BauAkademie Feuchtwangen, Oktober 2001 (unter der Leitung von Sabine Blum-Pfingstl, Rainer Goetz und Sandra Münchow) in Verbindung mit der Ausstellung >>Vom bildnerischen Projekt-Tage-Buch zum performance-fähigen Kunst-Objekt<< am Deutschen Sängermuseum Feuchtwangen vom 15. Juni bis 14. Oktober 2001

Eröffnungsperformance >>**In-Erscheinung-Treten**<< unter der Leitung von Rainer Goetz und Sandra Münchow im Rahmen des Ausstellungs- und Symposiumsprojekts >>Atmosphären entdecken, erleben und entwerfen<< im Juni 2002, KUNSTRAUM der Universität Würzburg

Rainer Goetz, Performance als Vernetzungsmöglichkeit ästhetischer Ausdrucksformen. Interessen-differenzierte und projekt-orientierte Modellversuche an der Universität Würzburg, in: Kunst- und Unterricht, Heft 273, Juni 2003

Frei zitiert nach: Carolin Emcke im Gespräch mit **Sasha Waltz**, a.a.O. S.16

Samuel Beckett, Quadrat I + II, Süddeutscher Rundfunk, Stuttgart 1981

Kurzbiographien in der Reihenfolge der Beiträge

Viktor Gorgé

geboren 1931 in Bern, Studium der theoretischen Physik, Mathematik und Philosophie in Bern und München; Forschungs- und Lehrtätigkeit in Bern und Syracuse (USA) mit Schwerpunkt Elementarteilchentheorie und Quantenoptik. Seit 1972 PD und Titularprofessor an der Universität Bern mit Lehrauftrag für theoretische Physik, Naturphilosophie und Geschichte der Physik. 1972 - 1996 vor allem Lehrtätigkeit in den Gebieten Wissenschaftsphilosophie, Geschichte der exakten Wissenschaften und Naturphilosophie; Studienleiter für das Fach Philosophie (naturwissenschaftlich mathematischer Richtung) an der phil.-nat. Fakultät. Förderung verschiedener interdisziplinärer Projekte zwischen Natur- und Geisteswissenschaften.

Gernot Böhme,

geboren 1937. Studium der Mathematik, Physik, Philosophie, Dr. phil. Hamburg 1965, Habil. München 1972, Wiss. Mitarbeiter des Max-Planck-Instituts zur Erforschung der Lebensbedingungen der wiss.-techn. Welt, Starnberg 1970-77, 1977-2002 Professor für Philosophie an der TU Darmstadt, Sprecher des Graduiertenkollegs Technisierung und Gesellschaft 1997-2001. Denkbarpreis für obliques Denken 2003. Forschungsschwerpunkte: Platon und Kant; Theorie der Zeit; Naturphilosophie; Ästhetik; Ethik; Technische Zivilisation; Philosophische Anthropologie; Goethe

Wolfhart Henckmann

geboren 1937, Professor für Philosophie an der Ludwig-Maximilians-Universität München. 1958 bis 1965 Studium der Philosophie, Neueren deutschen Literatur und Pädagogik an den Universitäten München und Montpellier, Dr.phil.1965 mit einer Dissertation über die Ästhetik Martin Deutingers, 1966 bis 1978 Assistent bei Helmut Kuhn und Hermann Krings am Philosophischen Seminar der Universität München, Habilitation 1976 mit einer Schrift über die Philosophie K.W.F.Solgers, seit 1978 Dozent an der Hochschule für Politik, München, seit 1980 Professor für Philosophie an der Universität München. Gastprofessuren in Tokyo (1982), Jinan/VR China (1995), Nara/Okinawa (1999) und Venedig (1999). Forschungsschwerpunkte Ästhetik, Hermeneutik, Anthropologie, Philosophie des 19. und 20. Jh.s., phänomenologische Bewegung. Seit 1993 Vizepräsident, von 1997 bis 2005 Präsident der Max-Scheler-Gesellschaft. Veröffentlichungen u.a. *Lexikon der Ästhetik* (zus. m. K.Lotter, München: Beck 1992, 2. überarb. Aufl. 2004), *Max Scheler* (München: Beck 1998), *Person und Wert. Schelers 'Formalismus'- Perspektiven und Wirkungen* (zus. mit H.Leonardy und Chr.Bermes, Hg., München 2000); *Vernunft und Gefühl. Schelers Phänomenologie des emotionalen Lebens* (zus. mit Chr. Bermes und H.Leonardy, Hg., Würzburg 2003).

Andreas Speer

geboren 1957 in Düsseldorf, Studium der Philosophie, Katholischen Theologie, Klassischen Philologie und Kunstgeschichte in Bonn, Promotion zum Dr. phil (1986). Nach dem zweiten Staatsexamen seit 1988 wissenschaftlicher Assistent am Thomas-Institut der Universität zu Köln; dort 1994 Habilitation; 1995 Oberassistent und von 1995 bis 2000 Heisenberg-Stipendiat der DFG. Gastdozenturen an der Universität Sofia (1994) und an der Biblioteca Vaticana (1996); Gastprofessuren am Medieval Institut der University of Notre Dame (1996) und am Hoger Instituut voor Wijsbegeerte der Universität Leuven (1999). 1998 Ernennung zum apl. Professor in Köln; seit 2000 Professor für Philosophie an der Universität Würzburg, seit 2004 Professor für Philosophie und Direktor des Thomas-Instituts an der Universität zu Köln. Seit 1997 Mitglied des Vorstandes der Société Internationale pour l'Étude de la Philosophie Médiévale (S.I.E.P.M.); 2000/1

Geschäftsführender Vorsitzender des Engeren Kreises der Allgemeinen Gesellschaft für Philosophie in Deutschland (AGPD / DGPhil); 2004 Wahl zum 1. Vorsitzenden der Gesellschaft für Philosophie des Mittelalters und der Renaissance (GPMR). Seit 2002 Mitglied der geisteswissenschaftlichen Klasse der Akademie gemeinnütziger Wissenschaften zu Erfurt; 2005 Doctor honoris causa an der Universität Sofia. Forschungsschwerpunkte: Systematik und Geschichte der Philosophie, insbesondere der mittelalterlichen Philosophie, Metaphysik und Erkenntnistheorie, Naturphilosophie, Ästhetik, sowie zum Verhältnis Philosophie und Weisheit.

Fritz Strack

geboren 1950, Landau /Pfalz, 1974 Diplom in Psychologie, Universität Mannheim; 1976 M.A. in Psychologie, Universität Stanford; 1983 Doktor in Psychologie, Universität Mannheim; 1984 – 1985 Postdoctoral Fellow, Universität Illinois, Champaign-Urbana; 1989 Habil. an der Universität Mannheim; 1990 – 1991 Senior Scientist, Max-Planck Institut für Psychologische Forschung, München; 1991 – 1995 Associate Professor (C 3), Universität Trier; 1995 – present Lehrstuhl an der Universität Würzburg; 1998 Theodor Heuss Professor, New School for Social Research, New York (USA)

Attila Höfling

geboren 1976 in Duisburg. 2003 Diplom in Psychologie, Universtität Würzburg; wissenschaftlicher Mitarbeiter und Promovierender am Psychologischen Institut der Universität Würzburg, Lehrstuhl II für Sozialpsychologie.

Timo Bautz

Studium der Philosophie, Kunstgeschichte und Germanistik
München, Braunschweig, Pisa (DAAD Stipendium)
Studium an der Akademie der Bildenden Künste München
1986-1992 Lehrauftrag an der Akademie
1987 Promotion in Philosophie
1990-1992 Referendariat am Luitpold-Gymnasium-München
1992-1997 Kunsterzieher am Luitpold-Gymnasium
Seit 1997 Kunstpädagoge an der Universität Würzburg

Andreas Rauh

geboren 1980. Studium der Kunstpädagogik, Pädagogik und Philosophie in Würzburg mit Magisterabschluß. Lehraufträge- und Tutoriatstätigkeit an den Lehrstühlen Kunstpädagogik und Philosophie III der Universität Würzburg. Zur Zeit Promotionsstudium in den Bereichen Kunstpädagogik, Ästhetische Bildung und Ästhetik.

Gerhard Wagner

geboren 1958; Professor für Soziologie mit dem Schwerpunkt Wissenschaftstheorie/Logik der Sozialwissenschaften am Institut für Grundlagen der Gesellschaftswissenschaften der Johann Wolfgang Goethe-Universität Frankfurt am Main; zahlreiche internationale Publikationen in den Bereichen Allgemeine Soziologie, Politische Soziologie und Kultursoziologie; zuletzt „Projekt Europa" (Berlin 2005) und „Kultur in Zeiten der Globalisierung" (Frankfurt am Main 2005).

Klaas Huizing

geboren 1958, Nordhorn. Studium der Evangelischen Theologie, Philosophie und Religionswissenschaften, Promotion Philosophie 1986, Promotion Theologie 1991, Habilitation 1993, seit 1996 Professor für Evangelische Theologie an der Universität Würzburg, P.E.N.-Mitglied. Villa-Concordia-Stipendium des Freistaates Bayern im Jahr 2003/2004.

Werner Penzel

wurde 1950 in ländlicher Umgebung im Süden Deutschlands geboren. Er wächst auf in Hannover, Berlin und Köln. In den späten 60ern macht er Musik, verfasst Gedichte und dreht 1969 seinen ersten Film. In den 70ern arbeitet er mit der brasilianischen Theatergruppe Oficina, besucht die Hochschule für Film in München und bereist während mehrerer Jahre Südamerika, Nordafrika, Indien und Japan. Zusammen mit Nicolas Humbert gründet er die Produktion „CineNomad".

Friedhelm Brusniak

geboren 1952, Korbach. Studium der Schulmusik und Geschichte sowie der Musikwissenschaft in Frankfurt am Main. 1. und 2. Staatsexamen für das Lehramt an Gymnasien 1977/1980, Promotion Musikwissenschaft 1980, Habilitation 1998, seit 1999 Professor bzw. seit 2004 erster Inhaber des Lehrstuhls für Musikpädagogik und Didaktik der Musikerziehung an der Universität Würzburg. Von 1994 bis 2002 Präsident der Deutschen Mozart-Gesellschaft e.V.

Michael Keller

geboren 1963 in Glendale, Kalifornien. Studierte Kommunikationsdesign in München sowie Kunst an der Parsons School of Design in New York und erhielt ein Stipendium der Cooper Union (ebenfalls New York). Seit 1990 leitet er zusammen mit Knut Maierhofer, Christoph Rohrer und Armin Schlamp das Designbüro KMS, das heute mit 65 Mitarbeitern und Auftraggebern u.a. aus Automobilindustrie, Biotechnologie, Finanzen, Kultur, Medien und Telekommunikation das zweitgrößte im deutschsprachigen Raum ist. Mit „Tiefendesign" vertritt KMS einen ganzheitlichen Ansatz, der Corporate Identity, Kommunikation im Raum, Neue Medien und strategisches Design miteinander verbindet und gestalterische Lösungen als verhaltens- und handlungsrelevante Konzepte entwirft.

Oliver Boberg

geboren 1965, Herten (Kreis Recklinghausen), lebt und arbeitet in Fürth; 1985-86 Studium der Kunstgeschichte an der Universität Würzburg; 1986-93 Studium der Malerei an der Akademie für Bildende Künste, Nürnberg.

Peter Brückner

1962 geboren in Tirschenreuth; Architekturstudium an der Technischen Universität München; 1990 Bürogründung Architektur- und Ingenieurbüro Brückner & Brückner mit Klaus-Peter Brückner; 1996 Büro mit Christian und Klaus-Peter Brückner; 2003 Sommersemester Gastprofessur FH München; ab 2004 Mitglied des Baukunstbeirates der Stadt Augsburg.
2005 Gastkritik TU Weimar
2006 Leitung Workshop Vitra Desgin Museum in Bois Bouchet
2007 Gastkritik FH Regensburg

Christian Brückner

1971 geboren in Tirschenreuth; Architekturstudium an der Staatlichen Akademie der bildenden Künste Stuttgart; 1996 Büro mit Peter und Klaus-Peter Brückner; 2003 Sommersemester Gastprofessur FH München.
2006 Leitung Workshop Vitra Desgin Museum in Bois Bouchet
2007 Gastkritik FH Würzburg

Ausstellungen Peter Brückner / Christian Brückner (u.a.):
- 2002: „Der Kulturspeicher - Prozess und Werk" (Einzelausstellung): Deutsches Architektur Museum Frankfurt
- 2003: Mies-van-der-Rohe Preis 2003 (Gruppenausstellung), Barcelona, Leuven Belgien, Frankfurt Dublin, Wien, Oslo
- 2004: Internationale Architektur-Biennale, Venedig
  Teilnehmer Deutscher Pavillon „Deutschlandschaft – Epizentren der Peripherie"

Preise / Auszeichnungen (u.a.):
- 2003: Anerkennung Deutscher Architekturpreis 2003, Kulturspeicher Würzburg
- 2004: BDA Preis Bayern 2003, Kulturspeicher Würzburg
- 2006: „Best architects 07" Award Düsseldorf
- 2007: Anerkennung Holzbaupreis Bayern

Werner Mally

geboren 1955 in KarlovyVary/CZ, 1980 Akademie der Bildenden Künste München, 1983 Risch-Art-Preis München, 1984 Akademie der Bildenden Künste Wien/A, 1985 Füger-Preis Akademie der Bildenden Künste Wien/A, 1990 Debütantenpreis des Bayerischen Staatsministerium für Wissenschaft und Kunst, 1999 Kunstpreis der Evangelisch-Lutherischen Kirche in Bayern, Skulpturen in Museen und Sammlungen, zahlreiche Projekte im öffentlichen Raum, lebt und arbeitet in München.

Rainer Goetz

geboren 1945. Studium der Kunstpädagogik und Freien Malerei an der Akademie der Bildenden Künste in München. 1. und 2. Staatsexamen in Kunst für das Lehramt an Gymnasien; Studium der Psychologie, Kunstgeschichte und -soziologie an der Ludwig-Maximilians-Universität München; Promotionsstudium am dortigen Institut für Empirische Pädagogik, Pädagogische Psychologie und Bildungsforschung und am Kunsthistorischen Institut.
Ab 1978 Dozent für Kunstpädagogik und Ästhetische Spielformen an der Akademie der Bildenden Künste in Nürnberg. Konzeption und Leitung semesterlanger Vortrags- und Diskussionsreihen, wie z.B. „Vom Traum zum Trauma? Chancen und Probleme der Kunst in neuen Museen" (1987), „Neue Medien: Auf-Bruch der Kunst?" (1988) und „The Image of Thinking. Zur Aktualität ästhetischen Denkens" (1990)...
Seit 1990 Professor für Kunstpädagogik an der Julius-Maximilians-Universität Würzburg; Konzeption und Durchführung des Kunst + Musik + Poesie-Projekts „DIALOGE auf der Suche nach dem Gesamt-Kunstwerk" (1995/6) und der ZUKUNFT(s)WERKSTATT – Symposien für den Deutschen Werkbund (1991-95). Zusammen mit Stefan Graupner 1997 Gastprofessur am Art/Art History-Department der James-Madison-University in Virginia und Leitung der Sommerakademien der Evangelischen Akademie Tutzing (1999, 2001, 2003 und 2005); Etablierung des KUNSTRAUMS an der Universität Würzburg mit Symposien, Ausstellungen, Installationen und Performences mit dem Ziel, ein Zentrum für Ästhetische Bildung einzurichten.

Stefan Graupner

geboren 1954 in München. Nach dem Studium der Philosophie und Kunstgeschichte in München und Tübingen Tätigkeiten in Rundfunk, Verlag und Filmverleih. 1984-88 stellvertretender Direktor der Kunsthalle Nürnberg. 1988-90 Leiter der A11 Galerie Thomas/zeitgenössische Kunst. Seit 1991 Lehrauftrag für Gegenwartskunst und Ästhetische Bildung an der Universität Würzburg (Kunstpädagogik). Seit 1. März 2007 Leiter des Kindermuseums Creaviva am Zentrum Paul Klee Bern.

Bibliographie

Aderhold, Stephan: Warum sitzt man in Opernhäusern auf gepolsterten Sitzen, riecht Geschichte und hörtsieht Musik? Gedanken zu einer Synmodalästhetik, Magisterarbeit, Musikwissenschaftliches Seminar der Humboldt-Universität zu Berlin 2002

Becker, Ilka: Fotografische Atmosphären. Rhetoriken des Unbestimmten in der zeitgenössischen Kunst, Dissertation, Kunsthochschule für Medien / Kunst- und Medienwissenschaften Köln 2006

Böhme, Gernot: Für eine ökologische Naturästhetik, Frankfurt a.M. 1989

    ders.: Atmosphäre als Grundbegriff einer neuen Ästhetik, in: Kunstforum International, Band 120, 1992, S.247-255

    ders.: Atmosphäre. Essays zur neuen Ästhetik, Frankfurt a.M. 1995

    ders.: Anmutungen. Über das Atmosphärische, Ostfildern vor Stuttgart 1998

    ders.: Theorie des Bildes, München 1999

    ders.: Leibliche Anwesenheit im Raum, in: Ästhetik und Kommunikation, 2000, 31.Jahrgang, Heft 108, S.67-76

    ders.: Aisthetik: Vorlesungen über Ästhetik als allgemeine Wahrnehmungslehre, München 2001

    ders.: Architektur und Atmosphäre, München 2006

Benthien, Claudia, Fleig Anne, Kasten Ingrid (Hg.): Emotionalität. Zur Geschichte der Gefühle, Köln 2000

Bollnow, Otto Friedrich: Die Pädagogische Atmosphäre, Heidelberg 1968 (Reprint Essen 2001)

Buchanan, Pat: Gedanken über Atmosphäre und Moderne, in: Daidalos, Heft 68, 1998, S.80-88

Düttmann, Susanne: Ästhetische Lernprozesse, Annäherungen an atmosphärische Wahrnehmungen von LernRäumen, Marburg 2000

Fischer-Lichte, Erika: Ästhetik des Performativen, Frankfurt a.M. 2004

Fleischmann, Katharina: Botschaften mit Botschaften. Zur Produktion von Länderbildern durch Berliner Botschaftsbauten. Ein Beitrag zu einer Neuen Länderkunde (2005), Dissertation am Fachbereich Geowissenschaften der Freien Universität Berlin, http://www.diss.fu-berlin.de/2005/287/.

Flohé, Alexander: Ästhetik der Atmosphäre – Stadt und Kunst in Zeiten der Imagination und Simulation, in: Annette Loers, Reinhard Knopp (Hg.): Ortsgespräche. Die Zukunft der Stadt in der Diskussion, Düsseldorf 2000

Friebel, Horst: Atmosphäre im Umgang mit Menschen, besonders in der Erziehung. Neuer Versuch zu einem alten pädagogischen Thema, Wuppertal 1980 (Schriftenreihe des Fachbereichs Erziehungswissenschaft an der Bergischen Universität, Gesamthochschule Wuppertal)

    Die pädagogische Atmosphäre. Ein akademisches Colloquium zum Gedenken an Horst Friebel, Wuppertal 1985 (Schriftenreihe des Fachbereichs Erziehungswissenschaft der Bergischen Universität, Gesamthochschule Wuppertal)

Goetz, Rainer (Hg.): DIALOGE auf der Suche nach dem Gesamtkunstwerk Kunst + Musik + Poesie, Würzburg 1995
    ders.: Kunstpädagogische Forschungsansätze und ihre Implikationen für die Kunst-pädagogische Praxis, in: Friedrich Christian Sauter, Wolfgang Schneider, Gerhard Büttner (Hg.), Schulwirklichkeit und Wissenschaft, Hamburg 2003
    ders.: Performance als Vernetzungsmöglichkeit ästhetischer Ausdrucksformen, Interessen-differenzierte und projektorientierte Modellversuche an der Universität Würzburg, in: Kunst + Unterricht, Heft 273, Velber 2003
Graupner, Stefan: Atmosphäre und Vermittlung, in: Kunst+Unterricht Heft 263 (documenta 11), 2002, S. 24-26
    ders.: Vernetzungsmöglichkeiten ästhetischer Ausdrucksformen im künstlerischen Arbeitsprozess als ein Modell ästhetischer Bildung: Peter Greenaway, Rebecca Horn, Robert Wilson, Dissertation, Kunstpädagogik, Universität Würzburg 1995
Hasse, Jürgen: Zum Verhältnis von Stadt und Atmosphäre. Wo sind die Räume der Urbanität?, in: Jürgen Hasse (Hg.), Subjektivität in der Stadtforschung (Natur-Raum-Gesellschaft Band 3), Frankfurt 2002, S.19-40
    ders.: Die Atmosphäre einer Strasse. Die Drosselgasse in Rüdesheim am Rhein, in: Jürgen Hasse (Hg.), Subjektivität in der Stadtforschung (Natur-Raum-Gesellschaft Band 3), Frankfurt 2002, S.61-113
Hauskeller, Michael: Atmosphären erleben. Philosophische Untersuchungen zur Sinneswahrnehmung, Berlin 1995 (enthält eine ausführliche Bibliographie zum Thema)
    ders.: Atmosphären in Natur und Kunst, www.hbs-hessen.de/pol/Hauskeller05-00.htm
Herzog, Fridolin (Hg.): Pädagogische Atmosphäre. Heimerziehung im Spannungsfeld zwischen Konzept und Alltag, Luzern 1989
Hürzeler, Beat: Ansprechendes Ansprechen. Bausteine für eine Geographie der Befindlichkeiten. Unterwegs zur Phänomenologie von Hermann Schmitz und zur Ästhetik von Gernot Böhme, Diplomarbeit der Philosophisch-Naturwissenschaftlichen Fakultät der Universität Bern 2000
Kaeser, Eduard: Medium und Materie. Für ein komplementaristisches Konzept des menschlichen Körpers, in: Philosophia Naturalis, Band 34 (1997), S.327-362
    ders.: Leib und Landschaft. Für ein Naturverständnis „bei Sinnen", in: Philosophia Naturalis, Band 36 (1999), Heft 1, S.117-155
Kolesch, Doris/Krämer, Sybille (Hg.): Stimme. Annäherung an ein Phänomen, Frankfurt a.M. 2006
Löw, Martina: Raumsoziologie, Frankfurt a.M. 2001
Lorenz, Claudia: Atmosphäre. Eine praktische Annäherung an den ästhetischen Begriff Gernot Böhmes am Beispiel des Museums für Moderne Kunst Frankfurt am Main, Institut für Allgemeine Pädagogik, Humboldt-Universität zu Berlin, http://www2.rz.hu-berlin.de/museumspaedagogik/forschung/lorenz/atmosphaere.html
Lüdtke, Ulrike: Die pädagogische Atmosphäre. Analyse-Störungen-Transformation-Bedeutsamkeit; eine anthropologische Grundlegung der Sprachheilpädagogik, Frankfurt 1998
Mahayni, Ziad (Hg.): Neue Ästhetik. Das Atmosphärische und die Kunst. Für Gernot Böhme zum 65.Geburtstag, München 2002 (ausführliche Bibliographie zu Gernot Böhme)
Mayer, Michael: Pädagogik und Atmosphäre. Vor hundert Jahren wurde Otto Friedrich Bollnow geboren, in: Neue Zürcher Zeitung, 14.März 2003
Rauh, Andreas: Atmosphäre – eine aisthetische Feldforschung, Magisterarbeit, Kunstpädagogik, Universität Würzburg 2006

Schmidt, J.Alexander / Jammers, Reinhard (Hg.): Atmosphäre – Kommunikationsmedium der gebauten Umwelt, Essener Forum Baukommunikation Jahrbuch 2005, red dot edition, Essen 2005

Schmitz, Hermann: Der Leib, der Raum und die Gefühle, Ostfildern vor Stuttgart 1998

    ders.: System der Philosophie, Dritter Band: Der Raum, Zweiter Teil: Der Gefühlsraum, Bonn 1998 (3.Auflage)

    ders.: Was ist Neue Phänomenologie?, Rostock 2003

    ders.: Der erlebte und der gedachte Raum, in: Der Architekt, Zeitschrift des Bundes Deutscher Architekten (BDA), Ausgabe 7-8, Darmstadt 2003, S. 38-45

Tellenbach, Hubert: Geschmack und Atmosphäre, Medien menschlicher Elementarkontakte, Salzburg 1968

Thalhammer, Manfred: Situative Momente zu Begriff und Inhalt „Atmosphäre" in wöchentlichen „Nachtwachen" bei schwerbehinderten Menschen, Redemanuskript, Universität Würzburg (Sonderpädagogik II), 2000

Winkelmüller, Carmen: Atmosphären, Bayerischer Rundfunk, Bayern 2 (Hörfunk), Das Notizbuch, Sendetermin: 19.12.2004

Wucherpfennig, Claudia: Architektur, Atmosphäre, Diskurs – Zur Ästhetisierung eines städtischen Raumes im Zuge der „Renaissance der Bahnhöfe", http://www.glocalweb.de/html/cs/wucher001.htm

Zumthor, Peter: Atmosphären. Architektonische Umgebungen. Die Dinge um mich herum, Basel 2006

Die Bibliographie erhebt keinerlei Anspruch auf Vollständigkeit. Sie umfasst größtenteils diejenige Literatur, die in Vorlesungen und Seminaren der Kunstpädagogik an der Universität Würzburg behandelt wurde, und zusätzlich Titel, die uns im Zusammenhang von Atmosphäre(n) und Kunstpädagogik von besonderem Interesse scheinen.